褚民誼

紀實全傳

第三卷 強國健民

主編／褚幼義
Chief-editor／CHU Youyi

編寫組

主編：褚幼義

成員（以姓氏筆畫為序）：

  大　彪

  王　蘭（Valentina de Monte）

  褚幼義

  褚叔炎

  褚季燊

  褚孟嫄

  澤爾丹

  韓曉明（Jonathan Henshaw）

（本書版權歸主編所有）

導讀

　　褚民誼是民國時期一位令人矚目的歷史人物，他為實行社會革命、踐行三民主義的多彩人生，及其所涉及的紛繁人物和事件，跌宕起伏，是那個波瀾壯闊時期不可分割的一個組成部分。以人民利益為核心，以真實史料為基礎，是當今歷史研究應該遵循的準則。本書的編寫，就是在「以人為本」思想的啟示下，褚氏後人於2005年到浙江湖州南潯老家和曾經的民國首都南京「尋根之旅」的調查訪問醞釀起步的，歷經近廿年來編寫組們對原始資料廣泛深入的探尋、收集、整理，而終成此五卷一套的《褚民誼紀實全傳》。

　　本書著者除詳細查閱國內外圖書館和檔案館的有關材料外，還親至有關處所深入調查研究，尋覓遺存至今的珍貴文物資料，再現褚民誼當年活動的場景。例如，先後多次探訪南潯老家；遍訪他在南京主持修建的各大古寺和諸多有關的文化單位；三度訪問他曾以校為家長期擔任校長的上海中法國立工學院舊址；參觀他曾參與籌備的杭州西湖博覽會紀念館；踏訪貴州盤縣他曾率京滇週覽團往返路經的要隘之地；以及國民革命策源地廣州，他學成歸國效力之始執掌國立廣東大學和抗戰勝利前夕最終任職廣東省長之地，如此等等。此外還先後專程赴境外調查研究，如：2009年訪問法國里昂中法大學遺址和里昂市立圖書館；2014年到美國國會圖書館特許調閱了褚民誼之特藏相冊十五部；2016年到臺北之中國國民黨黨史館、中華民國國史館和國家圖書館[1]，獲准查閱許多珍貴的原始資料，包括曾經的保密檔案、書信和被毀古跡之原始拓片等等。

　　本書作為紀實性的傳記，力求內容真實可靠，能經得起檢驗。編入書中的材料均經編者親閱。引用材料時盡量摘錄其原文，並用標楷體示出褚民誼的言論。對於歷史上的單位和人物，一律使用當年實際使用的稱謂，除原文中已有者外，均不冠以「匪」「偽」等附加詞。

　　本書是集體努力的結晶。編寫組成員中，包括褚民誼的後人褚孟嫄、褚叔炎、褚季燊和褚幼義姐弟四人，以及民國史研究者澤爾丹先生和大彪先生，法國里昂市立圖書館原中文部主任王蘭（Valentina de Monte）女士和加拿大英屬

---

[1] 書中分別簡稱為「臺黨史館」「臺國史館」和「臺國圖」。

哥倫比亞大學歷史學系中國近代史研究者韓曉明（Jonathan Henshaw）先生。在本書收集資料和調查研究過程中得到了眾多有關人士的大力支持、協助和鼓勵，這裡一併致以衷心感謝！本書中倘有不足甚或謬誤之處，尚請讀者不吝指正補充。

本書梳理了豐富的原始資料，力圖從造福民眾的視角，撥開迷霧，將一部真實的褚民誼生平事蹟全面地呈現於世人前。此前曾率先由「秀威資訊」於2021年1月出版的《重行傳－褚民誼生平紀實》，可視為本書先期的精練本，以滿足讀者的不同需求。

褚民誼生於1884年，值此誕辰一百四十週年之際，謹以本書永鑴紀念！

主編褚幼義，2024年1月17日於北京

目次

編寫組 3

導讀 5

第三篇　救國之道身體力行（下）（1924-1937） 9

第七章　醫藥衛生，造福社會 11
第一節　衛生建設，規劃指導 11
第二節　創辦雜誌，評論醫藥 33
第三節　積極扶植，民間社團 47
第四節　籌建醫院，惠濟大眾 58
第五節　醫藥並重，培植人才 71

第八章　全民體育，重在健身 97
第一節　體育言論，灼見真知 97
第二節　發揚國術，太極創新 106
第三節　全運大會，舉國振奮 147
第四節　奧林匹克，國術揚威 177
第五節　毽子風箏，與民同享 192
第六節　健康運動，科學測驗 205
第七節　體育真意，真美善樂 215

第九章　從教育人，孜孜不倦 221
第一節　辛勤耕耘，中法工院 221
第二節　倡導五育，全面發展 243
第三節　胸懷全局，厲行教育 258

第十章　鍾愛國粹，發展美育 …………………………… 285
　第一節　提倡美術，酷愛攝影 ………………………… 285
　第二節　公餘聯歡，正當娛樂 ………………………… 303
　第三節　傳承崑曲，樂為票友 ………………………… 320
　第四節　戲劇文化，大業圖宏 ………………………… 338

第三篇

救國之道身體力行（下）
（1924-1937）

褚民誼，1936年

第七章　醫藥衛生，造福社會

第一節　衛生建設，規劃指導

　　1926年底北伐軍攻佔武漢，褚民誼隨國民政府委員和國民黨中央委員包括孫科、宋慶齡和蘇俄顧問鮑羅庭等人一起，從廣州北上到達武漢，出席了於1927年3月10在武漢召開的國民黨中央執行委員會全體會議。早在此時，如右下圖所示，他就在會上提出了〈國民政府增設衛生部之建議〉。（「臺黨史館」漢0582，褚民誼1927年3月9日提交）文中開篇，他大聲疾呼道，「竊查我國人民歷處於帝國主義者經濟壓迫和軍閥摧殘之下，因而人民生活情況已淪於悲境，由是癘疫之防預、衛生之觀感全付缺如，致人口率之低減年見其甚。一方面則生活困難，饑寒交迫；一方面則災祲疫癘迭遭喪亡。故先總理於民族主義中曾剴切痛陳，有中國民族難逃此十年中壓迫淘汰，以致於滅種之說。」他以當前革命潮流日見高漲，「已由破壞時期趨於建設，正宜革故鼎新、伸張局面，為應環境與民眾之求及民族生存之健康」出發，遵照先總理的遺訓，從衣、食、住、行、育、樂六個方面以11頁的篇幅，對設立衛生部的意義和迫切任務進行了詳細論說，可以說是我國政府建制歷史上，發起設立衛生部門的最早創議。但此後革命陣營內部出現了嚴重紛爭，這項倡議被暫時擱置了下來。

　　隨著革命形勢峰迴路轉，國民政府奠都南京，並於1928年2月初在南京召開了國民黨二屆四中全會，黨內恢復了大一統的局面，為順利轉入「訓政」建設時期，奠定了基礎。褚民誼作為秘書長在完成籌備四中全會之責後，即刻抽身，全力投入他所熱愛和擅長的造福於國民健康的事業中，由國民政府派往歐洲，

1927年3月9日褚民誼在武漢召開的國民黨中央全會上首次提出〈國民政府增設衛生部之建議〉（「臺黨史館」漢0583）

「確實調查衛生事宜，俾以後政府整理衛生積極參考施行」（[3.60]國民政府令1928，1，3），於2月11日啟程赴法，遍訪歐西瑞士、法國、比利時和南德諸國，9月14日回到上海，歷時半載有餘。

赴歐期間，褚民誼時刻關心着國內局勢和建設事業的發展，由於不克參加將於是年8月1日在南京召開的五中全會，他便趕在會前，於7月21日致電南京外交部轉吳稚暉、蔡子民、張靜江和李石曾諸委員，提出了包括「增設衛生委員會或部」在內的八項提議。（「臺黨史館」稚07281，1928年7月23日收到）該建議在會上順利通過並立即付諸實施。這樣，在褚民誼等人的積極主張和大力推動下，一個旨在惠及廣大民生的衛生部門，便在國民政府內開創性地建立起來了。

歐洲各國衛生事業的發展，可追溯至十四世紀，當時為了應對大規模的鼠疫流行，促進了衛生的提倡和醫學的進步。我國衛生事業十分落後，長期以來，衛生設施缺失，國民衛生意識貧乏。褚民誼此行，對世界各國的衛生狀況，進行了廣泛深入的調查研究，獲得了大量資料，有關衛生的書籍就帶回兩大箱。特別是他代表政府與設在瑞士日內瓦的國際聯盟會衛生組及其組長拉西曼（Rajchman）建立了密切聯繫，從該組織取回的資料就有十數厚卷。褚氏剛一回國，媒體就前往探詢，《申報》9月18日發表了他有關衛生的談話，略謂「國聯衛生組的設備極為完善，專門考察各國衛生狀況，進步方法。此次予攜有該組織所贈各國衛生狀況，將來擬公佈於全國，使吾人不到歐美，亦可保知其衛生狀況。又將來尚擬在中央設立中央病院，作大規模之設備。又擬設立巴斯德學院，專門研究各種時病瘟疫，及治療法，此或由中法合辦。總之經濟不充裕，恐收效仍鮮。至今後衛生事業，（一）應注重社會行政；（二）人民的習慣，注重後而加以整理，再呈報中央實施之云。」該報9月28日還披露，褚氏已就衛生事向中央進行了報告和磋商，表示「衛生本屬內政範圍，余並不欲另起爐灶」。他在26日中央政治會議上已與內政部長薛篤弼取得聯係，將作進一步的磋商，給予切實的合作。

針對首都南京的大規模城市基礎建設，訪歐期間，他特意對法國首都巴黎的上下水設施進行了認真考察，先後參觀了該市的自來水廠、地下排水渠道和污水處理等設施，收集了詳細的有關資料，後頁上圖是巴黎大型地下排水渠道中，水溝寬窄和高度不同的三種典型構造的手繪示意圖。在嗣後發表的〈西歐漫遊錄〉（[2.10]Vol.3，No.8，1929，8）和《歐游追憶錄》[1.24]（1932，

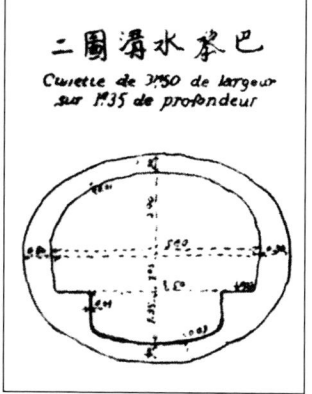

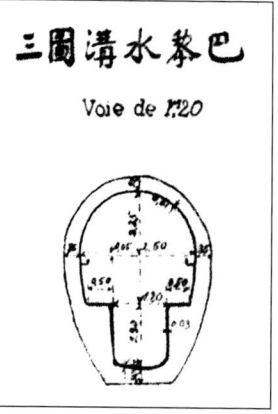

巴黎大型地下排水渠寬窄和高度不同的三種典型結構手繪示意圖.由褚民誼提供（[2.10]Vol.3，No.8，1929，8；[1.24]）

10）中，他用較多篇幅，圖文並茂地介紹和論及了這個重要的城市環境保護問題，以喚起國人對此的了解和重視。他說道，「都市清潔與否，與水量之設備關係綦切。水為吾人之飲料，實則吾人飲水有限，用水無窮。且都市愈文明，用水愈多。故今之主持市政者，對於水的問題，非有充分之設備不可。吾人皆知水應求其清潔，然根本清潔之法果何在乎，則不應僅求其來源，而不問去路是也。倘只求其來源，而不問其去路。結果污穢之水，必仍流入來源中，循環往復，水無清潔之時。此主持市政者所不可不知，而不應忽視者。以言水之去路，惟有開通溝渠之一法。」他根據倫敦、巴黎、紐約、柏林等世界名都建設的經驗，進一步指出，「國人對於建設，類多因循苟且，無百年久遠之計劃。不知今日新都市之建設，地底必先於地面。蓋在地面未建設前，從事地底建設，能收事半功倍之效。」他的這些意見和建議不但中肯於當時，對目下我國的城市建設仍具參考價值。

為了推動全國的建設大業，二屆四中全會閉幕後不久，成立了「中華民國建設委員會」，任命熱衷建設事業的張人傑為委員長。褚民誼赴歐考察回國，向中央提出了諸多衛生建設的建議，為了付諸實施，相應地成立了「衛生建設委員會」，推舉褚民誼為常務主席。《醫藥評論》[2.15]創刊後，於第二期（1929，1，16）上，褚民誼回顧「衛生建設委員會成立經過情形」時寫道：「民誼等以中華民國統一功成，首都為萬方所景仰，此後當群策群力以謀建設。而建設之急需，端在能利濟社會保護人民。南京既為首都，乃全國薈萃

之區，萬國共瞻之地，加以市民數十萬，非急予建設規模較大之首都醫院，無以療治庶民，模範都市。爰與宋梧生、經利彬諸同志，擬定首都醫院辦法，建議於中華民國建設委員會，於十七年（1928年）十月十五日。經中華民國建設委員會第二次常務會議，列入討論事項三十案：褚民誼、經利彬等呈擬籌設首都醫院辦法；國府秘書處函交胡定安同志呈請設置國立中央醫院緣起及計劃概要；內政部函交擬具詳細經費支配單三種，合併案。（決議）由建設委員會會同內政部、南京特別市政府，設立衛生建設委員會，研究及籌備此項事件。該委員會由原提議人褚民誼、經利彬、胡定安、宋梧生，內政部長薛篤弼、衛生司長陳方之，建設委員會主席張人傑、李委員石曾，及專家彭濟群、南京特別市政府劉市長紀文，及各方專家周君常、金寶善、伍連德、劉瑞恒、何其昌等十五人組織之。而衛生建設委員會遂於十七年十月十一日組織成立矣。是日開第一次委員會議，出席者為民誼與李石曾、薛篤弼、劉紀文、宋梧生、周君常、胡定安、何其昌、陳方之、彭濟群諸同志。並推定內政部、建設委員會、南京特別市政府各一人。暨民誼與胡定安、宋梧生、彭濟群等七人，為常務委員。復以民誼為常務主席，負責起草本會組織章程。關於本會進行計劃決議案有三：

甲、首都醫院建設案，（一）定名為中央醫院；（二）地點在京之清涼山；（三）創辦費百五十萬元，分三期向國府請撥，以五十萬元為一期，其他一切之預算計劃交常務委員規定之。

乙、傳染病之設備案，在上海設立巴斯德學院；至北平防疫處及其他防疫處之輔助事項，交常務委員依次計劃進行。

丙、天然療養之設備案，（一）南京之南湯山創設溫泉療養院；（二）並輔助北平西山之天然溫泉療養院，及莫干山肺病療養院等計劃，均交常務委員負責進行。

以上議決三案，洵為本會切要之設施。而民誼等奔馳于寧滬之間，繪圖設計，勘查院地，迄今幾三閱月，前後開會凡七次，聊盡所能，冀首都人士獲享康健之幸福而已。然而國都初奠，凡百庶政，需財孔亟。因是陳方之同志有擬募捐補助中央醫院創辦之建議，想我邦人士，靡不當仁不讓，樂善好施，眾志成城，中央醫藥之建設自可立待，民誼願努力以隨諸公後。」

該文後面同時刊登了衛生建設委員會的組織章程。接著，在"《醫藥評論》[2.15]第三期（1929，2，16）上，由胡定安撰文，介紹了「中央醫院初期

設計之具體計劃」。

擬在上海建立巴斯德學院，是褚民誼赴歐考察帶回的重要收穫之一，被列為衛生建設委員會的一項建設任務。巴斯德是法國著名的微生物學家，於十九世紀中葉首先發現致病細菌，開人類解決傳染疾病之先河，並在法國率先成立了巴斯德學院。嗣後世界各國成立的相似學術機構，往往也以巴斯德冠名。褚氏在〈請速予成立巴斯德學院以謀衛生根本實施案〉（《文集》[1.10]）一文中闡述了成立該學院的目的、功能和籌備進展情況。摘錄於下：

「為提議事，查一國衛生之良窳，關係民族之消長，國家之盛衰。而衛生根本之實施，則在細菌學術之昌明。是故欲致衛生於良好，應自研究細菌學術始。蓋一切疾病之產生與媒介，莫非由於病菌之為祟。巴斯德學院，則專事研究此種細菌之防禦與治療者也。」

就其功用之顯明易見者，約略言之：（一）施行人體疾病之檢驗，以求杜制病菌之方法；（二）製造血清疫苗，以預防疫癘及傳染病；（三）化驗生物食品，以預防疾病；（四）施行動物病之檢驗及治療，以保畜牧而防制疫癘；（五）施行植物病之檢驗以發達農業。

「民誼去歲奉使赴歐考察，即鑒於吾國衛生之幼稚，有設立此種學院之必要。在法時，曾與法政府商榷，擬在上海設立一中法巴斯德學院，借彼邦之人才、學術、經濟，增進我國之衛生建設，而謀中法衛生事業之溝通與發展，業經取得法當局同意矣。以故歸國以還，曾將籌設巴斯德學院之必要與大體計劃，詳細陳明大學院在案。旋蒙指令照准，並附來籌備委員名單一紙，以李石曾、褚民誼、蔡無忌、宋梧生、何尚平五人為籌備委員，具徵大學院對於此種細菌學院之設立，亦認為異常重要，不容再緩之事。乃迄今荏苒數月，關於籌備事宜，尚未着手進行。所以遷延之故，則因經濟無著。查中法工業專門學校，雖因前北京政府積欠該校經費至二十六萬七千元之巨，目前經費亦頗拮据，未能有所補助；然餘屋頗多，尚可借用。第巴斯德學院之設立，在吾國係屬創舉，既乏成例可援；而為研究細菌學術，以樹防疫治病百年之大計，種種設備，自必力求齊全，設無大宗款項，興辦殊非易易。為此擬具議案，請令行財政部，迅予撥給款項，俾此學院早得成立，以謀吾國衛生根本之實施。」

褚民誼時任中法國立工業專門學校中方校長，建議將巴斯德學院設在該校內。他在努力爭取經費的同時，還提出了〈上海巴斯德學院派遣研究員赴巴黎安南意見書〉（《文集》[1.10]），認為「對於此種學院服務人材之培養，

事先應有相當之預備，以免臨渴而掘井。為此擬由大學院、衛生部、中法國立工業專門學校三機關，派遣研究員數人，赴巴黎、安南（越南）兩處，從事研究，其經費由三機關分擔，而期限定為兩年，俾歸國後，服務於巴斯德學院，有相當之貢獻，以圖吾國細菌學術之昌明。」對此，他相應地擬定了派遣研究員的規則草案，可見他對建設巴斯德學院之殷切期望。但是，由於經費無着，最終未能如願建立。原為該學院預留的位置，後來轉借給中法大學藥學院作為校址，這是後話了。

長期以來，衛生事業在中國未受到足夠重視，在初建的南京國民政府中，僅由內政部下設的一個衛生司來加以管理，到地方上則往往交由警察來管轄。當時由於國民體質羸弱，疾疫傳染流行，人口死亡率居高，大力開展衛生建設迫在眉睫。為此，褚民誼於1928年國慶撰文〈衛生救國論〉（《文集》[1.10]），大力進行呼籲。如前所述他一直主張在政府內設立專管衛生的部門，就在他赴歐考察衛生期間，國民政府作出了成立衛生部的決定，他表示積極歡迎和支持。《民國日報》（1928，10，14）上報道了褚民誼「關於衛生部事」的談話，略謂「對於衛生行政方面，自當本個人之學力與經驗，及此次赴歐調查之所得，盡量貢獻。「此次國府為求建立一鞏固而完善之政府計因有增加鐵路、衛生兩部之決議，雖非出於余之主張，而余亦無異議。以為政府既有此決議，則部長一職，自有人出而擔任，誠可為吾國衛生前途慶。因與胡定安、袁良騄二同志討論衛生部組織問題，即代擬就衛生部之組織法，將於下次中央政治會議提出，藉供參考。」這份為在中國首創的衛生部擬訂的組織法草案，以〈衛生部設置之意義及其組織法之說明〉為題載入《文集》[1.10]中。他寫道：

「吾國年來人口視昔大減，此由於頻年戰事，直接間接所受損失者半；而由於國民體力之不健全，罹病與染疫而亡者亦半。今軍事時期告終，為謀發育國民之體力與預防疾疫之發生計，固非有精密的組織、完善的設施之衛生行政不為功也。吾國衛生行政向由內政部辦理，惜政權分散，未能統一……吾國民既往之衛生行政，以為街道清潔，能事便盡，此實大謬。蓋公共衛生之重要，在於防疫與消滅傳染病之媒介（如除鼠、殺菌、撲滅蚊蠅），其他如慈善事業，救災、濟貧、養老、撫幼、醫藥、治療皆屬範圍以內應盡之事。至若衛生行政不能統一，則舉凡關於防疫、地方衛生之措施，公共機關與場所衛生之設備，皆難收整齊劃一、令出唯行之效。而欲求有條不紊、有律共守、逐漸改

進、至於完善，則非有中央衛生部之組織，以收提綱挈領之效不可。

「迺者國府已議決設置衛生部矣，不揣簡陋，因代擬就一衛生部之組織草案。此在我國尚為創制，既無成例可援，攻錯他山，惟資於列強。列強衛生之行政已由遞變之程序，達於完備之時期。則我正可捨彼之短，而取其長，以定為規律，期適合吾國今日之需要，次第計劃，推行盡利。抑吾國目前財政枯窘，殊難為大規模之設施。唯有由淺而深，逐漸改進，以期完備。」

接著，他對所擬的組織法草案要點進行了說明。建議該部共設二處、三司，即秘書處、總務處和醫政司、公益司、防疫司。關於三司，在我國尚為創制。為此，他對各司的任務逐一進行了詳細說明。這裡僅摘其要目如下，以窺其一斑：

醫政司之職掌：（一）關於統計人民婚嫁生產及死亡疾病之調查與登記事宜；（二）海陸軍、工廠、學校、監獄及其他公共機關之衛生事項；（三）關於醫師、藥劑師、助產女士、按摩師、看護士婦之考查事項；（四）關於鑑定藥品之製造及販賣事項；（五）關於飲食物營業及日常公共場所娛樂聚處等之衛生取締事項；（六）關於病院、療養院、公共衛生學院及衛生博物院等之設備考查事項；（七）關於人民衣食住行之衛生事項；（八）關於衛生宣傳等事項；（九）關於各國衛生狀況之調查事項。

公益司之職掌：（一）關於乞丐、遊民及殘廢聾啞者之收容教養等事項；（二）關於養老、育嬰、撫孤、恤寡之事項；（三）關於救災、施賑、營葬事項；（四）關於廢物利用、排泄物處置等事項；（五）其他一切慈善事項。

防疫司之職掌：（一）關於海港、車船、航空之防疫檢查事項；（二）關於國際防疫及參加或召集國際衛生會議事項；（三）關於一切防疫設施事項；（四）關於傳染病、地方病之預防及治療等事項。

最後，他說道，「國府議決有衛生部之設置，惟此舉在我國尚屬創舉，既

1928年10月17日《申報》上刊登的中華醫藥學會上海分會致國民政府和褚民誼信全文，敦請褚氏出任衛生部長

無成例可援，而着手伊始，亦不宜徒務高深，但期適合今日社會之需求，由漸而進，臻於完善，是亦野人獻曝，千慮一得之意云爾。」

衛生部議決成立後，中央任命辭去內政部長的薛篤弼，擔任該部部長。其任命正式公佈前，民間不斷有敦請褚民誼出掌衛生部的呼聲，褚氏均予辭謝，他不欲在政府任職，更願意從旁大力推進和協助。《申報》（1928，10，17）上，以「請速發表褚民誼長衛生部」為題，披露了有關社會團體致國民政府和他本人的籲請信（見前頁右下圖），全文分別如下：

「國民政府蔣主席暨行政院譚院長鈞鑒：衛生行政興廢，與國運隆替，關係深鉅。巴斯達之與雅典，是其明徵。我以四千年積弱之國，欲發憤自強，合於衛生行政積極設施，其道末由。方今訓政開始，百廢更新。聞有於行政院內，設立衛生部之議，遂聽之餘，慶幸莫名。維是部長一職，非衛生專家黨國元勳，不足以當茲重任。竊以為中央委員褚民誼先生，功在黨國，學術精深，以任此職，最為適宜。用懇即予發表，以慰眾望。中華民國醫藥學會上海分會叩咸[1]。」

「中央黨部轉褚民誼先生鑒：連日讀報載，先生對新聞記者發表關於衛生部之讜言名論，欽佩莫名。惟先生有不願任部長之說，殊深惶惑。查衛生行政，關國家興替綦鉅，東西各國莫不注重，歷世經營，方成郅治。我訓政伊始，百廢待興，衛生部事屬創舉，擘畫周詳，樹立根本，非學術精深望重黨國如先生者，所能宏茲良謨。在先生謙德為懷，潔身自好，固屬得計，其如國家百年大計何。用恃仰懇，慨任艱鉅，為黨國犧牲，以慰民生，實所感禱。中華民國醫藥學會上海分會叩咸。」

與此同時，還有上海醫師公會和上海西醫公會等單位，分別於10月15和19日向政府最高當局和褚民誼本人發出了與上述電文內容相似的函電，其電報全文分別發表在10月17日和20日的《時事新報》上。

國民政府衛生部的成立，得到了各地的支持，紛紛起而效法，先後成立了相應的衛生管理機構，全國衛生工作開始出現可喜的新局面。1928年衛生部通令全國，於12月15日首次舉行全國大掃除。褚民誼在《醫藥評論》[2.15]創刊號（1929，1，1）上發表題為〈大掃除〉的社論，開篇熱情地歡呼道，「全國第一次大掃除各地紛紛響應，首都、上海、鎮江等處，皆有衛生運動大會之

---

[1] 電報代碼15日

創舉，一時衛生之聲浪，高唱入雲，社會觀聽為之一易，吾人耳目為之一新。噫，此其吾國衛生前途一線之曙光歟！」文中並以辛亥革命對舊制度摧枯拉朽的掃蕩相比喻，對此次全國性的衛生運動，予以高度評價。

與此同時他還借題發揮，在同期雜誌上發表〈大糞坑〉之諧談，謂「從前北京政府的政治舞臺，大家把他譬做一個大糞坑，以為是污穢到了極點的所在。這種妙喻，細想起來，真是確當得很。你看那種挑撥是非的政客，蠅營狗苟的官僚，和糞坑裏的蠅和蛆，有什麼分別。北京本是一個很好的地方。講到風景建築，那樣不比別處強。但是因為撒爛污的人太多了，所以一切營私舞弊寡廉鮮恥的事，層出不窮底做出來，把北京弄成了一個唯一的藏垢納污的所在，這是多麼痛心的事！

「現在北京的糞坑，雖然打破，但是撒爛污的人，他們都有兩條腿的。聽說跑到南京來的已不少了。恐怕幾年之後，他們來者愈眾，撒的爛污愈多。那末，北京的糞坑雖然打破，南京的糞坑又要建築起來，這就糟了。

「聽說衛生部現在舉行大掃除，這種用意很好。不過這次掃除，僅限於衛生方面。我希望政治上同時也能掃除一下，使得沒有大糞坑發見；同時並要想出一種方法，制止撒污人的活動。那麼，廉潔政府才有實現的希望。」這一席憤世嫉俗之言，可謂是對當局者警鐘時鳴了。

首都衛生運動大會，由南京特別市衛生處發起，邀同首都各機關各團體共同合作，自12月2日開始籌備，原定14日在半邊街公共體育場舉行，並進行遊行和露天演講。後因雨順延至15日上午在市府大禮堂舉行。計到會團體為市政府及各局處、衛生部、內政部、外交部、工商部、衛戍司令部、航空署、江蘇省政府及各廳、市黨部指導委員會及各機關、各民眾團體等不下百餘處，代表約千餘人。主席團為薛篤弼、趙戴文、劉紀文、胡定安、褚民誼。該次活動除號召幹部和市民在街道和室內進行大掃除外，還舉辦名人與專題演講會，向全市和全國發出一次衛生總動員，進行一次衛生知識大普及。會前14日下午三時在中央廣播無線電台，由市衛生處長胡定安主持，邀請國府衛生部長薛篤弼、衛生建設委員會主席褚民誼先後發表演說。薛氏的題目為〈人生的幸福〉，褚氏的題目為〈鄉村衛生與城市衛生〉，由該台現場直接播音全國，至五時半結束。接着於15日下午在南京分四處，青年會、第一通俗教育館、夫子廟小學及中央無線電台舉辦演講會。在無線電台向全國播發講演的有立法院院長胡漢民、考試院院長戴季陶及衛生部次長胡毓威等人。衛生部還宣佈，今後每年

初夏5月1日和年終12月15日各舉辦一次衛生運動大會。(《醫藥評論》[2.15] No.2，1929，1，16)

褚民誼在〈鄉村衛生與市政衛生〉(《醫藥評論》[2.15]No.4，1929，2，16；《文集》[1.10])的講演中，首先剖析了迷信傳統是導致國人長期以來不講衛生惡習的根源，指出「迷信是現在政府辦衛生的最大障礙。「所以，我們不講衛生則已，要講衛生先要破除迷信才興。」

他提出「從前吾國衛生上設施很少，現在要辦起來，當然要使各種衛生的設施，皆能合於科學才興。不過一時怕不容易做到。但是一步一步的做去，也終有做到的一日。至於設備的簡繁，要看各地生活的情形而定。有許多地方生活很簡單，在簡單的生活上，把複雜的衛生條例頒行出來，時間固屬太早，實施也就不易。並且因為生活簡單，條例複雜，必不能推行盡利的……鄉村衛生和市政衛生，不同的地方，就在這裡。

「鄉村人迷信甚深……吾們一方面要革除他們的壞習慣；一方面開導他們，破除他們的迷信，使他們曉得衛生的重要，並且制定很簡單的衛生條例，使得他們都能明瞭，而樂於奉行。其中最要緊的，是把戶口調查清楚……向來何種疾病發生居多……一一統計出來，那末這個鄉村那種病死的人最多，就可以知道，而設法防禦了。」

接著，他對鄉村和城市的居民如何在衣、食、住三方面搞好個人衛生，以及市政衛生建設，包括前述的地下建設，提出了許多具體的意見和建議。

半年後，首都舉行第二次衛生運動大會，褚民誼再次在中央廣播電台發表演講，題目是〈衛生上道德的觀念〉(《醫藥評論》[2.15]No.13.1929，7，1；《文集》[1.10])，從個人衛生和公眾衛生、私德和公德兩個方面，全面論述了衛生與道德之間的密切關係，立意深刻，發人深思，摘錄如下：「中國是講究道德的國家，從古以來便注重道德，但忽視衛生。衛生這箇名詞，在中國歷史上簡直沒有地位，所以中國民族這樣衰弱。直至海通以還，國人漸漸注重衛生，但一般知識薄弱的民眾，了解的還是很少。便是知道一些衛生常識的人，也以為衛生自衛生，道德自道德，沒有什麼關係。不知衛生與道德雖是兩件事，卻有極密切的關係。兄弟可以說，不講究衛生的人，他固然不知保護身體、涵養精神，而他所遵守的道德也是虛偽的。道德二字的意義，不僅指箇人人格而言，是要推己及人，實行博愛的。博愛便是仁與恕的意義，也就是顧全公德，尊重公益的意思。不衛生的人，不顧公益，不顧公德，就是不道德。

「中國所以這樣貧弱，原因雖多，不講衛生也是主要原因之一。「至於怎樣講究衛生，什麼叫作衛生上的道德觀念。那可以將他分作兩層說，就有箇人與公共之別。「要知我人是為生存而努力。應以身體康健為唯一目的。那麼除鍛煉身體外，必求生活上四大需要之衣食住行，一一合於衛生才是……只要隨時隨地厲行清潔，使致病的微生物無法入侵，便可免於生病而長慶健康了。「還有一層，現在「我人既不能離群索居，不與社會相往來。僅僅箇人衛生良好，家庭清潔整齊，而社會四週環境衛生都不良好，仍未能享康健的幸福。於是講究箇人衛生之餘，必須同時提倡公眾衛生……勿使因自身之故，而遺害無量數人。「更有關係重大的尤宜到處顧全公益。「如有人投污穢物於河中，則飲水而受害的不知幾何人。「這種無形的傷害，所謂『陰損』，雖犯了罪卻能逍遙法外，這固然是不公平的事，但可以拿良心來制裁他。推此等人的用心並非故意作惡。其所以不顧公德、不講衛生，實因未明瞭不講衛生的害處有這樣重大的緣故。

「因此，兄弟特地將衛生和道德的關係說一下，使得民眾一方明瞭衛生的重要價值；一方知道衛生與道德關係的深切。大家努力起來……那末相信各人的衛生自此必能日有進步，而健康幸福人人都能享受。「到此時候，全國民眾都是健康的民眾，中國民族便成為強盛的民族了！」

衛生部為了規劃全國的衛生建設，接受褚民誼等人提出的建議，組織成立了「中央衛生委員會」（以下簡稱「中衛委」）。褚民誼嗣後在為醫師登記事致薛篤弼的信（《醫藥評論》[2.15]No.16，1929，8，16）中，談到該委員會成立的初衷時謂，「當衛生部組織之初，承採納弟與（李）石曾先生之意見，而有中央衛生委員會之設置。弟等之意見，以為興辦衛生事業，應有設計與實施之分。以言實施，則衛生部為執行之機關；以言設計，則衛生委員會為建議之機關，集合國內衛生專家於一堂，相與切磋探討，擬具完善之衛生計劃，交與衛生部執行，俾能次第實現，使吾國衛生事業，蒸蒸日上，此設置衛生委員會之意義也。」

中央衛生委員會於1929年2月23-25日在首都召集第一次會議（又稱「中央第一次衛生會議」）。據《申報》（1929，2，24）報道，23日上午開幕典禮，到衛生部延聘之各委員、衛生部次長、技監、中央衛生試驗所長所聘衛生專家，及有關係各部會之高級公務員，暨中央黨部府院代表，共五十餘人。開幕式上，會議主席衛生部次長劉瑞恒代表薛篤弼部長致開幕詞後，委員褚民

誼代表中央黨部致訓詞。《醫藥評論》[2.15] No.8（1929，4，16）上刊登其全文（見右圖）。記者在開頭的按語中寫道，「衛生部此次在首都召集中央衛生委員會開第一次會議，實開吾國衛生界之新紀元。各委員多為海內衛生專家，濟濟一堂，共謀吾國衛生行政上及建設上之進展。提案達四十餘件，皆關係於衛生根本大計者。中央黨部特派褚民誼博士代表致訓辭。褚氏對於吾國衛生所以幼稚之故，言之綦詳，痛下針砭。對於該會之責任及今後應取之方針，亦剴切言之甚明。」

1929年2月23日褚民誼在中央第一次衛生會議上的訓辭[2.15]No.8（1929，4，16）

訓辭中，褚氏對各位委員專家寄語重任，諄囑歐美各國的先進衛生方法值得效仿，但要加以研究和鑒別。「因為外國有些好方法，拿到中國來是行不通的，不是不相宜，便是經濟不足。」並且指出「在中國現在的行政狀況之下，辦衛生事業，有兩個困難的問題。一個是人才問題；一個是經濟問題。這兩個問題，是我們先要解決的。我們做事情，不要唱高調。唱高調的結果，就是不能實行。我們應將做得到的先做。如此我們對於人才和經濟兩個問題，終有解決的一日。」最後他希望，「各位委員平心靜氣的討論，提出有價值的貢獻，使執行者有所憑藉。那麼中國的貧弱，是不愁不能挽救。而黨國前途，也就異常鞏固了！」

開幕式後全體委員及黨府院代表合影留念，如下頁上圖所示，發表在《時事月報》2卷3期（1929，3）上。

為了此次會議，褚民誼與宋梧生、顏福慶商議，擬具了如下四個議案（《醫藥評論》[2.15]No.6，1929，3，16；《申報》1929，2，23；《文集》[1.10]），提交大會討論通過：

（一）各學校學生、各機關公務人員應施行體格檢驗案；
（二）通商巨埠應設立花柳病治療所案；
（三）亟應製造BCG癆苗以預防癆瘵案；
（四）應分設新舊醫藥研究所案。

在分設新舊醫藥研究所的提案中，他指出，當今已進入科學昌明的時代，

1929年2月23日中央第一次衛生會議在南京開幕時的合影，前排右3為褚民誼，右7為劉瑞恒（《時事月報》2卷3期，1929，3）

吾國舊醫本為文學哲學時代的產物，「而業舊醫者，類多富於保守性，甘於抱殘守闕，自封固步，不思進取，以是吾國醫術發明特早，而其進步乃奇遲。「夫舊醫等是醫耳，特其學理晦澀、治療無方、趨尚玄虛、不求實際，故新舊之間相形見絀。然亦有經驗湛深、深造有得之士，臨診奏有奇效者，惟不多見耳。近世列強之新醫，今雖臻於科學化，然其初蓋亦經過文學哲學之時期，遞變而成。吾國今日舊醫，則猶在過渡時代，因其進步遲滯，是以未能入於科學之途徑。且今日國中新舊派別既殊，互相攻訐尤烈，曾無以客觀的地位，本合作之精神，共同研究，以求吾國新舊醫學之昌明與發展者。「竊謂舊醫既有數千年之歷史，其中非無可取之處。特瑕瑜互見，而精粗不同，其中抉擇取捨，非才智之士，輒易誤入歧途。倘能去其糟粕，取其精華，融合中西，而溝通新舊，以科學的原理判別研究之，徐圖改革，力謀刷新。而以科學真理為依歸，集合舊醫中之優秀份子，輔之以科學專家，相與聚首一堂，切磋探討，何者應去，何者可取，何者應加以改革，何者應力圖發展。則安見舊醫之無進步，不由文學哲學時代之產物，一變而為科學時代產物耶。此舊醫亟應設置研究所之理由。有不容忽緩者也。

「至若新醫，雖已臻於科學化，而已適應時代之需要。然其方法則完全傳自外人，國人罕有創造發明……矧今日之新醫，猶未能臻於至善之境哉。然則僅以亦步亦趨，追隨外人，不思創造，不圖進取，遂謂能事已畢者乎。是故舊醫固應設置研究所，而新醫設置研究所之重要，尤且過之……吾國新醫之昌明與光大，非設立新醫研究所不為功也。

「至若新藥雖佳，功與新醫相輔而行，為新醫所不可忽缺。然此等藥品，幾完全屬於舶來品，故又謂之西藥，每年輸入綦夥。而輸出之金錢，更僕難數。此等藥品，吾國非不能自造，特從未加以研究耳。若夫舊醫雖不良，舊藥則甚佳。即舊醫能獲有幾分之效果，亦全恃舊藥之力。倘能本科學的原理，從事於舊藥品之改良，去其糟粕，存其精華，化彼陳腐以為新奇，則安見其功用不駕舶來品而上之。是故擬請分別設立新舊藥研究所。一方研究新藥之製法，而設廠自製；一方研究舊藥之美惡，而加以改善，則一切藥品，毋須仰給外人，而藥品一項每年之巨大漏卮，自此杜塞，其關係於國家經濟者為何如，而有裨於民生者實大。以上新舊醫藥分別設立研究所，其成否關係於民生民族前途綦鉅。」

下圖是褚民誼、李石曾、蔡元培、吳稚暉等人，在上海蒲石路他們籌設中的「中西醫藥研究所和療養院籌備處」大門前的合影，刊登在1929年《圖畫時報》[2.7]第538期上。該處同時也是「中法大學研究院上海之部籌備處」。

褚民誼深知，經費是實現衛生建設的一個關鍵。《申報》（1929，2，27）報道，中衛委會議剛一結束，中央委員褚民誼便「特擬具議案，向中央政治會議提出，請由中央撥定關稅及退還庚款之一部分，作為衛生建設上之經費。」由於經費遲遲未能落實，他又於1929年3月國民黨第三次全國代表大會上提出了〈確定衛生建設經費以固國本案〉（《文集》[1.10]）。文中寫道：

1929年籌委們在中西醫藥研究所及療養院等籌備處大門前的合影。右起：褚民誼（1）、李石曾（3）、蔡元培（5）和吳稚暉（6）等 [2.7]No.538（1929，2，20）

「此次首都舉行中央衛生委員會議，各委員本其研究之所得，皆有所建白，提案達四十餘。舉凡衛生行政上之一切計劃方略，亦既擬有具體辦法，可以次第期諸實施矣。然而經費至今尚無着落，雖有完善之計劃，週全之方略，亦等於具文而已。

他在歷說那些只注重有利可圖的實業，而忽視衛生建設的傾向後，強調指出，「獨衛生建設屬於公益範圍，完全為分利而非生利，即有收入，數亦甚微。故非由國家出資經營則永難其有成。特是衛生建設之重要，駕於一切而上之，以此為國本之所繫，欲奠定百年不拔之基，非從事於此不可，實不容加以忽視，而認為無足輕重。今吾國之財政，雖異常竭蹶。然所以呈如斯之現狀，蓋由於軍費之浩繁。在昔國家全部收入，出於軍費者，達百分之八十以上。此次編遣會議[2]，力主縮減，將減至百分之四十五。此種計劃，次第實施後，則區區衛生建設之經費，又何患無着哉。民誼鑒于吾國衛生事業之幼稚，有力圖建設之必要，而坐於經費之無着，末由進行也。以是曾擬有議案提出於中央政治會議，經中政會通過後，交由行政院辦理，但至今仍無具體之辦法。而此次中央衛生會議議決各案，關於衛生上重要之建設，有亟待於舉辦者，如中央醫院、上海巴斯德學院、花柳病治療所、中西醫院、中西醫藥研究所及其他事業等，在在需要鉅款，方能從事進行。「為此，在衛生行政費用之外，……擬請由大會議決，確定衛生建設之經費，指定的款，交由國府執行。俾吾國衛生事業，有所建樹，躋斯民於健康之域，以固國本。則民生樂利，民族盛強，庶有望乎。」褚民誼為實現衛生會議成果所作的努力，由此可見一斑。

但是，中衛委會議結束後，出人意料的卻加劇了所謂「中醫存廢問題」的激烈爭議。其誘因是，會前衛生部頒佈了「醫師藥師暫行條例」。該條例係衛生部成立前，內務部下屬的衛生署制定出來的。它要求凡具有醫師資格者，必須註冊登記取得證書後方能行醫。（《申報》1929，1，26）經中衛委會議認真討論，根據中國現時嚴重缺乏醫師的狀況，作出了放寬資格要求和延緩登記限定期限的修正。修改後的暫行條例在會上通過的消息傳出後，眾多中醫群起反對，「廢止中醫」的指責聲鵲起，不明真相的民眾甚為迷惑。作為衛生和醫藥科學化的積極推行者，褚民誼責無旁貸，起而說明中衛委及其本人的原意，以冰釋誤會。

---

[2] 詳見本篇第二章中之第一節「投身軍政，責無旁貸」，褚民誼對中央作出的統一軍隊、縮減軍費的編遣工作寄予厚望，並積極參與。

1929年《廣東醫藥月報》第1卷第4期《醫潮特刊》上，以「西醫之言論」和「中醫言論之回聲」兩個欄目，分別匯集了當時中西醫雙方的主要論見。在「西醫之言論」欄目上首先列出的是，〈褚民誼氏之意見〉和〈褚民誼演講醫藥問題〉兩篇文章。前者是中央衛生會議後不久，他在《醫藥評論》[2.15]第1卷第7期（1929，4，1）上發表的，題為〈必如何始能致醫藥前途昌明與光大〉的論文。後者則是在前文之後進一步發表的的演講，刊登在《廣東醫藥月報》上時，編者以「衛生會議無廢止中醫決案，惟主張改進求其能科學化」作為副標題，以突出其要點。該講話針對一部分民眾在那場眾說紛紜的「中醫存廢」風波中所產生的疑惑，在澄清事實真相的同時，對他所持的發展我國醫藥事業，「改進中醫、發展中藥」的主張，闡述甚詳，比較全面地表達出他自己的本意，其全文作為附錄援引於本節後。上述兩篇文章，也一併收錄在1929年8月出版的《褚民誼最近言論集》[1.10]中。

　　對於社會上的質疑聲，衛生部亦公開出面予以澄清，在其《衛生公報》[2.16]第一卷第四期上，就刊登有1929年3月15日前後分別答復寧波中醫協會、上海市商民協會藥業分會、無錫中醫講習所、吳興藥業分會、武漢市中醫公會、上海醫藥團體代表會議主席團、上海全國商會聯合會等團體的多封電文，作出了「關於中藥事項在部力主提倡，惟中醫擬設法改進，以促其科學化，中央衛生委員會議決案並無廢止中醫之說」的明確表態。

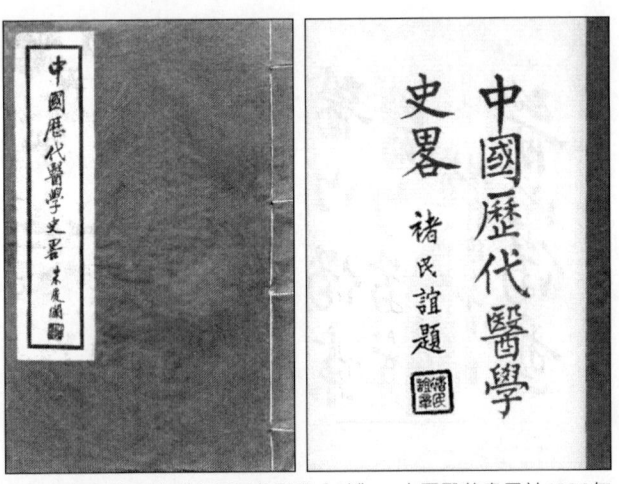

中醫名家張贊臣著《中國歷代醫學史略》，中國醫藥書局於1933年9月出版：（左）封面；（右）褚民誼題寫的書銘

其實，就在這次中衛委會議上，如前所述，褚民誼提出了〈應分設新舊醫藥研究所〉的提案，就很能說明問題。他反對的是因循守舊，主張在傳承中醫精華的基礎上，使其沿著科學化的道路向前發展，而不至被時代所淘汰。儒醫世家出生的褚民誼，明瞭中醫中藥，並與中醫藥界有密切聯係。例如，當時的中醫名家張贊臣，撰寫了名著《中國歷代醫學史略》，1933年9月由中國醫藥書局出版。該書從年代順序和中醫分科兩個脈絡，對中國醫學進行了全面概括和總結。如前頁下圖所示，褚民誼特為該書題寫了題銘。

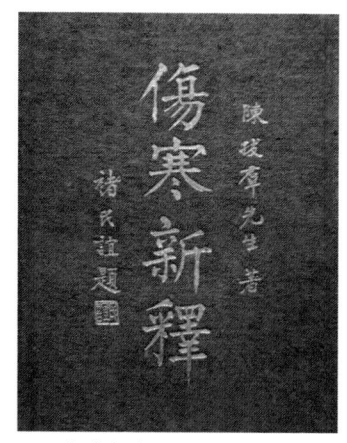

1937年出版的國醫陳拔群著《傷寒新釋》，褚民誼題寫封面

此外，據《時事新報》（1937，2，4）報道，國醫陳拔群近來新著《傷寒新釋》出版，由中醫書局總代理發行。全文約十萬餘言，理論多切實用，由國醫界耆宿謝利恆題詞和包識生作序。如右上圖所示，褚民誼還為之親題封面。再如本章第四節「籌建醫院，惠濟大眾」中所記，慈善機構「集仁會」於1936年在滬上創立第一所中醫慈善醫院「集仁中醫院」，即是由發起人之一的褚民誼親任董事長。在上述諸多事實面前，那種曾經喧囂一時，強加在褚民誼頭上，污他為「廢止中醫」之禍首的論調，其謬誤不辨自明。

在這一時期內，褚民誼從各方面為衛生事業而奔忙。1928年11月1-10日在南京召開全國禁煙會議第一次大會。據《時事新報》11月2日和11日以及《華北導報》[2.13]（1928，11，10）等刊物報道，一日午前十時舉行開會式，「到五百餘人，張之江主席，中央黨部派褚民誼代表致訓詞，吳思豫代表國府主席致訓詞。「此次在首都開會，各省市政府及各重要城市商會，均派代表出席，各總司令或親自到會，或派代表，濟濟一堂，共謀剷此流毒百年亡國滅族之鴉片。「會議用十天時間，詳細分析了當前國內各地販賣、運輸和吸食鴉片的情況，並提出了許多禁煙的措施。褚民誼代表中央黨部所作的訓詞全文，於開幕次日即見諸報端，並被收錄在《文集》[1.10]中。他指出，「鴉片的禍害，弱國病民遠勝於洪水猛獸⋯⋯應當用革命的手段，來把他一律剷除。禁煙的方法，最好將禁種、禁運、禁吸、禁售，同時實行。但是禁止的詳細規劃，須由政府與民眾團體連合一氣，共同籌議，本合作的精神，達到禁絕的目的。

1928年11月中國國民黨中央執行委員會宣傳部編印的《禁煙宣傳彙刊》（右），收入褚民誼代表中央黨部在該年全國禁煙會議上的訓詞〈以革命的手段來剷除鴉片〉（左）[3.15]

「全國禁煙會議，負黨國的使命，民眾的付託，責任非常重大，深望在會諸同志，共同努力，掃除帝國主義者輸入中國之毒物，萬勿再使新中國留此污點，這就是本黨的希望。」會後，該訓詞以〈以革命的手段來剷除鴉片〉為題，編入中國國民黨中央執行委員會宣傳部，於是年刊印的《禁煙宣傳彙刊》[3.15]中（見上圖）。該書分為，總理禁煙的遺教、禁煙的重要言論、禁煙的法令、全國禁煙會議的決議，四個部分。在重要言論部分，依次登載了全國禁煙會議宣言，以及蔣中正、胡漢民、戴傳賢、譚延闓、褚民誼、王寵惠、王正廷、張之江、馬寅初等人的論述。

《附錄》〈褚民誼演講醫藥問題〉全文（《廣東醫藥月報》1929年第1卷第4期《醫潮特刊》；《文集》[1.10]）

　　諸位同胞，各位同志：現在醫藥問題已成為一至可研究的問題，而引起全國人士注意了。此題本極重要，關係吾國民族興衰，國家強弱綦鉅，吾人自應集思廣益、開誠佈公的研究。但是一般社會人士，能以公正的態度研究的，固然很多；其不明瞭箇中真相，隨聲附和而盲從的也就不少。今天有這機會和大眾談談，兄弟覺得很是愉快。自從中央衛生委員會會議規定醫師登記後，一時中醫界恐惶特甚，聯合中藥界一致起來反對，報章連篇累牘的紀載，社會紛紜龐雜的議論，甚至以訛傳訛的奔走駭告，集會結社去呼籲求援，好像大禍

將至，中國醫藥從此消滅似的。這固然是一種民眾運動，用以表示民意的。但是對於事實的真相太不明瞭，並且不曾加以考察。如能精密考察一下，深信不會這樣張皇，而無事自擾了。現在社會人士，動曰中醫存廢問題。其實這簡題目，首先錯誤。兄弟固然不曾主張廢止中醫，這次衛生會議又何曾有廢止中醫的決案呢。要說登記就是廢止，那真是大謬特繆。試問西醫同是一樣登記，並且期限較短一年，何以不聞起來反對。如說登記後非有立案學校文憑，則不得登記。中醫現在沒有立案的學校，當然不能登記，不當無形中從此廢止。這是昧於事實的話。要知道有兩年的期限，還怕全國醫生不統統登記完嗎。而一經登記之後，便可行醫終生。即是兩年後沒有中醫登記，至少還可維持四五十年。而我們的計劃，並非登記之後，便算完事。一方面開始登記，一方面開始研究。要把中醫改良，加以整理，發揚光大，以求其能科學化。一經改良，豈有不許其立案之理。而以如許之長時間，共同一致的努力，又何愁中醫不能改良。此次衛生會議不獨議決登記中西醫，並議決同時設立中醫中藥研究所。試問如果決心廢止，還要設立什麼中醫研究所呢？豈非自相矛盾嗎？可知此次衛生會議議決案並非要廢止中醫，不過加以改進罷了。兄弟雖不主張廢止，但是絕對主張非改進不可。固然中醫學術不是全無價值的；但是陰陽五行六氣等玄虛的空談，實在有加以改革的必要。所以兄弟說，中醫是文學時代的產物，含有文學之意味，玄虛的作用。現在是科學世界了，中國醫學不能常此落後，要叫他往前更進一步走到科學的途徑上去，提高國際地位，才能適於生存。中國現在國際地位的低落，原因雖多，但是衛生幼稚，醫學陳腐，也是其中主要原因之一。所以兄弟除竭力提倡衛生建設外，尤主張中醫之改良。世界上任何學術，初非一蹴可幾。其初是總不完善，漸進而至於完善的。不過最怕的是自誇自大，自以為滿足，那就永無進步了。即如西醫在三百年前亦不足道。曾武斷人身之血管只有氣。直至哈佛始發明血管中有血，才知道用科學的方法研究醫學。以後日異月異，進步甚速。至於今日，則一切數學、理化、生理、解剖、博物學、組織學、微生物學、寄生物學等，皆為醫學所運用了。外人的智能，非必皆在國人之上。不過外人性情憚於保守，勇於進取，研究不已，改良不窮罷了。直至現在外人並不自以為滿足，仍是不斷的努力研究改良，所以新發明一天多一天，而他的進步是不可限量的。國人保守性極強，中醫產生了數千年，到現在還是這種樣子，毫無進步。現在稍微提倡改良一下，大家就起來反對。說什麼國產呢，國粹呢，中醫如何如何好，實在令人可嘆。照這種樣

子，如何能有進步呢？並且一般業中醫的人，覺得他的學術好到極點，無以復加，用不着再去研究；並且反對提倡改良的人，視為仇讎，加以抨擊。我真不懂他們是什麼心理。唉！這種人的眼光真淺喲。兄弟恐怕老是這樣子的固步自封，不要說幾千年了，只怕不到幾百年，中醫必定要消滅的。不要說有人主張廢除了，便是無人提議廢止，只怕自然而然就要消滅的。兄弟並非趨於悲觀。試想西醫現在的進步，已是這樣的快，而他並不自以為滿足，仍竭力的向前進取，努力不懈的研究。那麼，不用說現在西醫已經科學化，已在中醫之上；便是不如中醫，那一定也能超過中醫的。到那時候，西醫研究的結果，達於至善之境，中醫還有立足之地嗎？無論國人如何富于保守性，生命是人人愛惜的。同一病症，將來西醫能治，中醫不能治，誰還去請教中醫呢？所謂物競天擇，適者生存，如何能逃出這定例呢？到那時候，中醫還有不淘汰不滅亡的嗎？中醫之所以能延長數千年，是因為沒有西醫與他競爭。便是現在中國的西醫，在中國來的年代還淺，尚未達於至善之境。將來西醫愈研究愈精明，愈改良愈發達，那麼中醫不亡而自亡了。所以此次衛生會議議決案，從消極方面看起來，似予中醫以不便；積極方面，正是設法保存中醫，以免其趨於自然滅亡之途的啊！我上次的論文[3]，以科學與非科學譬之為汽車與土車、電燈與油燈，頗有不少的人，以為這種比喻，失之適當。其實照現在一般中醫龐然自大和不肯改進的態度看起來，恐怕若干年後，到了淘汰的一天，或者還不及汽車與土車、電燈與油燈之比喲。這是至可痛心的事，希望其能不至於此。這次衛生會議的結果，雖遭各方反對，但是我卻以為已收到小小的效果。中國醫學的陳腐，向來無人注意的，現在居然已引起國內學術家的探討，也有主張加以改良的。倘因此竟能加以研究，設法改進，使得中國醫藥，不趨於自然滅亡之途，寧非厚幸嗎！

至於一般人以中醫與西醫強分國界，尤屬無謂。要知學術本無國界之分，尤其是醫學關係吾人生命的安危。應取人之長，補我之短，不問中西，惟善是從，不當分國界，亦不能分國界。此時名為中西醫，中醫科學化後，必能化去畛域，將來此種名詞便不能存在。但是現在國界雖不當分，新舊則不能免。中醫產生在數千年前，至今毫無新的發明，當然謂之舊醫。譬如指南針，是我國發明的，我國至今指南針，還是以前老樣子。外人的指南針，雖由我國脫胎而

---

[3] 指題為〈必如何始能致醫藥前途昌明與光大〉的論文，發表於《醫藥評論》[2.15]No.7（1929，4，1）並收入《文集》[1.10]中。

成，但是比較中國的大不相同，改良多多。同一指南針，則又不能不有，新舊之別。如果中醫必欲人名之為新醫，那就非從事整理改良不可。改良完善之後，自能成為新醫了。今人每以中醫為國粹，西醫為舶來品，強分高下，亦屬無聊。試想中國的國粹，當無過於國學了。閉關以前的時代，是專門研究國學的。現在呢，各學校中亦僅列國學為課程之一類。同時必研究其他科學及外國文字，才能應用。如果現在屏棄一切科學及外國文字，舉國之人，專門研究國學，雖通國學之人，皆成為飽學之士，亦不過恢復閉關以前的狀態，開倒車罷了，其何能與列強競爭，又何以圖存呢？醫學也是一樣，要想醫學好，不是僅僅學習中醫，念幾本書，就算能事已畢，必得同時研究各種與醫學有密切關係的科學，才能彀應用的。所以兄弟根據這層意思，有設立中醫研究所的計劃。預備集合國內中醫的優秀份子，補之以科學專家，相與切磋探討，不獨要將中醫的精華保存，並且要使得他能進步和發明新知。但是其中的糟粕和一切玄虛之理，那就非加以改革不可。同時並擬在醫學院、醫學專門學校中，列入中醫一科，使習西醫者得研究中醫。同時使學習中醫者，亦能研究生理、物理、解剖、組織、治療、博物學、微生物學、寄生物學等科學。那麼才能截長補短，融會貫通，而不斷的進步，能有新的發明。然後以我之新知，貢獻於世界各國，列於國際醫學之林，庶可一洗中國醫學陳腐之恥，使醫之前途再無中西之分，而國際地位自能因之增高了。

　　至於中藥的問題，衛生會議不獨不加以限制，並且竭力圖謀他的發展，不意也跟著中醫界反對，真是令人莫名所以。於此一端，足見我國民眾知識的幼稚，不察事理，而但知盲從了。此次衛生會議的計劃，是要將中藥改良其製造，變成十分精美的新藥，使得他能駕舶來品而上之。因為西藥的原料，許多是從中國運出去的，外人能製造，國人何以不能製造呢？無非缺乏研究罷了。我們希望研究之後，能在國內設廠自造。不獨希望造成之後，可以供給本國之用，抵制外來之貨；並且要有大規模之組織，設法推廣中藥的出路，使得出品愈多，可以銷運外國，挽回已失的權利。這並非不可能之事，只要國人一致的努力去研究，沒有不能成功的。聽說中醫界有制止中藥出口的提案。這種消極的辦法，幼稚的手段，在外人聞之，固覺可笑；在兄弟聞之，惟有痛心。試想每年輸出的藥材，其價值雖敵不過輸入的西藥。但多少總能抵補一些罷。無論這種辦法，事實上做不到；便是辦到了，外人能因中國不供給他的原料，他便將工廠停閉，不設法去採取原料來製造嗎？何況，現在好多藥品，不必用原

料，就是用化學的總合方法來製造成的。製造成後，又怎樣去阻止不運進中國來呢？倘是要西藥從此絕跡，那麼現在社會上所需要的藥品，從何取給呢？而每年不出口，所餘剩下來的大批藥材，又將何用呢？這豈非因噎廢食，自殺的政策嗎？兄弟的主張則不然，以為要想挽回利權，杜塞漏卮，應當謀根本的解決，抱積極進取的精神做去。先從種植藥材入手，同時研究西藥的製法，然後設廠自造。如果我能做到，則能無形中抵制西藥。中藥不禁止出口，自然就不出口了。不獨能杜塞未來的漏卮，並且可挽回已失的權利。像現在中醫藥界的辦法，直可謂之自殺政策。

　　總之，這次醫藥的紛爭，一言以蔽之，對於事實缺乏精密的考察，所以以訛傳訛，說要廢止中醫中藥。其實衛生會議的計劃，正要改進中醫，發展中藥，何曾有廢止的意思呢。甚至以兄弟為主張廢止之一人，有用團體的名義，有用箇人名義，致信與兄弟討論商榷此問題的。兄弟勢難一一答覆。記得從前中山先生初革命的時候，人家目之為叛逆，呼之為大寇。今則尊之為國父導師了。此雖因時代之不同，足見凡事在改革之初，誤會糾紛是不能免的。

　　至於中國衛生行政，是向來不講究的，所以衛生這樣幼稚，衛生上的建設毫無。並且中國從古以來，不曾開過衛生會議。這次中央衛生會議，總算開了中國的新紀元。兄弟學識有限，才能淺薄，對於衛生上的知識，不甚豐富。自從考察衛生回國以來，覺我國衛生實在太幼稚了，竭力要想使得中國衛生有點進步，急起直追，以躋於國際衛生之列。所以抱積極進取的精神，不甘為消極敷衍的態度。不意社會不良習慣甚深，改革不易，民眾科學觀念過於淺薄了，引起這樣的反響。雖說這種現象是囿於習慣，數見不鮮，原不足怪，也足以使人短氣。至於區區毀譽，本不足計。獨念衛生行政，關係民生民族綦鉅，政府負有保護民眾健康的責任。醫學完善與否，關係民命的安危，當然不能加以忽視，不能因少數不明事理人的阻撓，而妨礙大計。所以兄弟希望海內賢達，用公正遠大的眼光，來批評一下，中醫究竟應當改良與否。如認為有改良的必要，那麼大家負起這箇責任來，通力合作，以求我國醫學科學化。同時並希望中醫藥界人，把這事的前因後果，仔細考察一下，精密計較一下，不要太固執成見，不要以主觀的地位來議論，要拿客觀的眼光來研究。那末，事理自能明瞭，就不難徹底覺悟了！

第二節　創辦雜誌，評論醫藥

　　自南京國民政府增設衛生部以來，衛生行政管理逐步走上正軌，為了從輿論上推動和監督我國醫藥衛生事業在健康的道路上邁進，庶幾一洗時代落後之恥，褚民誼等人抱醫國醫民熱忱，糾合同志，以評議醫政、宣傳醫藥科學知識為目標，組織「醫藥評論社」，出版定期刊物。據《時事新報》（1928，11，26）報道，倏經旬餘之籌備，於1928年11月25日下午六時開發起人大會，有過半數之發起人褚民誼、胡定安、余雲岫、謝筠壽、龐京周、陳方之等三十餘人出席，公推褚民誼主席，田守成記錄。在主席演說闡明本社之宗旨後，逐一討論修正通過了本社之緣起和簡章草案。隨後，《醫藥評論》半月刊[2.15]之創刊號（見右上圖）即於1929年元月一日出版面世。摘引其上發佈的「簡章」如下：

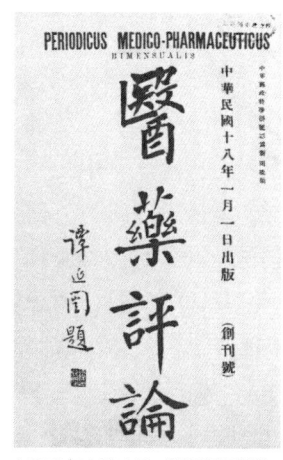

1929年1月1日《醫藥評論》創刊號[2.15]No.1（1929，1，1）

　　旨趣　宣傳醫藥常識，討論衛生實施，以謀普遍之貢獻。
　　命名　本社定名為醫藥評論社。
　　組織　凡新醫藥界熱心同志願負擔本社文字及經濟之責者，經本社社員五人之介紹得為社員。本社社務分下列三部，由社員推舉理事十五人掌理之：
　　（一）編輯部　掌理徵文、核稿，管理書報事宜；
　　（二）出版部　掌理付刊、校對、發行事宜；
　　（三）總務部　掌理會計、庶務、交際、文牘事宜。
　　集會　社員大會每半年一次；理事會每月二次（注：與半月刊出版相對應），逢第一與第三星期日下午五時舉行，如有重要事宜，得由理事會議決臨時召集之。
　　社址　暫設上海法租界辣斐德路亞爾培路298號[4]。
　　附則　本簡章應行修改之處，於大會時公決更改之。

---

[4]　褚氏寓所。

《醫藥評論》編制內容分為下列十三欄，但於必要時得由編輯部增損之：社評、評論、專著、譯述、傳記、時聞、轉載、雜俎、文藝、通訊、諧談、介紹、來件。

發起人　褚民誼等57人（這裡名單從略）。

理事人名單（編輯部）龐京周、汪企張、宋國賓、夏慎初、余雲岫、吳冠民；（出版部）謝筠壽、郭琦元、朱企洛、汪于岡；（總務部）褚民誼文牘、葉漢丞交際、宋梧生會計、謝應瑞庶務、陳方之交際。

《醫藥評論》的創辦，受到朝野各界的熱烈歡迎，眾多名流要人紛紛寫序題詞，以表祝賀和支持。如後頁諸圖所示，由於題辭十分踴躍，從創刊號起，分數期刊出。時任行政院院長的譚延闓為之題寫刊頭，並揮毫致辭曰：「為人類謀健康，為中國謀進化，為世界謀幸福。」黨國元老吳稚暉篆字題寫「壽世作人」並致以頌詞。行政院副院長馮玉祥及衛生部長薛篤弼分別撰寫發刊序。薛序最後謂，「吾知斯刊出世，必將大聲疾呼，正言讜論，為振聾啟瞶之利器，為吾國醫學史、衛生史上，放無限之光彩。豈獨醫藥界之幸，抑亦吾中華民族之幸也！」

實業部長孔祥熙的題詞：「三民主義，首重民族，不救衰弱，何以蕃育；政治衛生，社會醫學，體大思精，必賴先覺；濟濟仁者，大聲疾呼，喚起沉痾，恥雪病夫；強種強國，非可空言，學術平等，乃為真詮；化重科學，異彼方書，醫人醫國，斯其權輿。」

考試院副院長孫科和立法院副院長林森分別題詞奉祝「普濟眾生」和「度一切苦厄」。交通部長王伯群的題辭為，「提倡科學，注重醫藥；社會導師，國家命脈。」商界代表，全國商會聯合會主席、上海總商會主席委員馮少山，為醫藥評論社創始紀念題寫祝詞，「中華醫學發明最先，科學演進我反落後，應何研究急起直追，發皇光大此社是賴，大輅椎輪軔之始朔，辭以祝之用申微誠。」

接續發表在該刊第二期上的題詞（見次頁上圖）：大學院和中央研究院院長蔡元培的是，「洞明癥結」；司法院院長王寵惠的是，「強種之基」；立法院院長胡漢民的是，「不明生理學無以養生，不精藥學無以治疾」；上海特別市市長張定璠的是，「藥石之言」。

國民政府委員閻錫山為醫藥評論社題詞：「大同之論，昉自宣尼；中醫之學，刱自軒岐；後世不振，日見委靡。歐風東漸，雲起電馳；功成革命，邦國

馮玉祥　　　　　　　　　　　　　　　　　　　　　　吳敬恒

薛篤弼　　　　孔祥熙　　　　譚延闓　　　　馮少山

王伯群　　　孫科（右），林森（左）

《醫藥評論》創刊號上刊登的發刊序和祝辭（提筆人名分註於相應圖下）[2.15]No.1（1929，1，1）

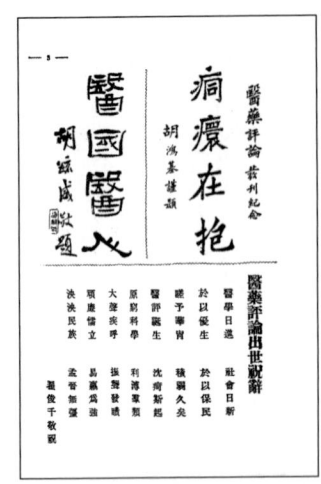

No.2：胡鴻基（右），胡毓威（左），翟俊千（下） 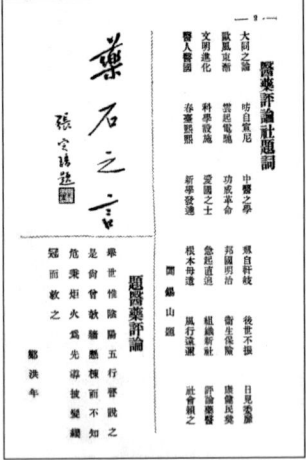　　No.2：閻錫山（右），張定璠（上），鄭鴻年（下） 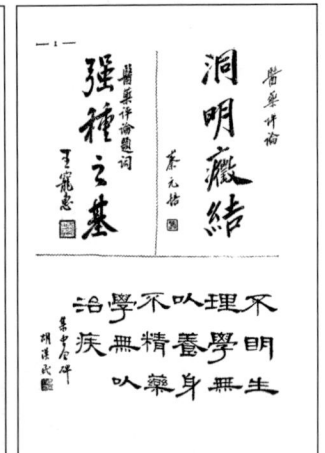　　No.2：蔡元培（右），王寵惠（左），胡漢民（下）

No.5：韋愨　　No.4：陳其采 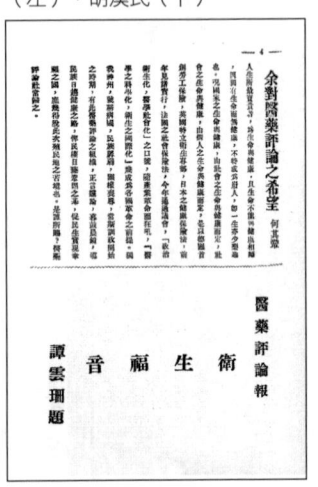　　No.2：何其鞏（上），譚雲珊（下）

《醫藥評論》[2.15]第二、四、五期上續登的祝辭（提筆人名分註於相應圖下）

明治；衛生保險，康健民彝。文明進化，科學設施；愛國之士，急起直追；組織新社，評論藥醫。醫人醫國，春臺熙熙；新學發達，更本毋遺；風行遠邇，社會賴之。」

此外，還刊登了暨南大學校長鄭鴻年，教育家翟俊千，衛生學家胡鴻基和胡毓威，書畫界譚雲珊等人的題詞，以及北京特別市長何其鞏撰寫的「余對醫

藥評論之希望」的短文。

在其第四期和第五期上接著先後登載了，陳其美的胞弟陳其采的篆字「心游壽世」，和上海市教育局長韋愨「醫藥南針」的題詞。

時逢醫學專家石正邦日本留學歸來，積極參與醫藥評論社，監察院院長于右任祝醫藥評論社發達兼為正邦同志學醫歸國誌慶題辭，「醫學要完全科學化，而理學的診療便是有權威的科學化的醫學」，發表在該刊第十五期上（見右圖）。

需要補充的是，上述贈言的來稿，大都同時附有致褚民誼函，直面表達其祝願，亦登載於該刊相應的通訊欄目中。

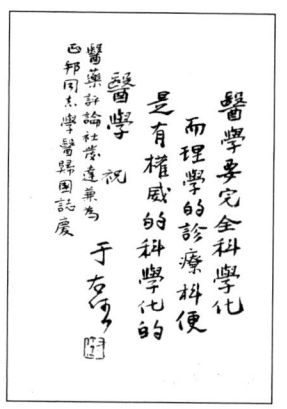

《醫藥評論》第十五期刊登的于右任題辭[2.15]No.15（1929，5，16）

這些眾多的贈言題詞，來自國府行政、立法、司法、監察、考試五院，衛生、實業、交通等各主要有關部，遍及軍政、文教、衛生、工商各界，既分屬蔣、閻、馮、譚、孫等派系，又有國民黨元老和社會名流等各方代表人物，真可謂洋洋大觀，踴躍異常。這一方面反映了社會各界對這個新生醫藥刊物問世的高度重視和熱切期盼；另一方面也突顯褚民誼的廣泛人脈關係。體現了他一再呼籲和堅持的，擯棄紛爭，團結起來，為實現「訓政」時期三民主義的建國任務而共同奮鬥的主張和願望。

對於醫藥評論的旨趣，褚民誼在創刊號的「發刊詞」中闡述如下：

「西諺云，康健為人生真正之幸福。中山先生謂行之非艱，知之惟艱，世無不知而能行者。知康健為人生真正幸福者有之矣；而所以致此真正幸福之道，則知之者甚鮮。夫人孰不欲康健，孰願甘為病夫。外人謂我為東亞病夫，吾豈真為東亞病夫哉，亦惟不知康健之道而已。同仁不敏，慨夫國人體力之不健、精神之不振，由於缺乏醫藥之常識，與夫不知衛生之方也，爰有醫藥評論之組織。竊願本其所學，盡量貢獻，使不知者可以知，知之則能行，行之而有效，享獲人生真正之幸福。使國人皆能享此真正之幸福，則東亞病夫之名詞，自無存在之餘地。同人志願非奢，希望僅此。請進而述其進行之步驟，與夫所抱之方針。

其一民眾思想科學化　我國以五千年之歷史，四百兆之人口，廿餘行省之幅員，舉凡立國之要素，幾無不駕列國而上之。在理宜臻富強，莫與能京，而

第七章　醫藥衛生，造福社會　37

乃適得其反者何耶。一言以蔽之，缺乏科學而已。今日中國科學之程度，較之歐美十八世紀，差相伯仲。人則突飛猛進，我則遲滯其行，落後之譏，夫何能免。今國內研究科學者，雖不乏其人，深造有得之士，則殊不多見。至於一般民眾，與言科學，尤瞠目結舌，莫名所以。此種現象，為有識者所共憂。至言人生之健康，豈僅醫藥與科學有關，其他若解剖、生理、病理、防疫、及種種治療之法，何一非產生自科學，而有相互之關係。科學萬能，豈虛語哉……然目前着手之方，則非先事宣傳，使民眾咸能認識科學救國之價值，而使其思想科學化也。

其二社會衛生化　國家之強弱，其原因非一。若夫國民體格不健全，則實其致弱之主因。國民體格之所以不健全，則不知衛生之道而已。衛生有公共與個人之別。在吾國今日個人衛生，講求者或不乏其人；若夫公共衛生，可謂窳敗已極。鄉僻偏隅，姑且不論。即以通都大邑言之，其垃圾填塞通衢，而污穢棄置道左者，仍所在多有。外人動謂華人缺乏衛生觀念。夫衛生豈異人任，華人豈真缺乏者，亦曰不知衛生之重要，與未明瞭其方法而已。是故根本切要之圖，在先喚起社會衛生上之注意，而灌輸其知識，使明瞭衛生之重要，與設施之方法，以底於社會衛生化。

其三醫學科學化　在昔吾國非無醫藥，顧所謂醫學者恒參以晦澀之理……故步自封缺乏研究與進步之所致也。自科學發明醫學科學化後，人類生命始得一安全之保障。今各國醫學已無不科學化矣。獨吾國社會猶積習相沿，抱殘守闕，社會人士，仍多崇拜舊醫，菲薄新醫。此則觀念錯誤，思想陳腐，尤不可不大聲疾呼，發聾振聵。俾知天演定例，優者勝，劣者敗。醫學科學化，在廿世紀中，已成為不易之定例也。

其四政治衛生化　方今訓政伊始，百度更新，政府鑒于社會衛生之重要，行政院已有衛生部之設置，將倡導民眾，使之了解，逐漸推行，以期收效，是誠黨國之新猷，政治之急務。誠能移易觀聽，推行盡利，國利民福，良非淺鮮……矧衛生乃專門學術，博大精深，非專門名家，未能澈底明瞭。故無論懷疑新醫者，為社會無識之士；即負有設施之責者，想亦在一知半解之列。是故貢獻新知，宣揚真理，糾繩謬誤，提示正軌，端有賴於海內賢達，碩學專家，集思廣益，共策進行，此本刊之所以創設也。至若吾國政治，向極垢污。今雖稍清明，猶未臻郅治。吾黨既以廉潔政府標榜天下，竊願本此意旨，發為輿論，庶幾滌穢蕩瑕，垢污盡去，清白可睹，亦猶人生疾病既除，健康斯

復。即以衛生之道,以為衛國之圖,而使政治衛生化。

夫行遠自邇,登高自卑。故本刊着手伊始,先致力於宣傳醫藥常識,討論衛生設施,以謀普遍之貢獻。進而求民眾思想科學化、社會衛生化、醫藥科學化。三者之目的既達,則政治衛生化自能實現。然後循序漸進,而至於國際衛生化焉。則追踪襲迹,並駕齊驅,適應世界之潮流,增高國際之地位。至於斯時,東亞病夫將一變而為少年壯士。所謂人生真正幸福之健康,國人將無不克享者矣。此則本刊創設之微旨。同人區區之志願也。」

為了搭建好這個眾人矚目的輿論宣傳平臺,褚民誼對此,特別是在其草創時期,傾注了大量心血。那時他在上海擔任中法國立工業專門(科)學校校長,家住校內。為了簡約儘快上馬,他將家宅作為醫藥評論社及其編輯部的基地,親自主持每月兩次的理事會,總管和指導每月兩期的繁重編輯出版工作。

《醫藥評論》半月刊,從1929年創刊起,於每月1日和16日定期出版發行,不以年分卷,連續按期編號。每期32頁,創刊號則因稿件過多,增至40頁。發行年餘效果顯著,得到國內外的好評,在1930年比利時國際博覽會上展出,獲得金獎。接正式通知後,如後頁右上圖所示,從第49期(1931,1,1)

《醫藥評論》獲1930年比利時國際博覽會金獎的獎憑[2.15]No.77(1932,3,1)

第七章 醫藥衛生,造福社會 39

開始，在刊物封面左側邊上加註「比國獨立百年紀念萬國博覽會特給金獎」字樣。嗣後，於1932年初接到從比利時發來的該獎獎憑（見前頁右下圖），登載在第77期（1932，3，1）上。

經過兩年運行，該社組織已臻完備。1931年伊始，在前述第49期上同時刊登了包括編輯總主任褚民誼以及會計朱企洛、幹事吳天倪、廣告朱善基在內的「本社職員小影」（見左上圖），和「本社會員錄」，並從該期起連續數次登載部分社員的玉照。該刊創辦之初，投稿純屬義務，不計稿酬。隨着運作和發行的成功，經費日漸充裕。為鼓勵投稿，遂決定從該年1月1日起，以每千字分四等酌付稿酬（詳見49期上發佈的「本刊現金徵稿條例」）。

此後，褚民誼在其他方面擔負的任務日益繁重。1931年4月，他遵國府命，長途跋涉出使考察新疆，《醫藥評論》第55期（1931，4，1）上通告，由汪企張代理編輯部主任。9月褚氏返滬，即發生九一八事變，日軍開始大舉入侵我國。褚民誼毅然於1932年3月出任南京國民政府行政院秘書長，常在京繁忙處理事務，難以到滬旁顧。遂於該年7月30日在他主席下，召開了醫藥評論社社員大會。會上繼續推舉褚民誼為社長，但不再擔負具體社務。同時做出如下決議：本社改組，分為編輯、發行和交際三部，推定出各部理事成員，其中編輯部公推宋國賓為主任；自1932年9月15日起改為月刊；設立分社，聘請胡定安為南京分社籌備部主任等。（《醫藥評論》[2.15] No.88，1932，8，16）

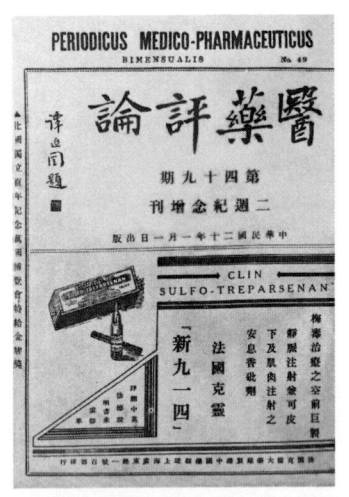

1930年《醫藥評論》獲比利時國際博覽會金獎，從49期起標明在其封面左側邊上[2.15]No.49（1931，1，1）

「醫藥評論社」職員攝影：編輯總主任褚民誼（上），會計朱企洛（右），幹事吳天倪（中）和廣告朱善基（左）[2.15]No.49（1931，1，1）

接着在8月27日的新理事會上，議決通過了新的醫藥評論社簡章。其中規定社員需本社會員二人以上介紹，社員大會每半年召開一次，理事會每月召開一次，均由社長為召集人，但社長離滬時得依次由編輯部主任召集之。社址仍暫設在上海褚宅內（其門牌由298號改為408號）。會議還推定夏慎初為發行部主任兼會計，姜振勛為交際部主任。（《醫藥評論》[2.15]No.89-90，1932，9，15）不久，在9月25日召開的第二次新職員聚餐會上，推舉宋國賓為臨時主席，做出了由謝筠壽任會計；增添編輯員，對社員的口述進行記錄整理，取消稿費，用於增員工資；編輯部通訊處改在宋國賓住宅等項決議。（《醫藥評論》[2.15] No.91-92，1932，10，15）此後，《醫藥評論》便在宋國賓的主任編輯下，一直出版到1937年全面抗戰爆發時的第151期（1937，7，15），而告終止。

　　褚民誼先後在《醫藥評論》，包括：社評、評論、專著、譯述、時聞、轉載、通訊、諧談等欄目上發表大量文章，主要集中在開始時的前一二年間。例如在創刊號一期上就有，〈發刊詞〉、社評〈大掃除〉、專著〈消化與排泄〉和諧談〈大糞坑〉等四篇。本節後面的附錄「褚民誼在《醫藥評論》雜誌上的文章總覽」，給出了本書作者匯集他的全部文章目錄，總計41篇。按其內容可歸納為三大類：（一）普及醫藥衛生新知和宣傳醫藥科學化（17篇）；（二）評論衛生實施（18篇）；（三）社務及年度大事回顧（6篇）。褚民誼除了大聲疾呼醫藥科學化外，在衛生實施的諸多方面，與有關方面互動，提出中肯的意見和建議，監督各項決議的執行，直至給以尖銳的批評，竭盡一名專家和黨國元老之責，在這方面的內容也可說是該刊的一個顯著特點。《醫藥評論》這個刊物，不但對研究褚民誼，而且也是研究我國醫藥衛生事業發展的一份重要歷史資料。

　　褚民誼自擔任行政院秘書長後，雖然公務纏身，但仍十分關心醫療衛生事業的發展。於此期間，在他的指導和支持下，先後又創辦了《醫藥導報》[2.24]和《社會醫藥報》[2.25]兩個刊物。前者屬專家導向型；後者為普及大眾型。

　　《醫藥導報》於1933年10月10日雙十節創刊。如後頁下圖所示，刊頭為褚民誼所題，編輯部由三人組成：褚民誼博士和龔惠年醫師任編輯主任，汪浩然醫師任校刊主任。在發刊辭中褚民誼闡明其辦刊宗旨：

「吾國醫藥非無足取，惟因默守數千年之成規，不求進步，其故偏重經驗，近於玄學，以與科學的新醫新藥較，當然瞠乎其後。此非倡始者之過，

後之師承者不加研究探討，故步自封所致耳。自歐西之學術，日益昌明，新醫藥之發明，日有所聞，造福人群，何可限量。國人向之狃於積習者，亦稍稍改進，移轉目光，漸知新醫藥之功用。然以一般國民科學程度之幼稚，醫藥知識之缺乏，其對於新醫藥，有真切認識者，實居最少數。而值此新舊醫藥學術交替之會，彼此互相水火，真理未明，議論分歧，尤令問津者，有歧途徘徊，莫知適從之苦。是故不得不有正當之書報，糾繩謬誤，闡明真理，而為之指導。此同人所以有本刊之輯也。若夫介紹醫藥之新知，發表醫藥之言論，報告臨床之實驗，俾吾同道間，互相切磋琢磨，交換參考，以求新知，而冀有所進益，則收效尤宏。凡我同志，願共勉之。」

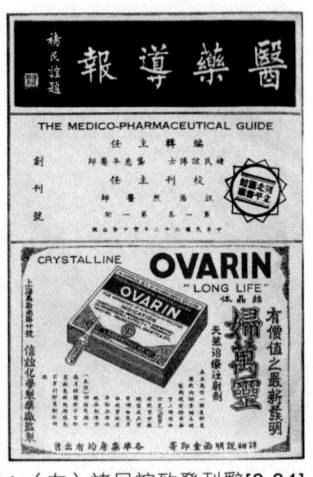

《醫藥導報》創刊號：（右）封面；（左）褚民誼致發刊辭[2.24]
Vol.1，No.1（1933，10，10）

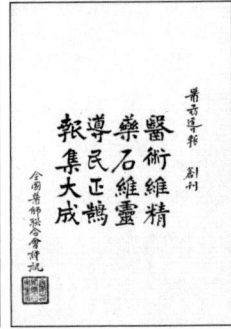

| 上海市醫師公會祝辭 | 全國醫師聯合會祝辭 | 蔡元培祝辭 | 汪企張醫師祝辭 |

《醫藥導報》上刊登的部分祝辭[2.24] Vol.1，No.1（1933，10，10）；No.2（11，10）

《醫藥導報》以其鮮明的特色，創刊伊始即受到醫藥界的熱烈歡迎。中央和地方各醫藥團體，醫師名家，紛紛題辭祝賀。登載於第一期上的有（以收到先後為序）：全國醫師聯合會、中華民國醫藥學會、南京醫師公會、漢口醫師公會、汕頭西醫公會、上海市醫師公會。蔡元培以及汪企張等眾多醫師和一些地方醫院的祝辭，從第二期開始，一直連續刊登直到第六和第八期止。前頁圖中摘登了其中的部分賀辭，以窺一斑。

　　該刊設有，言論、名作、專著、譯述、專件（介紹國產藥廠出品）、臨床（臨証）實驗錄、雜載和醫藥書報介紹等欄目。初為月刊，發行過程中有所變動。鑒於編輯部的主要成員均由名醫兼任，本職工作繁忙，參與編輯純屬義務，除褚民誼一直擔任編輯主任外，其餘的不斷有所更迭。至Vol.1，No.8（1934，9，20）時，因龔惠年醫師不幸去世，由宋國賓醫師接替編輯主任。刊物也自Vol.1，No.9（1934，10，20）起，改為雙月刊，並增加陳澤明醫師為編輯主任。到Vol.2，No.3（1935，11，20），又由莊畏仲醫師接替陳澤明醫師，此後編輯主任就由褚、宋、莊三人擔任，直至Vol.3，No.1（1937，7，20）止。

　　《社會醫藥報》[2.25]繼後於1934年4月15日面世。如後頁右上圖的創刊號封面所示，褚民誼博士任編輯主任，郭人驥醫師任理事編輯，曹志功藥師任事務主任。刊頭由褚氏親自題寫，其上端的口號：「提倡社會公眾衛生，介紹世界醫藥學識」，標明了本刊的宗旨和主要內容。在後頁左上圖所示的扉頁上，刊登了38名特約撰稿人名單，其中醫師和藥師幾乎各佔一半，顯示其醫藥並重的特色。該刊從第1卷第1期到第12期（1934，4，15至9，30）為半月刊，每月逢15和30日出版。自第2卷第1期（1934，10，15）起改為月刊，刊頭名《社會醫藥》，月中15日出版，12期為一卷，一直出到第4卷第9期（1937，6）止。

　　剛改為月刊時，褚民誼任主編，曹志功任主幹，編輯由郭人驥、江晦鳴和謝馥仁擔任。由於工作的義務性，除主編褚民誼，並由曹志功任主幹負責具體事務堅持不變外，為了均衡和減輕負擔，其他編輯們的分工，視情況常有變動，並不時有新人補充更迭，有關人員調整情況均及時在刊物上發佈。值得提出的是，由於該刊日益受到社會上的歡迎，從第3卷第1期開始，增加了新陣容。《新聞報民眾醫藥》的編輯李葇和《新藥導報》編輯部主任鄧源如，前來加盟，客串編輯一年。此後的編輯則由新人鍾志和及顧保羅擔任。

　　《社會醫藥》是一份大眾雜誌，本着社會需要醫藥、醫藥裨益社會、社會

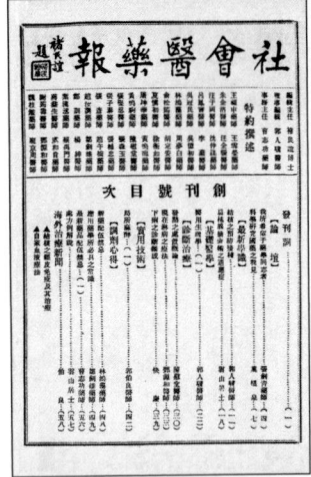

夏令病專號Vol.4，No.9（1937，6） 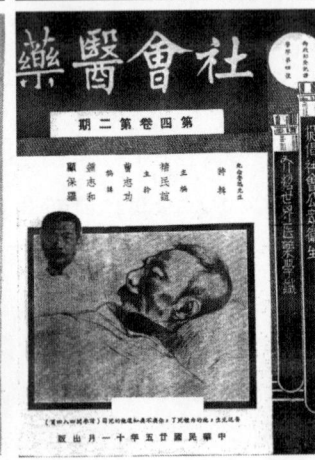　　紀念魯迅先生特刊Vol.4，No.2（1936，11） 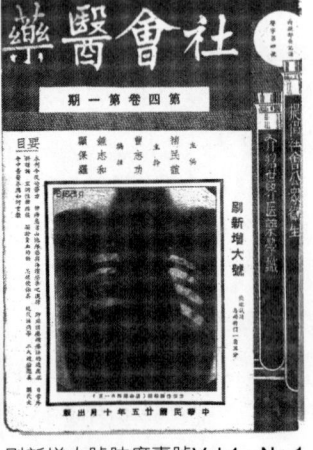　　刷新增大號肺癆專號Vol.4，No.1（1936，10）

1936-1937年《社會醫藥》的數種應時特刊[2.25]

1934年4月15日出版的《社會醫藥報》創刊號：（右）封面；（左）扉頁，其上刊登特約撰稿人名單及目次[2.24]

與醫藥打成一片的精神，刊物的內容應時應景，靈活變化。如上列數圖所示，肺癆是當時的一種流行病，若不及時採取有效方法醫治，死亡率很高。坊間大都對此不明病理，談虎色變，束手無策。該刊第4卷第1期（1936，10）以空洞性肺結核的X-光透視照片為封面，出版刷新增大號，重點普及和介紹檢查和防治肺癆的科學知識和辦法。不久傳來魯迅於1936年10月19日病逝的消息，舉國為之悲痛。該刊於11月出版了《紀念魯迅先生特輯》（Vol.4，No.2），在深切悼念的同時，進一步以剖析魯迅死於肺病的沉痛教訓，喚起人們對正確防

治該病的高度重視。又如夏季來臨，蚊蠅孳生，是疾病易于蔓延的季節。對此，曾於1937年6月配合出版了《夏令病專號》（Vol.4，No.9），以普及衛生和科學的防病治病知識，提出了防患於先，勿盲從濫用成藥，增進醫藥常識等建議。

值得提到的是，如前所述，褚民誼極力提倡中西醫聯合進行研究，認為這是消弭兩者之間矛盾，促進我國醫藥事業發展的一條積極途徑。但是中西醫之間隔閡較深，難以一蹴而就。通過一段時間以來的溝通和醞釀，終于出現了可喜的進展。《社會醫藥》[2.25]Vol.2，No.5（1935，2，15）上，登載了題為「中西醫藥研究社成立大會紀」的消息。報道稱，中西醫藥研究社，為醫界名流，褚民誼、丁福保、黃雯、張樹勛、徐元甫、宋大仁、江晦鳴、范天馨、沈警凡等三十人所發起。業於1月26日在上海開成立大會，到會者百餘人，濟濟一堂，盛極一時。該社是我國之首創，成立後，即開始徵求社員，等云。

褚民誼一貫支持我國新興藥業的發展。全國各省市新藥業公會於1935年11月10日在上海成立全國新藥業聯合會，褚民誼被推舉為顧問。不久，該聯合會於1936年3月1日創刊發行《新藥月報》[2.31]。褚民誼任新藥月報社社長，並為之題寫刊頭。有關詳情見本章之五「醫藥並重，培植人才」。

此外，褚民誼對地方醫藥事業和相關報刊的發展也很關心。汕頭市西醫士公會曾於1929年起發行《新醫聲》月刊。中途停刊後，於1933年1月1日復刊，如右圖所示，褚氏特為之題寫刊頭，以資支持和鼓勵。

1933年1月1日汕頭西醫公會復刊的《新醫聲》月刊。

《附錄》褚民誼《醫藥評論》[2.15]刊文總覽

一、普及醫藥衛生新知和宣傳醫藥科學化（17篇）：
消化與排泄（No.1，1929，1，1）
惟科學能救一切苦厄（No.2，1929，1，16）
竟有反對進化論者（No.3，1929，2，1）
論嘴呼吸之害（No.3，1929，2，1）

鄉村衛生與市政衛生（轉載廣播講話，No.4，1929，2，16）
什麼叫科學化的新醫（連載No.5，1929，3，1；No.6，3，16；No.9，5，1）
必須如何始能致醫藥前途昌明與光大（No.7，1929，4，1）
衛生上道德的觀念（轉載廣播講話，No.13，1929，7，1）
褚民誼先生在上海暑期衛生講習會之演講（轉載，No.18，1929，9，16）
褚民誼為胡定安所著之公共衛生序（轉載，No.18，1929，9，16）
貓兒之衛生（No.20，1929，10，16）
醫界之新念秧（No.22，1929，11，16）（該文用事實揭露以邪說行騙的真相）
南京葯學講習所演講辭（No.81，1932，5，1）
論醫德（No.100，1933，5，1）
唯有科學的醫可以破除迷信（No.101，1933，5，15）
惟科學醫能解除苦厄（No.102，1933，6，15）
趙燏黃、徐伯鋆合著現代本草生藥學序文（轉載，No.110，1934，2，15）

二、**評論衛生實施**（18篇）：

大掃除（No.1，1929，1，1）
大糞坑（No.1，1929，1，1）
衛生建設委員會成立經過情形（No.2，1929，1，16）
褚民誼在中央衛生委員會會議之提案（No.6，1929，3，16）
中央黨部代表褚民誼在中衛委會之訓辭（No.8，1929，4，16）
萬國衛生航空大會紀（譯文，No.12，1929，6，16）
衛生部存廢之利害（No.14，1929，7，16）
褚民誼致薛篤弼為醫師登記事（No.16，1929，8，16）
中法大學藥學院名稱迭更之贅言（No.17，1929，9，1）
褚民誼先生致劉瑞恒書（No.21，1929，11，1）（為中衛委會議決之醫師登記變通辦法請命，並退回個人證書待復）
衛生之重要意義及其關係（No.25，1930，1，1）
褚民誼函浙江民政廳長朱家驊請掩埋枯骨（No.25，1930，1，1）（為貧民屍體公益掩埋建言）
中國醫學教育之前途（No.26，1930，1，16）

改進中國醫學教育之計劃（譯述，No.27，1930，2，1）

褚民誼為中華衛生學會開第一次理事會致各會員函（No.28，1930，2，16）

中委褚民誼等發起建築全國醫藥總會所（No.31，1930，6，16）

斥蒸骨之荒謬（No.36，1930，6，16）（褚民誼與宋杏邨合著，當時發生轟動蘇滬一時之命案，上海等地法院竟以陳舊不堪的蒸骨驗屍體進行斷案，該文對此種迷信謬誤進行了無情批駁，呼籲法醫及法醫學院之建設乃當前司法界之一要圖）

褚民誼博士赴歐洲途中演講錄（No.36，1930，6，16）（為募捐全國醫藥總會所事）

三、社務及年度大事回顧（6篇）：

發刊詞（No.1. 1929，1，1）

卷頭語（No.25，1930，1，1）（為週年紀念增刊作）

去年醫藥界之迴顧及其希望（No.49，1931，1，1）

醫藥評論三週紀念誌感（No.73，1932，1，1）

醫藥評論六週年紀念卷頭語（No.121，1935，1，1）

卷頭語——我願（No.145，1936，1，1）

第三節　積極扶植，民間社團

褚民誼十分重視發揮民間社團組織的積極作用。早在他回國之初，在廣州執掌國立廣東大學及其醫學院期間，為謀廣大醫師的團結和權益計，就曾於1925年在廣州組織成立了「醫師公會」。他呈報備案的章程及名冊，於11月20日以「褚民誼等組織醫師工會尚無不合應准予備案」為由獲市政委員會核准（公文刊登在廣州《市政公報》1925年第207號上）。

嗣後，1929年11月在上海成立的「全國醫師聯合會」亦是在他的積極支持下成立起來的。年初衛生部頒佈醫師藥師暫行條例過嚴，又未能及時糾正，是促成該會建立的一個重要動因。該條例係於1928年由內政部擬案呈准國民政府後，交由新成立的衛生部頒佈的。《申報》於1929年1月26日全文登載了該醫師和藥師暫行條例的全文。它要求醫師藥師必須持有備案的正規醫學專科以上學校畢業證書，或醫師考試及格證書，經在部登記發証後方能行醫。那時的中

國醫藥教育十分落後，不但中醫沒有正規學校，即使西醫也僅有少數公立學校，私立學校程度參差不齊，未曾備案者比比皆是。即便如是，行醫者仍嚴重缺乏。該條例一出，醫藥界譁然。在2月召開的中央衛生委員會會議（以下簡稱「中衛委會」）上，通過了放鬆對已開業醫師的資質要求、延長登記期限等適合我國當時國情的變通辦法。但中衛委會畢逾半年，不但未見實行，卻又有消息傳出，在地方衛生局已登記開業者還需到部二度登記，引起醫師們強烈不滿。為此，褚民誼於《醫藥評論》[2.15]No.16（1929，8，16）上公開發表了致衛生部長薛篤弼書，嚴詞質詢對中衛委會各項決議的執行情況。薛氏於9月4日回函中稱，此項變通辦法已呈送行政院，尚待批復。（《醫藥評論》[2.15]No.17，1929，9，1）眼看實施之日一拖再拖，遙遙難期。在這樣的情勢下，為了維護醫師自身的權益，全國醫師聯合會便在醫師集中之地的上海，積極醞釀成立起來了。9月16日全國醫師聯合會籌備會，在《醫藥評論》[2.15]第18期上公佈了「全國醫師聯合會章程草案」，並發表宣言稱，「為今后之自衛與學術之進行計，結集群力，相應同聲，擁護中衛委會議決各案，要請政府尊重，而根據其原則逐一執行。茲先宣布主旨於次：一、請衛生部根據中衛委會議決案，放寬第一屆醫師登記資格；二、請教育衛生兩部，根據中衛委會議決案，急須設法增加全國醫師人數，以利衛生行政之進展；三、請衛生部確立醫師保障法。」務希各地醫師會及醫師組織之團體，速即具函加入，屆期推派代表出席在上海召開的全國代表大會。發起者為：武進醫師公會、寧波醫師公會、南京醫師公會、上海醫師公會、杭州醫師藥師協會、無錫醫師協會、蘇州醫師協會、中華醫學會上海支會；贊助者為：中華醫學會、中華民國醫藥學會上海分會。

全國醫師聯合會成立大會於1929年11月9日到11日在上海召開，到17行省40餘團體所推代表80餘人，會上討論通過了40餘項提案。會議特別關注醫師登記和醫事教育兩大問題，並發表通電，分致國民政府蔣主席、行政院譚院長和衛生部劉部長，並推派代表晉謁詳陳一切。褚民誼出席了成立大會，被推為臨時主席主持預備會議，並在大會上被推選為監察委員。（《醫藥評論》[2.15]No.22，1929，11，16）全國醫師聯合會的誕生是我國醫藥界的一件大事，參加成立大會的全體代表以及第一屆執監委員的合影刊登在《醫藥評論》[2.15]No.25（1930，1，1）上，如後頁上、下兩圖所示，褚民誼位於眾代表和諸委員之間。

1929年11月在上海召開的全國醫師聯合會成立大會全體代表合影。褚民誼坐在二排右11（《醫藥評論》[2.15]No.25，1930，1，1）

1929年11月全國醫師聯合會第一屆執監委員合影。右起前排，蔡禹門、盛配葱、侯希民、褚民誼、徐乃禮、牛惠生、俞鳳賓、王完白；後排，孫萃墅、宋國賓、夏慎初、余雲岫、龐京周、汪企張、姜振勳（《醫藥評論》[2.15]No.25，1930，1，1）

第七章　醫藥衛生，造福社會　49

在衛生部公佈醫師和藥師暫行條例後不久，經部審核褚民誼符合條件，曾於1929年5月22日通過上海特別市衛生局，向他頒發了第1號醫師證書和第11號藥師證書。(《衛生公報》[2.15]第1卷第6期)當時由於西北的馮玉祥與蔣介石發生衝突，馮系主將薛篤弼辭離衛生部，於1929年11月被免職，由劉瑞恒代任部長。關於醫師登記問題，剛閉幕的全國醫師聯合會議決，一致擁護中衛委會議決案。中央委員褚民誼為此，特致函劉部長，並帶頭以退還醫師證書的堅決行動，敦促衛生部儘快予以實施。

　　如下圖所示，《申報》(1929，11 12)上，以「褚民誼退還醫師證書——劉瑞恒將何辭以對」為題，對此詳加報道。褚氏在信中指出，關於登記問題，貴部二次所擬變通辦法均未邀准，非貴部之不執行，是執政者之不諒解耳。全國醫師大會，對「當局如此固執，多引為不滿。」「夫以衛生事業幼稚之吾國，醫師人才缺乏之今日……若照貴部所頒醫師暫行條例辦理，恐限制過嚴，合格之醫師甚少，將使地廣人稠之中國，頓起醫師缺乏之恐惶。「惟有查照中央衛生委員會議決案，擬具變通辦法，一面將貴部所頒之醫師暫行條例，再延期一年執行；一面將初次登記，照中央衛生委員會議決案，將十八年改為十九年底截止。庶中央威信與社會實情，兩不妨礙。因念弟前在貴部業已登記，得有證書。今既有以上之主張，自未便享特殊之利益，而任聽大多數醫師向隅。爰將證書照全國醫師聯合會之決議，交全國醫師聯合會總事務所，以便彙齊寄還貴部，為全國醫師請命，俟得有圓滿解決後，再請領。」

1929年11月12日《申報》上發表褚民退還醫師證書，為全國醫師請命的報道

劉瑞恒當即覆函，向褚氏表態謂，「惠書敬悉，現已開業醫師，務使均得領證，部中初意本是如此。奈兩次呈請變通給證均未邀准，正在另擬辦法之時，蒙以目前補救之道見示，曷勝感佩，部中現正根據中央衛生委員會議決案，擬再呈府院，以求貫徹初衷……不妨將登記之期限再予推緩，即於此展期之內，妥籌救濟辦法，以副尊囑耳。至吾兄退還證書，意在為多數同業謀利益，尤感欽佩。但本部對於此事，亦擬於最短期間內，力求圓滿解決，當不至令諸同業有所向隅，而吾兄等固不必有此退證之舉也。」（《醫藥評論》[2.15]No.21，1929，11）

至此，在強大的社會輿論推動下，政府終于妥協，問題得以緩解。這是褚民誼積極扶植民間組織，帶領醫藥同行，據理力爭，取得維權利民成果的一個事例。

中央衛生委員會按規定每年召集一次，1930年2月10日至12日在首都舉行第二次會議，開幕式上到黨政各界代表及全體委員百餘人，盛極一時。經過五次會議詳細討論，決議案計四十餘件。褚民誼作為委員出席會議，並在開幕式上發表演說。前述全國醫師聯合會第一次代表大會，曾有決議案八件，推請他帶到會上提出討論。內容包括：醫學教育方針；地方衛生行政改進案；法院檢驗法應科學化及其人才之栽培，以資改進國內法醫事業案；請黨政當局提倡疾病保障，並着主管機關切實計劃，早觀厥成案；速行健康保障，以救貧病案；擁護中衛委會中字第十五號審查案；各市縣宜建設平民醫院與地方醫院等項。經褚氏在會上說明理由，結果均無異議，照原案通過，交衛生部辦理。（《醫藥評論》[2.15]No.28，1930，2，16）

全國醫師聯合會於1929年底在上海成立後，按章程每兩年召開一次代表大會。1932年1月1-3日在杭州（《醫藥評論》[2.15]No.74），1934年1月1-3日在南京（《醫藥評論》[2.15]No.109；《醫藥導報》[2.24] Vol.1，No.3），1936年1月1-2日在漢口（《醫藥導報》[2.24]Vol.2，No.4）相繼召開了第二、三、四次全國醫師代表大會。褚民誼均連續當選，負監察委員之責。

醫學博士褚民誼，居家上海，積極參與上海市醫師公會的活動。該會成立於1925年，每年春、秋兩季各召開一次會員大會。1930年10月19日秋季大會上進行改選，產生第五屆執監委員會，在十五名執行委員中，宋國賓任常務主席，褚民誼與牛惠生、汪于岡分工擔任宣傳交際委員。（《醫藥評論》[2.15]No.47，1930，12，1）據《醫藥評論》[2.15]No.56（1931，5，1）上登載的來

件,「上海市醫師公會二十年春季大會會務報告」中謂,法租界醫師登記已於今年1月1日舉行,至5月1日截止,為期甚迫。其資格以曾得國民政府衛生部部照,或曾得有上海市衛生局開業照者為合格。「本會因新開業會員未曾領到中國官廳執照者不乏其人,乃推宋國賓、褚民誼兩委員前往法工部交涉,結果凡未曾領到中國官廳執照之本會會員,如經本市衛生局書面證明該醫師為本會會員,即可照給。於是又推本會代表褚民誼會同中華醫學會牛惠生、中華醫學會上海支會方嘉成、中華民國醫藥學會上海分會龐京周,前往本市衛生局接洽,囑正式備函到局,自當照辦云云。又於2月11日假座一枝香,聯合各醫會討論此事,並議決辦法三項」呈報。經市衛生局與法租界當局交涉,並報市府核准,規定出報名申請臨時執照細則四條,由該會通告各會員查照辦理。接着,公共租界自4月1日起亦舉辦醫師註冊,仍按此派員進行調查處理。這樣,在上海市醫師公會的努力下,租界區內的醫師登記問題也相應獲得了妥善解決。

為了團結廣大科技工作者,共同為發展我國醫藥衛生事業努力奮鬥,以一洗東方病夫之恥,褚民誼積極參與組織和發展醫藥衛生領域內的公益性學術團體。中華民國藥學會發起於1907年的日本東京,1909年召開第一屆年會,1910年遷回國內,會址始設於北京,1912年召開第二屆年會,是我國最早成立的學術團體之一。「對於中國藥學事業,雖處此極困難之地位,亦頗有建樹。」1930年3月1日《醫藥評論》[2.15]No.29上的一篇時聞中寫道,「如此次中華藥典之成功,亦該會所始創,並由該會會員所編纂。現鑒於藥事業之重要,會員之增多,擬將總會移南京,而上海又為重要商埠,不可無接洽研究塲所。遂於2月23日假一枝香成立上海分會。到有褚民誼、葉漢丞、趙午橋、劉步青、裘少白、汪竹君等三十餘會員。當時議決事項:一、暫設事務所於上海交通路新華藥行;二、籌備上海藥師公會;三、請南京、杭州同志成立南京及杭州分會;四、通過上海分會會章;五、選舉委員會委員。選出委員五人:葉漢丞、褚民誼、劉步青、周夢白、吳冠民;候補委員三人:趙午橋、王福申、鄭續臣。」

中華醫學會成立於1915年,每兩年舉行一次大會。1930年2月在上海召開第八屆大會,牛惠生主席,褚民誼被推舉擔任執行委員。會議期間在褚民誼等倡議下,醞釀成立了「中華衛生學會」。《醫藥評論》[2.15]No.28(1930,2,16)上發佈了該學會的章程,申明其旨趣,「以發展衛生學術,振興衛生事業,謀中國全民之衛生,以享健康之幸福為宗旨。」會址暫設上海亞爾培路

298號[5]內。該刊中記載了「中華衛生學會」的成立經過如下：

「2月4日午中華醫學會上海分會，公宴出席本屆大會各代表於大東酒樓。國內衛生專家醫界領袖，薈萃一堂。乃有褚民誼博士等在席間談及國內建設衛生事業及發展衛生學術之重要，應集合各界熱心份子，組織一衛生學會，共同從事於此，以謀全民健康之享受，國家地位之提高。時在座諸君咸以為此會組織之必要，贊成發起。旋於2月5日晚，上海新藥業公會歡讌中華醫學會全國大會出席代表於原處，由褚民誼博士主席演說後，復由褚博士徵求同意發起者簽名。一時簽名加入發起人之列，達一百數十人。於是公推褚氏負責起草會章，力謀進行。

「2月8日晚中華醫學會又張宴會於杏花樓，組織衛生學會之發起人，均各在座。乃即假座該處開成立大會。公推褚氏主席，報告該會發起經過。次討論會章，推舉理事。褚氏遂將所擬草案，分發各委員共同討論，均認為草案大致完善，惟既屬全國學會性質，理事人數應增至十五人。並主張第一屆理事，即由發起人中推選，以省時間，當付表決一致贊成通過。次互推理事，結果推定褚民誼、劉瑞恆、全紹清、王完白、蕭智吉、鄭豪、牛惠生、徐乃禮、龐京周、顏福慶、胡鴻基、汪企張、蔡禹門、陳萬里、方擎等十五人為理事，並指定由褚民誼召集第一次理事會，於是中華衛生學會，於鼓掌聲中，宣告成立。」

2月23日下午在褚寓召開中華衛生學會第一次理事會會議，決議公推褚民誼為理事長，顏福慶、全紹清為副理事長；總務事宜由褚民誼兼任，宣傳事宜由顏福慶兼任，交際事宜由全紹清兼任；每年出會刊兩期，交宣傳部計劃辦理；會址暫定上海亞爾培路298號；並定於3月23日在褚寓召開第二次理事會。會後次日褚民誼將第一次理事會情形函至各會員，見右圖（《醫藥評論》[2.15]No.30，1930，3，16）。

此後不久，褚民誼即將作為中國代表團團

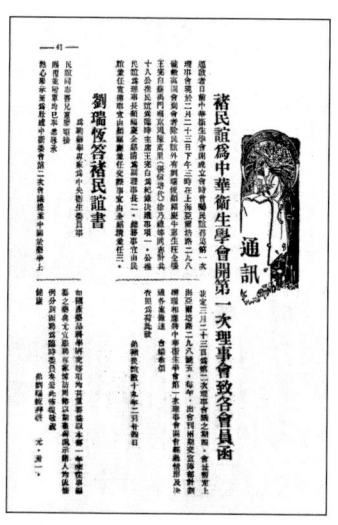

1930年2月23日中華衛生學會第一次理事會後，理事長褚民誼次日致各會員函[2.15]No.30（1930，3，16）

---

[5] 褚宅。

第七章　醫藥衛生，造福社會　53

長帶隊出席比利時國際博覽會。《時事新報》（1930，3，25）報道，衛生學會理事會「特於昨日午刻在亞爾培路298號公餞褚氏，宴畢並開中華衛生學會第二次理事會議。決議案：（一）中比庚款委員會補助費一千元，由顏副理事長納備作會用；（二）褚氏出國所有會務，悉交顏副理事長福慶負責繼續辦理，由宣傳部徵集衛生學著作，刊諸各報，並出定期刊，務使社會人士，多能認識衛生學與健康生存之重要意義云。」

中華民國醫藥學會成立於民國初元，歷史悠久，會員遍佈全國。近數年來南北多故，交通時阻，以致每年舉行一次之大會，不易召集。1929年總會南遷，修改會章，依法產生執監委員，整理會務，不遺餘力。本擬自整頓後，即召集大會，嗣因軍事徒起，交通梗滯，會期一再推延。後經執監會聯席會議決，訂於1931年4月在上海舉行第12次大會，並在是年1月於該會事務所開第一次籌備會，由陳方之主席，褚民誼等眾執監委員出席。會議擬定在大會期間，除由全國會員出席演講及各藥房前往陳列外，並邀請國內外醫藥大學校教授，特別講演，並函致日本武田長兵衛商店將關於醫藥學術上有趣味之活動寫真片，到會映演，內容豐富多彩。對於會員除恭備膳宿外，還提供交通半價券優待。為妥善籌備，設立總務、經濟、審查、交際、宣傳、陳列、庶務七個大組，推定出各組委員共計36人，分工明確，陣容強大。褚民誼、盛佩蔥、侯希民、陳方之、夏慎初五人任總務組委員，總理大會一切事宜。（《醫藥評論》[2.15]No.50，1931，1，16及No.51，1931，2，1）

1931年4月3日到7日中華民國醫藥學會第12次大會，在上海寧波同鄉會隆重舉行，除本地會員外，從全國南北各地廿餘省市前來報到者達百餘人。《醫藥評論》[2.15]（No.56，1931，5，1）上，對大會全過程之盛況進行了報道。3日上午9時開幕式，到各界代表、外賓及同濟、同德、東南、中央大學各醫校學生代表，以及該會會員等五百餘人。會議由常務委員陳方之主席，各方來賓致頌詞。褚民誼趕在因公離滬前，代表全國醫師聯合會在開幕式上講話，並與林蘇民一起主持了上午的第一場學術報告會。晚六時公宴假座太平洋西菜社，到有二百餘人。席次由日本教授演說，深慶中國醫學進步。次由褚民誼君演說，略謂「醫為世界的學術，並非一國的。外界每誤會那一國學來之醫學，即目為那一國的醫學。實則不論英、法、美、日，皆同一科學的醫學，共同研究，日進而已，其目的無非為全世界人類解除病痛。若中國以國醫自命，即不外固步自封。日本醫學長足進步之由來，大可為吾人借鏡。今晚即須首途赴新

疆，藉此杯酒，即以告別云云。」末演映褚民誼表演運動影片多種，至九時許始散。

會議後期，研討學會會務，討論通過了籌募基金，發行季刊，與各醫會合作，合併學術團體以及有關教育、製藥、醫政等提案四十餘件；決定下屆大會於1933年4月在北平召開；並選出新一屆監委褚民誼等五人和執委陳方之等十五人。7日下午六時舉行閉幕式，大會在歡呼聲中圓滿落幕。

如上所述，中央委員褚民誼聯係廣泛，在當時醫藥兩界的眾多社團組織中均任有要職，頻繁參與各種活動。這些團體之間過去缺乏聯係，他深感為了醫藥界的共同事業，急需建設一個統一的團體和共同活動的塲所，以加強合作。《申報》1930年3月19日以「褚民誼倡建新醫藥總會所」為題報道稱，「中委褚民誼氏，鑒於全國新醫藥業界，派別分歧、意見不一，以致精神不能貫徹、學術無互磋機緣，非建立一總會會所，集各團體於一堂，不足以消除意見、交換知能。爰集全滬新醫藥界十餘團體，於前晚（17日晚），假淡水路新藥業公會，開新醫藥總會所籌備員推選大會。到者均各醫藥界團體代表百餘人。主席褚民誼，記錄袁良驥、孫籌成。討論結果，每團體推定五人為總會所籌備員，並定於三月二十三日下午三時，召集第一次籌備員會議，務期早底於成云。」

1930年4月1日《醫藥評論》上公佈褚民誼等發起建築「全國醫藥總會所」的若干文件之首頁[2.15]No.31（1930，4，1）

如期，新醫藥所籌備委員會於3月23日下午三時，在亞爾培路298號，開第一次籌備會議。《時事新報》於次日報道，「到會者均各醫藥團體代表數十人，決議公推褚民誼為委員長，黃楚九、徐乃禮為副委員長，汪企張、王完白、姜振勳為文書委員，屠開徵、蕭智吉、龐京周、譚以理為經濟委員，袁良驥、孫籌成為幹事。」如右上圖所示，《醫藥評論》[2.15]No.31（1930，4，1）上，公佈了第一次籌備會議議決發出的建築會所意見書，以及募集建築費緣起、募捐條例等文件。

意見書在簡要回顧從清末民初的沉淪紛亂，到國府主宰中原力圖統一的局面後寫道：「國內氣象日新，諸事漸有眉目。我新醫藥界事業之建設，亦應時

第七章　醫藥衛生，造福社會　55

而動,急不容緩。幸茲二三年來,同志奮勉,創業者,風起雲湧,精神物資方面,各立相當基礎……民誼等辱荷醫藥兩界見愛不以鳩拙,引為同志。每感醫藥薈萃中樞之上海,醫藥機關多,而散處離立,各不聯絡互助。每有同一目的同一事業,各自進行,始終不相聞問,絕不關知。迨耗資費力經時之結果,而仍歸於一點。且同志之間,把晤乏機,則感情疏遠,均不得不引為醫藥兩界之憾事也。緣是擬聯合海上醫藥各團體,集中勢力,創立全國新醫藥總會所。建築會所,使同志間聯絡融合,以利改進、發展。其內容除會場、辦公處等主要部分外,並可量力附設圖書館、娛樂室、陳列館、合作社、寄宿舍、指導所。推而營國內救濟事業,國際學術聯絡,以期指臂統屬,心手相應。有餘屋空間,尚可供給界外之需。如此不特經濟時間上將收莫大之利益;而業務進展,亦必得事半而功倍也。惟茲事體大,須視實力以為入手。因念集腋可以成裘,眾擎則事易舉。爰擬發起組織建築全國新醫藥總會所基本團體,積極進行。尚乞醫藥兩界同志,慨賜贊同,各舒高見,俾此偉大有益事業,於最短時間,克底於成,幸甚幸甚!」

　　落款:樂文照、余雲岫、顏福慶、褚民誼、章顯達、朱恒璧、龐京周、汪企張、陳星五、馬炳勳、周邦俊、周夢白、黃楚九、陳方之、牛惠生、葉漢丞、徐乃禮、蔡禹門、屠開徵、范和甫、孫平階、袁鶴松。

　　在上海建築全國新醫藥總會所,是惠及廣大醫藥界的一項大工程,預算至少需二十萬元。為此,在該期上同時發表了募集建築經費緣起公告,並制定出詳細的募捐條例,擬發動各參加團體的會員組成募捐隊,在社會上廣泛募集資金。不久,褚民誼率團赴比利時參加國際博覽會,途經南洋各埠時,發表演講,竭力為建築會所向海外僑胞募捐。該代表團團員許士騏,發回了〈褚博士赴歐途中演講錄〉予以報道。(《醫藥評論》[2.15]No.36,1930,6,16)其在國內的籌款則由黃楚九等人負責。褚氏訪問南洋的詳情,見本篇第四章之第三節「精心組織,博覽爭光」。

　　年底褚民誼回國,在1931年元旦《醫藥評論》二週紀念增刊([2.15]No.49)上發表社論,進行回顧和展望時寫道:「去年間醫藥界之事業最關重要者,厥惟籌設醫藥總會所一事,想把一盤散沙的醫藥界打成一片,以期醫界沒有派別之分,藥界消滅門戶之見。因為目前醫藥界在精神上太渙散,沒有一個統一的團體。現在分析起來,有中華醫藥學會、中華醫學會、中華藥學會、新藥公會、醫師公會、藥劑師公會等等團體之組織,名目重多,不勝枚舉。即

在形式上,也沒有一規模宏大的會所,可以供醫藥界為大會場及共同研究的場所。同人等因鑒於社會之需要,爰有此新醫藥總會所之發起,組織籌備委員會以從事進行。時不佞適值代表國民政府赴比國參加百年紀念博覽會,乃將該會關于國內籌備事宜,均請徐乃禮、黃楚九兩先生負責主持。同人們預期在十九年(1930年)度內募有的款,早底於成。那知因事屬創舉,並且時間侷促,結果在十九年度歸去聲中,此偉大有益之建築物,籌備尚無端倪,引為莫大遺憾……在此未來一年中,不佞熱烈希望吾醫藥兩界的同志,及各界赤忱愛護中國醫藥界的諸公們,戮力合作,以弼成此偉大事業。縱不能在二十年度中,使此巍巍大廈,聳立海上,總也要樹植其基礎,尤其我們籌備委員會的同人,更當十二萬分的努力!」

最終這一雄心計劃由於經費和時局等問題,雖然未能如願;然而他大力提倡合作的精神和努力,對促進我國醫藥界的團結和醫藥事業的發展產生了積極的影響。

還要提到的是,褚民誼1928年訪歐調查衛生期間不但與在瑞士的國聯衛生組織建立了聯係,而且從國際紅十字會總部收集並帶回了大量有關資料。紅十字會發源於歐洲瑞士,是從事人道主義工作的社會救助團體,以發揚人道、博愛、奉獻的紅十字精神,保護人的生命和健康,促進人類和平進步事業為其宗旨,受到了全世界廣泛的歡迎和響應,並以紅十字會聯合會(紅十字協會)的形式發展成為一個國際性的權威組織。我國1904年在激烈的日俄戰爭中,為了爭取國際援助,救護中國難民,有大清紅十字會組織的出現。辛亥革命後,正式更名成立了中國紅十字會,並於1919年獲准加入國際紅十字會聯合會。褚民誼認識到紅十字會在發揚人道主義方面的重要作用,對該組織

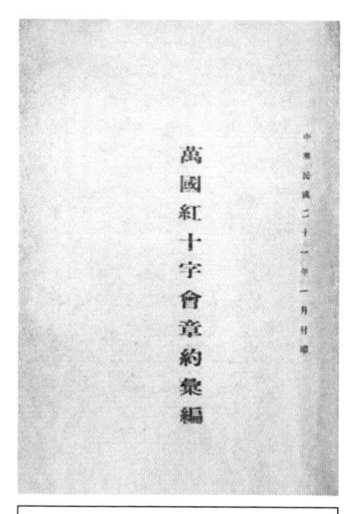

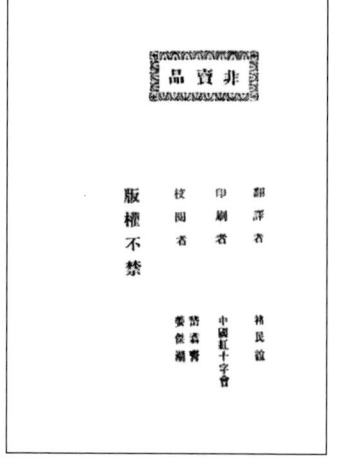

褚民誼翻譯的《萬國紅十字會章約彙編》由中國紅十字會於1932年1月出版:(上)封面;(下)尾頁 [1.18]

十分關心，訪歐回國後即打算將這批寶貴材料翻譯成中文，供國內參考。不久日本大舉入侵中國，九一八佔領東三省後，又進一步威逼尋釁淞滬，震驚國際。值此國難當頭之沖，他將親自翻譯成中文的資料彙編成冊，如前頁右側兩圖所示，書名《萬國紅十字會章約彙編》[1.18]，由中國紅十字會於1932年1月出版，其書尾注明「版權不禁」，以便廣泛傳播。書中分列八章，內容主要包括，有關戰爭及戰時的救助章約；有關和平時期的救濟和服務章約；有關世界紅十字會、紅十字會聯合會、青年紅十字會等團體的章程和組織機構，以及各國紅十字會的情況和聯絡方法等內容。

嗣後，經他與顏惠慶等人士的共同努力，中國紅十字會進一步發展完善，於1933年定名為「中華民國紅十字會」，隸屬內政部、軍事委員會和行政院領導，以便在政府支持下更好地在我國開展人道主義工作。

第四節　籌建醫院，惠濟大眾

褚民誼在大力提倡衛生、革新醫藥的同時，還着力推動各類醫院的建設事業，對貧苦大眾的醫療救助尤為關切。昔日的上海，是一個全國人口最為稠密的工商業大都會，貧富差距懸殊。困苦的勞工們，缺乏衛生知識，衛生條件簡陋，傳染病極易在他們中間傳播。1929年入夏，霍亂肆虐，上海市黨部和民間慈善人士紛紛起而應對，褚民誼更是活躍其中，報刊雜誌上屢見其活動的蹤跡。

《申報》於6月24日刊登了「褚民誼視察急救時疫醫院」的報道（見右圖）稱，「本埠北西藏路七浦路口急救時疫醫院，由院長黃楚九、王曉籟、葉山濤君等創辦。成立以來，已屆四載。每當夏令，貧苦小民，易感暑疫。該院純全義務性質，凡入院診治者，不特施診給藥，且可住院療養。」醫務董事龐京周、臧伯庸、王味根諸君，尤為診斷周詳，救治迅捷。本屆該院開董事大會，公推褚民誼先生為該院名譽院長。褚君於21日上午八時涖院，經總務主任徐秋澄引導，周歷視察，於院內各種設備，認為滿意，聲言願以

《申報》1929年6月24日對名譽院長褚民誼21日視察滬北「急救時疫醫院」的報道

全力贊助進行云。」

與此同時，《民國日報》（1929，7，3；7，20；8，17）上先後報道，為了救濟貧病，由褚民誼、許世英、林康侯、杜月笙等人發起，在閘北新疆路成立「上海平民醫院」，免收醫藥各費，劉道芳任職務主任。鑒於房屋狹小，求治者日形擁擠，計劃加以擴建為總院，並在南北市各設一分院，得到了黨國商報各界，包括孔祥熙、何應欽、于右任、古應芬、蔡元培、王伯群、熊式輝、張岳軍等人的的贊助，於7月19日成立董事會，推舉褚民誼為董事長，積極推行。

褚氏1928年赴歐考察衛生，與國際聯盟會衛生部取得聯係後，其部長拉西曼於1929年11月應邀訪華。《申報》11月20日報道稱，中委褚民誼於昨日上午八時偕同拉氏往江灣勞動大學演講，事後並偕同往小沙渡勞工醫院及辣斐德路大華醫院參觀。「勞工醫院為市黨部所設立，大華醫院為金煜章私人所設立，皆由褚民誼擘畫經營而成。拉氏對該兩院設備多所指導，並甚佩褚氏熱心社會事業。」

「上海勞工醫院」是一所免費供工人治療的專設醫院，在國內可謂前所未有。《醫藥評論》[2.15]上相繼載文：〈上海勞工福音〉和〈上海勞工醫院開辦經常支出預算表〉（No.20，1929，10，16），〈勞工醫院開幕誌盛〉（No.23，1929，12，1），〈最近醫界之二新建設〉（No.25，1930，1，1），〈上海勞工醫院組織條例〉〈上海勞工醫院院務委員會組織簡則〉和〈上海勞工醫院財務委員會組織簡則〉（No.26，1930，1，16）以及〈上海勞工醫院概況〉（No.29，1930，3，1）等，對該院的籌建、組織和運行報道甚詳。

上海勞工醫院的前身是一所臨時性的時疫醫院。〈上海勞工醫院概況〉一文中回顧道，「1929年夏，滬地霍亂盛行，工人傳染尤多，上海同德醫專三分區分部同志，惻然憫之，乃建議於三區黨部，在滬西勞工集眾之區域（小沙渡路），設立時疫醫院一所，以資救濟。幸賴黨政當局及滬上各廠家、諸善士熱心贊助得以成立。救治二月，成效甚佳，頗博時譽。秋來，時疫漸告消殺，院務例應結束。會上上海特別市黨部暨社會局、衛生局有創設勞工醫院之議，乃由市黨部委任褚民誼、潘公展、胡鴻基、湯德民、范爭波、吳伯匡、范守淵、王景陽、陸鳳竹、葉惠鈞、王延松、徐寄廎、秦潤卿、施公猛、楊清源、周君常、金問淇、俞松筠等為籌備委員，公推褚民誼為籌備會主席，籌備其事。簽

以覓地非易,而勞工時疫醫院地址接近工廠,屋舍尚堪應用,遂決改組而擴充之,任褚民誼為院長,王景陽、范守淵為副院長。籌備匝月略具規模……海上空前未有之勞工醫院,于焉成立。」(《醫藥評論》[2.15]No.29,1930,3,1)

《醫藥評論》[2.15]No.23(1929,12,1)上記者報導,上海勞工醫院於1929年11月15日上午九時舉行開幕典禮,「中西來賓到者數十人。是日大雨滂沱,而來賓參加異常踴躍。院長褚民誼博士於八時三十分即驅車到院,躬任招待之職。於開會前,導引各來賓參觀病房及診療諸室。各室設備均極齊全,來賓參觀之餘,讚口不絕,咸譽為勞工福音。嗣於九時行開幕禮。行禮如儀,首由院長褚民誼報告,次副院長范守淵報告,財務委員葉惠鈞演說。次市黨部代表指導,總工會籌委會代表顧永泉代表勞工答謝。末攝影進茶點散會。」開幕式合影刊登在《醫藥評論》[2.15]No.25(1930,1,1)上(見下圖)。醫院外貌示於後頁上圖。

1929年11月15日上海勞工醫院開幕攝影。院長褚民誼位於二排中(《醫藥評論》[2.15] No.25,1930,1,1)

上海勞工醫院外貌（「上海圖書館數據庫」）

　　褚院長的報告詞，略謂「今日上海勞工醫院開幕，辱承諸君冒雨前來參加，鄙人不惟榮幸，實深感謝。上海為全國工商業中心地點，工廠之多，甲於全國。據最近調查，有工人八十萬之眾。而回顧上海醫院雖多，勞工醫院尚付缺如。工人月入不豐，生活維艱，遇有疾病，勢必坐以待斃。因此，上海市黨部、市政府主持於上，同人從旁襄助，有本院之設立⋯⋯本院今日規模雖極簡陋，希望逐漸進展，設備齊全。鄙人尤望院中服務人員，勇於任事。無論為義務職與否，均格外熱心從事，切不可稍存歧視勞工之心。至於此種勞工醫院之設立，雖為美舉，實則猶為消極的設施，而非積極的政策。何謂積極政策，即任何工廠，任何勞工，都宜注重衛生，注重體育。平素勞動與信養得法，不使有疾病發生，方為上策。故鄙人主張各工廠都宜有一衛生主任，從事掌理全廠工人衛生方面事務，指導、督責之，不使有不衛生之行動發生，則疾病自少。此乃根本之辦法，較之多設立醫院，相去遠矣。至本院經費係由救國基金項下撥二十萬元，以五萬元為開辦費，十五萬元為本院基金云云。」（《醫藥評論》[2.15]No.23，1929，12，1）

第七章　醫藥衛生，造福社會　61

該院組織採用分權制，院長為全院院務之執行機關，院務委員會及財務委員會為全院之討論並監理機關，其人選均由上海特別市黨部委任之。院委會由海上各界十餘位名人組成，並指定主席一人，由市政局局長潘公展擔任。院長之下分醫務、總務兩部。醫務部下設：內科、外科皮膚花柳科、眼耳鼻喉科及產婦小兒科四科，各科設常任醫師及特約醫師各一人；有電療光療室和檢驗室兩室，各設主任和助手各一人；藥局設藥劑員及助手共二人。此外另設護士班，置教務主任一人，教員若干人，均由本院各服務人員分別兼任。

本院雖係慈善性質，惟設備在可能範圍內，力求完備，以增進療效。該院房屋原為住宅，煞費苦心，力加改造，尚堪適用。醫療設施概分診治和住院兩部：在對病人的治療診病方面，有上述分科門診室共四間，手術室一間，化驗、光電療、藥房及消毒室各一間；住院部置專制的靈巧輕便病榻九十餘張，有病人浴室一間，並另設臨產室和產房各一間，特聘助產女士數名，專為女工頻產接生。凡住院病人，無論冬夏衣著被服，均由院給，清潔整齊。此外，為接送遠道重症病人，還特備寬大之救護車。

對病人之待遇，按本院救濟勞工貧病之使命，門診挂號，不收號金，施診給藥。住院病人如屬貧病工人，醫藥房金一概不收，即對貴重之診療，如X光診斷、太陽燈和透熱電療機之治療，亦均免費。

醫院經費，由上海特別市黨部遵照中央指令，提撥反日會救國基金二十萬元充用。內五萬元用於開辦時添置各項設備；所餘十五萬元作為院基金暫存銀行生息，供經常費用支出。鑒于醫院的救濟性質，免收貧病工友的一切醫療費用，每月的經常開支甚鉅，仰仗基金之子息難以為繼，尚需院委會向各廠家、各善士募集，以補不足。（《醫藥評論》[2.15]No.29，1930，3，1）

上海勞工醫院地處工人集居工廠林立之中心地點，開辦以來每天接診人數迅速增漲。《醫藥評論》[2.15]No.37（1930，7，1）上報道了該院半年來的逐月診數統計。1929年12月開始，當月計2132人，1930年1至5月依次增加為2520、4563、5771、6497、和7931人。相應地，各月的日平均實診人數從112人猛增至255人，為初時之近2.5倍。按各科分析，以外科皮膚花柳科為最多數，佔全診數半數以上；其次內科與眼耳鼻喉科，互相上下；婦產小兒科則較少。半年來救治病人近三萬，深受貧困工友的歡迎。

除上述「上海勞工醫院」外，正如《醫藥評論》[2.15]No.25（1930，1，1）上發表的〈最近醫界之二新建設〉中所述，1929年在上海實現的另一個引

人矚目的醫院建設項目，是《大華產科學校》的《大華醫院》新樓於年底落成開幕。文中介紹，同德產科是上海最早成立的培養新式助產人才的學校，繼後於1920年代初，由該校畢業生劉新和張炳廉兩君，備經艱辛，籌設了《大華產科學校》。兩君相繼病逝後，「幸同學金君夫婦金燮章君和蘇增強女士，念產校對於社會使命之重大，憫學子學業中斷之痛苦，排除萬難，出任鉅難，校基得以未墜，經之營之，二三年來，成績甚著，深獲國內外人士之贊助，乃自建校舍及醫院於寶建路。」褚民誼對此給以積極支持。據1929年10月27日《民國日報》報道，大華醫院及附設之產科學校在法租界寶建路建造之新屋落成後，於昨日成立董事會，在該院舉行第一次會議，有褚民誼及其夫人等十餘人到會。「討論結果，眾推褚民誼為董事長，並定11月10號舉行正式開幕。屆時柬邀各界參觀。聞該院設備均屬最新式者，並有免費產房數間，嘉惠貧困產婦。」

嗣後，在《南洋商報》（1929，12，2）上發表了具名「觀禮」，題為〈大華醫院開幕記〉的文章，詳述其親歷該院開幕式的盛況。「法租界寶建路大華醫院，於前日行新屋落成開幕禮。」他寫道。「午補行第六屆畢業式，余以事未至。下午二時驅車前往⋯⋯至該院時，門外汽車已紛然並集，及下車簽名，但見院門緊閉，草地上站立來賓甚眾，如農堯民、汪企張、趙啟華，外賓如中法工專校長薛藩、中比大學聯合會秘書長畢特斯（皮特斯）、法工部局西童公學正副校長高博、愛沙碑界，及德醫卜羅免裴禮、伍克士等，約有數百人之多，均屏息以待。前行數武，始知該院董長褚民誼氏，正在以鑰啟門，實行開幕。及門啟，各來賓始魚貫而入。

「該院為四層洋房，前後左右，均有西人住宅花園，空氣極佳。一切設備，如愛格司光、太陽燈、及熱光燈等，應有盡有。令人最注目者，手術室中，有極新式之手術台一事，至為玲瓏，據云購自德國，價值在千兩以上。又免費產房一間，門首貼有說明書，專收貧困產婦，醫膳等費，不取分文，以全愈出院止，來賓見此，無不連聲稱善。

「參觀全院畢，中外來賓，至休息室進茶點，擠擠一堂。由院長金君報告經過情形後，褚民誼起立演說。略謂承中外來賓蒞止，非常榮幸。大華醫院有一董事會，余雖被推為董事長，甚為慚愧，將來還望大家贊助，以達圓滿目的云云。次朱少屏，及其他外賓演說，亦有四五人，大致不外讚美頌禱之詞。當中國人演說時，外賓亦附和拍手，可見近來西人熟悉華語者多矣。茶點畢，即

上海平民療養院歡迎院長褚民誼（前右4）在大門前的攝影[2.9] No.71（1932，11）

上海平民療養院外景[2.20] Vol.1，No.1（1933，5，1）

齊集草地攝影。攝影畢尚有餘興，大多為學生及該校畢業生進行中西音樂和舞蹈演出，直至萬家燈火起，盡興而散。」

在上海，除了上述慈善性質的勞工醫院外，還成立了惠及大眾的《平民療養院》，褚民誼親任院長。《良友》畫報[2.9]第71期（1932，11）上刊登了平民療養院歡迎褚院長的消息和在該院門前的合影（見左上圖），褚之右側看來是醫務主任牟鴻彝和事務主任劉道芳。

平民療養院創立之初，曾用以療治十九路軍的受傷官兵。據1932年11月25日《時事新報》報道，「一二八日寇侵犯淞滬，我十九路軍奮勇抵抗，為國家爭光榮，為民族爭人格。該軍軍官受傷者甚多，刻下留滬傷官，以記者調查所得，尚有四十餘人。留住褚民誼、林康侯等所創辦之平民療養院者有三十餘人。並聞該軍傷官等，以該院地址幽靜、空氣清新、設備完善、醫務認真，適於療養，將全體遷入該院療治，一俟傷勢痊愈，即歸隊服務云。」接着，該報於12月1日報道稱，「忠勇抗日之十九路軍受傷官兵，因未痊仍在滬療治者，尚有四十餘人，均留住於威海衛路重慶路口平民療養院。茲悉該軍駐京辦事處主任黃和春，對於此輩為國受傷之官兵，頗為關懷。特於前日親自來滬慰問，並檢驗傷勢。由醫務主任牟鴻彝、事務主任劉道芳等陪往各病房逐一檢驗。黃主任對各受傷官兵，均溫言慰問，囑彼等安心靜養。其中數人，因尚有殘餘彈片，留於體內，未曾完全取出。當由黃氏批准重行開刀，俾得早日痊愈云。」

《康健雜誌》[2.20]分別在（右）Vol.1，No.1（1933，5，1）和（左）Vol.1，No.8（1933，12，1）兩期上刊登「上海平民療養院」的廣告

上述療治受傷官兵的任務完成後，「平民療養院」即面向廣大民眾。《康健雜誌》[2.20]在1933年5月1日的創刊號上，於其封內的顯著位置，刊登了位於威海路重慶路口之「平民療養院」的正面攝影和介紹（見前頁和本頁之右上圖）。啟示中申明其辦院宗旨，特別提請醫師們注意道：「本院鑒于滬上人口日多，而適於療養之醫院甚少，適於一般人士之療養者尤少。一般病者每因經濟之關係，苦無適當之醫院可入，不得不任病勢之遷延。即在一般醫師，對於應行長期療治之病人，而因無適當之醫院可送，亦不得不聽其診察之中止。因欲彌此缺憾，故成立本院，以廉價之住院費，收容各級之病人。病房建築精美，醫療設備周到。」

該院已闢病房四十餘間，尚計劃增添十餘間，單人房甚多尤為特色。對醫師送來之病人採取打折等一系列優待措施，如：房費除廉價房外，打八至八五折；電療費七折；醫師囑代配藥僅略收手續費；看護除照普通手續外，並遵醫囑辦理；病人得由原醫師來院診治，也可經聲明後由本院醫生療治等等。

接著，《康健雜誌》Vol.1，No.8（1933，12，1）上又以院長褚民誼署名，登載了該院的服務項目及其優惠價格（見左上圖）。該院設有內外科、婦人小兒科、皮膚花柳科、眼耳鼻喉科，並附設戒煙科。除正常的門診外，還提供午間的送診（象徵性的收費）以及隨時的急診和出診服務。可進行熱輻射電療及血、痰、便和分泌物的檢驗。住院分一、二、三等，對貧苦者接生費用減半等等，均一一明碼標出相應的收費標準。

至於全國性的醫院建設，在南京政府成立初期，如本章第一節「衛生建設，規劃指導」中所述，由褚民誼任常務主席的衛生建設委員會進行謀劃。褚民誼等人於1929年提出在首都建設一所規模宏大的中央醫院的建議，列為其三項任務之首。褚氏曾為此親至擬定中的建設場地清涼山以及漢西門一帶奔波策劃。《醫藥評論》[2.15]No.3（1929，2，16）上，介紹了「中央醫院初期設計之具體計劃」，強調「本醫院之倡辦設施，及將來之辦事旨趣，必須公營化、社會化，本博愛平等之精神，使全民得共享之實際，故免費及普通等病室床位宜多。「除病室的生活條件外，須與特別病室之病人，在看護、用藥及理學治療方面一律平等。經委員會議決，中央醫院建設之創辦費定為一百五十萬元，分三期撥款，每期五十萬元，故該院的建設計劃亦相應分三步進行。以建築為第一步。先領二十萬元，投標動工。一面開始建築；一面編審全院各種規章及編造預算；同時積極羅致人才，定購醫療器械，培訓護士。」這個規劃再次體現出褚民誼惠及廣大民眾建設醫院的理念。

嗣後，由於種種原因，中央醫院未能按上述計劃進行，而是將1929年剛建立起來的中央模範軍醫院於1930年初劃歸衛生部管轄，改名為中央醫院，在此基礎上進行改擴建，而成為當年規模最大的公立醫院。醫院成立伊始，衛生部代理部長劉瑞恒於1930年3月20日致函聘請褚民誼為中央醫院委員會委員。同時由衛生部聘請的聘任委員還有孫科（鐵道部）、孔祥熙（工商部）、顏福慶（上海中央大學醫學院）、牛惠生、蔣可宗（軍政部軍醫司）和金善寶（衛生部保健司），按章程規定共計七人。另有當然委員劉瑞恒（衛生部）和梅貽琳（南京特別市政府衛生局）二人。隨函附上了上述中央醫院委員會委員名單及中央醫院章程各一份。（《醫藥評論》[2.15]No.31，1930，4，1）

建設莫干山療養院也是衛生建設委員會初期規劃中的一個項目。莫干山位于浙江省內，為天目山的餘脈，海拔2500餘公尺，因春秋末期干將、莫邪在此鑄劍而得名。區內山巒連綿起伏，以茂密竹林、清澈山泉、空氣清新、幽靜安謐著稱，為消炎避夏，天然療養之佳境。據1927年7月25日《時事新報》報道，「莫干山風景名天下……因汽車道之展拓，交通亦甚便利。該山氣候溫和，空氣絕佳，療養肺病，尤為相宜。滬上著名德醫周君常博士等有鑒於此，特在山巔開設一肺病療養院，羅致專家醫師甚多，於7月20日正式開幕。「該院共置屋兩幢，均高敞寬宏。開幕後。因住院求醫者眾，不敷應用，復於距院數十武（步）之處，添賃一屋以居病人等云。」褚民誼為發起人之一，此為莫

干山療養院之濫觴。

自張靜江1927年7月出任浙江省政府主席以還,積極開拓莫干山旅游事業,從外人手中收回行政主權,創設莫干山管理局。1929年6月6日「西湖博覽會」在杭州隆重開幕,眾多中央黨政代表前來出席,據《民國日報》(1929,6,9)報道,「莫干山公路工程告竣,昨日(7日)舉行試車,省政府主席張靜江柬請中央黨政各委員林森、陳果夫、褚民誼、陳立夫等八十餘人,邀游莫干山,當晚返杭。」莫干山公路的開通,為莫干山療養院的發展創造了有利條件。如前所述,褚民誼自1928年11月出掌新組建的衛生建設委員會之始,即對這所天然療養院的建設十分關心和支持。為了擴大規模,滿足社會需求,1931年4月初在上海召開的董事會上,通過了他所提出的建議,將「莫干山肺病療養院」更名為「莫干山療養院」,並推舉他為董事長。會後即在4月4日和5日兩天的《時事新報》上連續刊登了更名啟事,以廣週知。右側之左圖,是該報上刊登的「莫干山肺病療養院啟事」。文中稱「敝院因鑒於肺癆患者年有增加,致其他轉地療養病客每至向隅,故已擴充範圍,改名為莫干山療養院。初二期肺病之外,兼收貧血症、神經衰弱症病後調養,及其他各種應轉地療養病症,並將院務委員會改組為董事會,即席推舉褚民誼先生為董事長,恐未週知,特此佈聞。董事長褚民誼、名譽院長李石曾、院長周君常啟。」

更名後不久,《旅行雜誌》主編趙君豪訪問莫干山,在該刊[2.10]Vol.5,No.7(1931,7)上撰文〈莫干山消夏記〉,

(左圖)莫干山肺病療養院更名啟事(《時事新報》1931,4,4-5);(右圖)莫干山療養院廣告(《時事新報》1936,5,22)

對莫干山療養院的設立經過及近況記述如下：「莫干山療養院初僅為人治肺病，原名為莫干山肺病療養院……民國十六年（1927年）春，周柏年先生因肺病入山，養病於乃叔慶雲先生之蓮蘆別業。慶雲先生雖年近古稀，然精神矍鑠，每夏遄暑，輒來山中。柏年先生在山養病，既有奇效，遂命其公子健初先生出資籌設肺病療養院於山巔，即聘柏年先生之令弟君常博士為院長。一時碩彥，若李石曾、蔡子民、張靜江、褚民誼、周佩箴諸先生皆為董事。院屋四所，對於空氣療養方面，至有精密研究。誠以肺病之大障礙，厥為空氣重濁。該院有鑒於此，特於山巔建屋，高低適中，空氣清新而微薄，故於肺病最宜。至其醫治方法，完全以天然療養為主，而充分休息暨無劇烈運動，乃天然療養之首要辦法。次則日光浴，浴之時間次序部位等等，由各人之醫生規定之，蓋因病情之不同而各異也。山上日光，毫無遮隔，院中房屋，玲瓏軒敞，四面皆窗，隨意啟閉，故日光直接及於人身，而無冷風寒氣侵襲之虞……日光浴之優點在能增進食量，爽健肺部，暨睡眠酣適等。但易生熱病，是其缺點。惟如行之得法，即可避免。病人入山，類皆霍然。數年以還，院譽日隆，房屋漸至不敷。今春在滬開董事會，推舉褚民誼氏為董事長，公議易名為莫干山療養院，蓋以山中療養，百病咸宜，初不限於肺病也。」

作為莫干山療養院董事長的褚民誼，1929年起長期擔任中比庚款委員會中方委員長。1931年該療養院在山上購地擴建，屢獲中比庚款的大力資助。1935年度的庚款補助，據《東南日報》（1935，3，29）報道，是中比庚款委員會之衛生建設委員會於是年3月28日召開的會議上確定的。會議於是日下午在行政院會議室舉行，「出席委員長褚民誼，委員曾宗鑒、金善寶、王世澤、魏詩埠，金善寶主席。「會上決議要案五項。其第二項為莫干山療養院，請補助美金一萬元案。決議，補助國幣一萬元，推金善寶前往視察，俟報告到會，認為滿意後，即照撥。」

嗣後，在1935年6月4日《時事新報》上刊登的，於3日來自杭州的的報道中稱，「行政院秘書長褚民誼，因視察中比庚款補助之莫干山療養院，昨（二日）中午十二時念一分，偕內政部衛生署技正金寶善乘滬杭早特快車來杭」，受到省市領導的熱烈歡迎。在省政府主席黃郛舉行的午宴後，「褚、金兩氏則乘汽車直駛莫干山，視察療養院，在山勾留一日，定今（三日）午後下山。「據褚氏語本報記者，此次來杭任務，係因中比庚款委員會曾撥款數萬元，補助莫干山療養院，其設備成績如何，特偕金技正前往視察，以便指示改進。本

人定明日（三日）午後下山，乘滬杭路夜車赴滬轉京，出席星期二（四日）行政院例會云云。」接着，該報又於8月12日報道，褚民誼在百忙的公務中，抽身於10日由滬抵杭，應莫干山療養院之請，參加該院成立九週年紀念，當晚即返回上海。期間曾會晤在莫干山養病的浙省主席黃郛。

在庚款補助以及各方面的大力支持和努力下，莫干山療養院的發展步入了鼎盛時期。在1936年的療養旺季期間，每個月都有莫干山療養院的廣告在《時事新報》等報刊上發佈。前第二頁右側之右圖圖所示，是1936年5月22日發表在該報上的廣告。文中謂「本院創辦於民國十六年（1927年），凡肺結核症及神經衰弱、貧血等症，來本院就養痊愈者不知凡幾，每因租借房屋對於療養及設備方面不甚適宜。故於念年（1931年）購地數十畝，建造最新式之院屋，內部設備悉仿歐美。並聘醫學淵博、經驗宏富之醫師，常川駐院，負責診治外，特僱淮陽名廚，專製精美菜點。地處高山，風景優雅，誠療養之聖地。住院費用計開於左：特等九元、頭等六元、二等三元、三等一元五角。」其中住院費用分為高低四檔，意在惠及各階層更廣大的民眾。

1936年8月莫干山療養院成立十週年，褚民誼於18日在出席冠生園第十四屆112次董事會後，答記者問時謂，余「方自莫干歸，因張靜江氏，本年六十初度，黨國諸賢釀資在山，為建銅像，並為莫干山十週紀念，故留山多時，今特出席公司董事會而歸，等云。」（《時事新報》1936，8，20）

莫干山至今業已成為我國著名的療養和旅遊勝地，設有莫干山管理處。據該管理處房產科負責人稱，該院在抗戰時期停歇，抗日勝利後曾一度恢復，1948年被解放軍接管。現今房產編號215B，有「將軍樓」之稱，供高級將領和領導療養等云。

當時的中國，肺病流行，人們談癆色變。據調查「國人死於斯疾者，年約百六十萬，患者達千萬以上，且類皆為壯年生產份子，影響於社會經濟者，至大且鉅」。為了引起社會廣泛重視，大力進行防治，上海市長吳鐵城聯絡中外各界領袖暨醫界鉅子共同發起，於1933年10月21日成立了「中國防癆協會」。其工作計劃中，除進行廣泛宣傳外，還有設立癆病診療所的項目。褚民誼積極參與其間，出任該協會歷屆監事或理事，並被聘為防癆刊物的特約編輯人。（《時事新報》1934，3，29；1935，3，21-22和4，6；1936，10，25）

除癆病外，花柳病亦是當時危害社會流行頗廣的頑疾，且有愈演愈烈之勢。為了防治，遂在褚民誼等人的發起下，有《色空醫院》之創建。後頁上圖

第七章　醫藥衛生，造福社會　69

> 為預防花柳病而努力之急先鋒
> 色空醫院 開幕宣言
> 一、同人等目睹花柳病之日益猖獗，思有以防止之道，爰組色空醫院，免費辦理一切花柳病預防處置及事前善後各種問題之商決。
> 二、予病人以徹底治療之機會，亦為防止病毒傳播上極有效手段，本院對於就診病人，具有同一熱誠，惟治療所需費用漫無限制，不得不酌收藥本，以資維持。
> 三、本院對於志趣相同，自願資助者之一切助力，雖樂為接受，然並不在外募捐，敬希各界注意。
> 院址 法界東新橋公所隔壁
> 院務顧問 褚民誼博士
> 醫務顧問 殷木強博士
> 醫務主任 許文遠學士
> 時間 上午九時起 下午九時止
> 殷木強啟事 茲任受色空醫院醫務顧問之職，當盡力謀該院院務上之發展及合理化惟下午一時至六時仍在上海銀行總行樓上敝診所應診，特此聲明。

1934年3月6日和9日，在《時事新報》上刊登的「色空醫院」開幕宣言的啟事

所示，是1934年3月6日和9日，在《時事新報》上刊登的「色空醫院」開幕宣言的啟事，由院務顧問褚民誼、醫務顧問殷木強、醫務主任許文遠聯名發表。宣言全文如下：

一、同仁等目睹花柳病之日益猖獗，思有以防止之道，爰組色空醫院，免費辦理一切花柳病預防處置及事前善後各種問題之商決；

二、予病人以徹底治療之機會，亦為防止病毒傳播上極有效手段，本院對於就診病人，具有同一熱誠，惟治療所需費用漫無限制，不得不酌收藥本，以資維持；

三、本院對於志趣相同，自願資助者之一切助力，雖樂為接受，然並不在外募捐，敬希各界注意。

最後，還值得記述的是，作為首個中醫慈善醫院，在褚民誼等人的發起下，於1936年在上海創設了「集仁中醫院」，褚民誼任董事長、邵如馨任院長、王杏生和任農軒任醫務主任，於是年11月29日舉行開幕典禮。《時事新報》（1936，11，30；12，1）上報道（示於後頁右圖），該院位於法租界太平橋白爾路大康坊內，為一幢三上三下裝修十分精緻之房屋。所有在院義務施診的中醫，「都是經本市衛生局考驗合格暨租界衛生處登記的正式醫士」，包括兒科、內外婦幼科、眼科、瘋科，以及推拿、針灸等方面的名醫，計二十人。

集仁中醫院係慈善機構「集仁會」所創設。「集仁會是有二十年歷史的助材（棺材）慈善機關。此次創設集仁中醫院的動機是，因鑒於一般貧苦的喪戶，據棺時實地調查的報告，死者生前患病，并不是不治之症，多半是因無力醫治，坐以待斃的原故。該會既然消極助材於死後，何如積極送診於生前。所

以就創設集仁中醫醫院，送診給藥，（只收號金小洋二角），以惠貧病。倘遇重症，還可以免費出診（視路的遠近，酌收車費）。倘然遇有必須住院療養的，只要有集仁會會員的介紹，並由店鋪或殷實紳商蓋章擔保後，就可以住院，費用當然極少的……嘉惠貧病，可謂不淺。」

第五節　醫藥並重，培植人才

基於「醫藥並重、發展中藥」的思想，褚民誼在法國留學獲得醫學博士學位的同時，還專門攻讀並取得藥劑師學位，為回國效力打下基礎。他重視人才培養，針對當時中國製藥業落後和人才匱乏的局面，倡導發展藥學教育，力主成立專設的藥科學院。他的這一主張首先得到了上海新藥界的積極響應和支持，並被推請擔任院長。《申報》（1929，7，15）上報

《時事新報》（1936，12，1）上刊登上海「集仁中醫院」開幕的報道

道，「前晚（13日晚）在一枝香舉行發起大會，到李石曾、褚民誼、黃楚九、潘瑞堂、黃裕生、章顯達（屠傳規代）、范和甫、高培良、周邦俊、袁鶴松、屠開徵、戴顯裕等二十餘人。主席潘瑞堂，報告開會宗旨，嗣由黃裕生起身稱，褚君係當代偉人，能以百忙之身，領導吾們，可見藥學院之設，實為一種至急要務。今日開會，有二個要點：第一點，要請褚君發表設施方針；第二點，要選幾個董事……當由褚氏起立，略謂：「上海藥學院之發起，實為急不可緩。蓋吾國西醫日多，而藥學人才，則仍形廖落，實犯醫多藥少之病。故不得不從速培植藥學專門人材，與醫家相輔並進。吾人欲求新藥事業之進展，須分三步做去：第一步自己販售，減少外人利益，即現在的狀態；第二步製造新藥用以替代外貨，即吾等將要實行之步驟；第三步，當擇吾國特產之原料，為國外所無者，或國外亦有出產而未加煉製者，提煉精製，則不但可供國內需用，且可推行國外。照此三步做去，庶有昌明之一日矣。兄弟昔在法國，研究

藥學。返國後，未將所學貢獻於國人。現在對於上海藥學院，不但名義上可以贊助，且於實際上亦願竭力贊助也。」詞畢，全體鼓掌。後推選李石曾、宋梧生、褚民誼、蔡元培、黃楚九、黃裕生、屠開徵、章顯達、周邦俊等九人為董事，遂盡歡而散。」

接著，《民國日報》（1929，7，22）上報道，中法大學創辦人蔡孑民、李石曾、褚民誼諸君，繼前述第一次籌備會推定董事九人後，於昨日下午一點鐘，在蒲石路中法大學研究院，宴請上海藥界諸君，召開第二次籌備會，到醫藥界黃裕生等三十餘人。「席間首由李石曾氏起立致詞。略謂，今由蔡、褚兩先生及鄙人代表中法大學歡宴藥界諸先生，藉商藥學院事，承諸君惠臨至感。藥學關於社會需要者甚大，故各國大學恒設專院，我國則除杭州有藥學校外，他校尚鮮設立。至中法大學校發起於民八（1919年），先成立里昂中法大學，次成立北平中法大學，又次籌設廣東中法大學，隨北伐進展移滬，遂有中法大學中西醫藥研究所之設立。今後組織藥學院，蒙藥界諸公熱心提倡，實所欽佩。鄙人簡單報告經過如此。蔡、褚兩公當有詳細說明，諸先生亦必有所指教云云。繼由蔡孑民代表中法大學致辭歡迎。「次褚民誼氏報告云，我國西醫漸發達，需藥日多。但現今藥界所售，多屬販運而來，直一中間人耳。故當今急務，宜先設法仿製西藥，次將中藥用科學方法加以製造。此次中法大學校設立藥學院，擬分兩班。一造就普通人才，應現在醫藥界需用；一造就專門人才，化製中西藥品云。」最後，藥界公推華美藥房黃裕生代表致答詞，略謂「此次貴校設立藥學院，養成人才製造藥品。一方面以為醫藥服用，一方面並可供給工業需要，發展實業挽回利權，不獨為社會之幸福，抑亦國家之光榮云。」

《醫藥評論》[2.15]No.15（1929，8，1）上，記者以〈中法大學藥學院組織成立〉為題，介紹了該學院創辦之動機和成立之經過，謂「吾國醫藥在國際間固無地位可言，即在國內，亦未居於重要之地位。豈國人視此為無足輕重，抑當此建設伊始，百端待舉，未暇計及。褚民誼先生以醫學博士而兼藥學士，在未知先生者，以為先生乃一政治家，致力革命有年，不愧為黨國之先進。實則先生不僅為政治家，抑一教育家；不僅為教育家，且為體育家衛生家。而其興學之熱忱，以視從事政治，有過無不及；且富於創造之精神，特立獨行，為於舉國不為之時，此觀於先生創辦之藥學院可知。

「先生既擅長醫藥之學術，鑒於醫藥與人生關係之密切，而吾國新舊醫藥學之幼稚與陳腐也。爰與吳稚暉、蔡孑民、李石曾諸先生有中西療養院與

中西醫藥研究所之設立，以期融薈新舊，溝通中西，而有所創造發明。顧猶以為未足，感於興學莫先於培材，念吾國新舊醫學雖幼稚陳腐，國內新醫學校之設立，各地間尚有之。獨藥學校之設立，則舉國之大，曾無一二。以是藥學人材，較之醫學，尤為寥落。欲求藥學之新知，非負笈海外，直莫從問津。而每年西藥之輸入既夥，外溢之金錢尤鉅，漏巵之數量，動以千萬計，則皆坐於西藥適應人生之需要，而吾國未能設廠自製，不得不仰求外人。然此等西藥之原料，何莫非取自吾國，以吾國固有之原料，略加泡製，還以吾國為銷場，而取得巨量金錢以去，思之能無痛心。試一溯本窮源，吾國既有原料，何以不能設廠自製，則坐於藥學人材之缺乏。藥學人材之所以缺乏，乃由於藥學不講，無藥學校之設立而已。因此，先生乃不惜犧牲一部分之精神與時間，商諸蔡子民、李石曾、宋梧生先生，與上海藥業公會，共同組織藥學院，以期培植吾國之藥學人材，為設廠自製新藥之預備，而杜塞漏巵焉。此舉也，就經濟方面言，固為亡羊補牢之上策；就學術方面言，則為吾國藥學開一新紀元。他日莘莘學子，學成應世，裨益民生，當匪淺鮮。而先生之志願猶不止此，使學子精研藥學有得，不惟旨在仿造西藥，且須更進一步，以求有所創造發明，以吾國發明之新藥，造福於世界人群，俾列於世界藥學之林，而於世界藥學界佔一相當地位焉。比聞該院業已組織成立，公推先生為院長，推蔡子民先生為董事長，李石曾、黃楚九、宋梧生先生等為董事，並經第一次董事會通過該院簡章。現已開始招收新生，秋季即行開學。且擬設一補習班，以嘉惠於一般有實驗而無學術之學子。並聞該院係學理與實習並重，研究學理之餘，並須從事實習，務使學生畢業後成為有用之人材。噫！此豈吾國藥學昌明之肇端歟。」

該文之後附錄了「中法大學藥學院章程」。當時蔡元培和李石曾在北平分別任中法大學校長和董事長，褚民誼在上海任中法國立工業專科學校校長。藥學院的校址定在上海亞爾培路三百號，借用的是緊鄰中法國立工業專科學校校園內現成的空餘處所。章程中規定，董事會由合辦的兩個單位，中法大學和上海新藥業公會共推董事九人組成，督察院務之進行及其實施。設院長（學長）一人，管理全院事務；教務主任一人，監理教授課程；職員若干人分別辦理各項事務。招收高中程度的學生入學，修業年限合計五年。四年為本院肄業期，然後派往新藥公會之藥房，聯習一年或分期合為一年，期滿由新藥公會給予證書。在校學習安排，既有教授科目，又有實習試驗科目，按學年一一列出。此外還設有外國語或數學等補習班，其科目另定。章程對學費及試驗費、保證金

和新藥公會捐助免費生標準，以及考試和學生管理等分別做出了明確的規定，還特設條例「凡畢業考試列前五名者，由本院資送赴法留學。」

　　籌備工作完成後，「中法大學藥學院」即於是年8月發佈啟事進行招生（見後頁右側之右圖）。然而，在中國成立專設的藥學院這一新生事物，其成長並非一帆風順。中法大學藥學院的章程訂定後，曾在第一次董事會議上，經董事長蔡子民、董事李石曾等詳加研究，認為妥善，乃呈請教育部備案。詎意教部以名稱不合大學規程規定，將章程發還。於是改為藥學專修科，簡稱藥科，再呈請教部備案。乃教部又以簡稱藥科，不合大學規程，再將章程發還，重加修正。褚民誼在《醫藥評論》[2.15]No.17（1929，9，1）上發表的〈中法大學藥學院名稱迭更之贅言〉一文中，在敘說上述過程的同時，對當時的守舊積習予以批駁道：「不佞固亦大學委員會委員之一，豈未寓目該規程，而明知故蹈哉。實因大學委員會四度召集會議，皆以不足法定人數流會。最後教部乃不召集會議，關於擬定之大學規程，即以通信方式徵求意見。「余向具醫藥並重之主張，原定之大學規程中，無藥學院，余乃加入之。「今用通信之方法既未能聚同人於一堂，相與從長計議，詳加討論，將安從提議，安從附議哉。以是余之主張未能實現，藥學院之名稱，未能成立。余非斤斤於名稱之得失，特念此方興之藥學事業，經此數度波折，殊不能不歸咎於用通信方法代替會議之欠當耳。

　　「抑有進者，藥業在吾國商業界之地位，已非重要。藥學在吾國學術界，則更無地位可言。醫道之精粗，今人固知其關繫生命之安危，獨藥學罕有人講求，鮮有人注意及之，是固由於積習使然。惟時至今日，似不宜再習故蹈常，漫不加察，一任每年鉅萬之漏卮輸出海外，而不知杜塞，坐視民生需要日般之藥材，仰求外人而不為之計矣。故余等為謀改良吾國舊藥，抵制外來新藥計，覺藥學實有積極提倡之必要。且藥學亦至宏深，屬於專門學術之一種，殊有設立院獨立研究之價值。乃今日大學組織法，將藥學附設於理學院中，不知何所取義。姑退一步言之，即使藥學未能獨設學院，最低限度，亦應附設於醫學院中，尚不失其互相為用之意義。今附設於理學院中，義果何取，於此足見教部對於藥學，猶視為無足輕重。聞不久大學規程，仍將修改，希望藥學能設立專院，俾吾國藥學前途，自此發皇光大。至同人組織之中法大學藥學院，今雖改稱藥學專修科，但各種課程，仍照原定，並未改更，此則同人重視藥學區區之微旨也。」

幾經上述波折，由教育部核准更名後的「中法大學藥學專修科」，於1929年9月23日上午十時舉行開學典禮。《民國日報》於次日報道，「中西來賓到會者有法國總領事格克林（霍克林）、副領事計朗、西醫朗培安、鐵道部次長黎照寰、前駐法代辦齊致、外交部條約委員會委員夏堅仲、新藥業公會會員屠開徵、黃楚九、潘瑞堂等數十人，連同該校教職員學生數百人，擠擠一堂。由該科學長褚民誼主席，行禮如儀。首由學長致詞。」他在略述該校設立之目的和經過後，略謂，「本校一方授予學生以藥學知識，同時並注重實習，務使學生畢業後成為有用人才。並於夜間開設補習班，俾有職業者，亦有求學之機會。現學生已有二百餘人，希望來賓盡量加以指導云。次該校教務長宋梧生用法文演說，大意與褚民誼演詞相同。法國總領事格克林演說，略謂中法大學設於北平，今上海有藥學專修科之設立，愈足促進中法文化之發展，且貴校宗旨在授予學生以實用上之知識，此猶鄙人所欽佩者。」次前駐法代辦齊致代表中法大學向來賓致謝詞。末合一影，參觀各課堂、及各實驗室而散。」該校更名後的招生廣告示於右側之左圖。

　　嗣後不久，如本篇第四章之第三節「精心組織，博覽爭光」中所述，1930年4月初褚民誼代表中國政府，率團赴比參加比利時國際博覽會。臨行前，該校全體教職員學生，於3月9日開歡送大會，師生們對褚氏此行寄予厚望，褚學長則對全體學生訓勉有加。（《民國日報》1930，3，12）年底展會結束，褚民誼為國爭光圓滿完成任務歸國，受到了該校師生們的熱烈歡迎。《民國日報》（1930，12，19）上刊登了褚學長在12月17日舉行的歡迎大會上的演詞，從國際視野進一步闡明我國發展藥科之意義，謂「辦藥科必先有完好之設備，關於此點，吾人早已顧到。惟壯

右圖和左圖分別是《申報》1929年8月和《時事新報》1930年8月上刊登的招生啟示。可見該校校名之更改情況

麗之校舍，非一日可成。而藥科之設，又刻不容緩，熟權輕重，乃先行設立，徐圖進展，此本校所以於最短期間竟告成立矣。中國藥學，猶之寶藏，尚待開掘。無如國人不曾注意，以為學藥，跑到藥店中，倒茶掃地，混過三年學徒生活，即可學成致用，似無入學校專門研習之必要。此不但普通人之見解如此，即教育當局，亦莫不然。教部規定之大學組織法，將藥科列入丁類，而於名稱只能稱專修科或某學院藥科。修業年限，亦只二年或三年，其忽視藥學可見一斑。本校定為四年，外加實習一年，并非故意延長期限，違反學制，實因事實上不得不爾。歐美及日本，研究藥科，非常認真。我國藥產富甲全球，惜國人不肯以科學方法探討反致落伍。不單藥學，中國任何事莫不較各國為低。即以國際地位言，中國已淪於次殖民地地位。在整個的中國看來，因為武力、政治、經濟不如人；在國民簡別的本身觀察，即是體育、智識、技能不如人。故欲保持民族，必先提倡體育；推行民權，必先普及教育；實現民生，先必獎勵技能。「我國技能，百不如人。藥學亦技能之一，與工業、醫學居於同等重要地位。故欲成就健全人才，必須設立有如歐美或日本設備完全之藥科大學，非若文學、法律之類，專從書本上求學識者，得可同日而語也。」

1933年秋，中法大學藥學專修科開辦整四年，已有首批補習班學生於1932年5月畢業（《醫藥評論》[2.15]No.84，1932，6，16），第一屆學生在校應習學程也已完畢，正待完成藥房實習和通過考試後畢業，服務社會，醫藥界等對此甚為關注。《申報》（1933，8，5）和《醫藥評論》[2.15]No.104（1933，8，15）上相繼對該校的發展和近況進行了如下綜合報道。

該藥科學校「創於民十八年秋，自褚民誼氏任學長，雖以政務悾惚，不克常川駐校，然於經濟運籌，行政設計，未曾一日放鬆。而教務長宋梧生氏，不辭勞瘁，慘淡佐理，利賴尤多。故興辦四載，已有相當成績，頗得社會人士信仰。」開辦之初「由李石曾氏商得北平中法大學校董會之同意，月予補助二千五百元；並由中法教育基金委員會撥給五萬元，上海新藥同業公會補助萬元為開辦費。」如前所述，在報教育部備案時，對原藥學院校名遭異議，而改為現名。學校校舍右鄰明復圖書館，左接中法國立工學院，佔地面積十畝。含平房一幢，德國式房屋建築二座，即中法國立工學院的前身，前同濟醫工舊址。計有試驗場八所，一切裝置，莫不經過精密設計，適合於各種實驗之需要。機械儀器，全採自德、法，為近代最新式最優良者。設有教室四間，教員備課室二間，以及圖書館、天平室、各類儲藏室、教員和學生休息室、運動室、辦公

室、廚房、食堂等。另在附近又有職員及學生宿舍三幢。一處二幢，為男生宿舍，可容納80餘人；另一處一幢，為職員及女生宿舍，可容納30人。此外在真茹暨大後面，新闢一藥圃，佔地二十畝，為試種中外藥用植物，以供員生之研究。

學校的教學參考法國院系所設之課程安排（引自〈中國醫藥問題和衛生建設的過去和現在〉[1.15]）。現任教職工共計29人，其中職員包括學長褚民誼、教務長宋梧生和各課、室主任及校醫、舍監9人，擔任課程的專任副教授7人、兼任副教授2人、專任講師2人、兼任講師4人、專任助教4人和助理員1人。

「教育部考核私立大學，素極嚴格，對於藥科，曾經三次派員調查，誠以辦理確實認真，無可指責，乃於去冬令准立案。上海法國總領事梅理靄，近對該科亦深致贊許，並願立於友誼地位，予以物資上之贊助，自二十一年（1932年）度起，年由法工部局撥華幣萬元，為添置儀器之用。同時平校[6]方面，經李石曾氏數次親臨該校觀察，頗示滿意，決自本年度起，增撥經費，俾能逐漸擴充，早日觀成其理想中之藥學院。最近廣西省政府派員駐滬，與該科接洽，凡桂籍學生，經考入該科肄業者，年可津貼國幣三百元，畢業後即由省政府派給工作。該科為應環境需要，維護社會信仰起見，不但對學校本身，力求完美，即於學生個別訓練，亦不肯稍從疏忽。聞該科本年暑假第一期畢業生，應習學程，早經完畢。現均一一派出在藥房實習，實習期滿，須得有證書。並須經過四次極嚴格之畢業考試。如所習專門科目，四次考試全及格，始准畢業。故第一期畢業生，至本年年終，方可揭曉。而各界急需此項專才者，早已紛函延聘。該科為顧到吾國藥業前途之利益，擬將審察情勢，酌予分別介紹云。」

中法大學藥學專修科自1933年起至1936年，連續培養出四屆藥科專才，服務社會。1936年7月6日在該校行第四屆畢業典禮。《時事新報》於次日報道，有畢業生八人，出席來賓八十餘人。「首由該校科主任褚民誼報告過去歷史、現在狀況及將來計劃，由教務主任宋梧生譯成法語。畢業生宣誓受憑。」繼「由中法大學董事長李石曾致詞。來賓薛藩、朱恒壁、張輔忠等相繼演說，至十一時始攝影而散。」

在上海成立藥學專科學校二三年之後，南京也跟着辦起了一個藥學講習所。褚民誼應邀到該所發表演說，全文刊登在《醫藥評論》[2.15]No.81

---

[6] 北平中法大學簡稱。

（1932，5.16）上。面對全校師生，他諄諄善誘，針對藥學教育的重要意義、藥學的主要研究對象，以及我國藥業的發展方向等問題，深入淺出地闡發了他的見解，觀點明確，條理清晰，建議有興趣研究該段時期我國醫藥發展歷史的讀者，進一步參閱。

當時褚民誼還擔任上海「東南醫科大學」（後稱「東南醫學院」）的主席董事，該校是在北伐進軍聲中由郭琦元創立起來的一所著名的私立學校。郭琦元（1899-1964）畢業於日本千葉醫科大學，回國後先在上海亞東醫科大學任教。1924年應蔣介石之召到廣東國民革命軍軍醫院服務。東征結束後，在準備北伐的過程中他深感醫學人才缺乏，萌生了辦學的決心，得到了時任國民革命軍軍醫處處長和廣東大學醫學院院長褚民誼的支持，遂於1926年5月29日在上海發表創辦東南醫科大學的宣言。時值學潮興起，亞東醫科大學停辦，大批學生失學。他立即着手招生並出資設立附屬醫院，9月開學，學生達170餘人。學校上馬後，募集經費迫在眉睫。1927年獲得了南翔陳禧捐贈的五千畝沙田，作為學校的永久基金。遂組織校董會，敦請北伐抵滬後的褚民誼為主席校董，與諸董事一起共負學校進行之責。是年秋遵照大學院規程，改訂章程，添設預科，停招專科，開辦本科，學校不斷地發展壯大。1929年1月16日由東南醫科大學學生會出版部發行《東南醫刊》[2.13]第1卷第1期，主席校董褚民誼題寫刊頭，校長郭琦元作序。（《民國日報》1929，1，17）右上圖示出了該刊第1卷第2期的封面。1929年國民政府大學院取消，改設教育部。是年12月由主席校董褚民誼召集董事會，修訂校董章程，增選校董，籌備本校在教育部立案事宜，議決按部要求更改校名等事項。報部核准後，即自1930年1月1日起將校名更改為《東南醫學院》。（《東南醫刊》[2.13]第2卷第2期）

1931年夏，迎來了該校成立五周年，如下圖所示，《東南醫刊》[2.13]第2卷第2期上刊登了《東南醫學院五週紀念專號》，對校史進行了回顧和展望。褚民誼為特刊題寫刊名，教育界和醫藥界，包括戴傳賢、楊銓、劉瑞恒、胡庶

1929年東南醫科大學出版的《東南醫刊》[2.13]第1卷第2期

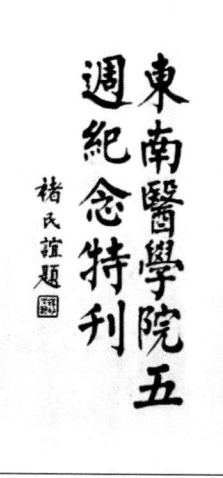

1931年夏出版的《東南醫刊》[2.13]第2卷第2期-《東南醫學院五週紀念特刊》摘登：（左）封面；（中）褚民誼題寫的刊頭；（右）主席校董褚民誼肖像

華、潘公展、胡定安等眾多名人題詞致賀。主席校董褚民誼、副主席校董余雲岫和歷任董事，學院院長郭琦元、教務長陳卓人、醫務長湯蠡舟等行政領導和各科教授，本刊編輯部成員和贊助者等人物的肖像刊登其上。1926至1929屆畢業生的四幅合影（其中1929年的合影示於後頁上圖），展現了五年來的辦學成果。其後以大量篇幅圖文並茂地介紹了附屬醫院、校友會、學生自治會以及體育、音樂、學術等方面社團組織的發展歷史，其中列有1929年7月褚民誼出席校友會成立大會時與全體代表的合影（見後頁下圖）。在該刊的後續部分，還發表了褚民誼赴比利時參展回國後，在東南醫學院課餘研究會第八次演講會上的講演紀錄。在勉勵學生專注勤學的同時，着重闡發了他所倡導的醫學科學不分中西地域以及醫藥並重的思想。

　　關於該校嗣後的發展情況，1935年11月12日《時事新報》上載文報道稱，真如東南醫學院，自院長郭琦元氏主持創辦以來，成績斐然，迭由教育部派員視察，認為辦理完善，一切正在發展中，「附設醫院有真如、滬軍營等處。新闢法租界分院於勞神父路二九五號，該處環境優良，空氣清鮮，各科專門醫生療養得宜。日昨下午二時招待各界茶會，到各界領袖百餘人。該院主席院董褚民誼、院董潘公展、童行白、屈映光、戴春風等二十餘人，均熱心贊助云。」後次頁右圖所示，是主席院董褚民誼和院長郭琦元聯署，在《時事新報》

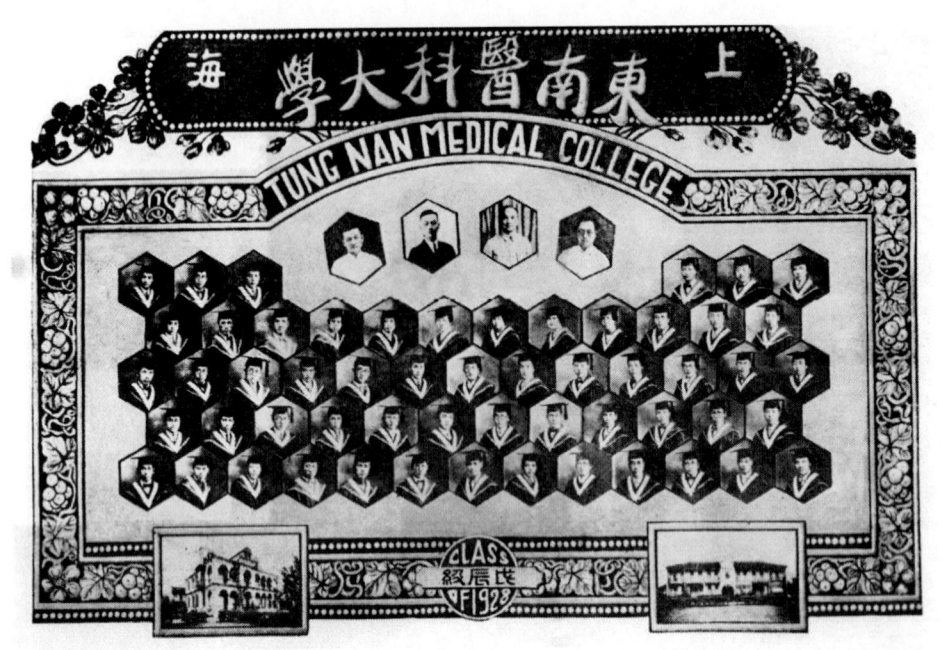

1929屆東南醫學院畢業生合影。圖上部為學校主要負責人，自右至左：陳卓人、褚民誼、郭琦元和湯蠡舟（《東南醫刊》[2.13]Vol.2，No.2，1931）

1929年7月東南醫學院校友會成立大會全體攝影。褚民誼位於前排左18（《東南醫刊》[2.13]Vol.2，No.2，1931）

（1936，8，18）上發佈的「東南醫學院招男女生」的廣告，其上列出的獎學條例謂，「本院向設有獎學免費學額，凡成績優良、品行端方者，經教務會議交由院務會議通過，即予全部學費之免除。」該校1949年後，內遷安徽，成為當年安徽第一所高等醫科院校，並由私立改為公立，現為位於省會合肥的「安徽醫科大學」。

當年在中國的大地上醫藥科學正待興起，卻步履闌珊，醫藥界處於充滿矛盾的無序狀態之中。國外新興醫藥科學不斷的大舉傳入，一方面對數千年來

《時事新報》（1936，8，18）上《東南醫學院》的招生廣告

一以貫之的傳統舊醫學造成強烈的衝擊而引發爭議；另一方面來自歐美日等不同國家的醫學專家之間又出現了互不相容的各種派系。身臨這般錯綜複雜的矛盾漩渦之中，褚民誼深知只有妥善處理好這些問題，着力進行整頓，才能有效地把中國的醫藥事業推向前進。

1930年褚民誼在比利時發表的題為〈中國醫藥問題和衛生建設的過去和現在〉[1.15]的演講中，比較全面地闡述了上述問題。關於新舊醫學，即所謂中西醫學之爭，本節前面已有詳述。對於新醫學的門派林立問題，他分析當時的情況說道，眾多中國青年負笈國外研究純科學和應用科學，之中有許多是學習醫藥的。據不完全統計，從西方留學歸來的醫生約有4000名，分別在不同的國家學習，其分佈約略為：英美35%、日本30%[7]、德國20%、法國和比利時15%。他們來自不同學校，對於西方醫學整體上的理解並不完全一致，而且學習期間必須跟從導師，在各國不同的語言中受到訓練。中國國內相繼成立的醫學院，主要聘用留學生或外籍教師授課，分別按其國家來源，以英語、德語或法語進行教學，很少使用中文。他列舉了當時中國主要的14所醫學院使用的語言，包括設在北平、南京、上海、天津和廣州的5所公立學院和設在濟南、上海、廣州、南通和北平的9所私立學院，其中只有3所（公立的北平大學醫學院以及私立的上海東南醫學院和南通大學醫學院）使用中文，其它使用英文的5所，使用德文和法文的各2所，部分使用德文及中文和部分使用法文及中文的各1所。可見使用中文所佔的比例很小，語言的差異和不同的意見，形成了互不團結的派系，這是中國醫學教育發展過程中出現的特殊現象。

對此，身為中央委員的醫學博士褚民誼，在〈中國醫學教育之前途〉（《醫藥評論》[2.15]No.26，1930，1，15）一文中大聲疾呼，剖析和批評了當時門派之爭的弊病，提出了整頓和發展

---

[7] 日本的醫學先師中國，明治維新以後改學德國而迅速發展起來。

我國醫學教育的中懇建議。他感慨地寫道：

「夫醫學為科學之一種，原無國界之分。惟就輸入中國之醫學言之，則因醫學之來源不同，有學自歐美者，有學自日本者。與夫因輸入之人才互異，國人有之，歐美人亦有之。因之輸入後既無系統，又鮮組織。淪至今日，中國之醫學教育，龐雜紊亂，至於斯極。

「今日我國醫事教育之大病，在於全國各醫校所授之課程，彼此參差不齊。不寧惟是，即各校用以教授醫事教育之語文，亦不一致。有用英日文者，有用法德文者，豈視醫事教育亦同舶來品物，即以販賣為盡事，其如差之毫釐，謬以千里何。夫新醫為世界公共之學術，絕非任何一國所獨有。吾人既以此世界公共之學識，介紹至中國，則自應以中國之語言文字，從而教導之。若猶運用外國文字，則易予人誤解。視運用某國文字教授之醫學，謂之某國醫學。故欲謀整理中國之醫事教育，應先糾正教授法上用外國語言文字上之錯誤。用國文教授，使之統一，此為極關重要之第一點。

其次即將中國醫學教育之制度及課程，為有系統有組織之編製，使全國各校，無論一級制兩級制，均宜趨於一律，無復彼此參差之弊。如國人能切實由此兩點，努力進行，則中國醫學教育之前途，自可樂觀。不然，有如盲人瞎馬，夜臨深池，其不顛覆者幾希。抑吾國醫界，今日最不良之現象，莫如各樹派別。不幸派別之分，今已明顯，此在醫學十分幼稚之中國，實為厄運。蓋今日中國之醫學，較之列強，婢學夫人，尚嫌弗如，烏能夜郎自大，自稱派別，則自必彼欺爾詐，妒嫉排擠，互相水火，安望團結一致，共求進步。此誠堪為吾國醫學前途，長嘆息者。竊謂研究新醫之我曹，亟應虛懷若谷，互相切磋，互相探討，庶因之而有心得，藉可發明。今則深中派別之毒，合作精神，日趨渙散，竟致格格不入，言之實可痛心。所望今後國人之從事醫學者，學習時固宜求澈底了解，潛心研求，學成後尤貴能以本國語文，繹述介紹，譬之食物，有消化能力，始得營養之功。否則學自某國，祇能用某國文字發表，而不能代之以中國之語言文字，則謂之食古不化，亦奚以異。興念及此，覺吾人應將關於醫學上應用之各種單字及術語，均一一繹出，使之異常明晰。不僅成一辭典，尤須集五六國之文字，成一中西文之對照表。此實異常切要之圖。例如一方全用中國文字，一方以拉丁文為主體，以英法德意日等國為賓，如是則可免除國人以外國文字發表醫學上事物之弊病。

至於欲泯滅學校及教授醫生間之派別，則當另籌方策。其方法余曾與同志

數輩一再討論，咸表同情於余之主張。余之主張為何，即設置一醫學研究院，聘請自歐美日本學成歸來之醫學博士。凡學醫有專門者，不論其學自何國，祇求其學術有特長，有志於繼續研究更圖深造之士，均能延攬入內。在院研究期間，最短須經歷二三年。在此二三年間，會萃自各國學醫歸來之人才，各就其所長，互相砥礪。如是數年，則不獨彼此間互解所學，益能進步，容有新的發明。且相處既久，性格行為，亦能互相了解，隔閡盡除，於是於無形中忘卻自身學自何國，派別觀念，亦可隨之消滅矣。不特此也，一方從事研究，一方且可預為未來教授之計，而不時練習。故此醫學研究院，乃不啻醫事教育之師範學校，能養成全國健全之醫學師資。倘此計實行，則全國醫學教授，胥由是出。逾十年後，全國醫學教育始有真正統一之可言。故此種醫學研究院之設置，實為當務之急，治本之源。而同時藥學研究院之組織，亦當相提並進。此則整理全國醫學教育之澈底辦法也。

抑尤有進者，吾人處醫學研究院中，不僅研究世界之新醫，尤宜研究中國固有之舊醫。中國舊醫，其最大病源，即在固步自封，自鳴久遠，不知科學為何物。亦若古玩骨董，遂足價值連城者，以是因循保守，無復寸進。今如能以科學方法，加意研究，或能於研究結果，有所發明，足以貢獻於世界，則於世界共有之新醫中，佔一地位，亦意中事也。今人每謂新醫屬於人，舊醫屬於我。因此新舊之間，界若鴻溝，壁壘對峙，永難融洽。在舊醫固無進步可言，即新醫亦奚能有益。為今之計，亟應將中國舊醫中知其然不知其所以然之良好經驗，參以科學方法，蓄意研究，以期盡知其然，闡發真理，斯為我儕學者，義不容辭之責任。此猶沙裏淘金，或有環寶發現，孰謂非必要之工作，而等閒視之哉。且此種工作，決非一般舊醫，所能勝任。必須能以科學方法，採用試驗所之理化分析，動物實驗，與夫生理及病理之試驗，參以解剖及組織之證實，方不致緣木求魚，望洋興嗟，而始獲有美滿結果也。蓋舊醫祇知墨守成規，未習科學，於材料上之盡量供給外，其不能自行研究，彰彰明甚。吾全國從事醫學之同志乎，有志於改革中國醫學教育之諸君乎，其以一得之愚為然者，請投袂而起，共同從事於此矣。則豈獨余之所馨香禱祝，吾國醫學前途，實利賴之。」

那時我國的製藥業剛剛起步，治病所需的新藥，起初全部經由外商進口獲取高額利潤。如前所述，褚民誼為了改變這種局面，提出了「直銷、自製、創新」，發展中國新藥業三步曲的方針。為促其實現，他積極置身於民族新

1930年代位於上海市鬧區的「中西大藥房」左）和「中法大藥房」右）的公司總部大樓[2.31]Vol.2，No.2（1937，4）

藥業的行列中，與行業同人密切聯係，並親自擔任中西大藥房董事長和中法大藥房董事和董事長等職。這兩個藥房，在當時前者可謂牌子最老，後者則公認最具實力。上兩圖示出了1930年代，分別位於上海鬧市區四馬路的「中西大藥房」和北京路的「中法大藥房」的公司總部的所在地，轉引自《新藥月報》[2.31] Vol.2，No.2（1937，4）。《上海近代西藥業行業史》[3.63]一書，記述了中國新藥業的發展史，可供參考。

中西大藥房是中國人在上海開辦的第一家西藥房，創立於1888年，其後的發展並不順利，至1923年竟陷入出盤給中法大藥房的境地。1932年該藥房重整旗鼓，由褚民誼出任董事長，周邦俊任總經理，以「中西大藥房股份有限公司」向實業部呈請立案登記。是年4月7日獲得部頒證件被正式批准後，在《申報》（1932，7，9）上刊登大幅公告（見後頁上圖），由上海著名律師吳之屏和會計師沈家楨為代表，發佈了上述申辦經過，並示出了實業部頒發的四份註冊證書的縮印件，分別為設字第243號營業執照（圖中之上圖）、「中西大藥房」（The Great China Dispensary / Co.）之文字商標（圖中之右圖）、「中西」二字之圖形商標（圖中之左圖）和「九星」（九顆星）商標（圖中之下圖）。其後還發佈了該公司的通告啟事稱，經第三次董事會審查通過，公司股票已準備竣事，本外埠各股東自7月11日開始即可到公司辦理，將原發的股銀收據調換為正式股票。老牌的中西大藥房自此舊貌換新顏，再度煥發出蓬勃的生機。

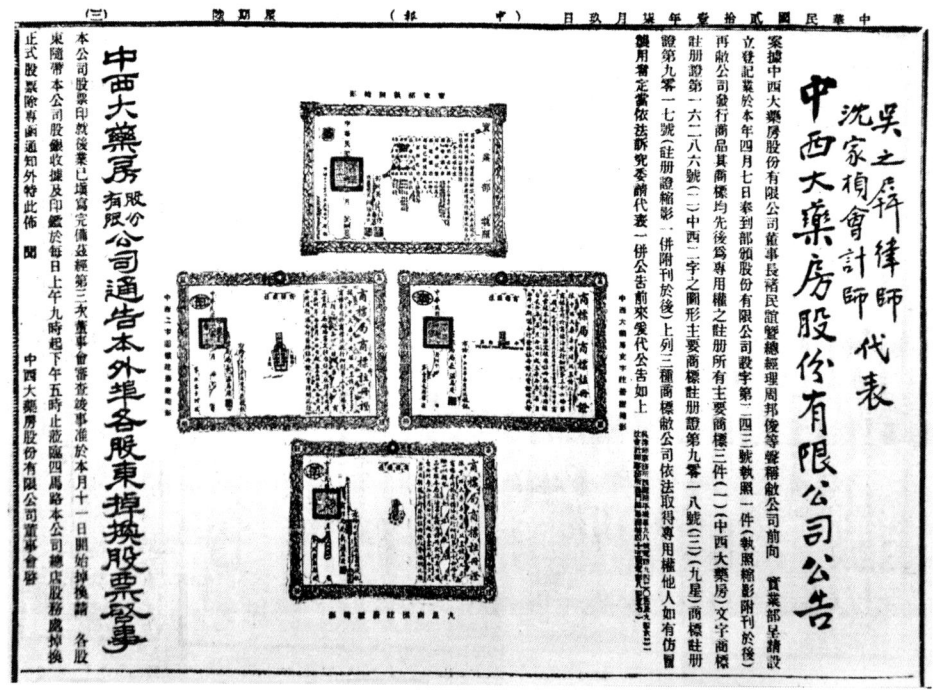

1932年7月9日《申報》上刊登的「中西大藥房股份有限公司公告」，聲明該公司由褚民誼任董事長、周邦俊任總經理，於本年4月7日獲得部頒營業執照和商標註冊

　　《時事新報》（1934，6，29）上刊登的，題為「班禪題獎中西藥房」的新聞，報道了當時中西大藥房的出品廣受歡迎的一段佳話。已如本篇第五章之第三節「團結蒙藏，培植人才」中所述，在戴季陶和褚民誼等人的發起下，於1934年4、5月間在杭州隆重舉行了由班禪主壇之「護國消災時輪金剛法會」。會後班禪應邀於5月下旬至6月底到上海講經訪問。該報稱，「班禪大師在杭主持時輪金剛法會時，目睹中西大藥房出品之神效功德水，救治時疫，有藥到病除之效。來滬駐錫時，特題頒中西大藥房神效功德水匾額一幅及近影一幀。大師已定今日赴京，該項紀念物，中西大藥房特在四馬路總店櫥窗陳列，藉便各界瞻仰。聞該藥房近正夏季大廉價、大贈品，每天均有犧牲品出售云。」

　　1934年12月21日中西大藥房舉行董監聯席會議，到褚民誼等全體董監。《申報》於次日報道，「聞二十三年（1934年）度營業總額截至十一月底，比較二十二年度營業，已超過全年總數。際此市況不景氣時代，而該公司獨能優獲盈餘，良非易易。各董監審核之下，極表滿意云。」1936年1月18日，《時

第七章　醫藥衛生，造福社會　85

事新報》上刊登了一篇，題為「中西藥房營業進展概況-股息提前發給」的報道稱，「在此不景氣年頭，百業蕭條，倒閉絡繹，新藥業受舶來品之競爭，維持更為不易，而四馬路中西大藥房，獨於此際提前發給股息，不能不佩該藥房奮鬥之精神。昨日記者往訪該藥房總經理周邦俊君。據談該藥房在董事長褚民誼領導之下，營業年有增加。一方固有賴於國人之擁護；一方全持同業之互助。去年市面衰落，益形露骨，遂定二大方針進行。一、原有藥品香品之改良與新出品之增加，除原有製劑人才外，昨年增聘專家八人，專負此責；二、推廣工作之改進，以一部分處理內部工作外，一部分專任流動工作，蘇浙魯皖湘鄂均派員分頭考察，而出品銷路最大者，為明星花露香水與痰敵胃鑰及維他命麥精魚肝油、九星乳白魚肝油等，現時上海分店已有靜安寺、浙江路、東門路、老西門四處，今年更籌設大世界分店。此次提前發給股息，係由董事長褚民誼召集董監聯席會議所決定。而同人方面亦全部加薪，並分派紅利，藉資鼓勵。至民誼大藥廠籌備數年，專製醫用特效藥品與注射劑，昨年已出品者計有膠囊丸等數十種，本年計劃亦已訂定，將逐步施行云。記者興辭時，見該藥房門市部顧客擁擠，較四大公司尤為熱烈，而職員對待顧客極為謙恭，足見該藥房之發展非偶然事云。」

上文中所談及的民誼大藥廠，是由褚民誼、周邦俊等人發起而籌建起來的。藥廠籌備處設在四馬路中西大藥房內，其籌備進展情況屢見報端。1934年12月13日《時事新報》上一則「民誼藥廠審查商標」的消息稱，「民誼大藥廠，前次徵求商標圖案後，應徵者計六百餘函，現正由籌備處分別整理，除一面函覆外，並將於本月下旬俟褚民誼氏出席五中全會閉幕後，即開會審查云。」接着，該報又於12月20日刊登了「民誼藥廠續徵研究書」的報道。謂「民誼大藥廠，前為徵集國產藥材作為注射劑原料之研究書後，國內醫藥專家將其數年來研究之心得，製成說明，繪列圖表，連同藥材，寄送四馬路中西大藥房民誼大藥廠籌備處，已有五起。由該藥廠籌備處交付研究試驗。初因儀器未到，祗能實施初步工作。頃已陸續運滬，於研究上資助不少。一俟將成分效用估定，應徵者即可領取鉅額酬金。日前褚民誼氏至籌備處視察，與周邦俊、夏習時兩君商定繼續公開徵求云。」

1935年1月9日，民誼大藥廠在江灣體育會路廠基行奠基禮，《時事新報》（1935，1，13）上報道，「褚民誼偕同周邦俊、夏習時，及各界來賓，約二百餘人出席，並開始動工建築。旋以內部設備，為合於科學管理起見，又經褚

氏作第二步之進行計劃，囑設計委員會，詳擬佈置辦法，製繪圖樣，再交專家審查，以便著手製辦。」

1937年7月19日《時事新報》上發表了〈周邦俊談籌設民誼大藥廠目的〉的文章。文中謂，「中委褚民誼歷遊歐美諸邦，精研醫藥，近於從政之餘，與中西大藥房總經理周邦俊，籌設民誼大藥房。於江灣西體育路，正式開始，招股列名發起者，有陳果夫、曾仲鳴、戴傳賢、邵力子、杜月笙、黃任之（炎培）等。記者為明瞭該廠內容，因於昨日往訪周邦俊氏。據周氏語記者，民誼大藥廠組織目的，在提煉動植礦物之原料，以供國內新藥業之需。更注意於非常時期化學藥品之製煉，萬一國際發生問題，亦得自給自足，故其含義實有關於國防經濟建設。至注射劑、特效藥膠囊丸為製品，完全依據確切有效之處方，用最新機械製造，務使每一出品，均有準確的效果。故對製藥人才，羅致特別注意。至民誼大藥廠廠屋，即以中西大藥房江灣廠移讓，因中西大藥房已在東有恆路設置新廠，江灣廠屋不特建築新穎，而內部設備，以及訂購之機械，均為國內藥廠所僅有者，最適宜於民誼大藥廠之用。此次中西大藥房股東大會議決，以二十五年（1936年）度每股應得之官紅利四分，全部接受民誼大藥廠股份，計可得國幣二十萬元。尚有三十萬元，由發起人承認半數以上，外界可投資者十餘萬元。將來業務推進，原定股額，恐尚不敷，實有擴充之必要，此為意中事也……等云。」

上海另一家大型藥房，「中法大藥房」（The Great Eastern Dispensary），由黃楚九於1890年開設。他從家傳中醫改營西藥，由於經營得法，屢創新藥，發展迅速，開設多家分號和製藥廠，一時成了上海新藥界的領軍人物。該公司產銷的藥品，如與日商競爭的虎牌仁丹、艾羅補腦汁以及1923年專設「九福製藥公司」生產的「百齡機」藥片等，市場銷售旺盛，資金積累很快。除了發展藥業，興辦醫院之外，還向金融、房地產等行業大肆擴張，娛樂界久負盛名的「大世界」就是首先由他於1917年創立的。由於上海灘競爭激烈，黃氏到了晚年，遭受挫折。1931年1月黃楚九病逝，由女婿許曉初掌管。不久公司改組，並於1931年12月補選褚民誼為中法藥房董事（「中法股東會紀」，發表於《新聞報》1931，12，13）。[3.63] 1934年2月公司重加改組，進一步推舉褚民誼為董事長。（《南洋商報》1936，10，5）

值得提出的是，發展醫藥衛生事業和開展體育運動，是褚民誼著力提高民眾健康水平「一盤棋」中相互聯係的有機組成部分。例如，褚民誼悉心推廣太

極拳，第一次將他所拍攝的吳鑑泉親自演示的動作招式照片編成《太極拳圖》[1.8]一書公諸於眾，就是在黃楚九的建議和支持下，於1929年由九福公司發行的《健康指南》刊物上發表的。黃楚九特為此作序，書中同時登載了有關九福公司及其產品百齡機的介紹。又如，褚民誼自1930年發明太極操後，在中小學中推行有年。1936年8月在柏林召開第11屆奧運會，他在組織和派遣我國武術代表團到賽會上進行表演的同時，於該年6月主編出版了《太極操特刊》[1.39]，以進一步在國內和國際上進行宣傳推廣。該書的出版，得到了作為發行者的許曉初和周邦俊的支持，發行單位是他們分別主持的中法大藥房和中西大藥房。上述詳情分見本篇第八章之第二節「發揚國術，太極創新」和第四節「奧林匹克，國術揚威」。

二十世紀二三十年代，中國的新藥業取得長足發展，從上海開始相繼在各地成立了新藥業同業公會。據《新藥月報》[2.21]Vol.1，No.1（1936，3，1）中記述，為了加強聯絡和團結，由「上海新藥業同業公會」發起，組織「全國新藥業同業公會聯合會」。1934年7月間正式開始籌備，至1935年10月，各地新藥業同業公會願入會者達22個省市，尚無同業公會組織之各地商店，願加入者亦達24處。1935年11月10日上午在上海舉行成立大會，報到者達141人。會上除選舉執監委員外，討論和通過了重要提案23件和臨時動議二件。時任行政院秘書長的褚民誼因事羈，不克參加開幕，乘當晚夜車由京趕滬，次日在大會上講話，強調醫藥並重，闡述我國新藥業發展「三步曲」的主張。

成立大會後，接連召開了數次執委會和常務委員會。投票選出袁鶴松、周邦俊、許曉初、趙升賓、謝幼南五名常委，公推許曉初為

《新藥月報》上刊登的社長褚民誼的肖像[2.31]Vol.1，No.4（1936，6，1）

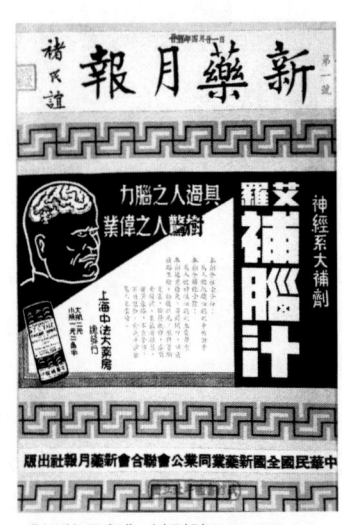

《新藥月報》創刊號[2.31]Vol.1，No.1（1936，3，1）

主席委員。議決設立顧問委員會，聘請褚民誼等十五人為顧問。通過了多項決議，其中比較重要的，一是發行《新藥月報》，聘請褚民誼為新藥月報社社長，徐曉初為副社長；另一是舉辦「藥學講習所」，盡速培育藥劑師人才，聘定褚民誼為所長，周夢白為副所長，周邦俊為教務長。

1936年3月1日《新藥月報》[2.31]創刊，社長褚民誼題寫刊頭，並致發刊詞。在隨後的第一卷第四期（1936，6，1）上還登載了他的照片和略歷（分見前頁右兩圖）。其發刊辭，全文如下：「自神農嘗百草，辨五色五味五氣，中經歷朝賢哲揚谷搜巖，採擷珍奇花木資為藥用者，數量綦鉅。惜乎煉製之方，徒守繩墨，進步稽遲。殆歐西化學品輸入中土，雖楚材晉用，而社會信仰極深，我新藥業於以肇始。近年國人仿製者及由國產生藥煉製者，數亦匪尠，足與舶來藥品相頡頏。兢兢業業，相期以裨販為過渡，以自製自給為歸宿，是為我新藥業苦幹邁進之順序。顧我新藥同業遍於全國，聲氣之通容有未周也，事功之進展容有稽遲也，社會之信崇容有未堅也，爰於去冬成立全國新藥業聯合會以樹之基。復創議刊行新藥月報，以為我業發展之機樞。凡諸同仁，眾議僉同。若曰，褒貶章制，指陳興革，列評論欄；又曰，商標專利，足資稽考，列商標欄；又曰，謹修其法，遵循則效，列法規欄；又曰，舉告會務，鳴其友助，列會務欄；又曰，闡揚藥學，研究精進，列學術欄；又曰，價格紛歧，應為規准，列行市欄；又曰，博採眾長，他山攻玉，列調查欄；又曰，獎掖新品，謹言黜陟，列新藥介紹欄；其他有關我業興替之雜訊及同仁文藝遣情之作，各萃其類舉目彙列之，期獲聯誼聯歡之真果，切磋琢磨之實效。俾世之人得明瞭新藥之實況，沛然來歸，赤誠臂助，則異日新藥業之猛進無疆，其於國民疆濟不無裨益也。謹於發刊之初，誌其願望，深疚心餘力薄，端賴眾擎共舉，惟海內諸賢辱教之。」

新藥界先進黃楚九（1872-1931），曾率先發起成立上海新藥業同業公會，並任第一屆主席，新成立的全國新藥業同業公會聯合會會所就設立在他所建立的黃楚九醫院舊址內。黃氏生前興辦民族藥業成績裴然，待人處世樂善好施，維護同業不遺餘力。為了追念他的前勳，聯合會議決將他的遺像懸挂在會所議事廳外，並於《新藥月報》[2.31]Vol.1，No.3（1936，5，1）上恭印其遺像，附以其生平事跡。如後頁上圖所示，褚民誼特為該遺像題銘；段祺瑞、蔡元培、汪兆銘、吳敬恒、張人傑等要人，分別為遺像題辭讚頌。

全國新藥業同業公會聯合會成立伊始的一項緊迫任務，是要盡快舉辦藥劑

（右圖）新藥界先進黃楚九遺像，褚民誼書寫題銘；（左圖）段祺瑞、蔡元培、汪兆銘、吳敬恆和張靜江為之題寫的讚辭（《新藥月報》[2.31]Vol.1，No.3，1936，5，1）

師講習所，以應社會急需和衛生署藥劑生登記的要求。通過褚民誼、周夢白和周邦俊等人的積極努力，擬定章程，聘任授課專家，不數月籌備竣事，講習所於1936年3月15日開學。《新藥月報》[2.31]創刊號（1936，3，1）上，發表了〈全國新藥業同業公會聯合會創設藥學講習所宣言〉及〈全國新藥業同業公會聯合會附設藥學講習所簡章〉。〈宣言〉以醫藥並重的思想，闡述其創辦緣由，謂：「中國醫藥本來合一，能醫者必知藥，知藥者即能醫。自新醫東漸，以所用之新藥，大都為化學製品，故醫藥各自分離，而有醫師藥師分任其事。今醫師雖日益加多，鄉村亦幾遍及；而藥師除大都市外，不易輕得。然以近年來醫事既長足進展，藥事人才，需用孔急，不得不求過渡良策，免至醫藥事業，同阻不前。前者衛生部以正式藥師，不敷分配，而有藥劑生執照之發給，以在藥房有數年調劑之經驗者，亦得有協助藥師分任藥事之責，意誠善也。惟以給照手續過簡，僅由正式醫師一二人之證明，即行給與，內中經驗豐富者，固不乏其人；而藥事學識簡陋，由藥房及藥廠主事之推薦，請藥師虛為證明者，為數亦在不少。如此情形，非獨失去衛生署之好意，反有礙於藥學事業之進展。故全國新藥業同業公會聯合會，有鑒如此，乘衛生署規定藥劑生領照限期屆滿之時，特有藥學講習所之創辦。蓋為求適實際，並應社會之需要，謀供求之相稱也。其一切設置，遵依學理，教授課程，按合實用，俾就學者，咸能成為實際上藥事適用之人才，藉應當前之急需。庶幾醫藥兩業，聯規並進，相輔益彰。願愛好藥學之忠實同志，炁速來歸，佐其觀成。」

〈簡章〉中規定，本所定名為「中華民國全國新藥業同業公會聯合會附設藥學講習所」，以訓練配製藥劑人員適應醫藥界之需要為宗旨。修業期限暫定為一年，每日授課二至三小時，時間下午七時至十時。其日間分配在各藥房之藥局及製藥廠中實習。一學年暫定十個月，分為上下兩個學期。簡章中詳列每週課程及時數，內中還包括外國語文學習，每週三小時（德、英、法文各一小時）。入學人員資格為，年齡在18-30歲，具有初中畢業或同等學力者及曾在藥房或醫院學習配劑在二年以上者，由全國新藥業同業公會聯合會會員之介紹，經聯合會之審定並經入學考試及格始得入學。章程對學費、學生守則、升學及考試等，均一一做出規定。

　　開學順利進行半年後，《新藥月報》j[2.31]Vol.1，No.7（1936，9）上載文〈藥學講習所秋季開學記〉，報道了1936年9月1日第二學期的開學典禮，所長褚民誼在南京處理國民選舉事務的百忙中，前來講話，語重心長，慰勉同學們，抓住難得的學習機會，一心向學，方不負遠道來滬求學之本旨。旋由副所長周夢白等介紹所內工作，略謂「衛生署所定標準課程，規定兩年畢業。本所夜間上課，日間在各藥房實習，名雖一年畢業，事實上與兩年相同，與其宗旨不背，故允通融」，已獲上海市教育局准予立案。該附設講習所以全國藥業同業公會聯合會之會所為校舍，開學之初假其議事廳為講堂，因陋就簡，教學殊感不便。已由上海市同業公會會長徐翔孫擔負經費，在會所添造三層樓作為教室，命名「翔孫廳」。並由濟華堂袁鶴松捐置教室桌椅數十副，秋季開學後遷

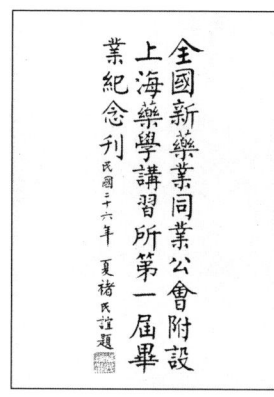

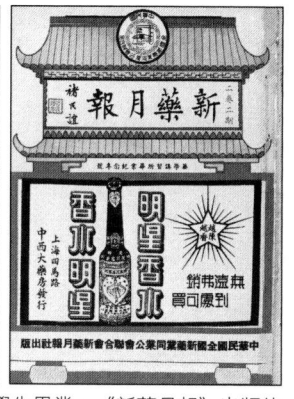

1937年3月藥學講習所第一屆學生畢業，《新藥月報》出版的《藥學講習所畢業紀念專號》（右），及講習所所長褚民誼的題詞（左）[2.31]Vol.2，No.2（1937，4）

入，學習條件得以顯著改善等，云云。

　　1937年3月藥學講習所開辦一周年，第一屆學生按期結業。學生名額，原定為六十人，但以報名就學者過於踴躍，未便嚴行拒絕，致使學生有八十四人之多，及經第一學期後，因病因故及憚於功課之艱深而自動退學者約十餘人，實有畢業生七十人。1936年冬教育部召開藥學教育專門委員會，擬立了我國藥學教育制度，按需求之不同，規定為大學藥科、藥學專科及高級藥學職業學校三級。該所之設立正可與高級藥學職業學校相銜接，況當此青黃不接之秋，先鞭快着，填補了藥劑師之缺。茲事體大，為了總結和紀念，並將藥學講習所之情形，公諸於世，藉求當世賢達之教益，《新藥月報》[2.31]特於第2卷第2期（1937，4），出版了《藥學講習所畢業紀念專號》。如前頁下圖所示，褚民誼為此題詞「全國新藥業同業公會附設上海藥學講習所第一屆畢業紀念刊」。此外，該刊上還刊登了褚所長的大幅肖像。

　　為了密切會員間的聯係，全國新藥業同業公會聯合會不定期地舉辦各種聯誼活動，褚民誼在百忙中盡力撥冗參加，以與全國新藥業同仁們打成一片。1936年8月23日聯合會法規研究委員會委員、嘉興中華中法五洲三藥房經理毛恢先邀請上海同業領袖赴禾（嘉興）參觀當地藥房，了解市面，並遊覽南湖煙雨樓等名勝。《新藥月報》[2.31]Vol.1，No.6（1936，8）上刊登了上海市新藥業同業公會秘書孫籌成的遊記，以及賓主一行在煙雨樓前的合影（見下圖）。由滬來禾者有褚民誼、許曉初等三十餘人，照片下面對應標出了各人的姓名。「是日係乞巧節，禾中曲社，特柬邀江浙兩省曲友，在樓下會唱崑曲，計到

1936年8月23日上海藥業領袖應邀赴嘉興參觀遊覽時，在南湖煙雨樓前的合影。圖下對應標出各人的姓名，許曉初、褚民誼和主人毛恢先分別位於左10、11和13（《新藥月報》[2.31] Vol.1，No.6，1936，8）

八十餘人之多。褚民誼君向唱大花臉，加入唱〈訓子〉與〈刀會〉兩齣，聲澈雲霄，咬字準確，博得掌聲如雷。」

1937年1月上海新藥同人，應新亞藥廠及虎標永安堂之邀，游覽蘇州，在網獅園留影數幀，發表在《新藥月報》[2.31]Vol.2，No.3（1937，5）上。如右圖所示，褚民誼穿深色中山裝和長統皮靴，興致勃勃地參與其中，還當場與袁鶴松一起表演太極拳推手。

值得指出的是，褚民誼胸懷我國新藥業發展的全局，時刻關心和扶植新興民族工業的成長。當時的《信誼化學製藥廠》是一個後起之秀，依照他倡導的藥業發展「三步曲」的設想，邁出了經仿造而創新的步子，取得了顯

1937年1月上海新藥同人應邀游覽蘇州，在網獅園留影。（《新藥月報》[2.31]Vol.2，No.2，1937，4）

著成果，褚民誼對此予以積極的支持和推廣。他於1933年9月10日欣然為該製藥廠發行的刊物——《長命牌各種良藥彙集》（英文名"Long Life" Products）[3.28]題寫刊銘（見後頁上圖），並為之撰寫序言。

文中稱：「上海信誼化學製藥廠，為吾國製藥廠之最認真最可宜者。「創辦者原係德國著名學者藥學博士霞飛氏，已開十有餘年，於民十九（1930年）始收回為華人股份有限公司，曾向國民政府實業部註冊。

此後遂增加資本，大事擴充，不惜巨資，向歐美諸國，添購最新式製造、實驗及科學研究所用各項機器與儀器，應有盡有。用最新之科學管理法，以管理全廠，故自採購原料起，至成品發出止，無不經極嚴格的科學試驗與監督。所發明及製造之各種注射液及內服藥等，不容絲毫草率。凡出新藥……必經多數專家，用盡腦汁，精密試驗，重復製造之種種手續，然後始克畢事。故其品質之精良、成分之準確，效力之偉大可靠，自不待言，宜乎為全國醫師所信仰而樂於施用也。繼於去歲該廠職員赴美演講其諸製造品時，經美國衛生機關、各大醫院、各大化學試驗所、及南開立福尼（南加利福尼亞）大學等，嚴格試驗並試用後，其結果竟使異邦人士驚嘆不已。因而各國醫師，咸信仰之，而應用其出品矣。是該廠之信譽，已普及於國外，而其精製之藥品，確能勝於舶來品，望國人多應用之也。」他在列舉信誼賜保命等諸多有顯著療效的良藥後，

第七章　醫藥衛生，造福社會　93

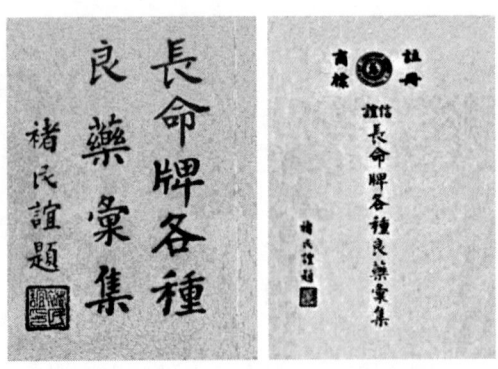

信誼化學製藥廠發行的《長命牌各種良藥彙集》[3.28]

在結尾時說道，「此種事實，足為國產藥物之光榮。「值此國難方殷經濟受制，金錢外溢不可勝計之時，信誼竟有如許孟晉之成功，新藥業之前途，庶有豸乎，信誼勉乎端。」其對我國新藥業取得進步的期盼，真可謂情真意切。

在上述民族新藥業取得長足進展的同時，我國藥學科學化的進程，在褚民誼的積極倡導下，也邁出了可喜的步伐。如後頁下圖所示，由國立中央研究院國藥專任研究員趙燏黃和浙江省立醫藥專科學校藥科教授徐伯鋆編著的《現代本草生藥學》（上編[8]）[3.30]，於1934年4月1日由中華民國藥學會出版問世，就是其中一個重要標誌。生藥即天然藥材，是指來源于天然，未經加工或只經過簡單加工的植物、動物和礦物類的藥材。我國自古代起即積累了利用天然藥材的經驗，由此記載下來的書籍統稱為「本草」。隨著近代科學技術的迅猛發展，首先在西方出現了以現代科學手段和方法研究和應用生藥的獨立學科——生藥學。如前所述，褚民誼為糾正我國重醫輕藥的偏向，於1929年在上海創辦了獨立的中法大學藥學專修科，蔡元培任董事長，褚民誼任學長。學校裝備有德、法等國的最新儀器設備，並參考法國院系計劃進行教學安排，其中就包括引入「生藥學」這門新興學科，聘任曾留學日本帝國大學藥科，時任上海國立中央研究院研究員的趙燏黃，兼任該課程的教授。通過多年的教學和研究工作，為他編寫《現代本草生藥學》[3.30]打下了堅實的基礎。該書的出版得到了蔡元培和褚民誼等人的大力支持，兩人為之書寫序言。如後頁下圖所示，褚民誼還特為之題寫書銘。褚序曰：

---

[8] 其同名的下編，繼由浙江省立醫藥專科學校生藥學暨調劑學教授葉三多編著，由該校於1937年7月15日出版。

「醫藥科學化之一語，幾成為今人口頭禪，醫與藥，關係綦切，應並重，不當偏廢，其理至顯，無庸敷陳。第環顧國中，研究新醫而深造有得，濟世有功者，不乏其人；獨於藥學鑽研有素，造詣精深者，殊不多覯。蓋國人之心理偏頗，對於醫與藥之間，顯有所輕重，是則積習使然。誠以吾國於醫一道，尚有舊醫法流傳；於藥雖有舊本草可考，然並未列入學術之門。藥學之一名詞，為現代所有，歐美先進各國，創造發明已多，吾國迄今猶在萌芽時代。今國內醫學校林立，除浙江醫藥專校設藥科外，則獨立之藥學校，幾於絕無僅有。鄙人有鑒於此，因有藥學校之創辦（中法大學藥學專修科），區區之意，蓋認為藥學之重要，不亞於醫，未可偏廢，希望能稍稍造就專門人才，從事研求耳。吾國所產藥材，種類至夥，徒以未經用生藥學的方法研究，用化學的方法製造，用藥理學的方法試驗，以致其效用有限。今市廛所售西藥，大都來自外洋，每年外溢金錢，實難數計，若能以國藥為製藥之原料，代用西藥，亦未始非杜塞漏卮之一也。是故藥之科學化，較之於醫，尤為重要，竊願同人致力於此。今何幸趙燏黃、徐伯鋆兩先生，有生藥學之編著，本其研究之所得，與國人以共見，而謀所以改進之方，為藥物科學化之濫觴，此豈特吾國藥學之曙光，蓋亦民生之一助也。余故喜而為之序。民國二十二年十一月褚民誼序，於中法大學藥學專修科。」

寥寥數語，言簡意賅地闡發了褚民誼一貫秉持的醫藥並重、發展中藥、助力民生的思想，並表達出他對醫藥科學化取得進展的喜悅心情。為廣告民知，《醫藥評論》[2.15]上還在其第101期（1934，2，15）上，及時刊發了他的這一序言。

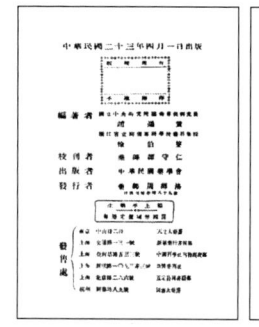

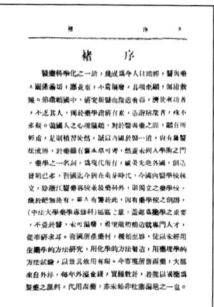

1934年4月1日中華民國藥學會出版，趙燏黃、徐伯鋆編著的《現代本草生藥學》上編：（右1）封面；（右2）褚民誼題寫的書銘；（右3）褚民誼序首頁；（右4）版權頁[3.30]

第七章　醫藥衛生，造福社會　95

值得提出的是，時任中法大學藥學專修科學長的褚民誼，同時擔負着行政院秘書長之職，他於1935年春，以行政院秘書處的名義，在為於達望編著的《製藥化學》[3.37]一書撰寫的序言中，更是未雨綢繆地根據當時的國際形勢、從國計民生和國家安全的大局出發，進一步強調了發展我國藥業、普及製藥知識的重要性和迫切性，號召各有關單位為發展我國急需的藥業而共同努力[9]。該書由戴傳賢題寫書名，中華民國藥學會出版、浙江省立醫藥專科學校於1935年9月發行。為了全面瞭解褚民誼發展我國藥業的的指導思想，在本節的結尾處，一并將其〈製藥化學序〉之全文援引如下：

「邇來科學進步迅速，藥學尤關重要，舉凡教育、實業、衛生、國防各界所應用之藥品，年以億萬計。當茲國歲力艱、農村破產、社會經濟困難之時，似此利益外溢，已大可驚人！且值此國際風雲變化莫測，若不幸世界第二次大戰發生，向之所賴重要藥品，當然禁止出口，即關於普通之藥品，亦無法輸運而來，則人民生命及國防均蒙鉅大影響。是以非國人急起直追，自謀仿製，曷克有濟。惟是關於製造藥品之中文參考書籍，尚付闕如，能不引為大憾！於君達望，有鑒於斯，近著製藥化學一書，都四十餘萬言，敘述製造及檢查各法，極其詳明，不但為藥品製造之良友，且可作藥品鑑定之導領。凡藥廠、醫院、化驗檢查處所，以及從事國防各機關，均宜置備此書，以作參攷，獲益定非淺鮮。余因是書應用之大，故樂為之序。

中華民國二十四年春，褚民誼序於行政院秘書處。」

---

[9] 如前所述，當年的《民誼大藥廠》也就是在這樣的指導思想下，由褚民誼、周邦俊等人發起創辦，並得到各界的積極支持。

第八章　全民體育，重在健身

第一節　體育言論，灼見真知

　　大力倡導和開展全民健身體育運動，是褚民誼生涯中的一個亮點，尤其在創新和推廣我國傳統的武術運動方面的貢獻更為突出。褚民誼為何如此重視和熱衷於體育運動？已如前述，他在1933年1月國民黨中央黨部總理紀念週上發表的題為〈什麼是救國之道〉[1.34]的演講中，從實現三民主義的高度對此給出了明確的答案。這裡有必要重溫下面一段講話：「我們講民族主義，首重健康。人能健康，然後能勇。健康是怎麼樣得到的呢？就是要消極方面，講究衛生；積極方面，提倡體育。衛生所以避免夭傷，卻除疾病；體育是用種種運動方法去鍛煉體魄。所以兄弟常說運動二個字的定義，是暢運血脈，活動筋骨。體魄鍛鍊健全了，精神自然健全，一定不會偷懶，沾染惡習慣，而有勇氣了，無論求學服務，都可得到加倍的效能……全民族就自然會強盛。所以講民族主義，就是講勇，也就是講體育。」

　　作為孫中山三民主義忠實追隨者的醫學博士褚民誼，儒醫世家出身，數度遠涉重洋，孜孜探求西方先進醫學，其志向不以解除個別病痛為目標；而是着眼於提高全民體質，儘快消除被譏諷為「東亞病夫」的切膚之痛，以達到強國之目的。國民革命自進入「訓政」時期以來，他在前述大力發展醫藥衛生事業的同時，把精力更多地傾注在提倡體育的這個增進健康的積極方面。

　　為了組織開展全民體育運動，他先後發表了大量的演講和論文。右圖所示的是，1936年9月15日出版的國術統一月刊社叢書《褚民誼先生武術言論集》[1.42]（以下簡稱《武術言

1936年9月15日出版的國術統一月刊社叢書《褚民誼先生武術言論集》。封面上示出他的健美體魄[1.42]

論集》）。專輯中彙集了他從1928年到1936年間的有關言論23篇，分為；論說（5篇）、序跋（10篇）、演講（5篇）和提案（3篇）四類，在論述武術的同時，也涉及有關體育運動的許多重要內容，其目錄載於本節後的附錄中。該言論集以「褚民誼先生雄偉之體魄」作為封面，展現出他歷年來以身作則，滿腔熱忱地引領民眾邁向健康之路的信心和決心。

為了實施「體育強國」的宗旨，身為中央委員的褚民誼利用各種場合不斷地向國人發出響亮的號召。我國著名武術家李景林於1925年在上海創立了以普及體育為宗旨的《中華體育會》。1931年李景林去世後，經同人推舉1934年褚民誼接任會長，為了廣泛動員，先後舉行了多次徵求會員大會。上述《武術言論集》[1.42]中收錄了他為第二屆和第三屆徵求會員大會特刊所寫的發刊辭。在第三屆的發刊辭中他是這樣大聲疾呼的：

「我國革命之餘，諸端破壞，亟待建設，求為適合現代之國家，人所盡知者也。而建設偉大事業，端賴偉大精神；偉大精神之養成，則以國民有健全體格為依歸。一人之體格強壯，求學則不畏艱深，而能登峰造極，臨事則百折不回，而能告厥成功。一國中人人體格健全，國家各項建設事業，自能慘淡經營，不至廢弛，此體育之關於箇人及國家者所以至重且大也。「故現代歐美各國皆知國民體育關係國力，無不極端獎勵，以生理衛生學理改進一切，設備一切。」他在列舉美國、德國等列強重視體育而採取的一系列措施，以及東鄰日本自維新以來，大力發展體育，與其他事業同時並進，在增強國民體質方面取得顯著進步而稱雄東亞之後，指出：

「反視我國在前清時，外人譏為東亞病夫，或曰老大帝國。病夫者，無健全體格之謂；老大者，將近死亡之謂。以奄奄一息行將就木之國民，而欲立國於天演競爭世界中，豈非難事？故革命以還，多方提倡體育，一掃舊習，希望國人皆有強健身軀，活潑精神，發揮其思想，增進其知識，堅強其意志，努力邁進，而成現代健全國家。二十餘年，我國體育不無進步，惟尚未普及，健全者頗少，文弱仍多。茲當亞圖建設之際，一般國民，無勇氣、無毅力，思想因而敗落，志節於以消沉，求一精神煥發不畏艱險自強不息者，幾如鳳毛麟角。故社會事業，無由平均發展；國家建設，無由與時俱進；人民之智力體力，多不能與險惡環境奮鬥；而國家之自衛、獨立、平等等權利，亦因以常為外力所剝奪，自昔已然，於今尤烈！然則我國人在今日欲求本身生存，民族復興，非重視體育，養成健全體格莫辦。欲國民人人重視體育，又非使其對體育有真確

認識不可，此本會所為孜孜不倦日揭此義，以語於吾國之國民也。誠以同仁深知為私為公、救己救國，皆須由體育入手，年來提倡，不遺餘力。故茲當徵求會員之際，仍不憚繁贅，貢其所知。願國人……聞風興起，本會之幸亦全國之幸也。」

為了全面規劃和推動全民體育運動，在褚民誼的建議下，教育部決定於1932年暑期召開首次「全國體育會議」，並於該年6月委任他擔任籌備委員會主任，主持籌備工作。褚民誼積極提倡體育的目的，如前所述，在於提高全民的身體健康。但是，當時社會上卻存在着另外一種「提倡體育以比賽為目的」的思潮，特別是在年輕學生中有較大市場。這種偏向不但有違科學，損害健康，而且妨礙體育運動的廣泛普及。為了使會議能達到預期目的，褚民誼特於會前發表了題為〈體育之新趨勢〉的論文，其全文被連續刊登在《南洋商報》1932年9月12日和19日上。他在文前的引言中敘述道：「現在教育部要召集全國體育會議，這全國體育會議，與全國運動會不同。全國運動會比賽，是要比賽出那個人體格好與不好的。這個全國體育會議，是要請全國的體育專家或負體育責任的人大家來研究，提倡體育的意義是甚麼，用怎麼樣的方法去做，怎麼樣達到目的，定出種種方案，使全國體育一致。我們在開這會議之先，應該明瞭現在體育之新趨勢，所以有說明的必要。這個全國體育會議，本來前年已經預備召集。因為當時召集全國教育會議，同時兄弟被派到比國參加該國百年獨立紀念萬國博覽會，所以擱置起來。現定於本月中旬補開，全國的體育家暨擔任體育指導及訓練的人都來參加，大家用心討論，確定體育的目的、制定體育的方案，使得體育能把我們中國很弱的民族一天一天的強起來。」

接着他針對當時的錯誤傾向，全面闡述了體育要以「強健身體」為目的，以「民眾化」「科學化」為口號，以「三不費」為條件，並採用「三驗」的評定方法等一系列主張。褚民誼曾事先以此內容於1932年6月17日在南京中央軍官學校發表演講。（《體育周報》[2.19]Vol.1，No.21，1932，6，25）嗣後，其全文又被收錄在《第五屆全國運動大會總結報告》[3.31]中。

「我們講體育，要明白體育的目的。」文章開門見山地寫道，「體育的目的是什麼，就是使我們身體健康和強壯。現在許多人提倡體育，是以比賽為目的，所走的道路就不同了……這種體育，毛病非常之大。因為比賽不能不拼命，一拼命就使身體受傷，故不但不能維持健康，反而把身體損傷，這是很不對的。最近歐美體育新趨勢，是要使體育向平和方面走，不要向比賽方面走。

如果只向比賽方面走,就弄得體育為很少數的人所專有,大多數人都不去講究了。因為社會上最不好的心理就是好勝,好得第一,於是許多夠不上資格的、身體不甚好的、有病痛的、年稍長的都不來了。要身體很強的人,纔能參加。年紀大的不行、年紀小的不行、女子也是不行……我們現在要提倡的體育,是不要有年齡的關係……無論什麼人都可以運動。運動要普及,要大家可以來,不要給少數人專利。

「我們中國人口四萬萬,這個數目確實不確實不去管他,但是身體強壯的總是很少數,所以歐美人加我們一個別號,叫做東亞病夫。我們隨時隨地去視察一下,就可以知道我中國普通一般人身體都是不好……如果再不注意體育,是非常危險的。「所以國民革命的目的,是求中國的自由平等,是要救我們的民族。但是各位還要知道民族的生存,不僅在人民數量的方面,還要注意到實質的方面。假使現在中國人數不減,仍舊是四萬萬,而人民的身體都是很壞,這種民族將來仍然是不能永久生存的。現在有強鄰壓迫我們,侵略我們,究竟怎麼樣去抵抗,去保全我們的民族呢?就是要提倡我們的體育,普及我們的體育,使我們的體魄健全,身體強壯……大家得到益處,沒有害處,不要好勝,以比賽為目的,不要使身體柔弱的人不敢去練習。

「我們對於運動是要當作吃飯一樣。我們為什麼每日吃飯,吃飯就是要營養身體,吃到肚子裏的東西,要他容易消化,不一定要吃好的,價錢貴的,普通青菜、蘿蔔、豆腐都是能營養身體,大家都能吃的東西,如果把吃飯的目的弄錯了,隨隨便便的吃……那就不但不能營養身體,反要弄出毛病出來。或者吃得太講究,一定要吃魚翅、燕窩、海參,非常之貴的東西,那就是有錢的人能夠吃,窮人不能吃,是貴族式的吃飯,不是普通人的吃飯了。運動也是一樣,運動的目的,是要維持我們的身體健康,使我們的身體強壯。現在運動的方法,都是吃魚翅、燕窩、海參,不是吃青菜、蘿蔔、豆腐。所以各學校歐美式的足球、野球、排球、籃球、網球的設備,都是很貴的,而其限於學校方面,不能普及人民。又只限於有錢的學校,沒有錢的學校,還是不能……這樣的運動,是貴族式的運動。同吃飯用象牙筷、銀杯子一樣,不可不想法子改進。所以兄弟主張運動不要設備,或只須很簡單的設備,大家都可以運動,不要特別器械和服裝。要使全國國民都能得到體育的益處。我們的口號是:『體育要民眾化』,要大家都可以來。但是怎麼樣纔能民眾化呢?當然要用科學方法纔行。要設立體育研究機關,把中國所固有的、歐美所流行的,搜集起來,

共同來研究，到底那種是有益處沒有害處，是可以普及多數民眾。所以我還有一個口號，是『體育要科學化』。」

為此，他提出了採用三驗，「體格檢驗、體力測驗、體能考驗」的方法，而不是以比賽成績作為標準，對體育的強身健體效果進行科學的評定。本章第六節「健康運動，科學測驗」中對此另有詳述。

為了要使體育健身活動在全民中得以展開，他進一步說道，「要把我們的體育普及，就是『體育平民化』，大家都能練習，不必要同人家比賽。如果比賽，假定是甲校同乙校比賽，結果甲校勝或乙校勝，這個勝不是全體的勝，是幾個向來研究體育的人勝，是少數的，不是普遍的。這種直接比賽，從前有許多學校，平時因為要養成這些研究體育的學生去奪錦標，對於他們特別的待遇，這亦算提倡體育的一種獎勵法。但對於他們考試學分，就隨隨便便的了，實在沒有道理。所以我們提倡體育，不僅是不贊成直接比賽的體育；並且不贊成光限於學校的體育，是要提倡全國民眾都能得到益處的體育。要達到這個目的，還有三個條件。

第一個條件，是不要費時。因為我們各人有各人的事情，每日體育所費的時間，越少越好，只要能夠確定每一個最少的時間去運動就是。現在有許多講體育的人，每日的時間消費太多，是不對的。還有許多埋頭用功的人，全不運動，更是不對……所以體育無論何人要確定至少的時間去做，每日用半點鐘或二十分鐘去運動身體，同吃飯睡覺一樣，日日不可少的。

第二個條件，是不要費錢。因為要費錢，許多窮人就沒有辦法，不能得到體育的益處了。

第三個條件，是不要費力。現在有許多研究體育的人，使用種種力氣，很大而又很猛。他們以為要操練身體，非用力不可，實在大錯。尤其一般童年，身體正在發展的時候，不宜用過分的力氣。一用過分的力氣，就要把筋骨損壞，非常之可惜。所以我們運動的時候，不要用許多的力氣。我們的力氣是要用在做事情上的。譬如鐵匠打鐵，費了多少力氣，是成功了一種器具；農夫耕田，費了多少力量，得了好的收成。現在我們在球類、田徑賽或少林拳所費的力量，有什麼益處呢？所以體育上用了許多力量，是很大的損失。我曾有一篇文章[10]，是講現在各校學生運動所用去的力量，如果把他積蓄起來，是有很大

---

[10] 指匯編在論文集[1.10]和[1.42]中，於1928年發表的〈體育與勞動〉一文。

的用處，移在有益的事面上，於人類是有貢獻的。所以運動的時候，所用的力量，要特別的節省，只要能夠運動骨節就是。

「今之所述者『體育的趨勢』就是主張三驗與三不，因為在這國難當前的時候，我們國民的責任是很大的，所以體格要很健康，然後能把所學的知識學問應用出來，為國家、為世界努力。在個人自己的方面，也要有了很好的體魄與精神，才能享受人生的快樂。「現在世界各國人民，平均年齡的統計，中國是很低的，差不多到三十歲。這是因為，中國人在三十歲以下，二十歲、十幾歲，死亡的很多。幼年不知鍛煉，壯年不知節制，所以長壽的很少。各國人民平均年齡，有自三十五歲至四十五歲的。這些情形都是要我們時時刻刻自己警惕……我們的體能、體質、體氣，能夠逐漸改善，民族自然能一代興盛一代，那是可以斷言的。」

褚民誼自幼愛好體育運動，曾長期留學旅居歐洲，熟悉西方盛行的諸如球類、田徑、體操等運動項目，然而他卻對我國傳統的武術（時稱「國術」）情有獨鐘，認為「體育之方法雖多，實以國術為上乘」（《武術言論集》[1.42]中收錄的〈中華體育會兒童國術運動會特刊發刊詞〉中之語），並着意按「科學化」和「民眾化」的要求加以繼承、創新和發展。《申報》1928年11月17日上發表了褚民誼撰寫的題為〈國術與體育〉的論文，闡述其大力提倡國術的目的和正確方法。《教育雜誌》Vol.12，No.12（1928，12，20）上則配以「中委褚民誼氏之大談國術—奉為人類的福音」的醒目標題予以全文報道。該文嗣後作了適當補充，先後收錄在論文集[1.10]和[1.42]中。

「國術與體育」，他寫道，「在從前完全是兩事。從前練習國術，不講究生理與衛生，不注重力學與心理學，惟以用武為目的，取快於一時，所以結果於身體反致有害。並且知其然不知其所以然，但知練習，不知研究。等到有了一點功夫，就守起秘密，不肯普遍的傳授與人。因為守秘密的原故，好的方法，往往失傳，不好的倒遺留下來。所以中國拳術派別，雖則很多，好的卻是很少。並且拳術中有種硬工，是普通人所不宜學的，尤其是身體瘦弱的人，勉強練習，於身體非但無益，而且有害。更有種故作如猴、如虎的姿勢，加上幾箇奇怪的名稱，引人驚心動目，實在是太無聊賴。不獨中國拳術如此，就是外國體育也有流弊。外國有種種體操，近於硬工，練得久了，把肌肉弄得很硬，力量雖大，但身體重笨而不靈。所以西洋體操，近來也有人主張整理和改良的，倘使把他太極拳化了，那就有益得多。中國向來很注重柔術，便是拳術，

也以柔軟拳術為上乘。因為這種拳術，無論何人，弱的、老的、甚至有病的，皆能練習，可使身體平均發達。現在我們用這種柔軟的拳術，加以科學的方法來研究。怎樣用科學的方法來研究呢？就是要注重力學與心理學，講究生理與衛生，然後定出種種規律和方法，加以種種理論和說明，將拳術的精奧，闡發無遺，使得學者，皆能了解所學的功用與目的。然後按部練習，使得身體全部發達，以穩定自己的重心，能用力、能發勁、能養氣，這便是合於體育的科學化的國術了。

我們很熱烈地提倡國術，目的究竟在那裏？我們既不是象亡清西太后要用中國的拳術來抵制外人槍礮；也不是以為中國的武術好到極點，隨便學學，就算完事；更不是以為大家學了國術，中國馬上就可強盛，強國的法子，也沒有這樣子簡單。我們提倡國術的目的，在使一般擅長國術者，用科學的方法去研究，將國術的精華，聚集起來，成為一種有組織、有系統、有學理、有法術的國術，以貢獻於世界人群，使得於體育上，佔一重要之地位，成為一種最完美的體育，以代替體操……庶幾成為一種純粹科學化的國術。這種國術，是絕對有益於身體有利於生理的。然後把他普及全國，使得全國的民眾，都能練習起來，以活動他的筋骨，強健他的體格。體格強健，則精神活潑，無論勞心勞力，都感到常常愉快，而不致萎靡。到這時候，可以普及于全世界，就說中國的國術是人類的福音，也未嘗不可。所以我們提倡國術，要叫他科學化、團體化，就是這箇目的。」

褚民誼通過自己切身的體驗和科學分析，領悟到太極拳是一種符合科學的國術，其動作由大小和方向不同的圓形組成，具有「慢、勻、柔」的特點。但是太極拳不易掌握，難以普及，為此他創造出「脫胎於太極拳的一種新式体操，名之曰『太極操』。這太極操有體操的簡單易學的好處，沒有體操走直線太猛烈的害處；有太極拳的柔和不用力的好處，沒有太極拳的繁複難學的缺點」（《第五屆全國運動大會總報告》[3.31]中登載的〈太極操與國民健康〉一文中語），這種體操完全符合他所提出的「不費時、不費錢、不費力」的條件，易於在民眾中推廣（詳見本章第二節「發揚國術，太極創新」）。

綜上所述，褚民誼提倡全民體育運動的思想，可以概括為：「一個目的、二句口號（標語）和三種主張」，即以健身為目的；以科學化和民眾化為口號；以實行「三要」（要慢、要勻、要柔），「三省」（省時、省錢、省力）和「三驗」（檢驗體格、測驗體力、考驗體能）為主張的思想。為了迎

接第五屆全國運動會的召開，1933年10年15日中國科學化運動協會舉辦的通俗雜誌半月刊《科學的中國》[2.22]，於第二卷第八期上出版了《體育專號》。如右圖所示，其上發表了以全國運動會籌備會委員長、行政院秘書長褚民誼署名的，題為〈體育的兩個標語與三種主張〉的論文，對他提出的發展全民體育運動的思想作出了全面闡述。此文的縮減版同時還在《科學畫報》[2.21] Vol.1，No.6（1933，10，10）上，以〈科學與體育〉為題發表。這些思想均貫穿在本章後續的各節內容中。

文章結尾時他號召道：「以上兩種標語和三種主張，都是一貫的、連環的。第一種主張，關於理論方面；第二種主張，關於經濟方面；第三種主張，關於考成方面。這三種主張，都是有科學的原理，應社會的需要，培民族的命脈。希望全國體育界採納我兩個標語三種主張，使得我們的體育不光是效法人家的，而用我們新的科學方法來普及，把我們整個民族復興起來！」

為了群策群力動員民眾，褚民誼除親至各處演講和在報刊雜誌上發表論文外，還經常對有關的體育專著題字寫序，進行評論和推介，《武術言論集》[1.42]中就選登了其中的十篇序文。此外，他還在百忙中親自編纂出版了諸多中外文專著，中文的有《太極拳圖》（1929）[1.8]、《太極操》（1931）[1.16]、《太極操之說明及口令》（1932）[1.21]、《毽子運動》（1933）[1.27]、《國術源流考》（1936）[1.38]和《太極操特刊》（1936）[1.39]等；以德、法、英等外文發表的專著有《中國的太極操：圓形體操》（1936）[1.40]和《中國體育─想象力和創造力》（1936）[1.41]等，這些專著的內容將分別在本章後續有關專節中介紹。褚民誼在繼承和發揚我國武術太極拳的基礎上，創編出來的「太極操」，集中

褚民誼在《科學的中國》上發表的論文〈體育的兩個標語與三種主張〉[2.22] Vol.2，No.8（1933，10，15）

體現了他所提倡的主張。為了向廣大民眾普及太極拳和太極操,多年來,他身體力行,奔走宣傳,嘔心瀝血,促其實現。1936年3月褚民誼接任「浙江省國術館」館長,此時他同時擔任「精武體育會」會長(《申報》1936,3,9;16)。他的一貫良苦用心,正如他赴杭州就「浙江省國術館」館長之職的講話中所袒露的:「兄弟對體育興趣,不但在求得箇人健康,而希望全人類都由此得到健康,而由健康生出快樂。因此兄弟無論到什麼地方都樂意像宗教家傳道一樣,宣傳我的國術體育健康法。」(見《武術論文集》[1.42])

誠然,健康是世人享有快樂的基石和源泉,苦口婆心創導全民健身體育運動,猶如傳道濟世。他在1932年接受教育部的委托,擔負全國體育委員會主任委員之後,在《大陸雜誌》第一卷第六期(1932,12,1)上撰文〈提倡體育之真意義〉[1.25],在強調提倡體育以達健身強國目標的同時,進一步敞開胸懷從普世的人性論出發,闡述了提倡體育之真意,在於要使人得到健康的"真、美、善、樂"。本章結尾第七節「體育真意,真美善樂」中,將對此作專題詳述。

《附錄》《褚民誼先生武術言論集》目錄[1.42]

序言(徐致一)
褚民誼博士傳略(蕭瑜)
附錄名人生活一篇

論說第一
太極拳推手器械之說明
體育與勞動
國術與體育
關於國術之兩箇根本問題
對運動比賽之意見

序跋第二
郭人驥體育的科學序
潭腿全書序
吳圖南科學化的太極拳序
太極拳姿勢圖序
國技大觀序

太極操特刊發刊辭
國術統一月刊發刊辭
中華體育會第二屆徵求會員特刊發刊辭
中華體育會第三屆徵求會員特刊發刊辭
兒童國術運動會特刊發刊辭

演講第三
太極操的原理
三不費的民眾體育
太極拳與運動
就浙江國術館館長訓話
國術選手參加世運目的

提案第四
改良體育以保健康案

以勞動工作代替體操案　　　行體格檢驗案
各學校學生各機關公務人員應施

第二節　發揚國術，太極創新

　　褚民誼在《太極操》（1931）[1.16]一書上發表的〈健康之路〉論文中，介紹了他自己從事體育活動的歷程和心得，敘述甚詳，摘錄如下：

　　「我生平對於運動，可以說酷嗜到極度。幼年就喜縱躍。童年時更喜擲球與踢毽子的遊戲運動。自從在十七歲以至於前年則每日體操無稍間斷。最初在內地學校習美國式的體操，東渡後便習日本式的體操和相搏，旅歐後便學習法國及瑞典式的體操。所以將各種方式的體操，以研究所得，擷其精華，冶為一爐，成一混合式，每日無問寒暑，至少操練二十分鐘左右。」

　　關於幼年時期愛好體育運動的情況，他在嗣後發表的〈健康與太極操〉[11]（《中日文化》[2.35] Vol.3，No.2-4）一文中有如下補充記述，「本人在幼年的時候，就喜歡運動，所以也可說研究體育的愛好，是與生俱來的。我的先父，雖然不是體育家，但站在四代醫學家的立場，他很知道攝生和守身的可貴。所以在本人幼年的時候，先父就告誡我不要飲酒、不要吸煙、不要賭博，更親身教我練習『八段錦』『易筋經』。八段錦的功夫，與漢代華佗先生的五禽戲，意義大致相近；易筋經是一葦渡江的達摩祖師傳下來的，與洗髓經同是少林弟子的基本功夫。本人衛生與體育生活的開始，就是這兩種方法。後來離開家鄉，到蘇州天賜莊學醫，開始知道體操的練法。於是體操同八段錦、易筋經便成了本人每日清晨的常課。不久，回到我的故鄉，從一位吳元潤醫生，學習美國式的體操，並參加足球、棒球、田徑等比賽。這些比賽，全造成過很好的記錄。後來離家到上海，從事革命運

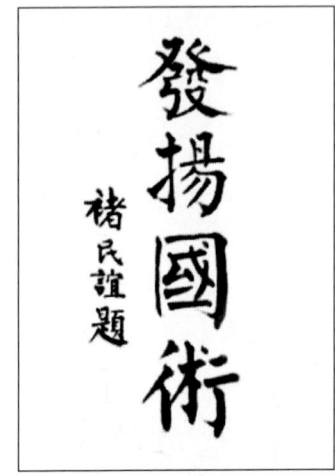

褚民誼在1929年4月出版的武術名家朱霞天《太行拳譜》書前的題詞

---

[11] 該文是褚氏1943年4月18日在日本東京召開的第二屆醫學大會上發表的論文。

動。在上海遇見一位溫州人，可惜忘了他的姓名，就從他學會了溫州拳。1904年到貴國來留學，又學會了日本式的體操，並曾在京都加入武德會。1906年到法國去留學，又學會了法國式的體操。這時本人感覺著在許多操法當中，優良的固然很多，平淡的也不能說一點沒有。所以取各法之長，去各法之短，彙集成了一種自由式的改良體操。從此，每天就練習這種操法，從不間斷。」

他在前文〈健康之路〉中繼續寫道。「我在二十歲的時候，在上海曾遇一位浙江溫州的拳術家。他善演溫州拳，從之學歷數閱月。我幼年偶觀演劇，或江湖賣藝者流，就會引起我無窮興味。當時深嗟無學習拳術之時機，然時將目染者恣意模仿，於是到現在尚能踢飛腿，表演金雞獨立，跳金門檻，打矮步等的基本姿勢。所以這次學得溫州拳，異常專心勤學，能在很短促的時期中，習練畢事。這位溫州拳師，真是孔武有力，而頗有古人俠義之風。那時浙江嘉興有一位敖夢江先生，也是一個革命者，溫州拳師，和他有管鮑之交。後據人言，敖死後，溫州拳師即與波臣為伍，投河殉之，其俠義於此可見一斑。在上海時，我與之相過從，凡三四月，別後即未一晤。相別時方日俄戰爭之際，距我東渡前半月。我習溫州拳，頗竭忠誠，無日或間。不過這種拳用勁既硬，又費力氣。我敢自誇，幸得先天充實之賜，和後天保養得法。所以溫州拳雖堅硬似鐵，我的體子尚能應付裕如。練時須先用氣，並使全體肌肉起緊張作用，費力氣處倍覺其累，在強健時尚不受窘。有一次因感冒風寒，臥病二三日，未進飲食。第四天勉力強起，欲再習練溫州拳。然一經用氣，而兼用力，新病初愈之軀，即覺不能支持。於此我認是拳有未盡善處。因為只能在健康時習練，而病後羸弱即不可能，如是此拳則祇限強有力者能享受。經此次發現其弊害，就不敢再致力於此，而體操則依舊繼續努力。當時所練的體操，雖也有用力處，但是總能撙節其用，所以不失為柔軟體操。至今我的體魄有很豐富的肌肉，強大的體力（手得握力有一百五十磅）都是獲益於歷三十年寒暑運動不間之功。

民十四年（1925年）之夏，道出北平，由譚仲逵先生的介紹得識太極拳泰斗吳鑑泉先生。吳先生是個中斲輪老手，深得此拳真傳。那時便在北平南小街吳稚暉先生創辦的留歐預備學校內，從吳鑑泉先生執弟子禮。學凡八次，已盡其學。譚先生更將太極拳的作用和優點詳為昭示，並獲讀許靇厚所著的太極拳勢圖解一書，經吳先生按圖指示，其中精奧，闡發無遺。尤以書中插圖不全，曾親將吳先生所表演各種之姿勢，攝影留存，以為觀摩。那時便感覺此拳

確有優勝之點，不同凡響。然在初學時，只知其皮毛，未窺其堂奧。返粵後，每日於體操後，更練一二套太極拳。當時在北平因時間短促，祇習八次，一套雖窺其全豹，而有許多姿勢難免不準確。幸於譚組安（譚延闓）先生處，遇見一位頗負時譽的拳術家王志群先生。他擅長湖南的八拳，因感覺外功不若內功之優勝，也曾從吳鑑泉先生學習太極拳，竟致棄八拳專致力於此，造詣甚深，頗有心得，曾經獨創一教授法，將太極拳各種姿勢，詳為分析，使初學者易於入門，我也獲其教益不鮮。斯時我長廣東大學，渴欲推廣太極拳於同學中，特聘吳鑑泉先生的哲嗣子鎮先生，蒞粵教授。子鎮先生髫齡即習，頗得乃翁之真傳。因此我晨夕與王、吳兩先生悉心研求，進步綦速。當時廣大學生習者只有四五十人，咸以為太極拳既不運用氣力，而動作遲緩，習之當無所用。因此舶來品的運動，似足球、排球、籃球、網球等等習者均趨之若鶩。當時我也因學習太極拳為日無多，當不能盡參窮究，所以也不十分宣傳。後來我離去廣大，代理者亦復不表同情於此拳，因此吳子鎮先生，棄廣大而隨方鼎英先生執教於黃埔軍官學校。我因隨北伐軍出發，經南昌、漢口而達上海。雖征塵僕僕，但對於早夕習練體操、太極拳，仍無一日間斷。抵滬後知道許多朋友也正熱烈學習太極拳，教授者為楊澄甫先生之高足陳微明君。他們盤的架子，和我們各異，仿佛類似鄭佐平先生一派。據鄭君云，楊派與吳派大同小異，祇要把陰陽辨別清楚，其術自善矣。此後又遇徐致一先生，他是吳鑑泉先生的高足，曾著有《太極拳淺說》[3.14]一書，理論精詳。徐君習練此拳，為時十餘載。渠體奇瘦，外貌似頗羸弱。與之較實力，則我倍蓰於彼。然一經推手，則彼終操勝。我雖有過人之力，竟至無從使用。然徐君屢屢稱道我的體魄，表示羨慕。他說他倘有像我同樣的實力，簡直可以所向無恐。然我鑒於屢次推手，終至不敵而敗，對於太極拳信仰益堅。每日習練更勤。不過盤架子以後，想繼以推手，往往因一人無法解決，以是便有推手器械之發明，以代對手者。」

關於太極拳推手器械發明的過程，他接着說道，「去年（1928年）赴歐考察衛生，在舟中仍日日練習……於身上獨自耍拳舞劍，但終沒有推手的機會。有時偶立船旁，兩手磨擦欄杆，宛似作推手動作，便幻想如欄杆能旋轉圓活，並得上下左右，不是很好嗎？因根據這個理想，便有推手棍和相類似的太極球等器械的發明。」

褚民誼參悟到太極拳的精奧，並發明推手器械後，便積極努力加以推廣。中法大藥房的董事長黃楚九聞之，十分讚賞，極願從學。褚氏慨然以其所攝之

吳鑑泉太極拳圖照見示，俾能按步練習，獲益匪淺。體育鍛鍊與醫藥衛生同以增進人體健康為目的，當時黃氏創辦九福公司發行百齡機補片等新藥，頗受歡迎。遂在黃楚九的建議下，如下頁圖所示，於1929年夏季起，由上海九福公司出版強身補體的《康健指南》，免費向廣大公眾發放。書中主要刊登褚民誼編寫的《太極拳圖》專著[1.9]（包括褚氏所攝的全套吳鑑泉太極拳式和褚氏新近發明的推手器械之解說），九福公司生產的百齡機藥品之說明及急救法等宣傳材料穿插其間。《太極拳圖》的題銘由褚民誼書寫，書中刊登了太極拳專家吳鑑泉和褚民誼之玉照，以及顯示褚氏堅持長年體育鍛煉後之強壯體魄。黃楚九和褚民誼分別為該書作序。前者說明本書出版的動因；後者則簡要地向公眾介紹太極拳的功用與優點。繼後褚序以〈太極拳姿勢圖序〉為題，收錄在《褚民誼最近言論集》（1929，8）[1.10]和《褚民誼先生武術言論集》（1936，9）[1，42]中。

褚民誼在序中首先指出「我國拳術，源流甚古，因其姿勢功用之不同，而派別名稱亦異」。溯其源流，則不外武當與少林兩家。「武當主柔，勁蓄於內；少林主剛，勁顯於外。「太極拳者，內家拳中之最平易而最能發達體育者也⋯⋯習之既久，愈覺其奧妙無窮，其功用之偉，優點之多，誠非其他拳術所可企及」接着，他對太極拳在姿勢、動作、用意、發勁、靈巧、養生諸方面的特點和精奧之處，一一予以闡述。最後，他寫道，「余於民十四年由粵赴北平，從太極拳名家吳鑑泉先生遊。吳先生為武當正宗，得太極拳之真傳者。「今吳先生已來滬，仍得繼續請益。而太極拳名家，如楊氏昆仲少侯、澄甫，均居首都，而澄甫之高足陳君微明，亦在滬上，群謀太極拳之精進與發展，吾道可謂南矣。迺者九福公司囑將影片製成圖版，貢之於世，俾廣流傳。余亦以此種拳術有竭力提倡之價值，故不敢自閟，允可其請。因遂忘其簡陋，就一得之愚，說明其功用與夫優點之所在。弁諸簡端焉。」

太極拳淵源流長，博大精深，在具體介紹其招式動作之前，書中收錄了〈太極拳論〉〈太极拳經〉〈十三勢歌〉〈十三勢行功心解〉和〈打手歌〉等五篇吳氏太極拳系十分重視的古文經論，供習者深入研求。

接着，便順序列出了整套吳氏太極拳九十三個動作的名稱，並註明對應圖號。然後，按編號一一給出各種招式的圖照，均由吳鑑泉本人親自演示，共計五十三張。後頁圖中示例給出了該書26頁上第52圖「轉腳擺蓮」（右）和第53圖「彎弓射虎 」（左）的招式圖照。

著者褚民誼像 　　　《太極拳圖》書銘 　　　《康健指南》封面

吳氏太極拳之二式 　　　太極拳名家吳鑑泉 　　　褚民誼之體魄

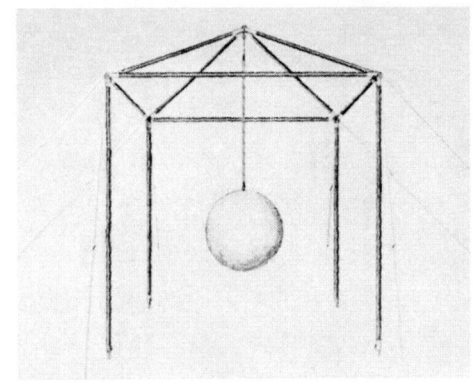

太極球器械圖 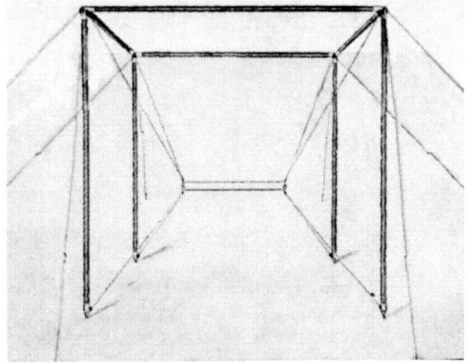　　　太極棍器械圖

褚民誼編著《太極拳圖》一覽[1.9]

發明太極拳推手器械，是褚民誼實行國術科學化的一項創舉，他在該書的最後部分發表了〈太極拳推手器械之說明〉一文，首次以文字方式將此創舉公之於眾（該文亦被編入褚民誼的論文集[1.10]和[1.42]中），文中寫道：

　　「拳術所以活動筋骨，鍛鍊身心也。而太極拳則能修養身心，調和血氣，陶冶性情，卻病延年，演習既久，趣味濃厚，故尤為拳術中之上乘。且其動作緩和，姿勢平順，語其功用，則能以靜制動，以柔克剛，以輕勝重，以順避害。故余嗜之成癖，無間寒暑，每晨必練數次。惟欲求拳術之精進，須演習推手。而推手非兩人演習不可。蓋欲使全身之感覺靈敏，而不即不離，發生黏勁，功效始著。顧余一人既未能推手，則不得不謀一代替之方。思考所及，爰根據科學的原理，製成推手之器械兩種，一棍一球，以代替推手。而實行國術科學化，是二物也。對於推手中之八勢（掤、捋、擠、按、採、挒、肘、靠）皆能一一運用適合，且不即不離，與推手無異。發明以來，蒙中外體育家、拳術家之來參觀者，皆驚奇不置。茲將其構造說明如下：

　　棍：先製成一能自轉之棍，而以橡皮帶八根之一端分繫於棍軸之兩頭，其他端則繫於一小室中之八角，或設立一立方形木架。如是棍得八根橡皮帶之平均牽制，乃懸於室之當中。苟有一力破其均勢，則隨其力之方向為轉移，力退則其均勢復成。故無論力之從上下左右前後，發生種種動作，皆能運轉自如。故推手中之八勢，亦能一一依法表演。而運動者立於棍之前後演習，與兩人之推手無殊焉。

　　球：球之直徑為中國尺一尺半，重十八斤，以銅為之而塗以鎳，以橡皮帶懸之於空中，球之高低則與人胸平。因繫以橡皮帶故，一遇外力之來，則亦隨其力之方向而動。上下左右前後，皆能圓轉如人意。而人立於球之前或後，作種種太極拳姿勢，亦能得心應手，其於推手中之八勢，亦可一一表演而出。故有以上二物，雖一人獨居練習，而於太極拳之精奧，已能依次漸進，不可謂非太極拳科學化之工具也。

　　以上二種器械，為不佞運用科學上之知識結構而成。此種小小發明，誠不敢謂於吾國國術上有所裨補，然吾人提倡國術之旨趣，則確在使其能科學化。所謂科學化者，在求國術之能適合於力學與心理學，講求生理與衛生而已。太極拳之能以輕勝重，以柔克剛，固已知運用心理學，而已參透力學之三昧。至其姿勢平穩，動作緩和，不偏不激，無過無不及，非講求生理與衛生而何。是故雖謂太極拳為業經科學化之國術，亦無不可。然則吾人提倡國術，不當自太

1929年1月《良友》畫報上發表的褚民誼在室內演練新發明的運動器械：太極球（右）和太極棍（左）之姿勢。由朱家驊署名拍攝[2.9] No.34（1929，1）

極拳始耶。此不佞之所以製此器械，區區之意，在求其能普及，俾練習者稍獲便益，使成為吾國國術科學化之嚆矢云爾。

文後配以照片六張，圖示太極推手棍和推手球的構造（見前第二頁下圖）以及褚民誼在其上演練的姿態示例。

褚民誼發明太極拳推手器械頗受各界關注，媒體紛紛及時予以報道。《良友》畫報[2.9] No.25（1928，4）上曾刊登過褚氏體魄的健美照片，此時又在其No.34（1929，1）上發表了他發明該運動儀器之初，於室內進行演練的姿勢照片四幀（上圖示出了其中的二幀）。

為了擴大影響，上海九福公司不惜重金精印上述強身補體《康健指南》五十萬冊，向需求者免費贈閱。介紹該書內容的贈送廣告，從1929年8月起，接連見諸於《時事新報》和《民國日報》等報刊上，長達年餘。後頁右圖示出的是刊登在8月下旬和9月上旬《民國日報》上「為救濟國民體質計——不惜犧牲廣事贈送」該書的廣告。此外，褚民誼還利用各種機會親自到各地進行宣傳，據《申報》（1929，7，15）報道，他於7月15日下午在首都南京假勵志社親自演習太極拳，並陳列新發明的練習太極拳的器械，以供眾覽，等云。

自國民政府奠都南京，全面進入建設時期以來，在國民黨要員及武術界名流的大力推動下，出現了提倡我國傳統武術的熱潮。一時間，各類武術團體興

起，各種大型武術活動此起彼伏。1928年3月在中央政府的支持下，在南京成立了「中央國術館」，由原西北將領張之江任館長。褚民誼是時正奉派赴歐考察衛生，回國後積極參與其中。本節開頭「發揚國術」的號召，即是他在1929年初中央國術館石印出版的武術名家朱霞天《太行拳譜》書前的題詞。

1928年10月15-20日中央國術館舉行第一次國考，《申報》連日來予以報道。15日上午的開幕式在公共體育場隆重舉行，各省應考員到三百餘人，各界來賓及參觀者達數千人。開會如儀後，「主席報告宗旨，中央代表戴季陶、國府代表李濟深、總部代表何應欽、國府主席蔣中正及馮總司令玉祥等致訓詞，次主席答詞，後由李烈鈞領導呼口號而散，下午進行預賽。」16日上午開始正式比試，分組進行，

1929年8月下旬和9月上旬《民國日報》上刊登介紹和贈送《強身補體康健指南》的廣告

每兩人對試三個回合，當場由評判委員決定勝負。其中間有武藝平等，勝負不分者。亦有數人因受拳傷，當即由衛生隊進行治療。（《申報》1928，10，16；17）褚民誼應邀出席了這次活動。後頁上圖是開幕式的合影，經作者辨認，在其上以數字標註出位於前排中部重要人物的姓名，包括：褚民誼、馮玉祥、李烈鈞、譚延闓、蔣介石、張之江、李濟深、戴季陶、何應欽、朱培德和張靜江等人。從上列名單可見當時黨政軍各界對提倡武術之重視。翌年9月24日中央國術館再次舉行考試，此時正值褚民誼從滬過京赴北平和內蒙古公務考察，應張之江館長之堅邀，出任國術館考試評判員，於次日考畢後方離京北上。（《華北日報》1929，9，28）

為了引導國術運動能持續地向正確的方向發展，在1928年第一次國考後褚民誼撰寫了題為〈國術與體育〉的文章，闡明提倡國術的現實意義及方法，告誡在當時各界重視國術的大好形勢下，要注意防止出現颳一陣風似的「五分鐘熱度」，強調要避免武術追求用武而傷害身體的偏向，以及密不外傳難以推廣和提高的弊病，提出了「提倡國術，當以合於體育為目標，而使之科學化、團體化」的意見，希望「用科學的方法去研究，將國術的精華，聚集起來，成

1928年10月15日中央國術館第一次國考開幕式合影。前排就座者：褚民誼（1）、馮玉祥（2）、李烈鈞（3）、譚延闓（4）、蔣介石（5）、張之江（6）、李濟深（7）、戴季陶（8）、何應欽（9）、朱培德（10）張靜江（11）等

為一種有組織、有系統、有學理、有法術的國術……成為一種最完美的體育，「以貢獻於世界人群。」《申報》於1928年11月17日予以披露，嗣後該文相繼收錄在論文集[1.10]和[1.42]中（文中部分內容在本章前述第一節中已有摘引）。

為促進國術的健康發展，其時他還與國術大師李芳宸（景林）等人一起，發起籌組全國性的「中華國術協會」，被推舉為理事長。1928年11月7日《民國日報》上報道，「自上次上海特別市國術運動大會閉幕後，李芳宸代表中央國術館宴請各省國術專家及熱心提倡國術者，席間曾由褚民誼、李芳宸等提議組織一國術研究會，眾皆贊成，推褚民誼籌備。本月三日褚氏假中法工專學校開第一次籌備會議，到李芳宸、張定璠（岑德彰代表）、王曉賴、褚民誼、孫祿堂等二十餘人。下午三時開會，先由全體合攝一影，嗣公推褚民誼主席，田守成記錄。主席報告本會宗旨，在溶合各派之國術，而促進發展之，以振起民族精神。今日政府雖竭力提倡國術，但社會尚無何種組織。為謀國術之普及與發揚計，此種組織實不宜緩。嗣討論章程草案，逐條修正通過。並決定本星期日（十一日）下午三時仍假中法工專開成立大會而散。」

正如〈國術與體育〉文中所述，「近來重文輕武的風氣改變了，中國固有拳術的好處，已漸漸為人重視，更經國府一提倡，首都設了一個中央國術館，各地爭設分館，響應的很多，大有一帆風的趨勢，並且把武術兩字，改為國術。」浙江是最早響應成立國術館的地方之一。身患下肢殘疾的浙江省政府主席張靜江，重視體育，猶愛國術，「浙江國術館」開館之初，親任館長。他乘1929年在杭州召開盛大的「西湖博覽會」之際，於6月6日開幕當天，在大禮堂

補行浙江國術館成立典禮，特邀數十位南北各派國術名家，孫祿堂、楊澄甫、吳鑑泉、鄭佐平、劉百川、杜心五、褚桂亭、高振東、蘇景由、孫存周、王志群、陳微明等與會，表演獻技，拳劍鞭棍槍刀鉤戟大顯身手。褚民誼也在此場合，將他新發明的太極拳推手器械，太極球和太極棍，比肩武林高手，登台亮相。

開幕次日晚，浙江國術館大宴群英，以致謝意。褚民誼在席間對國術有極懇摯之演說，《申報》（1929，6，10）上報道，略謂「今日各位國術名家，光降杭州，實在是我們浙江人的榮幸。國術的提倡是很重要的。「我研究体育有數十年了，體育和國家及民族的關係很大。現在我們說德育智育體育，在中國古時，孔子已經談到智仁勇的教育了。『有勇知方，見義不為無勇也』的話，就是說勇可以求智，勇可以行仁，我們可以知道體育是德育智育的根本。國術是體育中最好和最適宜的方法，現在提倡國術，要打破從前秘密傳授的習慣，把國術普遍到民眾去，所以我們在目的上，要有國術民眾化的口號。國術的派別，如何融會貫通，國術的教授如何使他適宜，而有系統，在方法上，要有國術科學化的口號。昨天國術館在西湖博覽會成立的意義，就是貧而弱的中國，將要變為富而強的。因為西湖博覽會是發展社會經濟的物質建設事業，可以使中國由貧轉富；國術館是提倡強身強種恢復民族精神的國術的，可以使中國由弱變強。」這裡，褚民誼面對廣大國術界，首先響亮地提出了，國術要「民眾化」和「科學化」的口號。

西湖博覽會的召開，取得巨大成功，張靜江進一步提出10月1日在杭州舉辦全國運動大會及九月間在杭州舉行全國國術遊藝大會的倡議，褚民誼積極支持，參與籌備。（《申報》1929，7，16；21）但前者由於需要做大量的籌備工作，包括建設大型運動場等，而延期至次年4月。國術遊藝大會則於1929年11月在杭州舉行，16日開幕表演，21日開始比賽。開幕式上張靜江等黨政要人，國術名家李景林、褚民誼、孫祿堂，以及比試人員、新聞記者等，總計六千餘人到會。褚民誼在會上發表演說並進行了太極拳柔術表演。（《申報》1929，11，17）

緊接着，為了慰勞東北將士及振濟災區難民，李景林、褚民誼、張岳軍、王曉籟、張嘯林、杜月笙諸君發起，在上海舉行國術比賽大會。籌備工作告竣後，《申報》1929年12月9日上發佈消息，將其發起大略及大會比賽細則公佈於眾，昭告海內外國術同志，踴躍報名參加。此次比賽，純以補助善舉公益事

業、提倡國術為宗旨。凡參賽者，悉予招待，在滬旅費及回去川資，均由會中負擔，會上統一發放比賽服，並備有優厚獎金。比賽細則中，對報名、比賽程序、評判規則，及安全事項等都一一作出明確規定。

由於報名異常踴躍，上海國術比賽大會比預計提前二天，於12月18日下午開幕。開幕式在法租界亞爾培路逸園舉行，時值大雨滂沱，然各地選手與中外觀眾仍非常踴躍。來賓有法國總領事及總巡，暨上海各團體代表，合計中外觀者達五千餘人。上海市長、上海國術館長張群（岳軍）任主席，首述本次大會的意義，着重指出，上海為中國第一大埠，集萃全國各省國術選手進行比賽，中外觀瞻所及，揚我武道，增我國光。次由籌備主任李芳宸（景林）報告籌備經過情形，略謂，上次杭州比賽選手一百零四人，這次達到一百七十十人之多，有遠自雲南、新疆、貴州等省的選手，且皆抱有絕技專長，為空前之宏舉云云。雲南交涉員發言，表示返鄉後，當發起仿行，竭盡鼓吹之職責。最後，褚民誼主任致答詞，略謂，「吾國國術，自中央國術館成立以來，上行下效，風起雲湧，大有一日千里之勢。此次大會，籌備雖已多日，恐未週到，同人等殊深抱歉。承蒙中外來賓，冒雨蒞臨，感德良多云云。」講話後，由選手進行表演，不因天雨畏怯，各顯所長，極盡其生龍活虎之能事。會上分發由朱霞天編輯的《上海國術比賽大會日刊》，宣揚大會精神，更添精彩。（《申報》1929，12，19）

大會開幕後，於20日下午開始比賽，其間穿插名家表演。為避雨23日起移師上海舞台，《申報》對賽會繼以跟蹤報道。連日來褚民誼活躍在會場上，除親任裁判工作外，還客串表演太極拳，或單人或與吳鑑泉合練雙煇。據報載，29日第七場賽會，因天氣放晴，觀者潮湧而至，座無虛席，竟擠至台上兩旁。下午二時李景林致詞後開會，「首由褚民誼當場表演新製成的測驗體力各器，如驗腰力、驗臂力、驗肩力、驗腿力、驗氣力等各種器械，並以最流麗之詞，說明各器之功用。謂國術在機械上，可以表顯各部力量之大小，成為科學化。次將銅製太極推手運動球及太極運動棍，四週以架懸空，褚君將上部手臂胸背依次推移盤旋球與棍，左右前後隨之而動，說明此係鍛煉身體上部之利器。又將籐製運動球，大者徑高三尺八寸，以手臂推移；小者徑二尺二寸，以足腿推移，如獅子滾球，觀者莫不道好。褚君說明此器，一則練上部，一則練下部，各得其妙用云。」既畢，即開始各項表演及比賽。至30日共進行八場比賽。後應各方要求，次年加賽三場，至1930年1月7日決出名次，大會圓滿謝幕。

1930年1月7日上海國術比賽大會閉幕後的合影。二排右起：王曉籟（4）、褚民誼（5）、李景林（6）、張嘯林（7）、吳鑑泉（8）、孫祿堂（9）等；一排右6為劉百川[2.17] No.7（1930，2）

《文華》藝術月刊[2.17]No.7（1930，2）上，以多幅照片詳細報道了此次上海國術賽會的盛況，其中大會結束時的合影示於上圖，可見有褚民誼、李景林、吳鑑泉、孫祿堂、劉百川，以及張嘯林、王曉籟等人出席。

前述褚民誼在上海國術賽會上用籐球表演的鬥球運動，是他屢次參加國術比賽後發明出來的。1929年11月30日《申報》報道稱。褚民誼自杭州返滬，記者昨訪褚氏於中法工校[12]，蒙告記者以最新發明之體育新器械鬥球一種。對於發明動機，褚氏謂「余觀手現在體育界上應用之各項器械，大都係被動，而非主動，如足球、籃球等，即余前所發明之太極推手球及推手棍等，亦未能盡善。茲觀浙江國術比試及前次中央國術比試時，見與試者之揮拳、對撲似少方法，且易受傷。因思發明一器，使他自能轉動，運動時猶鬥猛獸然。是則非特以強身，且可鍛煉成抵禦強敵之技術，刻此項計劃，已告成功，名為鬥球。

「球之製造，直徑約三四尺（大小不一），重量約二三十斤，外裡皮革，中用籐及金屬彈簧等。利用物理學作用，運動時能使其動力可大可小。球場

---

[12] 「中法國立工業專門學校」之簡稱。

建築，為一圓形，中為二丈直徑之平地，四週圍以約三丈闊之邊緣，外高內低，如西式磁盤然。「運動方法，將球由邊上滾下，運動者站場中順勢與球相撲，或手或足變化無窮。以球中裝有彈簧，場形週高中低，故轉動異常靈活。操練純熟後，則順勢轉動，非常輕便，在表演時，技之高下，自屬顯然矣。」

該鬥球場建築於中法工校內，籌備三四月，於1930年3月10日舉行落成典禮，《申報》次日報道稱，蒞臨參觀的有蔡元培、李石曾、王正廷、丁超五等中央要員，鐵道部、海軍部和中央國術館的代表，滬上名人、國術專家，以及法、比兩國駐滬領事等中外來賓七八百人。

下午三時鬥球場落成典禮開幕，由褚民誼親自表演鬥球運動。鬥球場用竹竿圍成盤形（見後頁中圖），外高中低，內置直徑約四英尺之大竹球兩個，褚氏立於場中央，初用手將兩球相互盤旋上推，繼以足踢身攔，全身四肢各隨球之轉動而乘勢運動，兩球在架上起落，轉旋不已，觀者莫不鼓掌贊嘆。演畢，褚氏與吳鑑泉等表演太極球、推手棍等。至五時許進茶點而散。

來賓中國術名家甚多，褚氏親邀表演，先有蔣主席之保鏢劉百川、太極拳專家吳鑑泉、吳氏之長女以及劉得勝、佟忠義、佟嘉祥等人表演。繼而有褚民誼、金壽峰之太極對拳，佟忠義與佟嘉祥之摔角，吳鑑泉與金壽峰及關介三、馬岳梁、徐致一之太極推拳。吳老先生似乎全不用力，而金、關、馬諸君，每遇輒倒地數尺外，惟徐君尚能應對，觀者鼓掌不絕。會後，《文華》藝術月刊[2.17] No.9（1930，4）上，以「體育器械之新發明」為題，報道了上述典禮的盛況，將太極鬥球與褚民誼的其他發明，太極球、太極棍、以及測力器等一併登出。

四月初褚民誼率代表團赴比利時參加國際博覽會，金壽峰偕同前往表演國術。值此機會，褚氏將太極球和太極棍帶到國際上進行宣傳推廣（詳見本篇第四章之第三節「精心組織，博覽爭光」）。嗣後，在〈健康與太極操〉（《中日文化》[2.35]Vol.3，No.2-4，1943，4）一文中回憶，他將「此種球棍在會場上公開陳列，並且廣贈說明書，親身在會中當眾表演。當時比利時亞爾培（阿爾伯特一世）國王，親身到會場參觀，並對表演動作、功能效益，深加詢問，極備贊許，並獲得最優獎品。散會之後，又到比國京城布魯塞爾和法京巴黎等地，公開展覽，並且演講太極拳的原理，表演球棍的功用，希望把這種方法，公之世界，當時很驚動了不少運動家和學者的注意，得到了不少的榮譽與

同情。後來由歐到美，又在紐約、芝加哥、舊金山三處宣傳表演，熱烈的情況，過於歐洲。」

在《太極操》[1.16]一書中，刊登了褚民誼演示各種太極拳器械的圖照（示於右圖）。書中還撰文詳述太極推手球和太極推手棍之演習方法。如前所述，在發揚國術的熱潮中，褚民誼積極倡導國術要科學化和民眾化的方針，認為太極拳是吾國拳術中之上乘，有益身心健康，稱得上是業經科學化的國術，值得大力推廣。吳圖南是繼徐致一、吳子鎮之後，褚民誼認識的又一位吳鑑泉的高足。吳圖南自幼體弱多病，發奮練功得以強身。入中學至升大學，治文之外兼學武術，師從吳鑑泉習太極拳八載，勤慎好學，而獲真傳。曾在北平西山教學期間，積心得編輯成書稿，取名《吳圖南太極功》，因政局變故未及出版。國民政府奠都南京後，他於1928年入京參加中央國考，獲優等證書，即在此時與褚民誼相交。在他考畢到浙江南潯中學任教期間，得褚民誼提倡「國術科學化」的啟示，在上述原稿的基礎上，成書一本，並承褚民誼修正，冠名《科學化的國術太極拳》[3.22]。褚氏對此給以積極支持和鼓勵，如後頁圖所示，除為之題寫封面和作序外，還欣然具名贈送其近照。

該書於1931年10月初版發行，嗣後又分別於1933、1934和1935年再度發行。書中前部登有易培基、張之江、柏文蔚、蕭瑜等人的題字，褚民誼、吳鑑泉和作者的肖像，以及褚民誼、趙潤濤和作者撰寫的序言。趙序

太極拳推手球

太極拳推手棍

鬥球場

太極拳腿球

太極拳手球

褚民誼發明的各種太極拳器械運動[1.15]

第八章　全民體育，重在健身　119

1930年10月出版的吳圖南著《科學化的國術太極拳》：封面（左）；褚民誼所贈的肖像（右）[3.22]

和自序主要介紹作者習拳及成書的過程；褚序則對太極拳科學化之要義有精辟的論說。在簡要說明太極拳的優點後，他寫道：

「吾人提倡國術之方針，在使國術科學化，太極拳則業經科學化之國術也。何以言之？科學化之國術，在合於力學與心理學，講究生理與衛生。而太極拳之動作，則為無數圓形，一圓之中，即為重心所在，故能處處立定腳跟。敵人之力，雖極頑強，而能以逆來順受之法處之。迨敵人一力既出，重心已失，然後從而制之，故能舉重若輕，以柔勝剛，此則深有得於力學者。至言心理學，則太極拳不尚用力用氣，而尚用意。蓋因用力者笨；用氣者滯；用意則能使氣沉於丹田，而不停滯於胸臆，力蓄於內，而不流露於外。非研究心理學深造有得者，曷克臻此？至於生理與衛生，則關係尤多。蓋衛生之運動，貴能適得其分際，無過與不及之弊。吾人之身體，貴能平均發達，生理則有一定之程序。是故劇烈之運動，每有害於健康者，以其運動太過，不合於生理自然發達之程序也。太極拳則輕頓靈活，一動全身皆動，無偏頗之弊，無過與不及之害，故最合於生理之程序與衛生之要旨焉。」褚民誼書於1929年2月15日的這篇序言，繼後被收入論文集[1.10]和[1.42]中。

由於吳圖南與褚民誼在提倡國術上志趣相投，此後積極協作，成為褚民誼開展體育運動中的一位得力助手。吳圖南致力於運用科學方法，整理國術，著述頗豐，以《科學化的國術太極拳》為肇始，陸續有《內家拳太極功玄玄刀》《太極劍》《國術概論》等著作面世，風行海內外。褚氏常為之題字作序，倍

加推崇。其中1936年出版的《國術概論》[3.38]一書，原係1933年秋中央國體專校成立之初，作者任國術理論教授時的講義，歷經數年各地傳習，多次增刪而成。

　　該書第四章第二節太極拳史略中，講述了太極拳分系發展至今的歷史，其中謂：吳鑑泉為吳全佑之子，得其父的太極真傳，名聞四海。「鑑泉為人，寡言語，性和藹，待人接物，均出於至誠。以故文人雅士，多喜與之游。其門徒，遂遍滿天下矣！其中最著名者，除其子子鎮、雨亭二人均善技擊外，在南方者，則有吳興褚民誼，上海徐致一，湖南王潤生（志群）等。在北方者，有北平吳圖南、趙元生、吳潤忱、趙壽春、金雲峰、趙仲博（又傳關介三）、舒益卿、葛馨吾、吳子勤、郝樹桐、金壽峰等。」

　　在該拳系主要人物的介紹中，對褚民誼有如下評述：「民誼字重行，得鑑泉心傳，名聞中外。並能利用科學之原理，發明太極推手器械若干種。復能融會太極拳及歐美式體操之特長，成功一種太極操，在吾國運用科學方法於國術者，蓋推先生為第一人焉。」

　　吳鑑泉原在北平授拳，應褚民誼等滬上國術愛好者的歡迎，於1928年南下落戶上海。1931年3月29日《申報》上發表了「鑑泉太極拳社成立」的消息，謂「鑑泉太極拳社，係拳術名家吳鑑泉、褚民誼、徐致一諸君所發起，宗旨為提倡國術，使社會人士，得享健康幸福。每日上午、下午、晚間，分三次教導練習。有志研究者，不論性別，均得報名加入。」海上各界名人……均深加推許，當時的社址附設在威海衛路中社內。自鑑泉太極拳社建起了自己的社址後，在《康健雜誌》[2.20]第3卷第1期（1935，1，15）上，公佈了由吳鑑泉署名謹訂的「鑑泉太極拳社簡章」，以進一步擴大招生。簡章中規定，本社教授太極拳、太極刀、太極劍、太極棍等課程，注重個別教授，每日早晚授課，學費低廉，不論男女均可入社，且有文化娛樂安排，社址在慈惠南里本社和威海衛路中社兩地，亦可面議外出授課等。社長吳鑑泉；發起人：褚民誼、徐致一、馬岳樑；贊成人：王曉籟、張嘯林、張群、杜月笙、盛丕華……等十五人。

　　此外，在褚民誼擔任社長和主編的《康健雜誌》[2.20]創刊後不久，即於其第1卷第3期（1933，7，1）開始，連續多期發表了該刊副社長陳振民撰寫的題為〈吳鑑泉氏的太極拳〉的圖解長文。在此基礎上，陳振民與馬岳樑（吳鑑泉之新婿）合作，經修改補充，編著成《吳鑑泉氏的太極拳》[3.35]專著，於

1935年5月由康健雜誌社出版發行，如右圖所示，褚民誼贈以題詞曰：「柔道得之」。該書係供初學者自修而設，插圖完備，深受歡迎，曾多次再版。

1933年6月15日褚民誼、吳稚暉應省長何鍵之邀，赴湖南參加國術班畢業典禮。（《申報》1933，6，8）據吳鑑泉次子吳公藻（雨亭）在其著作《太極拳講義》[3.36]的自序中所述，他於此隨行中，在褚民誼的引薦下，在湖南國術訓練所任太極拳教官，次年其兄又復被聘此職，慕斯道者益眾。為方便社內學子，他將頻年傳授之經驗，整理編寫成該書，由上海鑑泉太極拳研究社於1935年6月初版發行面世。

褚民誼為陳振民與馬岳樑合著的《吳鑑泉氏的太極拳》的題詞[3.35]

如上所述，通過褚民誼的大力倡導，以及眾多國術專家和同道們的共同努力，使太極拳從諸多國術流派中脫穎而出，被舉世公認為有益於身心健康的一種最上乘的武術。然而褚民誼並不以此為滿足，他力圖把太極拳普及到學生和廣大民眾中去，以實現國術民眾化的目標。然而在其實踐過程中，卻遇到了太極拳的姿勢和程式繁複，難記難學的障礙。當時西方興起的體操運動已傳入中國，由於其節奏感和簡單易學，在學校中廣為流行；但是與太極拳的圓形柔和的動作相比，現行的體操存在動作走直線過於激烈的缺點。褚民誼在掌握太極拳之前，曾長期從事體操運動，對中西這兩種運動方式的特點均深有體驗，遂通過科學構思，提精擷要，揚長避短，將太極拳與體操兩者融合在一起，於1931年創編出既有太極拳功效，而又易於學習普及的太極操。

關於太極操的具體創編經過，要追溯到1930年間褚民誼作為國府代表帶團參加在比利時召開的國際博覽會。為了在國人中普及推廣太極操，他曾於1933年7月19日在南京中央廣播電台發表題為〈太極操〉的演講，《華北日報》於23到25日連載了他的講話原詞。在介紹太極操全套動作之前，他說道，「兄弟在民國十九年到歐洲去參加比國獨立百年紀念博覽會的時候，因為有三十五天的船期，很有意思利用這時間，教同船的十幾個本國人，每人學會一套太極拳。他們起初都還肯學，等到船行南洋，天氣很熱，大家就懶起來。到法國的海口馬賽時，只有兩三個人學會。後來兩三個人，究竟繼續練習與否，還是不

知道。嗣後兄弟先後在歐美演講好幾次太極拳的妙處,凡是在場聽講的人,大家都承認這方法是很好,動作很美術的、很精細的、很和平的,但是總嫌他太繁複,與學習太難,不願採用。兄弟本是很想普及太極拳的,經過這次試驗失敗之後,回中國的時侯,在太平洋舟中,就想法子把他成一種體操,居然成功了。這種體操,與歐美流行的體操不同。歐美無論英、美、法、德、意、瑞典、美洲各國的體操動作,都是走直線的;而我這種體操動作,是走圓形,打圓圈圈,意思與太極拳同,而比太極拳容易學。全套分為六段,中國原有八段錦,這可說是六段錦。」

周世達時任國府參加比利時博覽會的秘書,曾與褚民誼同舟渡洋,寫了一篇題為「海輪中之褚民誼」的短訊,發表在《南洋商報》(1930,5,17)上。文中略謂「褚民誼君以比國博覽會事,專使赴比,於赴比船上,乃有太極拳團之組織,及健康之演講。定每晨七時練拳,下午四時演講,中西乘客加入者有六十餘人。」他的健康演講,涉及消極防禦的衛生問題和積極增強體質的體育問題兩個方面等云。

經中國代表團的努力,中國展覽在比利時國際博覽會上喜獲獎牌總數第三的好成績,其中褚民誼拿到國際上展示的太極推手器械新發明,深得世界體育專家們的讚佩,經鑑定咸認為此種柔術器械,對身體有益無害,被頒予最優等獎,從而更激勵了褚民誼普及太極拳運動的信心和決心。展會結束,他乘郵輪繞道美國,經日本回國。在茫茫的大海上,他「長風破浪於重洋中,以太極拳教同船國人,藉以磨礪筋骨。然多學未卒業,前後相忘。褚先生究厥原因,則以太極拳做動作複雜,艱於記憶之病,故非專於斯者,動輒遺忘。於是深思冥想,期得一易明易學之法,因而有太極操之發明焉。」中央國術館長張之江為褚著《太極操》[1.16]所寫的序言中作如是介紹。

褚民誼剛一回到上海,便立即將他的新創造公諸于眾,經廣泛徵求教育界和武術界專家們的意見後,於1931年8月由上海大東書局出版了他的專著《太極操》[1.16]。如後頁圖所示,該書的題銘分別由書法家馬公愚和吳稚暉題寫。卷首部分,在作者肖像及其健壯体格的照片之後,依次刊登的是蕭瑜撰寫的〈褚民誼博士傳略〉,教育家蔡元培對太極操的題詞「周旋中規」和國術名家李景林對褚民誼的題詞「精氣神」。其後依次是李煜瀛、劉尚清、張群、張之江、徐致一和蕭瑜等人所作的序言。他們從不同角度對「太極操」給以充分的肯定,並寄予厚望。例如,李氏以他在養病過程中習練太極拳後不久,即在

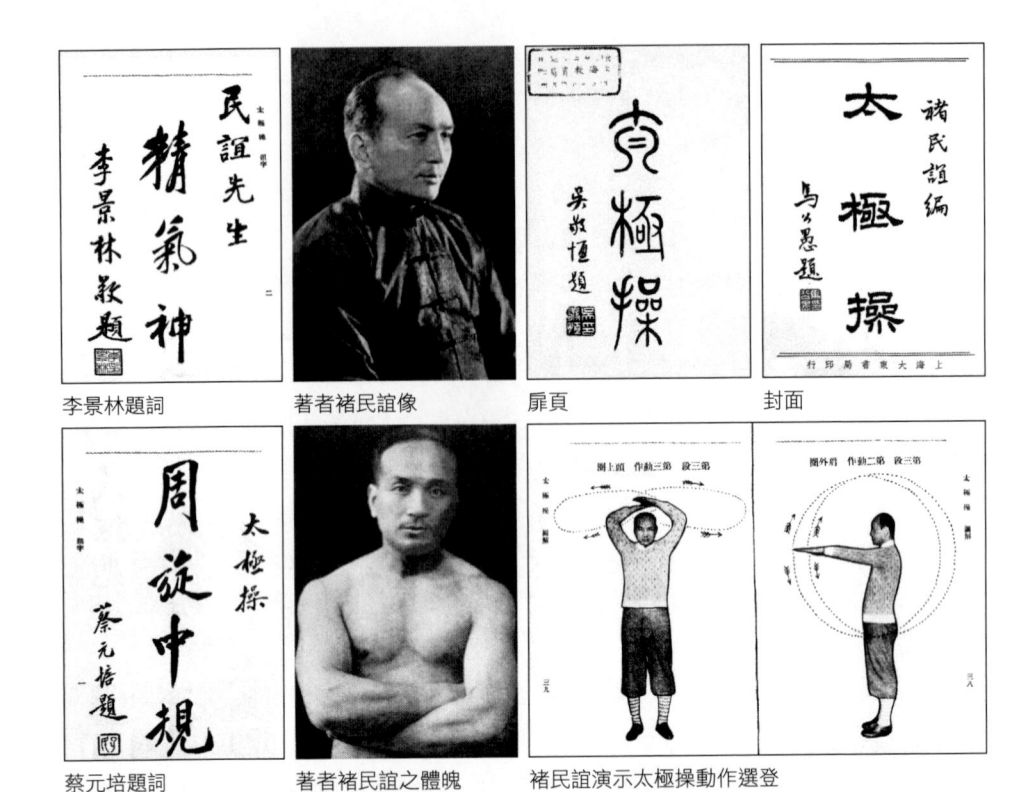

李景林題詞	著者褚民誼像	扉頁	封面
蔡元培題詞	著者褚民誼之體魄	褚民誼演示太極操動作選登	

褚民誼編著的《太極操》一覽[1.16]

生理和心理上初顯功效的切身體驗為例，說明太極操促進該拳法普及的重要價值。「故記述之餘，且欲代多數之人，誌謝於作者，是篇之旨也。」他在結尾時說道。

　　劉尚清時任國府內政部長，年逾花甲，精通內家八段錦。在其題寫的序言中贊賞褚民誼國術科學化的主張，及按科學原理先後發明的太極拳推手器械和太極操，稱「是書一出為體操練習之課本，吾知國人之轉弱為強，即於此操之卷也。」

　　上海市市長、上海國術館館長張群指出，太極拳能修養身心、涵德智體三育而為一之妙用，而當世風行之體操，存在徒尚拙力、忽視性靈之弊病後說道：「民誼先生歸自歐洲，益信太極拳之宜於推行普及，而人人當學焉。迺採取其形式，融會其精神，參之以生理心理，而有太極操之發明。繪具圖說，詳示規範，筆之於是書，以餉國人，且將上諸政府，頒為全國學校體操課程，俾

人人按圖學習，足為師法也。「余故力贊其說，且促成之，又從而學習之，以為國人倡。」

中央國術館長張之江，在序言中謂，太極操方式簡易，「言手法則以圓形為準；言步法則由直立而雙曲腿單曲腿；言方向則上下內外前後區之為六。記此三原則，便得從事演習，此實太極操之特點，而國術界之創獲也。逆料其書出版將不脛而走，褚先生平日所抱國術民眾化之願望，亦庶幾可達乎。」

徐致一是作者同門的太極拳名家，盛讚太極操簡易之精妙，謂「余觀是項體操之姿勢，處處以圓形為主，蓋已擷取太極拳之精義；而動作簡單，便於記憶，則又與瑞典式體操之功用相同，最易收普及之效，命名之當，已不待言。博士年來目擊我國體育界風尚，競趨歐化，深懼文化侵略之為害，提倡國術不遺餘力，因作三不之說，以矯時弊。意謂體育貴乎普及，惟不費錢、不費時、不費力之體育方法，乃能收普及之效，而無其他流弊。太極操一切姿勢，既處處以易於學習為旨，在偏重運動競技之士，或將病其平易無奇。不知天下惟愈平易者，乃能行之愈久遠也。余是以亟將博士三不之說，表而出之，以告世之關心體育者。」

時任北京大學農學院院長的蕭瑜是作者的摯友，深知褚君創編太極操之良苦用心，在其親筆題寫的序言中進一步透露稱，「作者嘗取中外拳術與體操方法而細考之，均謂其為無系統、無意義者也。惟其無系統，故不能平均發展身體之各部位……惟其無意義，故學者於動作之理會綦難……變態百出，捉摸無從，創編拳術者以花樣翻新為能事，徒為學習者增加繁瑣與困難。「加之歷經動作或程式之任意加減和變異，「自圓其說派別紛紜，使學之愈難。此皆動作編列無有意義使人不易理會之咎也。太極操者即欲求其動作至有意義、至有系統者也。有系統即易學，有意義即易記矣；有系統即能使身體各部位平均發展，有意義即不至為無意識之伸縮叫跳矣。」結尾時，蕭氏說道，「余固極愛太極拳而又深苦其繁瑣難學之一人也。「今得太極操之法，故愈感其親切有味，而亟願其能普及於人人也。」

接着是褚民誼的自序，在闡發其體育民眾化的宗旨後，扼要地敘述了他「於太平洋舟中，練習太極拳之際，觸類旁通，別有會心，而有太極操之創作」的構思，及其新編太極操之特點。最後他寫道；「余已草就說明，附以圖畫，付梓問世。有志學者，無論男女老幼強弱，均可練習。只須按照圖說，依次動作，斯得之矣。倘能日益普及，使吾國民眾趨於體育化，一洗東亞病夫之

恥，則為區區之素願，私心所禱企以求者也。」

本書的主體部分包括：論說（說太極），太極操，圖解和口訣四章。太極操一章分如下九節，依次展開：

一、太極拳之優點及其難學處；

二、體操之缺點及其易學處；

三、太極操即融合太極拳之優點與體操之易學處；

四、運動之定義；

五、呼吸之作用；

六、運動之方向；

七、運動之步驟；

八、動作之變化；

九、太極操之分段。

為幫助讀者深入領會太極操和太極拳的真諦，在書中最後的「附載」部分，發表和刊登了如下八篇論述：

－體育之方法與目的；

－健康之路；

－太極拳與其他運動之比較；

－太極拳之三大原則；

－太極操及太極拳之三種經濟；

－太極拳勢之研究；

－太極拳推手球之演習法（附圖）

－太極拳推手棍之演習法（附圖）

太極操脫胎於太極拳，書中褚民誼首先對太極拳動作之特點進行了剖析，謂「中國國術，當以太極拳為上乘，凡習之者類能道之，已為舉世所公認。其動作之優點有三，（一）慢、（二）勻、（三）柔。此三個原則，與其他拳術及西洋體操適相反。蓋其他拳術及體操，其動作不尚慢而尚快，不重勻而重斷續，不善柔而善剛強。按諸實際：（一）凡動作快則易，而慢反難，故能快者往往不能慢，而慢者兼能快，猶如騎自行車，能快並不難，能慢始可貴。因動作快是虛勁，而慢則處處實在。（二）斷續則易，均勻則難，宛如歌曲一闋，音調斷續則易，而調節貫串則難。（三）剛強則易，柔軟則難。譬如舉或拖一重物，用蠻力則費勁，用巧力則省勁。蓋蠻者剛強猛烈，巧者柔軟和平，故曰

柔能克剛。「然則太極拳如何能使慢、勻、柔三者兼而有之。其故無他，因太極拳之動作不走直線，而作圓形也。」

他接着從人體的解剖生理學上進行分析道，「運動之定義曰，『運』者即暢運血脈，『動』者乃活動筋骨也，明乎此義，則體育之真諦，乃得之矣。「人身血脈，流通而循環，有時恆因四肢動作不勻，使局部方面感受過與不及之弊。在過與不及處，其血脈之流通即有不良影響。「蓋運動之目的，祇須幫助全身血脈循環流動，極其普遍與通順以輸送於各部。「故人身血脈當使之不速不緩，免除過與不及，俾得和平舒暢，而循環不息。」

至於「人身動作，無論一舉手足，均以骨節為支架，以肌筋為發動力。而支架乃有段落。在兩骨相銜接處，即謂骨節。平常骨節之形狀，一端如臼，一端若鎚，其外有富於收縮力之物體相輔護，即肌筋，使不致脫骱。「吾人應每日使全身筋骨平均活動，而活動的方法，須既輕且靈。「我們活動筋骨，又不祇在一個方向能動，須盡骨節所能，在各個方面作普遍的動。其動也，非走直線而走圓形。惟其骨節之各方面走圓形，故異常靈便圓轉，能如是則方盡活動筋骨之能事矣。」

他在書中〈太極拳之三大原則〉一文中，進一步指出，「柔軟、和緩與均勻，為太極拳之三大原則，是最合生理者也。「太極拳主化力以制人，既不施以直線之力量，更不主用橫力，而全賴乎環形之力量。太極拳全套姿勢，無一而非環形。有平面之環形，有縱橫大小之環形；有有形之環形，有無形之環形。以手臂形式之環形，顯而易見。而胸背肩腰之環形，祇有意識而無形狀。腿足之環形，則若隱若現。環形之優點，一方能使自身筋骨輾轉異常靈便；一方即藉以分化人之力量。在化人力之時，我為守勢；及其化也，則我攻矣。故雖守即攻，亦以守為攻也。」他進而說道，「太極拳之柔軟和緩，必兼均勻，不然無從連貫。動作均勻則力量始終相若。論各種環形，其速度力量均相等，宛似成一球體，天衣無縫。」此外，他還分析了運動時氣沉丹田，即進行腹式呼吸，擴展肺部，使氣悠長又不費力量的作用，從而揭示出太極拳之精妙所在。

「太極操」就是褚民誼基於太極拳慢勻柔的圓形動作特點，採取體操簡單易學的形式，經系統化創編而成的。故「名之曰體操式之太極拳可，或太極拳化之體操亦可，或名之曰走環形式之體操亦無不可。」嗣後，在對外交流中常以「圓形體操」稱之，使外人更易理解。

為了由淺入深，活動依次由上肢、下肢、胸腰背，而遍及全身。全套太極操分為直立、雙曲腿和單曲腿三個運動步驟以及六個分段的動作進行操練。當基本動作熟練後，又可因其方向之順逆、時間之異同以及相互間的串聯等，使動作變化多端，而趣味無窮。

為便於自習操練，本書對太極操各項動作給以淺顯的說明，並在「圖解」部分，由著者本人一一予以表演示範。前第124頁圖中示例給出的是直立式運動第三段中的第二和第三動作。全套直立式的六段動作以及三個運動步驟和動作變化方式的圖解，示於本節後面的附錄中。

褚民誼創編太極操的目標旨在實現體育民眾化，他在本書〈太極操及太極拳之三種經濟〉一文中，着重闡述了太極操和太極拳運動具有「時間經濟、金錢經濟、力氣經濟」的三大優點，適宜在民眾中廣泛推行。

1931年8月面世的《太極操》專著，從學理、動作到應用諸方面，全面論述了太極操的特點並給以詳細的圖解說明，其後於1932年11月和1934年5月再版發行。此外，為了便於團體操練，他還於1932年編著了《太極操之說明及口令》[1.21]一書。右上圖所示的是，上海大東書局於1933年11月的再版本，行政院長汪兆銘為之題寫封面，以示支持。嗣後，1936年

褚民誼著《太極操之說明及口令》[1.21]

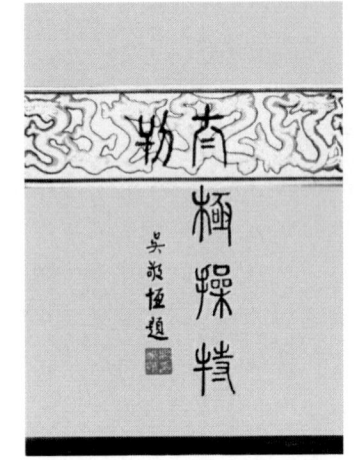

褚民誼主編、顧舜華編輯的《太極操特刊》[1.39]

在德國召開第11屆奧運會，我國首次派出龐大的代表團，並在褚民誼等人的建議和組織下，選派武術團在會上表演。此時太極操已在國內推行有年，取得了顯著成績。為了進行總結並在國際上宣傳推介，由褚民誼主編和上海交通大學體育教員顧舜華編輯，於1936年6月由上海中法大葯房和中西大藥房聯合出版了《太極操特刊》[1.39]。如右下圖所示，書名由吳敬恒題寫，汪兆銘題詞曰

「行健自強」。在此基礎上，又以德、法、英文翻譯編纂成《中國太極操：圓形體操》[1.40]一書，同時還錄製了表演太極操、太極球和太極棍的德文電影，到奧運會上廣為交流和宣傳（詳見本章之第三節「奧林匹克，國術揚威」）。本節附錄中的太極操圖解說明即取自上書。

褚民誼為發展民眾體育殫精竭慮，在參加完比利時博覽會飄洋過海的歸途中，創編出易於普及的太極操後，便千方百計地極力加以推行。他於1930年12月12日一踏上祖國的土地，便立即行動起來。據《申報》12月25日報道，「國民黨訓練總監部，近為普及民眾體育起見，特草擬實施方案，待呈請國府核准後，即擬實行……褚民誼對此事，極為注意，因褚氏最近亦有一種普及民眾體育計劃，擬呈請中央採擇施行，昨為此事，特電訓練總監部，有所商榷。茲探錄電文如下；

「頃悉貴部草擬民眾體育實施方案，以謀普及全國，甚感甚感。民誼對此頗有意見，願貢蒭蕘。竊謂，欲求體育普及，宜謀時間與設備之經濟，民誼此次道經歐美，見各體育場設備之偉大與完全誠不可及。然而耗費貲財，動以百萬計，此非吾國今日財力之所許。間嘗深思卻慮，以為吾國今日普及體育，誠屬當務之急。而欲求實際普及，尤不宜徒託空言，稍感繁難，便不易進行，雖有計劃，亦等具文。」他在分析各國體操和吾國國術太極拳之優缺點，並陳說新近發明的太極操融合兩者的優點，具有易於練習、無需設備、不費多時、最能民眾化，而其效益駕於各國體操之上的特點後，繼續進言道，「現正書寫說明，擬具方案，預備呈請中央核准，期能推行全國。大部近頃草擬民眾體育實施方案必有嘉謨，足資借鏡。民誼認為有協商之必要，可否從長計議，請予暫緩提出，俾彼此商榷後，藉收統一之效，仍候裁奪，賜示為盼。」

訓練總監部部長何應欽接到褚氏的致電後，立即予以回應。《申報》（1930，12，26）上報道稱，「褚民誼昨有電致該部貢獻意見，並擬往訪該部部長何應欽，面商一切。何氏得訊後，即先往訪褚，與之詳細討論進行辦法。褚氏因新近創有一種太極操，其法簡而易行，現方在草擬說明中，擬向中央提議推行全國，以求普及民眾，因與何氏計議。何氏深為贊許，囑其從速草就，俾由該部提出，早日見諸實施云。」

與此同時，褚民誼從國際博覽會凱旋回國，受到滬上各界熱烈歡迎，連日來舉行慶賀活動。12月31日下午上海國術館、市國考同志會，上海青年會、上海武學會等，於青年會會議室歡迎褚氏，到國術和體育界人士四十餘人。他在

會上發表演說，提倡國術要以健身為目的，用簡易之手法，造就普遍人才。並當場表演了他新發明的簡單易行的太極操。（《申報》1931，1，1）

為了團結廣大國術界，在褚民誼的積極組織下，先於1928年底成立了中華國術協會，由褚氏任理事長。（《申報》1928，11，17）在這次上海國術團體共同歡迎褚民誼回國的宴會上，為加強滬上各國術組織間的團結合作，籲請褚民誼主持籌建國術團體聯合會。據1931年1月27日《申報》上的報道，「上海市國術館等十五國術團體，前日（星期日）假亞爾培路褚宅，開籌組國術聯合會，到各團體代表……三十餘人。公推國術協會理事長褚民誼博士主席，首由主席致詞，略謂前承各國術團體招宴，囑鄙人函請各國術團體，討論今後國術界應如何聯絡情感，貢獻良好意見，俾政府有所擇從，社會民眾獲受其益，使體育成為國術化，今日到會各團體，均攜有改進國術之方案，願從長計議云云。嗣各代表均有意見發表，議決，本會定名為「上海國術團體聯合會」，會址暫設於亞爾培路褚宅，公推褚民誼氏為籌備主任。」同時推出起草會章委員、交際委員和文書委員等若干人，立即開展工作，並聯係更多國術團體參加。除決定下星期日繼續開會外，還乘褚氏赴京之便，公推他為代表，持函與何應欽總監接洽。該函由上海市國術館、中華武術會，精武體育會、中華國術協會、中華體育會等十五國術團體共同具名，期望訓練總監部在規擬民眾體育方案時重視國術，將其作為我國民眾體育最適宜之工具，特請褚先生為代表，面陳一切等云云。

已如本篇第五章之第一節「跋涉新疆，艱辛考察」中所述，褚民誼被中央委派到新疆考察黨務，同時有中國與法國學術組織聯合組團赴新疆科學考察的計劃，中方團長褚民誼赴比利時參加國際博覽會回國後便積極進行籌備。他於1931年4月初離開上海赴北平集合前，上海各界熱烈歡送，其中上海國術聯合會於4月2日公宴褚民誼，據《申報》（1930，4，3）稱，計有上海市國術館、上海武學會、中華國技傳習所、匯川太極拳社、中華體育會、中國青年會、利生中學國術部、致柔拳社、精武體育會等代表數十人。褚氏在答謝詞中表示，將在赴西北考察途中保持聯係，並希望各同志對於國術事業，努力進行云云。

不料由於法方提供的爬行汽車出現故障，考察出發日期拖延。褚民誼遂抽空於4月30日返回南京參加國民會議，並為推行太極操向中央及有關機關積極建言。《申報》（1931，5，7）上報道，「中委褚民誼氏，治體育衛生，言之甚精，行之甚力。年來復以太極拳，迥非一般運動方法所能及，為最合生理

之運動，乃提倡不遺餘力，學者漸眾，功效甚著，久醉心於歐西運動方法之體育界，至此耳目為之一新。褚氏尤不以此自滿，因太極拳善固善矣，然欲其普及，尚非易事……乃朝夕思有以改進之，取太極拳之長處，力求動作簡單俾能普及之法，於是有太極操之發明。氏尤恐未盡如人意，復廣徵體育界先進、學術界名流加以品評。結果詢謀僉同，認為最合理化之運動方法，足以普及全國，有百利而無一弊。最近氏乃出其諸餘，著成專書……業已由大東書局承印，不久即可供世，而各界欲先睹為快者，大有人在。氏又以普及之法，若非政府加以提倡，收效較緩。昨日乃函致中央黨部訓練部、訓練總監部、教育部、內政部各機關，請積極推行。」文中特錄其函稿公佈於眾，略謂：

「歐風東漸，素以文弱著稱之我國，年來已稍稍注意於民族之強盛，而從事於體育運動矣。此因中央積極提倡，民眾復興趣盎然，於是更風起雲湧，如有顯著之進步，就表面觀之誠吾民族前途之好現象。然一究實際，流弊滋多，試申言之。夫現下言體育者，其方法必效顰歐西，其器械悉購自外洋。一運動場也，非數萬金莫辦，一健身房也，非數千金不舉。至於運動之器械、運動員之服裝，動輒一物在數金以上，而有十金、百金以上者，亦復比比。此就金錢言，不經濟者一也。時下盛行之運動方法，習之者欲純熟習諳，已非經數月時間之練習不為功。若進而欲求技術精良，則需數年，甚至有歷數十年始克有濟，此就時間言，不經濟者二也。今日能角逐於運動場上者，必須先具有強固之體魄，始能勝任。良以各項運動，均動作猛烈，耗力殊多，雖體魄強固者，運動後必氣喘心悸，老弱者更可想見。結果往往因之而病者有之、殘廢者有之，此就力氣言，不經濟者三也……今習尚所趨之各項體育方法，其流弊已如上述，自當毅然舍去，別尋途徑。於是民誼憑其從事體育歷三十寒暑之經驗，權利害，衡難易，悉心研究，豁然開朗，而有太極操之發明，因其動作胥脫於太極拳故耳……太極拳乃我國國術中之深道，其方法有利無害，今已舉國公認，惟其動作頻繁，習之者苦難記憶。以是加以改良，力求簡易成為太極操，然又不失其原有之優點。太極操之優點有三：一曰、不費時，凡練太極操一套，歷時僅數分鐘，即可畢事情，不致妨礙工作時間；二曰、不費錢，祇須徒手練習，不論屋內及曠場，無需設備及裝飾，隨意可練；三曰、不費力，因太極操以柔軟和平為主，但求暢運血脈、活動筋骨，以達健康目的。不尚以險奇眩人，以勇猛誇眾。有此三大優點，實足駕一切運動方法而上之。吾民族欲謀有健全之體魄，誠舍此莫屬。民誼曾以此方法，在京滬平各處，作提倡體育

之宣傳，並加以表演，深獲輿論贊許，學術界同情，認為一無流弊，足以普及全國，發皇民族。最近始著成專書，計太極操全集一冊，內容概括一切，間述為理，又口訣圖解一冊及口訣挂圖，業已委託上海大東書局承印。卷首立有李石曾、劉尚清、張岳軍、張之江、蕭子昇、徐致一先生賜序，或本其練習太極拳之經驗，或鑒於太極操方法之合理，眾口交譽，許為體育界之創作。該書出版，尚不在遠，貴部領袖群倫發展體育之大願，定必倍蓰。於民誼除俟書出版後，復奉請審定外，爰先附陳太極操全書一部分之初稿一件，倘蒙採納芻蕘，以為事屬可行，敢祈鼎力推行，以挽狂瀾，而強民族，幸甚幸甚。」該文鮮明地剖析了當下民眾體育運動中，存在盲目趨尚歐西的弊病；全面闡述了太極操的優點；特別是說明自創編太極操以來，已廣泛徵得各界的認同，並準備了必要的的習練資料，為在民眾中大力推廣，業已做好了充分的準備。

　　褚民誼在南京參加國民會議期間，還抽空進行太極操演講。由於赴新疆考察的爬行車業已修復，會議未結束，他便於5月13日離京北上。（《申報》1931，5，9；12）褚民誼曾想歸來後，為普及太極操大幹一場。不料，一俟他9月回來，即發生「9.18」事變，並進而於1932年1月爆發淞滬戰爭。國難當頭，他於2月底出任行政院秘書長，緊急處理遷都和召開國難會議等要務（詳見本篇第六章之第一節「國難當頭，國府任職」）。待是年5月淞滬停戰，政局趨穩後，發展體育運動、強民禦敵的迫切任務便提上了議事日程，褚民誼為此積極行動起來。6月10日國務會議議決，召開全國體育會議，教育部組織籌備委員會，聘請他為主任。經充分准備，會議於8月16-21日召開。會上通過了國民體育實施方案，為開展全民體育運動制定了方針、政策和實施方法。方案中設有「國術在體育中的地位」一節，肯定研究和推廣國術確為今日之要圖。明確提出「國內體育家對於國術允宜深切注意，竭誠倡導。而國術家對於近代體育及其基本之學科，允應有徹底之研究，不宜妄自菲薄，不宜固步自封，此實為發揚國術之必要途徑」。這次大會掀起了全民體育運動的新高潮。與此同時，在褚民誼的大力推動下，太極操也在全國迅速普及開來。1936年出版的《太極操特刊》[1.39]中，圖文並茂地概括介紹了這一時期太極操的推行情況。

　　全國體育會議制定出國民體育實施方案後，為了培訓師資，教育部於1933年7月在南京中央大學舉辦暑期體育班，聘請褚民誼負責籌備並擔任學習班主任，學員由各省市保送，在為期六週的系統學習中既有理論課（教科）又有實踐課（術科）。教科中的必修課「人體檢查」和選修課「健康體育」由褚民誼

親自講授。「太極操」被列為術科中的必修課,每週六下午由褚民誼、關介三和吳圖南教授。武術課程內容豐富,分為初、中、高和專門八組,可供選修,均邀請名家傳授,其中的太極拳、刀、劍專門組由吳鑑泉、吳圖南負責。這次暑期體育補習班,為全國培養了一批體育骨幹力量,會後組織成立了「教育部體育班同學會」(簡稱「教體同學會」),以保持相互聯係和合作,對全國體育運動的開展和太極操的普及產生積極的推動作用。(《體育周報》[2.19] Vol.2,No.21,1933,7,1;《勤奮體育月報》[2.23]Vol.1,No.1,1933,10,1)

嗣後太極操的推行情況,《太極操特刊》[1.39]中略謂,「該班畢業同學四百餘人,在京成立同學會,對於太極操極感興趣,爰就各省市同學分會,任指導推行之責。上海方面有顧舜華、沈寶綸、郭允恭、陳如松……等發起組

上　上海兩江女子體育師範學生表演太極操第三段之動作[1.39]
下　上海工部局女子中學學生表演太極操第二段之動作[1.39]
右　「太極操函授學校」招生廣告[2.23] Vol.2,No.6(1935,3)

第八章　全民體育,重在健身　133

1934年5月中華體育會太極操講習班開課典禮攝影。第一排左起，顧舜華（18）、章啟東（19）、褚民誼（21）[1.39]

1935年夏太極操師資訓練班合影。第一排左起，褚民誼（8）、吳鑑泉（9）、顧舜華（16）[1.39]

織太極操研究會[13]，向學校方面先行傳授。體育學校中以兩江、中國兩校為最早。其次如，交大、滬大、澄衷、上中、正修、工部女中，以及市立中小學校等，均由顧、沈、郭、陳諸君先後教授（部分學校演練團體太極操的情況見前頁下兩圖）。

　　繼而上海市小學校校長聯歡會翁國勳氏，熱心體育，發起太極操師資訓練所，當時小學校長、教員二百餘人，均參加操練，洵為國中創舉。中華體育會章啟東氏，亦開辦太極操講習會[14]。復於民廿三年（1934年）與教體同學會合辦暑期體育講習會，並在民廿四年（1935年）續辦講習會（及太極操師資訓練班），先後學員三百餘人，均聘請褚博士任會長和導師，顧舜華氏擔任太極操教練。以上統計學者約二千餘人。（相關照片見上兩圖）

　　這裡要補充的是，為了滿足全國各地太極操愛好者的要求，在上海勤奮體育月報社內開辦了「太極操函授學校」，褚民誼親任校長。前頁右圖是刊登

---

[13] 1933年9月5日成立，參見《國術統一月刊》[2.27]Vol.1，No.1，1934，7，20）。
[14] 在太極操研究會的協助下於1934年5月間舉辦。

在《勤奮月報》[2.23]第2卷第6期（1935，3）上的招生廣告，褚民誼為該校題名。招生廣告上稱，該校以培養太極操教師為宗旨，凡對太極操有興趣者隨時均可報名，免收學費，只收講義費和郵費，三個月畢業，頒發畢業文憑，並設畢業論文獎學金，褚氏之高足教育部體育班同學會任教等云。該期刊物上同時發表了太極操函授學校和太極操研究會合編的文章〈太極操〉。刊中還報道稱，上海方面可以義務面授，當時已有來自上海、浙江、江蘇、安徽、江西、福建等地的中小學教員畢業生12人。招生消息刊登後，各地同志紛紛報名，大大突破原定的招生限額。

此外褚民誼特別關心中小學生的健康成長，經常深入學校，親自帶隊操練。後頁左上圖是發表在《文華》藝術月刊[2.17]No.47（1934，6）上，褚民誼在1934年4月4日首都兒童節大會上，領導全體兒童表演太極操的實況。以後歷屆兒童節亦均沿襲了這項活動。

「民廿二年（1933年）雙十節，在首都舉行第五屆全運會時」，《太極操特刊》[1.39]上繼續敘述道，「褚博士曾親自訓練二千三百六十名男女小學生，參加太極操表演，已博得國內外人士之欣賞。海軍部長陳紹寬氏，贊助太極操，命令海軍各艦，全體士官，長期操練。並有黃建歐、蔣馨山二氏，先後派赴馬尾海軍學校教授操法。民廿三年（1934年）湖北省運動會在漢口舉行，有教部體育班同學楊文采、夏鑄等諸君訓練武漢學生三千名參加表演太極操，規模甚大，成績優良，頗為華中民眾贊賞。同年雙十節，第十八屆華北運動會，在天津舉行，褚博士偕同吳圖南、顧舜華、章啟東、徐炎之、張漢衡等赴津參觀，並有郝銘氏訓練津市學生太極操之表演。褚民誼任大會裁判長。開幕式上表演的太極團體操，有50單位，1120人參加。褚氏還在會上表演太極拳和太極球和棍（見《國術統一月刊》[2.27]Vol.1，No.3-4，1934，11，20）。教體同學會天津分會，穆文平……諸君發起，請褚主任在津青年會講演太極操之教學方法。同時津地當局及各中學均邀請褚博士演講，故華北方面對於太極操已有相當之認識。

「民廿四年（1935年）國慶日，在上海舉行偉大之第六屆全運大會，上海市教育局……贊成訓練大規模之太極操集團，參加大會表演。故事前由教育局主辦太極操教員訓練班於樹基小學，聘請褚博士為導師，顧舜華、陳如松等為教練，上海市公私立各小學校派體育教員，參與學習者計有八十餘校，學員共有百二十餘名，訓練二月，由各學員轉輾傳授，上海市學生之能操練者，又

1934年4月4日首都兒童節大會上，褚民誼領導全體兒童表演太極操
[2.17] No.47（1934，6）

何止萬人。全運大會以場地關係，故教局方面正式指定五十校，共三千小學生參加表演。當時行政院汪院長為獎勵小學普及運動，特捐助服裝三千套、教練員制服等銀二千五百元。大會開幕之日，由褚博士親任總指揮，三千學生服裝一律，動作整齊，形式精神兼而有之，表演精彩，為大會生色，十餘萬中外觀眾，欣賞之餘，嘆為觀止……太極操之推行，於此數年中，國人皆樂於研習。「現在全國各省之能操者，不下十數萬人，教育部已明令將太極操列入小學體育課程。」（上述在全運會及各地演練太極操等情況示例於後頁諸圖）

在該特刊[1.39]最後的「新編太極操教科書出版預告」欄目中稱，太極操之專書，已有《太極操》和《太極操之說明和口令》，均由褚博士民誼編訂，內容「理論」「實際」並重。

「茲為供給各級學校教科適用起見，乃新編太極操教科書。其內容分三編：第一編為基本操法；第二編為連環操法；第三編為變化操法。自小學一年

上　1933年10月10日南京第五屆全國運動會開幕式2360名小學生表演團體太極操。褚民誼站在疊桌台上任總指揮[1.39]

中　1935年10月10日上海第六屆全國運動會開幕式3000名小學生表演團體太極操。褚民誼站在司令台上任總指揮[1.39]

下左　上海市太極操表演隊的指揮者們在第六屆全國運動會開幕式上。頂排右起，顧舜華、褚民誼、章啟東[1.39]

下右　1934年褚民誼赴天津參加第十八屆華北運動會期間與教育部體育班天津畢業同學的合影。左起前排，陳文海、顧舜華、徐炎之、褚民誼、吳圖南、章啟東、郭振邦；後排，張學淵、田永康、陳郁波、穆文平、羅治英、劉海寰、郭鳳山[1.39]

第八章　全民體育，重在健身　137

1934年在湖北省運動會開幕式上3000名小學生表演團體太極操[1.39]

級起,至高中三年級止,按級編排教程,由淺入深,循序漸進,並附刊教材進度一覽表,及操法圖說。故無論何人,均可按圖操練,極有興趣。書中又詳解教學方法,與生理衛生之關係,洵為體育之名著也。」

關於褚民誼在國際上宣傳和推廣國術和太極操方面的努力,另在本章後續第三節「奧林匹克,國術揚威」中詳述。

褚民誼在大力推廣太極拳和太極操的同時,還從國術發展的全局出發,針對中國歷來武術界中存在的門戶紛繁、互相隔絕的弊病,提出了「國術統一化」的主張。1934年7月20日《國術統一月刊》[2.27]創刊,褚民誼在為之撰寫的發刊詞中,闡述了他所提倡的國術統一化的旨意,略謂:「吾國素昔,因帝王專制,蔑棄有文事必有武備之古訓,屬行弱民政策,以八股試帖,為消滅民族精神,泯滅武士雄風之具,以致一般人士,咿、唔、咕、嗶而終其身,演成『文弱』之確定名詞。以為欲文必弱,非弱不文,舉國趨入文弱之途,而欲國之不亡,族之不滅,其可得乎?」

「邇來有識之士,咸大聲疾呼提倡國術,以強體格,發揚武道,以挽頹風,此未始非計之得。若能謀之既臧,則使民族全部剛堅強壯,國家振奮革新,實意中事。

顧提倡國術之聲,雖瀰天蔽日甚囂塵上,惟惜乏人加以切實之整頓及清釐。故呼聲雖高,而實效甚鮮。於是足見空言倡導之無裨實際,必須立定腳跟,專心猛幹,徹底改革其虛偽宣傳之積弊,而根本力行其切實工作之條件,

使國術科學化、具體化、普遍化也。

　　如何使國術科學化、具體化、普遍化，此為當前必須研究之首一問題，質言之，即國術統一化。其辦法為將歷來各種門戶派別分歧龐雜，以致嬌揉造作虛訛百出之國術，一一加以研究，擷其元素，採其精華，去其糟粕，刪其不當；然後合一爐而冶之，匯眾流而通之，使薈萃於統一之下，成為有組織、有紀律、有學理、有系統、有程序、有方案之學術。俾得貢獻當世，占體育之重要地位，不致使體育整箇屈服於激烈爭鬭為依歸之西式運動所據占。

　　此方案之實行，必先從整頓清釐着手，其義已於前述明。至着手之實際方法，則為將各種不同之武術，以科學方法評定。何種有益於身體？何種有益於國家？何種將妨害生理？何種將化蝕民性？一一明晰區分，一一精細研究。根據各種科學，如生理、衛生、心理、社會、解剖、力學、生理化學等關係之輕重，而核定次序，從而統制之，使成純粹科學化、具體化、普遍化之國術。俾學者有徑可循，有門可入，有規律可守，有宗旨可握，不致誤入歧途，不致辨別差錯。據此而以合乎體育原理為指導，以能達健康目的為依歸，則國自然得強，民自然能健，雄風日展，精神克振，此之謂集國術之大成。由此可以統制進行，努力發揚，普及民間，必使男、女、老、幼以及鄉、村、城、市皆能練習。循此進行，則國內人人受國術之洗禮，實非不可能者。且不僅僅使國家與民眾，由此轉弱為強為當然之事。即進而推行，使國術成國際化、世界化、人類化，而全宇宙蒙其利，亦非不可能之事。惟在有志者之向國術統一前途推進而已。」（該文後被收錄在《武術言論集》[1.42]中）

　　《國術統一月刊》[2.27]於1934年7月20日創刊，在第五屆全國運動會取得巨大成功，全國體育運動掀起新高潮之際，褚民誼舉起了發揚國術，實現國術統一化的旗幟。該刊由姜俠魂主編，如後頁圖所示，褚民誼除發表上述的〈發刊辭〉外，還親自題寫刊頭。封面上登載的是第五屆全國運動會開幕式上，由褚民誼指揮進行太極操團體表演的照片，數千學生，動作整齊，萬眾觀賞，彩旗飄揚，民心振奮。書中還選登了褚民誼在全運會上表演太極推手球和棍的照片兩幀。幾乎所有的黨政院府最高領導人，都為該刊的問世題詞祝賀，實屬空前。刊登在創刊號上的有：國民政府主席林森、軍事委員會委員長蔣中正、行政院長汪兆銘、立法院長孫科、監察院長于右任和考試院長戴傳賢等人的題詞。後續第二期上發表的還有上海市長吳鐵城，以及民族工商業家和社會著名人士劉鴻生、俞佐廷、胡西園等人的題詞。

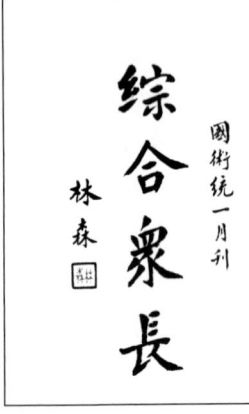

林森題詞	褚民誼發刊辭之首頁	封面（褚民誼題銘）
孫科題詞	汪兆銘題詞	蔣中正題詞
褚民誼在全運會上表演太極球	于右任題詞	戴傳賢題詞

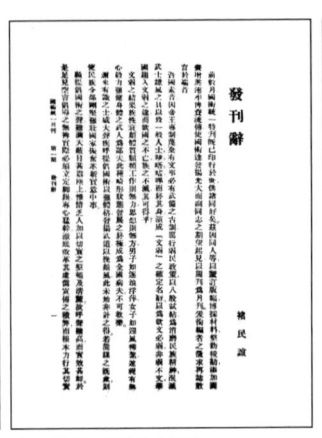

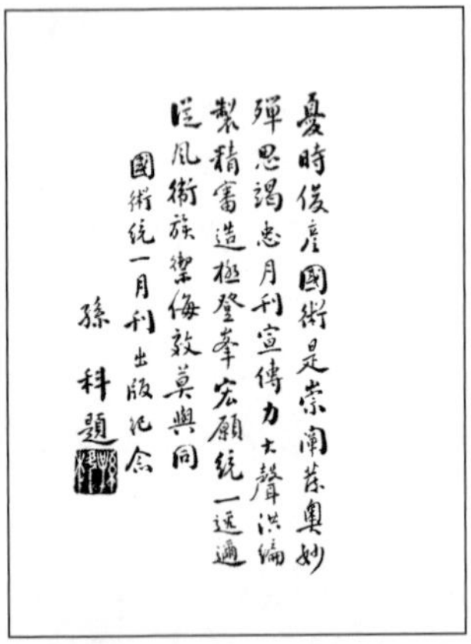

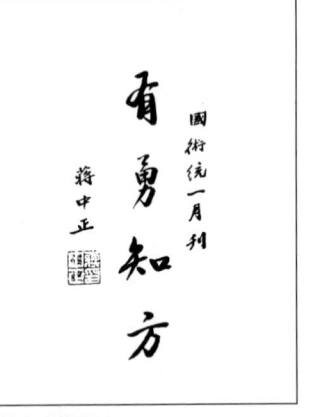

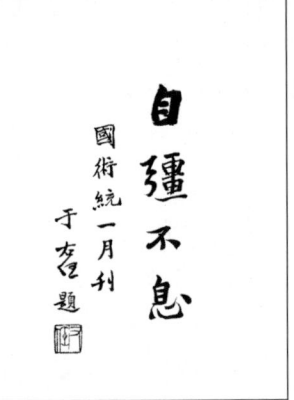

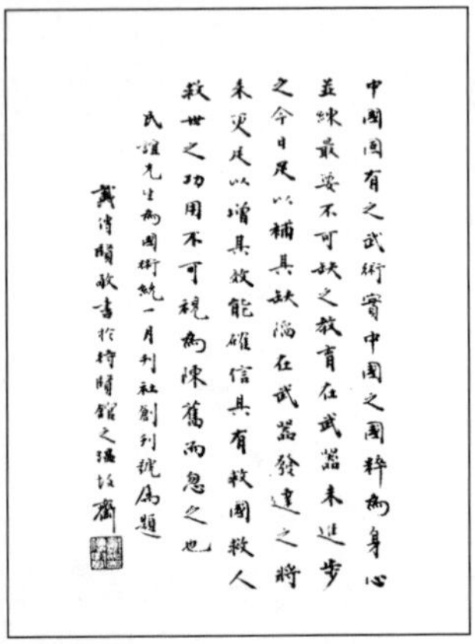

《國術統一月》創刊號[2.27]（1934，7，20）

該刊內容設宣言、理論、專著、研究、調查、訊息和說苑七個欄目。在首卷的理論部分，發表了林達祖和潘蒼水著〈褚民誼先生演講太極操的原理〉、姜俠魂著〈褚民誼先生講演三不費主義的民眾體育〉、葉良著〈國術運動之我見〉和朱文偉著〈亟應提倡國術的摔角〉四篇論文；在專著部分，刊登的有中華體育會和太極操研究會聯合編寫的〈太極操講義〉和唐豪提交的〈考察日本武術的報告〉；在研究欄目中，發表的是徐致一撰寫的〈初學太極拳應注意的幾點〉和〈太極拳之優點〉兩篇文章，以及章乃器根據自己的體會撰寫的〈科學的內功拳〉第一、二章；調查欄目中登載的則是〈上海市國術館之概況〉的來稿，如此等等。

　　國術統一化的主張，是當時國術界有識之士的共識，但亦受到諸多責難。在《國術統一月刊》[2.27]第一卷第二期（1934，9，1）的宣言欄目中，刊登了中央國術館長張之江〈國術統一之真諦〉和本刊主編姜俠魂〈國術與統一〉兩篇文章，着力排解疑惑和誹議。張文中指出，國術自古發展至今，門戶紛繁、良莠混雜，江湖中人，抱殘守缺，「往往一家之學，合乎真理者少，而不合乎真理者多。際茲科學昌明時代，尚應力加整理。「故國術統一者，統一上下古今於真理之中之謂，非謂欲舉謀一勢謀一變，將強天下以從我也。」最後他聲稱，在國術統一月刊發行之前，在中央國術館內，即已成立了全國國術統一委員會（《申報》1934年2月13日報道）。作為肇始，全國國術統一委員會籌備委員會於2月9日在中央國術館成立，召開第一次會議，推選出郝更生、張之江、褚民誼、吳圖南等九人為常務委員，主持籌備工作。

　　國術統一月刊社成立後，在出版刊物深受歡迎的同時，還在上海發起舉行國術講演會。《時事新報》（1935，5，29）上報道稱。「國術統一月刊社，為褚民誼、徐致一、唐豪等所創辦，由姜俠魂主編，其內容以理論、技術、歷史、建設並重兼蓄，其宗旨以內外名家，不偏不倚，公開提倡。出版以來，風行全國，凡中央各省、黨政軍警、文化各機關，莫不購備，聲譽超著，定戶逾萬。茲本發揚武道之素志，聯合各國術團體，並敦請褚民誼先生主持，發起國術講演會。由各團體推選講師，講演國術之學理技術、歷史諸題。現得精武體育會概允借座，以最適中地點南京路大陸商場，特區一分會，為講演場所。決定第一講計十次，每星期一次，准於六月二日（星期日）上午十時，第一次開始講演，嗣後按期風雨不更，歡迎聽眾，無券入場。茲將各團體推選出席講師列下：中華體育會、國術團體聯合會、國術統一月刊社為褚民誼、國術館為唐

豪、精武體育會為徐致一、致柔學社為胡樸安、武當太極拳社為章乃器、青年會國術組為吳一非、鑑泉太極拳社為馬岳梁、進德國術會為姜容樵諸君。尚有專家，不及參加，擬舉行第二講十次云。

　　國術統一月刊出版過程中，曾因經營不善等原因一度停滯。為應讀者需求，於1936年6月15日復刊，改為特刊性的定期叢書，每年十冊為一集。每冊以邀請專家撰述一種有系統之作品為主要內容。其中改革號第一集第二冊上發表的是《褚民誼先生武術言論集》[1.42]（詳見本章第一節「體育言論，灼見真知」）。

1929年褚民誼為陳微明著《太極拳答問》的題詞

　　消除國術中門戶之見是褚民誼的一貫主張。太極拳歷經傳襲出現了楊氏、吳氏、陳氏等各具特色的不同流派。褚氏從強身健體的目標出發，而一視同仁。已如1929年他在《太極拳圖》[1.8]的序言中所述，當年諸多國術大師，從北平聯袂南下，他興奮地寫道，「今吳先生已來滬，仍得繼續請益。而太極拳名家，如楊氏昆仲少侯、澄甫，均居首都，而澄甫之高足陳君微明，亦在滬上，群謀太極拳之精進與發展，吾道可謂南矣！」1929年楊氏太極拳傳人陳微明據其師楊澄甫平日指教，編著了《太極拳答問》一書，如右上圖所示，褚民誼欣然題詞「柔能克剛」，予以支持和肯定。嗣後，楊澄甫於1936年初去世，如右下圖所示，《申報》於5月18日報道，「滬上國術團體，昨在功德林，為太極拳名師楊澄甫氏開追悼會，到者除楊氏家屬外，有浙江省國術館館長褚民誼，中華體育會徐致一、章啟東，上海市國術館吳鑑泉，南京太極拳家姜廷選、呂殿臣，武當太極拳社葉大密，匯川太極拳社武匯川，致柔拳社陳微明、黃文叔、胡樸安等百餘人。挽聯挽詞，懸掛滿壁，大致南北各省俱有。十餘時，公推陳微明氏主祭，陳鐸鳴司儀，全體肅立致敬後，即由陳君報告楊先生歷史（辭略），次由褚民誼致辭，略謂楊先生一生道德功夫，極為全國同志所欽佩。先生為強身救國，提倡太極拳，北自幽燕，南至兩廣，可謂不遺餘力，惜乎天不

《申報》1936年5月18日對太極拳名師楊澄甫追悼會的報道

永年，頓失所宗。惟望後起同志，繼續楊先生遺志，努力做去，則不但民族復興有望，而楊先生之精神，亦不死矣！次由孫存周君略述楊先生與其先公祿堂先生幼年苦志練功之經過情形，勖勉後起者之努力。末由楊氏家屬致謝而散。」

其實，楊氏與吳氏太極拳都源自同一宗師楊露禪，褚民誼在前述「健康之路」一文中，介紹了自己研習太極拳的過程。1925年他因兼職北大生物系教授來到北京，經系主任譚仲逵介紹，得識太極拳大師吳鑑泉，並在吳稚暉創辦的留歐預備學校內行了拜師禮，從學八次，已盡其學。回廣州後，繼續與吳氏弟子們刻苦切磋。1927年他北伐來到上海，「抵滬後知道許多朋友也正熱烈學習太極拳，教授者為楊澄甫先生之高足陳微明君。他們盤的架子，和我們各異，仿佛類似鄭佐平先生一派。據鄭君云，楊派與吳派大同小異，祇要把陰陽辨別清楚，其術自善矣。」由上述一系列事實可見，嗣後，曾出現的所謂，楊、吳兩派之間存在嫌隙，甚至誣褚「抑楊捧吳」等流言，其謬誤不言自明。

1933年出版的《陳氏太極拳圖說》四冊中之首卷。

此外，陳氏太極拳是習傳已久的一個太極拳分支，其傳人陳鑫（1849-1929），自1908起，積十二年之心血，編寫出《太極拳圖畫講義》書稿，但生前未能問世，身後經其後人整理成《陳氏太極拳圖》一書四冊，近三十萬言，詳述陳氏太極拳六十四種架式及其原理，於1933年由開封開明書局出版面世。褚民誼積極支持該書的出版，特為其四冊書依次題寫書銘，右上圖示出的是其首卷。該書曾以不同形式多次再版流傳至今。

中國的武術，由來已久，為了清釐整頓，傳承發揚，褚民誼對國術的歷史演變，溯本求源，深入探討，將其考證所得，編撰成專著，取名《國術源流考》[1.38]，如後頁上圖所示，於1936年5月由南京大東書局出版。教育家經亨頤為之題寫書銘；吳稚暉在序言中論述了體育在人類為適應環境而獲得身心全面發展中所起的的重要作用，並高度評價了著者為經濟與周到地發展體育運動所作出的奉獻。

全書五章，追溯數千年華夏武術發展之歷史，引經據典，批語評說，內容涉及拳術和器械兩大類。拳術類分為黃帝至周秦（第一章）、漢魏至隋唐

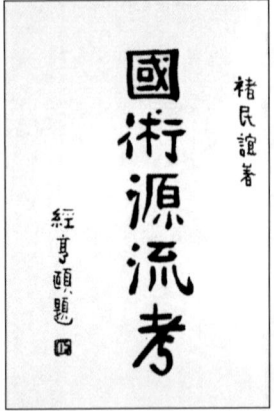

1936年5月出版的褚民誼專著《國術源流考》。經亨頤題寫書名：（右）封面；（左）扉頁[1.38]

（第二章）、宋元至明清（第三章）三個時期，曆述了流傳至今的國術各主要門派。在第四章中，則按明末黃宗羲的最初分類，歸納為南、北兩派，分別記述。最後第五章，對國術中的主要明、暗器械，圖文並茂地逐一介紹，並概略地考證了通用器械的發展源流。在資料匱乏、門戶之見積深、口授密傳和野史盛行的情況下，正如著者在緒言中所說，「欲求一有系統之記載，藉資考證，其事實難。」本書的面世，「聊為後來研究者，發凡其例而已」，當可視為考證國術歷史研究之範例，而流傳後世。2008年10月臺北逸文武術文化有限公司，將此專著，翻版印刷，再度發行。

《附錄》太極操動作示範[1.39][1.40][1.41]

太極操之三個運動步驟：
第一步　直立運動式；
第二步　雙曲腿運動式（又有左右步）；
第三步　單曲腿運動式（又有前後步）。
太極操之六分段
第一段　練肘腕（兩手臂同時操），共四個順逆圓形動作
第二段　練肘腕肩（兩手臂同時操），共四個順逆圓形動作
第三段　練臂肩（兩手臂同時操），共四個順逆圓形動作
第四段　練腿腳（左右輪換），共四個順逆圓形動作

第五段　練胸背腰脊，共二個順逆和左右圜形動作
第六段　練全身（手、指、腕、肘、臂、肩、頸、胸、腰、臀、股、脛、踝、趾）共二個順逆和左右圜形動作。

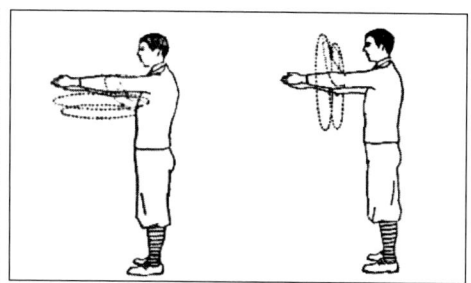

第一段練肘腕（四動作）左起：臂內圈，臂上圈，臂下圈，臂前圈

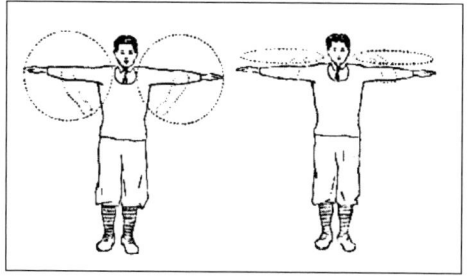

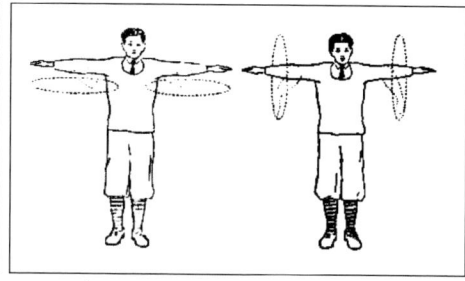

第二段練肘腕肩（四動作）左起：臂前圈，臂上圈，臂下圈，臂外圈

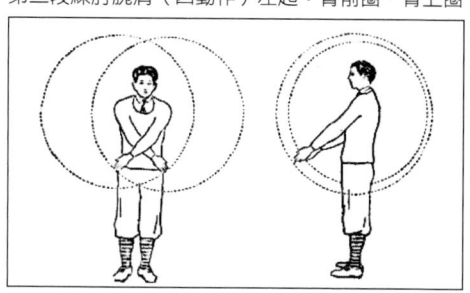

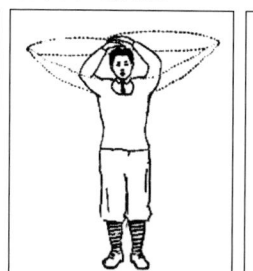

第三段練臂肩（四動作）左起：臂前圈，臂外圈，臂上圈，旋腰圈

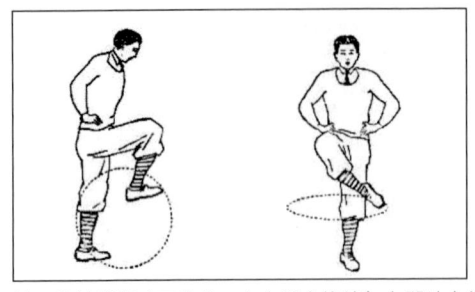

第四段練腿腳（四動作，左右腿交換練）左腿站立練右腿，左起：腿縱圈，腿平圈，腿前圈，腿外圈

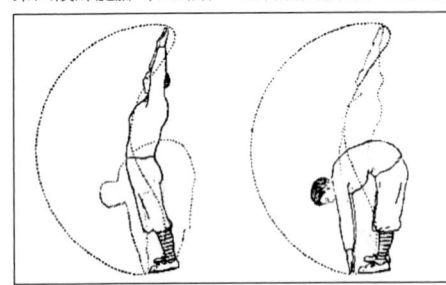

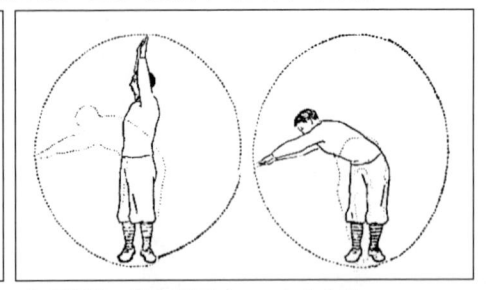

第五段練胸背腰脊（二動作）左起：彎腰縱圈（1，2）順逆轉；彎腰橫圈（3，4）左右轉

第六段練全身（二動作）左起：彎腰蹲體縱圈（1，2）順逆轉；彎腰蹲體橫圈（3，4）左右轉

直立運動式之六分段

左：直立式　右：雙曲腿式　　　　　左右單曲腿式

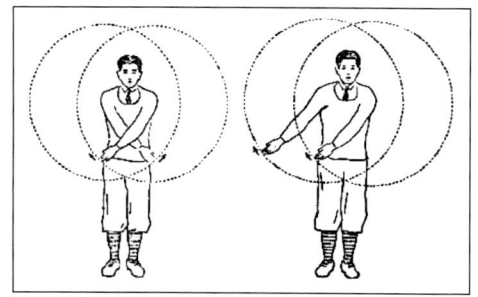

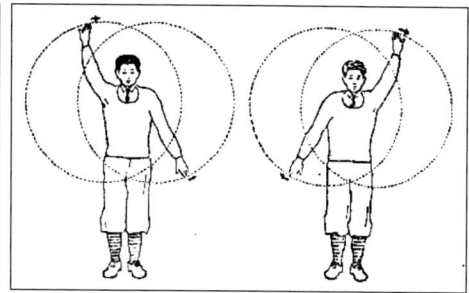

左：同向同時　右：異向同時　　　　左：同向異時　右：異向異時

旋轉方向和時間匹配變化示例（第三段之臂前圈）

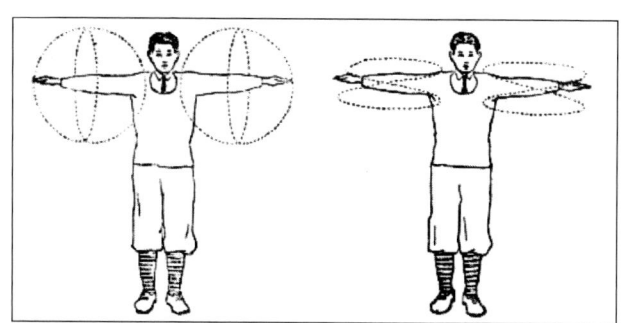

單連環；（左）臂前圈與臂外圈相連；（右）臂上圈與臂下圈相連　雙連環（全部四個動作相連）

連環動作變化示例（第二段之四動作）

第三節　全運大會，舉國振奮

　　1931年東北「九一八」和1932年上海「一二八」事變相繼爆發，國難當頭，強國健民，迫在眉睫。5月初淞滬停戰，局勢乍一緩和，教育部在時任行政院秘書長褚民誼的建議和支持下，從5月底起，便着手籌備在暑期召開首次「全國體育會議」，全面規劃和推動全國範圍內的體育運動。經教育部派員與褚民誼多次商談，制定出全國體育會議籌備委員會組織大綱和經費概算後，於6月10日提交行政院會議討論通過。教育部遂按大綱規定於次日聘請褚民誼、周亞衛、吳蘊瑞、黃明道、張之江五人為籌備委員，褚民誼兼籌委主任，又指定教育部高等教育司長郭心崧、普通教育司長顧樹森、社會教育司長李蒸、科長彭百川等四人為當然委員，並決定於本月16日在教育部開第一次會議，討論籌備步驟及大會日期等。《申報》於1932年6月13日對此進行報導，並稱

「又聞此次全國體育會議之召集,如此迅速籌備,實出於褚民誼氏極力贊助之功,故一切經費等項,當不致發生困難。」《體育週報》[2.19]Vol.1. No.20（1932,6.18）上,對上述籌委會成立的醞釀過程亦有詳細報導。此後,全國體育會議的籌備事宜,便在籌委會的主持下積極開展起來,歷經九次籌委會議,全國體育會議於1932年8月16-21日在南京勵志社舉行。《申報》和《體育週報》等報刊雜誌,對歷次籌備會議以及大會的每日進程,均及時予以詳細報導。

　　這次歷史性會議由來已久,開幕當天《申報》上發表了籌委會總幹事郭蓮峯和籌委彭百川編寫的〈會議籌備經過〉的長篇文章。接著在開幕典禮朱家驊和褚民誼的講話中亦均對其「緣由」進行了回顧。民十六年（1927年）大學院成立伊始,鑒於國民體育之重要,曾經組織體育委員會,藉謀促進全國體育之進步,褚民誼和張之江均被聘為委員,惜不久組織變更,大學院取消,以致未有成績表現。十八年（1929年）舉行杭州西湖博覽會,曾於七月間發起全國運動大會,教育部曾擬利用該機會召集全國體育會議,並聘請褚民誼為籌備主任,袁敦禮、黃振華為籌備委員。原定於九月間,與全國運動會先後在杭州舉行。嗣因全運會改期於十九年（1930年）四月間舉行,教育部適於此時召集第二次全國教育會議,時間相近,無暇兼顧,乃決定延期舉行。是時褚民誼又奉派赴比利時參加國際博覽會,籌備事宜,遂致停頓。《申報》上的文章繼續寫道,「十八年（1929年）四月,國民政府公佈國民體育法,業經數年,迄未施

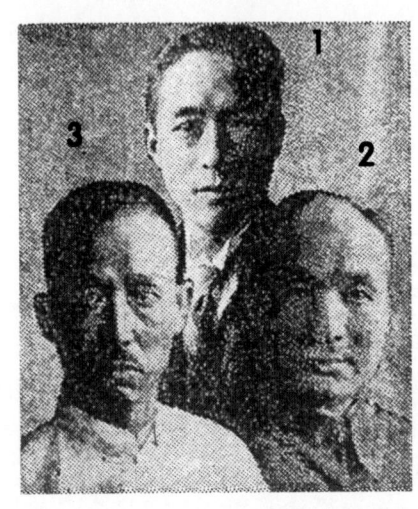

1932年8月16-21日「全國體育會議」主席團成員：1）朱家驊、2）褚民誼、3）張之江（《申報》1932,8,16）

行。「國難發生，國人萎靡不振之精神，益形暴露，同仁等鑒於國勢之危急，非提倡國民體育不足以振刷民族精神，共起救亡圖存。褚主任特重申前議，函請教育部召集會議，朱家驊部長極表同情，當即提請行政院議決，」於是便有本次大會的籌備和召開。「其目的不僅為討論體育實際問題，擬定實施方案，及劃一訓練方針；蓋如何造就健全國民體格、養成智仁勇之民族精神，其使命尤為重大。」

該日報上，如前頁下圖所示，還同時刊登了全國體育會議的主要負責人，大會主席團教育部長朱家驊、主席團兼籌備主任褚民誼和籌委中央國術館長張之江三人的照片，他們分別在會上擔任各次全體會議的議長和副議長。大會開幕式上，主席朱家驊致開會詞，褚民誼向大會報告會議籌備經過，中央黨部代表陳立夫、國民政府代表何應欽以及行政院代表彭學沛先後在會上致詞，會後全體合影留念（見下圖）。

這是一次空前的全國性體育盛會，參會人員的代表性十分廣泛，人員的分配和聘請也是歷次籌委會主要討論的問題之一。褚民誼在報告中稱，到會代表計分七種：各省市教育廳局代表23人，專科以上學校代表43人，國術館代表

1932年8月16日全國體育會議開幕式合影。一排左起：彭學沛（2）、褚民誼（3）、朱家驊（4）、陳立夫（5）、何應欽（6）、張之江（7）、吳鑒泉（9）等（《良友》畫報[2.9] No.70，1932，10）

第八章 全民體育，重在健身 149

10人，教育部遴聘之專家23人，關係各機關代表8人，教育部主管長官及籌備委員、方案編制委員等19人，特請出席人員4人，共計130人。以地域論，除熱河、寧夏、山西三省，因有特殊情形，報告不能派員出席外，全國各省市均有人員出席。

「國民體育實施方案」是會上討論的主要提案，籌委會在6月17日第二次會議上議決聘請袁敦禮、吳蘊瑞、郝更生三人，並由袁敦禮主席，負責制定草案，於七月底編成，印成專冊。各方送達的提案，亦十分踴躍，截至開會前夕，已收到240件，亦分類印訂成冊，供會員代表查閱及分組討論之用。

開幕式後即舉行第一次大會，褚民誼主席，推選張之江為副議長，由國民體育實施方案起草委員會袁敦禮報告起草經過並扼要介紹其內容。國民體育實施方案（草案）分為下述五部分：

一、引言
二、目標
三、行政及設施：
（一）行政及組織系統
（二）設備
（三）經費
四、推行體育方法
（一）研究工作
（二）人材之養成
（三）體育實施之標準
（四）提倡及獎勵各種體育集會及組織
（五）體育之考成方法
五、分年實施方法（五年內的計畫）

對此，會議分設五個審查組：一、體育目標組；二、行政組織組；三、體育研究組；四、實施與推行組；五、體育考成與其他組，由鐘靈秀、張之江、褚民誼、彭百川和吳蘊瑞分別召集，進行分組審查。討論結果在大會上交流，並交付由袁敦禮召集的草案整理委員會整理。會議期間，全體代表拜謁了中山陵，並參觀了新建的中央體育場。經過連日大小會議的熱烈討論，修改通過了「國民體育實施方案」，在褚民誼宣讀大會宣言聲中，全國體育會議圓滿結束，於21日上午閉幕。嗣後，教育部於九月間公佈國民體育實施方案，通令全

國遵行。

　　會議結束不久，教育部便立即按照大會決議，為促進全國體育的發展，在教育部內設立「體育委員會」，以統一全國體育行政，負指導督促及審核之責。該委員會於8月29日組織成立，由教育部聘請褚民誼、張之江、周亞衛、王正廷、張伯苓、袁敦禮、郝更生、吳蘊瑞、馬良、許霍厚、徐致一、張信孚、陳伴嶺、沈嗣良、黃麗明、張匯蘭、高錫威十七名委員，以及教育部主管司長、科長為當然委員組成。（《體育周報》[2.19]Vol.1. No.32，1932，9，10）接着，教育部按全國體育委員會規程，於11月3日函聘體育委員會之在京委員，褚民誼、張之江、周亞衛、黃麗明、張信孚五人，為常務委員，並以褚民誼為召集人，研究貫徹國民體育實施方案諸事宜。其中，於翌年舉辦暑期體育補習班和全國運動大會，是主要的研究議題，前者在前述本章第二節「發揚國術，太極創新」中已有記述。（《申報》1932，11，5）下圖是嗣後發表在《勤奮體育》月報[2.23] 1卷4期（1934，1）上，教育部體育委員會之合影，其題注為「教育部體育委員會成立於民國廿一年秋，此為舉行第一次委員會議時之合影」。

1932年秋教育部體育委員會第一次委員會議之合影。褚民誼、朱家驊及張伯苓分別站立於前排右起第2、3和4位（《勤奮體育》月報[2.23] 1卷4期（1934，1）

第八章　全民體育，重在健身　151

關於運動會及其進行的競賽，在歐西各國盛行已久，清末傳入中國，從學校開始逐漸在我國傳播開來。據《申報全國運動會特刊》（1933，10，11）上發表的〈全國運動大會之考證〉一文中回溯，我國第一次全國性的運動會於清宣統二年，西元1910年10月18-22日在南京南洋勸業場舉行，取名為「全國學校區分隊第一次體育同盟會」，加入的單位分為華南、華北、武漢、吳寧、上海五區，運動員共一百四十餘人，競賽項目僅有田徑、足球、網球三項。第二次於1914年5月22-24日在北京天壇舉行，由北京體育競進會主辦，加入單位分東、南、西、北四部，運動員共九十余名，競賽項目比上屆略有增多，有田徑和各種球類六項。鑒於初創時期，國人缺乏經驗，前兩次全國運動會的組織和設施主要借助於西人，比賽規則也不甚規範，直至第三次才開始由國人自辦，步入正軌。1924年5月22-24日第三屆全國運動會在武昌舉行，由全國業餘運動會和武漢體育界人士發起，在當地兩湖巡閱使的支持下，修築了運動場和游泳

1933年3月15日在南京召開的「1933年全國運動大會籌備委員會第一次會議」合影。右起前排，張之江、王正廷、朱家驊、褚民誼、張匯蘭、黃麗明；二排，郝更生、沈嗣良、夏光宇、馬巽；三排，許霍厚、張信孚、張炯；四排，袁敦禮、彭百川、郭蓮峯、李景燿[3.31]

池，參加單位分成華東、華南、華西、華北、華中五區，運動員共計七百餘人。當時我國參加的遠東運動會獲得了國際奧林匹克運動會的認可，這次全運會的競賽專案和規則以此作為參照，並開始嘗試設立游泳和女子比賽。是年為預備參加遠東運動會，由各界贊助成立了全國體育協進會。

1932年全國體育委員會成立後，便立即接手準備，報請行政院11月15日通過，於1933年雙十節由教育部在首都召開全國運動會，並申請批准接管建成後未及使用的中央運動場。經體育委員會常務委員會研究，於1933年2月間聘請王正廷、張伯苓、朱家驊、石瑛、張之江、褚民誼、劉瑞恒、周亞衛、沈嗣良、袁敦禮、郝更生、張信孚、吳蘊瑞、周象賢、馬異、張炯、黃麗明、張匯蘭、夏光宇、黃仁霖、許靁厚、高錫威等二十二人為全運會籌備委員，以褚民誼、張炯、張之江、周象賢、黃麗明為常務委員，褚民誼兼籌備主任，先後于3月15日和22日召開第一次籌備委員會和第一次常務委員會會議，正式拉開了籌備1933年全運會的序幕。第一次籌備委員會會議的合影示於前頁下圖（載於《第五屆全國運動大會總報告》[3.31]）。嗣後，5月份王世杰接替朱家驊任教育部部長，遂補聘王部長和雷震為籌備委員，後者接替周象賢為常務委員。

在首都南京新建的中央體育場，建築之宏偉在當時的東亞堪稱首屈一指，如其平面圖和鳥覽圖所示（見下圖），由田徑賽場、排球場、網球場、國術場、籃球場、游泳池、棒球場、射箭彈丸場以及兩個足球場組成，並可擴充跑

南京中央體育場：鳥瞰圖

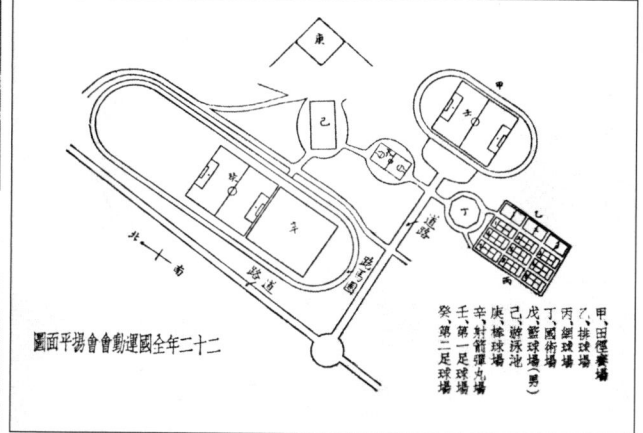

南京中央體育場：大門　　南京中央體育場：平面圖

1933年全國運動大會在此舉行（《五運總報告》[3.31]）

第八章　全民體育，重在健身　153

馬場，設施堪稱完備。經由教育部向總理陵園管理委員會商借，並蒙林森主席應允，予以種種便利，使大會籌備工作得以順利進行。

時值國難嚴重有加無已之際，在褚民誼的主持和精心策劃下，歷經召開三次籌備大會和十九次籌備常委會，以及下屬各組各股由總幹事張信孚召集的多次會議，克服種種不可縷述之困難，完成了宣傳動員、籌建組織、制定規則、安排秩序以及各項事務保障工作，1933年全國運動會按預定計劃，於10月10日至20日在南京召開。這是首次由中央政府在首都舉辦，具有里程碑意義的全國運動會。自教育部向全國發佈召開大會的通知後，各地紛紛熱烈響應，全國共計有三十三個單位二千二百五十五名選手報名參賽。除察哈爾戰事未平，廣西以學生正在積極補習，均電報函告暫難參加外，全國均有代表參與（後來青海運動員未能按時趕到），特別是當時已被日本侵佔的東三省和熱河，仍復人心未死，踴躍參加，可見全國團結一致之精神，以及國人對體育救國認識之普遍提高。

國民政府對此極為重視，各院部會主要負責人全體參與。國家主席林森任大會名譽會長，軍事委員會委員長蔣介石和五院正副院長汪兆銘、戴傳賢、宋子文、鈕永建、孫科、邵元沖、于右任、丁惟汾、居正、覃振為名譽副會長。會長由教育部長王世杰擔任，副會長為褚民誼、石瑛、羅家倫、張道藩、郭春濤、曾仲鳴、甘乃光、徐謨、鄒琳、鄭天錫、李世甲、段錫朋、錢昌照。此外還聘請全體國民黨中央執監委員為大會名譽顧問。

《申報》自10月10日起，出特刊跟蹤報導大會每日的進展情況。下圖是開幕式當天的第一號特刊，在公佈大會各組織機構名單的同時，還刊登了大會重要職員的肖像，其上注明：「上排自右至左名譽正會長林森、名譽副會長蔣介石，下排名譽副會長汪精衛、會長兼籌委王世杰、籌備主任兼常委褚民誼」。該刊頭條發表了褚民誼〈大會之使命〉的署名文章，在全運會召開前夕，向全體參會人員提出了殷切的希望和要求，略謂：

「莊嚴偉大之全國運動會已湧現目前，此舉可謂民族精神及性格之表現⋯⋯民誼不憂諸君之不勇於競賽，而深懼諸君對於運動之真意義與夫所以表現國家、民族之精神性格者，或有認識未徹底之處，故復書數言於此，以供參閱：

「第一從運動之意義言，其目的為平均發達每個人之體魄⋯⋯則此次參加諸君，必須時時避免過激之競爭，勿以錦標之得失，為運動之目的，而以健全自己體魄，同時可使健全任何人之體魄為目的。

1933年10月10日全國運動會開幕當天，《申報》出版的特刊。其上刊登有褚民誼的署名文章〈大會之使命〉和大會主要職員的肖像，右起上排林森、蔣介石，下排汪精衛、王世杰和褚民誼

　　第二從民族之性格言之，其應注意者為道德之表現，與規律之遵守……所謂道德者應無忌人類之仁愛互助之精神；而所謂規律者，應有嚴肅化、沉靜化之表現……隨地隨時表現呈露之，以見我民族之偉大性格也。」

　　「第三從國家之精神言之，則其含義尤為遠大。我國固有一種宏毅博大之精神，今日國家雖逢國難，唯一救國之道，即為發揮此精神以自救，以全運會而言：（一）大家應有沉着強毅之意識；（二）勿以目前淺促之勝負為喜怒，而當時時念及當以強健之體格、充實之精神，擔當大事；（三）對於所深切認識者，有強固之自信心，始終如一，不為外界所轉移。凡此種種，苟能由個人之表現，進而演成群眾一致之表現，則其於國家之精神，有極大之進步，更不待言。民誼關於運動之意義與希望，曾屢為長文言之，所不憚申說者，即欲諸君於參閱每一個節目之時，皆能謹慎縝密，思及此中複雜之關係，由個人成績之優異，造成各單位乃至全會之成績之圓滿，此則民誼所渴望者也。」此文以〈全國運動會之真意義〉為題編入嗣後的《第五屆全國運動大會總報告》（以

下簡稱《五運總報告》）[3.31]中。

1933年全國運動會於10月10日上午在中央體育場舉行隆重的開幕典禮，觀眾免費入場。當日天氣晴朗，適逢國慶佳節，首都各界放假，紛紛出城參加大會，市內萬人空巷，體育場內人山人海，參觀者達三十萬之眾。中央要員、各界名流、外國使節踴躍出席。國府主席大會名譽會長林森于10時10分到會，在褚民誼陪同下步入會場，登上東司令台（見下圖），旋即由國府樂隊奏樂宣告開會。在籌備主任褚民誼、總幹事張信孚帶領下，全體職員、裁判員、各單位職員及選手，以海軍部軍樂隊為前列，依次列隊進入田徑場，繞場一周。台上掌聲雷動，尤以東北選手所經之處，中央要人及觀眾，均熱烈歡迎，有至聲淚俱下者。入場畢，全體肅立，童子軍行升旗禮後，鳴炮三響，放飛信鴿。時有飛機三架，繞空飛翔，發散大會印製的五色傳單，絢爛悅目。並擲下鮮花一束，下系國旗一面，和硬紙牌一方，上書「尚武精神」，後書「強國強種，復興民族」，全場一片歡騰。

1933年10月10日全國運動會開幕典禮，林森主席（中）在籌備主任褚民誼（左）陪同下步入會場（《五運總報告》[3.31]）

接着，會長王世杰主席帶領如儀，並致開幕詞後，由褚民誼報告籌備經過。他在簡述大會籌備情形之後，着重強調團結統一、普及體育以及舉辦本次盛大運動會之重要意義，略謂：

「本屆運動大會尚在國難期間，國人當知中國人民身體太弱，欲將我國家民族復興，除提倡體育，強健國民體格外，別無他法。提倡體育之標語，首要體育民眾化，要以普遍為目的。今日全國各地體育情形，不但未能普遍，而且異常晦澀。所以由中央為一實際之大宣導，予各地方以大模範。使一般運動員及觀眾，目睹如此偉大、莊嚴、完備之運動場，人人能引起對於運動之濃厚興趣，並瞭解中央提倡國民體育之意義與希望。「本屆全國運動會，中央國府暨各院部會長官及職員一律參加，首都各大學、中學、小學及軍警各機關亦全體參加，全國各省市均有代表出席。在如此集合機會之下，不僅可以彼此引起對體育之注意與研究，且可以交換一切學術及其他方面之意見。以中國政治上近況言，往往不易得全國統一之實在政見，時有紛歧之病；但從社會方面言，全國向來統一，尤其為教育事業中之體育，莫不一致。本屆全國運動會之單位報名，如此之多，足信全國青年，踴躍而來，無論遠近，皆一致期望復興我國家、我民族，對於體育之提倡，尤無絲毫紛歧之意見。當本年教育部將全國運動會之計畫通知全國之後，各地青年，無不聞風喜躍，乃至吾人最痛心被奪東三省與熱河之同胞，亦有多數參加者。此誠可見領土業暫時被占，而人民心理，始終為整個不可分拆者。故本屆之全國運動大會，足以表示我人民團結之精神，無可疑也。」

他進一步說道：「吾人之體魄，如何而能健康乎。其實不外於以種種運動方法得之。球類、田徑賽，為外國之運動方法；拳術、射彈、踢毽子、打秋千等，為中國之運動方法。無論中外，皆有活動筋骨、發達身體、除卻病痛、享受愉快為目的。吾儕當知凡人由健康而獲得之愉快，始為無價之寶。近日卻有多人誤會體育之意義，意若謂非以用之鍛煉健康，而視為好勇鬥爭或賭博者，或僅視為少數人之一種技術，大多數民眾反成為看客，此實為極大之錯誤。以故吾人需要體育民眾化，使無論何人，皆當運動，即中央舉行本屆運動會之用意所在。亦曰：不僅使少數人參預運動，且深望各地方派人參加或參觀，使群眾得有體育上一種良好之印象。全國運動會預算雖需用七萬九千元，但此種數目，只為物質上耗費，將來精神上之收穫，必當遠超過之。換言之：即使全國人民對體育提起特別興趣。一般運動員及觀眾，咸可以將運動之重要，及中央

注重體育之意義，宣傳於民眾。一旦體育普遍，及於民眾，此時收穫之量，其廣大豈能臆算哉！

「次則吾人主張體育民眾化，以為現在一般學校，實祇為少數人練習養成選手，殊非正理。吾人以謂必須無論男女老少貧富，大家皆參預運動，始合此義。尚有一般運動員，只知運動為技能，跑求其速、跳求其遠、球求其准、拳求其精，而忽略本人之修養，此亦祇知其一，不知其二。其實運動之本領為技能，而精神上之修養為道德。吾儕欲成一完善之人，必須智仁勇三者具備……所以本屆運動大會，特備一種手冊，分送會員及觀眾，此冊由上海銀行印送。民誼於序文外，復草運動員十要與十不要一則，作為對參加大會之運動員及觀眾之一種貢獻。所望大家能從十要十不要努力做成一個有健全體魄與健全精神之中國國民，斯則民誼所為昕夕以祈，而深信國家民族之復興與胥繫於此者也。」

此外，對於如何利用這個大型中央體育場，他說道，「民誼在去年全國體育會議開會時，曾在提案，請中央在陵園附近設立體育專科學校或體育學院，課程等於大學性質。其用意以近代各國對體育皆非常注意……體育課程，相率提高。此案當經通過，以經費無着，未能進行。當時欲以學校造在陵園，即欲利用此中央體育場。因中央體育場造成以後，離城太遠，享受中央體育場之人亦太少。使一學校設在附近，日有四五百人，專門於在研究體育，其成績之優異，必不俟言。而同情茲議者，固甚多也。」借此機會，他在大會上再一次發出呼籲。

褚民誼報告結束後，進行運動員宣誓和名譽會長及名譽副會長訓詞。先後致詞的有，國家主席林森、軍事委員會委員長蔣介石（王世杰代讀電文）、行政院長汪精衛、立法院長孫科和考試院長戴傳賢。上述報告除在次日的申報上發表外，均詳載於《五運總報告》[3.31]中。

繼運動員代表致答詞後，全體裁判員、職員和運動員退場，大會進入最後的高潮，小學生表演團體太極操。整隊在西司令台前的首都2360名小學生衣著統一制服，由警備軍樂隊引導入場，面向東司令台，列隊場中，表演團體太極操，如後頁圖所示，褚民誼司口令，馬靴獵裝，精神煥發，立於疊桌之上。先說明動作之示範後，全體學生，依令表演，姿勢正確，動作齊整，全場掌聲如雷。演畢退場，開幕禮乃于樂聲悠揚中散會，時已下午一時半矣。這裡有一個小插曲，表演開始前，守候在運動場外和看台四周的觀眾湧入場內，一度造成

指揮太極操之姿勢

本會籌備主任太極操發明者褚民誼先生

1933年10月10日全國運動會開幕式上2360名小學生表演團體太極操（下），總指揮褚民誼站在疊桌上發號施令（上）（《五運總報告》[3.31]）

童子軍難以維持秩序的局面，經極力疏導，使團體太極操得以在人群的層層包圍中順利演練，可見場面之熱烈。《申報》次日，對這場精彩的「褚民誼主揮小學生大會操」進行了詳細報導。

褚民誼其後在《五運總報告》[3.31]中撰文〈太極操團體表演記〉，對此次表演進行了回顧，略謂：「團體表演者，集合多數個人為同一之動作，以表示群眾一致之精神者也。其事在歐美為常見，實為個人運動之基礎。換言之，即體育之基礎也。此次全運會在首都舉行，予適當籌備之任。因念予所發明之太極操，其動作皆為圓形，最適宜於團體之表演，雖集數千人於一場，亦不難於為一致之起止。且當動作時舒徐宛轉，極為美觀。又予方欲推行其法於學校軍隊中，國人咸能習熟此項動作，以立我中華民族體育之基礎。遂建議於籌備委員會，請以太極操為團體表演。眾曰可。暑假前，予商諸市政府當局，為集合首都各市立小學體育教員，畀予以指導之任。諸教員薈集于一處者凡五次，

第八章　全民體育，重在健身　159

予舉太極操之全部動作以授之……使各小學教員，各于其校督諸生習之，至於嫻熟而後止。暑假後復分區集合各小學之學生練習于一處者一次，全體練習於公共體育場者一次。諸生克期皆至，雖遠在浦口下關者，亦奔走恐後。至大會開幕日，予率諸生入場表演，計凡二千三百六十人（來自四十一所學校），分五十九行，每行四十人，皆白衣褲，短袖藍領，步伐行列，整齊如一。予憑高幾呼口令，諸生循聲動作，數千人起止疾徐，無一誤者。觀者歡贊，聲撼山嶽，於每一動作後，輒鼓掌雷動，蓋歷屆全運會所未有也。」

開幕式後，即開始分組比賽。大會下設競賽委員會和審判委員會，主持比賽，由王正廷和張伯苓分任委員長，褚民誼參與其間出任委員。為公正裁判，還聘請二百餘位專家分任各比賽項目裁判員。下圖給出了「民國二十二年（1933年）全國運動大會全體委員裁判員及職員攝影」。其上部為全圖；其下部為中部的局部放大。

由於具備完善的設施，各類競賽運動項目均能較好地與國際標準接軌。大會按比賽項目設總錦標十七項，男子計田賽、徑賽、全能、足球、籃球、網球、排球、棒球、游泳、國術十項錦標；女子計田徑、籃球、壘球、排球、

1933年全國運動大會全體委員、裁判員及職員攝影。（上）全圖；（下）中部的局部放大，二排左第九人起依次為：許霍厚、馬良、郝更生、朱家驊、褚民誼、王世杰、王正廷、張伯苓、張之江和董守義等（《五運總報告》[3.31]）

中央體育場內之八卦形「國術場」（《五運總報告》[3.31]）

國術、游泳、網球七項錦標。其中最引人矚目的是游泳和國術比賽。由於建有50×20米標準尺寸的游泳池，可進行各項男女游泳比賽，這是前所未有的，並在賽會上取得了與東亞運動會可匹敵的成績。

國術則是具有我國特色，在國內外首次列入運動會的比賽專案。為此專門建造了「國術場」，如上圖所示，其構思頗具匠心，在《五運總報告》[3.31]中對此場館介紹時稱，「古有天圓地方之說，故天壇與祈年殿，採用圓形以象天；地壇則用方形以象地。而我國拳術，亦有太極八卦之稱，故國術場採用八角以象八卦。進場處拾級而上，有牌坊與北面籃球場，遙相輝映。場上設平台，陳設各種武器，台下為辦公室與更衣室。看台座位，能容五千四百五十人，距場最遠處，僅為四十尺。蓋國術比賽，宜於近觀，而卦形可使四周視線，遠近比較平均。周圍具有進場台階，觀眾出入，可免擁擠。全場曾圍以鐵紗網牆，以便管理。」

國術比賽下設拳術及器械、摔角、射箭及彈丸、踢毽和測力五個項目，分別制定出比賽規則，由褚民誼任國術總裁判長，聘請吳鑒全、楊澄甫、孫祿堂、黃文叔、徐致一、王潤生、吳圖南、金壽峯等名家參與裁判。

國術裁判席上。右起：馬良、張伯苓、林森、褚民誼

褚民誼現場指導測力競賽　　　　（左圖）褚民誼現場表演太極拳和（右圖）表演太極棍

1933年全國運動會上褚民誼在國術場內的活動片段（《五運總報告》[3.31]）

　　比賽開始後，因為每天上午田徑場上沒有精彩的表演，所以大部分的觀眾，都集中到國術場來看比賽。場內人頭攢動，但場外的群眾還是像潮水般湧來，真是熱鬧非凡。作為裁判長的褚民誼經常活躍在國術場內，現場指導，並即興表演，後頁數圖示出了他在國術場內的活動片段。

　　《申報》（1933，10，14）上報導，12日上午，國術場座無空地，大會主席林森、審判委員會委員長張伯苓以及武術家馬良和褚民誼一起在評判席上參觀（見上圖），為狀至樂。十一時起進行踢毽子表演，並由華聯公司拍攝有聲影片，北平隊、上海隊等先後進行多種單人或多人連環花式表演，場面活躍異常。最後褚民誼亦脫衣而起，穿長統黑馬靴，大顯身手，「踢時長髯拂胸，雖連踢僅十餘隻，而靴上功夫已屬不錯，觀眾鼓掌如雷。時國府主席林森，亦在

1933年全國運動會上褚民誼（右）向拳術中量級優勝者（自左至右為前一、二、三名）握手道賀的熱烈場面（《申報》1933，10，17）

座，見褚精神奮發，亦鼓掌示欽云。」

國術比賽中的測力專案，是按照褚民誼提倡體育科學化而提出的，實行「三驗」（檢驗體格、測驗體力、考驗體能）的主張而設立的，他對此十分關心，左下圖示出了他親自到現場進行指導的情況。

19日下午國術比賽最後一天，大會名譽副主席行政院汪精衛院長及大會副會長曾仲鳴等人到國術場參觀。選手競賽結束後，眾裁判和來賓紛紛入場表演，刀槍拳棍精彩紛呈。褚民誼亦亮相期間，先表演太極拳和太極刀套路，後演練太極球和太極棍，用身體各部位之彈力，自如地與球、棍周旋，博得滿場喝彩（見前頁右下二圖）。

國術比賽結果北平隊總分第一，奪得國術錦標，其次為河南、青島、山東等（《申報》1933，10，20）。褚民誼對選手們的優異表現很滿意，上圖記錄了16日褚民誼（右）向拳術中量級優勝者握手道賀的熱烈場面。

《申報》（1933，10，16）報導，「十五日晨六時，全體運動員、管理員及總領隊，在場整隊，各執單位旗幟，由褚民誼、張信孚領導，徒步赴總理陵墓，七時到達祭堂平台，舉行謁陵儀式，唱黨歌，行禮後，獻花圈三個：一、大會全體職員；二各總領指導及管理員；三、全體運動員。獻圈畢，開放靈寢

第八章　全民體育，重在健身

褚副會長獻花圈→

1933年全國運動會期間褚民誼率領全體運動員和職員恭謁中山陵，下圖是褚民誼代表大會敬獻花圈（《五運總報告》[3.31]）

內門，全體循道入陵寢瞻仰，八時在台隆重攝影，整隊回場。」後頁圖是謁陵時的情景片斷。

　　為了活躍氣氛，大會期間經常舉辦豐富多彩的文娛活動。時任南京戲曲音樂院北平分院院長的名旦程硯秋，承褚民誼和李石曾之邀請，率程劇團及該院中華戲曲專科學校學生，赴京演劇，慰勞運動選手。程氏特在大會競賽全部結束的告別晚會上演出壓軸戲「聶隱娘」，並發文〈在全運會演劇的感想〉，刊登在《五運總報告》[3.31]中。相應地褚氏撰文〈戲劇與體育〉[1.30]發表在《南京戲曲音樂院特刊》和《戲學月刊》1933年第2卷第10期上。

　　此外，褚民誼本人還乘此盛會之機，為黃河水災募捐，興致勃勃地客串演出了兩場京劇義務戲。為此，他於14日去其美髯，《申報》於次日報道，「到場後，幾不認識。在場者均趨詢原因，褚謂……今晚應怡社之邀，在明星戲院演『渭水河』，故去蓄須。」15日晚第二次演的是「大軸草橋關」，要人到場參觀者甚眾。（《申報》1933，10，17）有關上述程、褚二人的演出和撰文

以及褚氏演義務戲之情形，在本篇第十章之第三節「傳承崑曲，樂為票友」中詳載。

褚民誼的去鬚成為當時運動場內外競傳的一則花絮，《五運總報告》[3.31]中對此有「褚民誼判若兩人」的一段生動記述：「在國術場最引人注目的，便是這位要人而兼國術家的褚民誼氏，他剃掉了于思於思的長髯，容光煥發，好像年紀輕了二十幾歲的樣子。的確在開幕的那天，拖着長鬍子，指揮二千多小學生作太極操表演時，觀眾沒有一個不說他是老小孩子。可是如果當面看見了，誰都要說他前後判若二人。當他看見記者的時候，使我不得不好奇的問他剃鬚的原因。他就笑嘻嘻的說，因為連日在運動場中奔走，許多青年男女選手們，都在說我老頭兒，使我很覺不好意思。所以我索性把鬚剃掉了。顯出我並不是老態龍鍾的老頭兒。褚先生這句話，真是詼諧之至。」

通過十天的緊張角逐，運動健兒們取得了優異的成績，綜計有二十余項打破全國紀錄，體現出國家團結、民族振奮的精神，在海內外歡忭聲中，空前盛大的1933年全國運動會，功果圓滿，於10月20日晨宣告閉幕。上午10時舉行

1933年10月20日全國運動會閉幕式上，林森（左）和褚民誼（右）在主席臺上向廣東代表隊頒獎（《五運總報告》[3.31]）

閉幕典禮。林主席、汪院長暨中樞重要長官，均蒞場參加。各界慷慨捐贈的數千件大會獎品，陳列主席台上，玲瑯滿目。各單位總領隊領導運動員整隊入場後，大會會長王世杰行禮如儀並作閉幕詞，次由國府林森主席訓詞，大會籌備主任褚民誼宣讀獲得錦標者及獲得錦標之單位，接着林、褚二人將領取獎品單分發各領隊，代表轉發。運動員中成績突出的全能第一張佳齡和時稱短跑怪傑的劉長春，則親至台前領獎。給獎畢，運動員代表、獲男子總錦標第一的上海隊隊長王季淮答詞致謝，最後鳴炮三響降旗而禮成。前頁下圖為林森和褚民誼在主席台上向廣東總領隊金曾澄頒發獎品單的情況。（《五運總報告》[3.31]）

值得提出的是，乘此全運會彙集全國各地體育單位和專家之際，召開了兩次有關體育的全國性會議。

10月14日晚「全國體育協會」在勵志社宴請各單位代表，並舉行會議。該協會主要是為參加東亞運動會等國際體育賽事而于1924年成立起來的，自董事會成立至今九年來尚未改選，雖工作取得不少成績，但組織不健全，致使會務進行受到影響，值此機會舉行改選，並修訂會章。會上票選出王正廷、張伯苓、褚民誼、袁敦禮、沈嗣良、郝更生、高梓、吳蘊瑞、馬約翰九人為新董事。（《申報》1933，10，15）接着於17日中午敘餐後舉行首次董事會，作出了聘請趙晉卿、曹雲祥為董事；推舉王正廷、褚民誼、沈嗣良、趙晉卿、曹雲祥為常務董事，王為常務主席，褚為名譽會計，沈為主任幹事；推張伯苓為正會長，朱家驊、吳鐵城為副會長，以及推舉名譽董事，修改會章，修改競賽和業餘兩個規則，並着手籌備明年參加遠東運動會等多項決議。（《申報》1933，10，18）

「教育部體育委員會」自去歲成立以來共召開大會一次，常務會議八次。委員們來自各地，10月20日上午全運會剛一結束，便於下午四時在教育部召開體育委員會第二次會議，由褚民誼主席，有王正廷、王世杰等十九人出席。在報告第一次大會以來的工作之後，着重討論議決了諸多重要提案，包括：從速在各省市設立體育督學；落實設立中央體育專科學校；按歷史延續性確定本屆運動會為「第五屆全國運動大會」，以後全運會每二年在南京舉行一次，惟第六屆，因籌備遠東運動會會場，於1935年雙十節在上海舉行；由本會呈請經費，與（中華）全國體育協進會合作，參加明年遠東運動會；給全國體育協進會以經費補助，以及明年仍由教育部舉辦暑期體育補習班等。（《申報》1933，10，21）

大會結束後，國民黨中央常會推定籌備主任褚民誼在中央黨部紀念週上報告本屆運動會之經過和成績，全文刊登在《五運總報告》[3.31]中。他在談到成績和今後努力方向時略謂，「這屆大會，比較以前各屆進步非常之高而大。從前第一屆是在民國紀元前南京勸業場時候舉行；第二屆是在民國三年北平天壇舉行；第三屆是在武漢舉行；第四屆是在民國十九年杭州舉行，這屆要算第五屆了。為什麼要算第五屆呢，這是表示體育是一致貫串下來有系統與歷史的價值；並且可以由逐屆的統計，得到比較，從比較上曉得中國體育近來實在有進步。

「這種進步可以分作兩面來看：一是縱的方面；一是橫的方面。就縱的方面講，本屆運動會的成績，把從前全國記錄，幾幾乎統統打破。不但勉強打破，打破程度很大；並且有與遠東紀錄相等的有創新的紀錄，如女游泳、國術的射箭、彈丸、踢毽、測力等，可以知道我們的進步，是一天高一天。就橫的方面講，體育是一天天的普及……民眾方面從前請他們來看，還不肯來。這屆甚至沒有車輛，寧願徒步幾十里不辭勞苦來參觀。也可知民眾對於體育，不但是認識運動，是為人生必要的事情，而且感覺到很大的興趣。可以知道我們的進步一天大一天。縱的方面的進步，是成績一天高一天，種種運動，都用科學方法研究到很精深的境界，是體育科學化，技能化。橫的方面是把運動普及到全社會，是體育社會化、民眾化。社會化、民眾化尤為要緊；因為少數的選手有很好很高的技能，進步快、成績好，而多數人不注意體育，不曉得要有體育的鍛鍊，還是無用，所以一定要民眾大家注意體育，大家實行體育鍛鍊；雖然沒有很高的技能成績，還是可以立國，民族還可以生存。如果在民眾大家注意體育與實行體格鍛鍊之下，又有少數很好很高的技能選手，那就更好了。「現在要求民族的生存，一定要實行總理的民族主義……就先要鍛鍊民眾體格。民眾體格好了，精神才好。體格精神都好，國才能立，民族才能生存……不但是能生存一時，並且能生存得很悠久很興盛；不是得過且過，苟且偷安的生存，而是能享一切應有的幸福的生存……所以體育問題，關係民族盛衰存亡非常之重大。這次中央在國難期中，毅然決然，把二十年（1931年）來未能舉行的全國運動大會舉行起來，現在已經得到非常圓滿的結果……無論物資方面、精神方面，表現出政府人民一致的都能重視體育，而有此極一時之盛況……可知中華民族是有復興的希望。以後只要我們像這屆運動會的樣子，在黨務、軍事、政治種種方面，大家拋棄個人意見，共同團結，一定能夠於最短期間，不但渡

過國難，而能得到自由平等。

「本人從前常講中國體育要他得到很好的效能，就要有兩個標語。一是科學化，科學化是屬技能方面的，設備越完全越好，鍛鍊方法是要顧全生理、解剖、衛生各方面。民眾化就是要容易學，不要許多設備，不很費時間。所以又有三種主張：第一種主張是三省，就是省時、省錢、省力；第二種是三要，就是要柔、要和、要勻；第三種主張是三驗，就是檢驗體格、測驗體力、考驗體能。我們提倡體育，如果不遵照這二個標語、三種主張，算是瞎提倡，結果一定是害處多而好處少。所以現在體育應該改良，否則把青年強壯的身體弄壞，而且衰弱的、害病的不准練習，不能練習，不敢練習。所以不科學的運動，不是為健康，反而犧牲健康。今天沒有時間把兩個標語三種主張詳細演講。本人有一篇文章，節略的登載在中國科學社出版的《科學畫報》上，及詳細的登載在《科學的中國》雜誌上，已印有單行本，現在可以分送各位同志，使中國今後的體育往健康的一條大道上去，不要走入歧途，中華民族的復興，那就在眼前！」

嗣後，由「民國二十二年全國運動大會籌備委員會」編輯，上海中華書局於1934年9月出版了《第五屆全國運動大會總報告》[3.31]（本書中簡稱《五運總報告》）。全書近千頁，含照片上百幅，對大會從籌備到召開的全過程進行了詳盡的總結。如下圖所示，該書有對外發行硬封面的精裝本（左1圖），中文書名系由吳敬恒題寫（左2圖）。書中的「題前」部分，刊登了大會會長王世杰和籌備主任褚民誼分別撰寫的序言，會場以及大會重要職員等的照片（褚序和他的肖像分見左4圖和左3圖）。接着是黨政軍各要人，林森、汪兆銘、蔣

| 精裝本 | 吳敬恒題寫的書銘 | 籌委會主任褚民誼肖像 | 褚民誼序 |

1933年"第五屆全國運動大會總報告"（1934年9月出版）[3.31]

中正、戴傳賢、于右任、孫科、居正、王世杰、張人傑、李煜瀛等共計83人的題辭，高調顯示重視體育的團結一致。該總報告的正文分為下列四部分：第一編籌備部分；第二編大會之部分；第三編各股組工作報告；第四編附錄。前三編中均附有大量插圖。本書中有關該次全運會以及褚民誼的活動情況，除另有注明外，均引自這本總報告。最後部分的"附錄"中，除彙集大會各項章則和大會應用的各種表格外，還登載了眾多專家的有關論文和社評，其中含有褚民誼的八篇論述，以引導體育運動今後向正確方向發展。

第五屆全國運動大會的巨大成功，在全國掀起了體育運動的熱潮。一時間，形形色色、大大小小的運動會，如雨後春筍般到處舉辦起來。然而，不顧身體健康，片面追求比賽之風，卻盛行開來，在急功近利者和年青人中頗有市場。針對這種錯誤偏向，褚民誼在全運會後出版的《五運總報告》[3.31]中，除重申他早已發表過的文章外，還特意撰寫了題為〈普遍的健康運動與專門的技術表演〉〈發達身體與戕傷身體〉和〈全國運動會之真意義〉等文章，力圖予以糾正。在〈普遍的健康運動與專門的技術表演〉一文中，他對如何正確處理好健身和比賽、普及和專門之間的關係，以及造就勞心與勞力結合、身心健全的「完全的人」的重要意義和具體的普及方法，闡述得尤為透徹。

他寫道：「中國從前本無所謂體育。雖然拳術在古代很發達，只是用來自衛的，所以他的方法，不是在健康方面着想的，而是在攻擊方面着想的。後來五口通商，體育當然同別種學問一同輸入，一般國人纔知道體操、球類、及田徑賽等種種方法。大家此仿彼效，風行一時，甚至把中國原來體育上種種運動，反都拋棄了。

中國的體育運動，除了拳術之外，還有射箭、騎馬、競漕、放風箏、拉空箏、踢毽子、打秋千等種種。後來曉得外國運動也無非把全身筋骨來鍛煉，那麼中國固有的種種遊藝也是這樣，所以近來大家很提倡國術。不過國術這兩個字，應該包括中國固有的一切技術藝術。他的意義很廣泛，不僅指拳術一種而已。現在全國各地並且仿外國運動會的方法舉行種種體育的運動會。校有校運動會，縣有縣運動會，市有市運動會，省及區（如華北、華中等）以至全國，無不各有運動會。此外尚有當地校與校或團體與團體的運動會。這樣熱心的提倡，無非要喚起及提高大家對於體育的興趣。所以每次運動會總有獎品，後來獎品愈弄愈多，往往一個選手，可以得到幾十種獎品。這種過分的情形，是為外國所沒有的。

這種運動會，我們用來獎勵技術，原是非常好的。然而卻忘了健康方面，因為只是鼓勵選手得到錦標，於是有許多運動員竟為錦標與獎品而犧牲健康。所以向來身體很好的青年，在過分運動之後，往往或者得到外傷，或者得到內傷。所謂外傷，就是皮破或骨折；所謂內傷，就是得到心臟病或肺臟病。外傷比較容易醫好，因為容易看得見。但是內傷卻不容易醫好，因為不容易看出病原的緣故。

　　「這個毛病在什麼地方呢，就是不知道體育也要分普通與專門的道理。我們要知道無論哪一種學問，那一種技術，不分普通專門，一定沒有進步的。普通的要他普遍，就是民眾化；專門的要他精深，就是要特別的研究。「所以今後的體育，一定要分兩種；一種是健康運動，是普遍鍛煉身體的運動；一種是技術的表現，這要望之于一般體育專家了，是要體育專門學校或學院所應加注意來養成的專門人才，希望他們體育的技術上一天進步一天，成為難能可貴。這種技術的高深，不但是一般中國人做不到，就是外國人也做不到，這是足以自誇自大的。

　　普遍的健康運動，要方法愈簡愈好，設備愈少愈好，時間愈短愈好，用力愈小愈好，這樣纔可以普及。而且不但是普通學校，應該有這種健康運動，要普及於全社會。使得學生有健康的身體，把自己的學問研究到很徹底；一切機關及商店裡的夥友，都要有一種同樣的健康運動；就是鄉村中工農等，也要他們每天有這種健康運動。健康運動既然是簡單，所以非常容易學，不要設備，不拘服裝，人人可學，又不用力，老幼皆學。有這種條件，纔可以普及體育，才有民眾化的希望與辦法……雖然他沒有專門田徑球類的技術，然而他全身筋骨應該常常活動，使身體日見健康。人若健康，才能耐勞苦，可以擔當種種事情，這才算是一個完全的人。「中國以前有一種毛病，就是分為勞心與勞力，實在兩不可分離。偏于勞心或勞力，都不是完全的人。因為勞心的人，只是知道想，易犯知而不行；偏於勞力的人，只知道行，易犯行而不知。中國以前有知行合一的學說，總理也有知難行易的主張。可見知即須行，行即須知，知與行兩者不能分開的。所以我們在知的方面要怎樣做一種識字運動，使全國的人都能夠識字，由識字而得到普通知識。同樣在行的方面，我們尤其要怎樣做一種健康運動，使大家每天都能夠把身體操練一下。這樣由常識的增加，得到腦力的健全；由筋骨的活動，得到體力的健全，那末中國四萬萬人口的國家，纔能夠有一個人算一個人。」

關於運動會，他認為也要相應地分為業餘運動和專業表演兩類，真正的業餘運動會要不妨害他們的本業，主張「運動會要普遍由學校或團體各就當地舉行。短期的或擇星期，或在節假；長期的或在年假，或在暑假均可。如果有最高記錄，而要在體育上出選手，組織縣省以至全國的運動會都可以，但這不叫做業餘運動會而是職業的體育上技能表演了。現在我們沒有把他分清楚，其中流弊是很大的。"

　　最後他指出，「怎麼樣才可得到一個業餘普遍的體育方法呢，就是要用我所主張的體育上『三不費』。第一不費時、第二不費錢、第三不費力……只有我們中國固有的太極拳以及本人所改良的一種新式體操，叫做『太極操』，確實合於這三不費的條件。太極拳有人嫌他太繁複不容易學習，至於太極操非常簡單，學習一二次就可以會的，所以能夠把太極操來普遍推行。「太極拳是一種拳術，可說是一種技能了，有好壞的分別。太極操不過是活動筋骨的動作，只要把幾種動作做準確了，無所謂好壞的。所以太極操不是技術，簡單而易學，可以普及的。」

　　這屆全運會上，二千多名小學生團體太極操的表演，整齊劃一，做出了示範。該書中相應地刊登了褚民誼撰寫的〈太極操團體表演記〉〈太極操的由來〉〈太極操與國民健康〉等文章，向國人大力推廣和普及。（有關推廣太極操的詳情，見前述本章之第二節「發揚國術，太極創新」）

　　第五屆全國運動大會的成功召開具有里程碑的意義，為繼後舉辦正規的全國運動大會樹立了樣板，提供了豐富的經驗。1935年3月5日行政院通過了全運會舉行辦法，包括：（一）為提倡國民體育起見，每兩年舉行全國運動大會一次，在首都及各省市適當地點，用間隔之次序，輪流進行之；（二）大會地點，除首都外，應就交通便利，體育場所設置完備，由省市輪流選定。均在每屆首都舉行大會終了時，確定下屆大會舉行之地點；（三）每屆大會於秋季舉行；（四）每屆大會組織規程，以廿二年（1933年）在首都舉行之第五屆大會所定各項為根據，視每屆舉行地點情形，由教育部籌備開始制定公佈；（五）大會所需經費，以由中央及地方依次分擔為原則……等共七項內容。（《勤奮體育》月報[2.23]第2卷第7期，1935，4）

　　如前所述，在第五屆全運會結束時已確定，下屆全運會於1935年雙十節在上海舉行。教育部依據上述規定聘定第六屆全國運動大會籌備委員會委員43人，並指定王世杰、褚民誼、王正廷、吳鐵城、潘公展、蔡勁軍、蔡增基、徐

佩璜、郝更生、雷震、沈嗣良等十一人為常務委員。鑒於大會在上海舉辦，在幹部人員中，除教育部長王世杰任會長外，由上海市長吳鐵城任副會長兼籌備主任，上海市教育局長潘公展和教育部體育督學郝更生任籌備副主任，沈嗣良任總幹事。（《申報》1935，3，23；《勤奮體育》月報[2.23]Vol.2，No.7，1935，4）籌備委員會於4月8日正午，假上海市政府會議室舉行首次會議，正式成立（其合影見下圖）。接着，又於4月12日召開第一次常委會。籌委會主席王世杰在報告中稱，奉行政院決定辦法，第六屆全國運動大會在上海舉行，「其原因有二：（一）以上屆大會後，系由上海市建議，用以促成大上海建築體育場計畫；（二）因上海市獲得總冠軍，成績最優之故。」會議基本上按照前屆全運會的框架，研究決定了各組織機構名單及有關事項。籌委會各組股自5月1日起正式開始辦公。（《勤奮體育》月報[2.23]Vol.2，No.8，1935，5）在第一次籌委會上議決，本屆大會開幕典禮時，由小學生進行團體太極操表演。為此，上海市教育局特先舉辦太極操教員訓練班，指定小學校體育教員參加受訓，由褚民誼任導師，于4月11日下午在樹基小學舉行開學典禮，到各校教員五十余人。從4月19日到5月26日共訓練七次。（《勤奮體育》月報[2.23]Vol.2，No.8，1935，5）然後回校分別教練學生，至九月底分四個區集合

1935年4月8日在上海召開的第六屆全國運動大會籌備委員會第一次會議合影。前排左起：雷震、潘公展、褚民誼、王曉籟、吳鐵城、王世杰、張伯苓、張匯蘭等（《勤奮體育》月報[2.23]Vol.2，No.8，1935，5）

訓練，最後於10月5日在全運會田徑場進行總操練，褚民誼任總指揮，總幹邵汝幹，教員顧舜華、章啟東、陳如松、楊頌禹、阮蔚村、沈寶綸和宋大瀓等。（《時事新報》1935，10，6）

　　第六屆全國運動大會1935年10月10日至20日在獨步東亞的上海體育場舉行，有各省市特區及華僑團體三十八個單位、二千餘名運動員參加，比上屆多了六個單位，足見我國近年來體育運動之進步。《申報》等媒體為大會出特刊，競相報導。

　　開幕典禮上團體太極操表演盛況空前，行政院長汪精衛捐助二千五百元為全體小學生定製統一服裝，白色短袖翻領運動衣及短褲，黑色鞋襪（自備），整齊劃一，精神颯爽。來自三十六所學校三千名小學生，共分六十隊，每隊五十人。每隊有領隊一人，一律白色反領運動衣白褲，手執隊旗一面。為首廣東小學童子軍軍樂隊三十人，次為總隊旗，黃色緞質，四圍紅邊，上綴有太極圖及上海市太極操等字樣。場中按標記列隊後，即由褚民誼指揮開始表演。褚民誼脫去外衣，身穿「白色類似騎裝之制服，持指揮棒，登小司令台指揮。褚氏以唱渭水河之嗓子，就台上電台廣播，全場清晰可聞，小學生亦指揮如意，得心應手，仿佛褚氏登台表演，全場讚美不絕。」《申報全國運動大會特刊》10月10日和11日頭版上如此報導。後兩頁及第三頁上部諸圖摘登了《太極操特刊》[1.39]上紀錄當時盛況的掠影。

　　運動會的秩序和比賽項目與前屆基本相同。大會下設競賽和審判兩個委員會，其組成與前屆亦相似。褚民誼仍在其中擔任委員，並繼任國術總裁判長，大會期間主持國術項目的比賽，並與眾裁判和專家來賓穿插表演。據《申報》報導，他曾於10月12日和14日，在國術場分別表演了太極刀和他發明的太極球和太極棍。10月13日下午蒙古摔跤隊進行表演，如後第三頁左下圖所示，褚民誼高興地與選手們合影留念（《申報第六屆全運會畫刊》，1935）。

　　該屆全運會勝利閉幕後，如後第三頁右下圖所示，由大會籌委會編輯，上海大東書局於1936年1月出版了《中華民國二十四年雙十節在上海舉行第六屆全國運動大會報告》[3.40]，對大會進行了全面總結。

　　按照全運會每兩年輪流在首都和外地召開一次的規定，第七屆全國運動會預訂於1937年雙十節再度在南京舉行，為此教育部於1937年1月份開始着手籌備。中央社南京3月19日電，「教育部經詳密規劃，決組織籌備委員會，主持辦理，並已確定此項組織規程，聘定褚民誼等四十二人為委員，以張之江等十

廣東小學軍樂隊前導

褚民誼帶領太極操隊入場

太極操總指揮褚民誼發號令

著深色服裝的總領隊們

表演團體太极操之第五段

第八章 全民體育，重在健身 175

各教練及各校領隊

1935年10月10日上海第六屆全國運動大會開幕式上3000名小學生表演團體太極操之花絮（《太極操特刊》[1.39]）

第六屆全國運動大會上褚民誼（前排右3）與蒙古摔跤運動員在一起（1935年申報《第六屆全運會畫刊》）

1936年1月出版的《第六屆全國運動大會報告》[3.40]

二人為常務委員，教育部長王世杰任主任委員，褚民誼、雷震副之，郝更生為總幹事，金兆均、章輯五副之。此項聘書即可發出，並悉首次全體委員會議，已決定4月10日在教育部舉行。」（《申報》1937，3，20）由於褚民誼於4月5日率行政院京滇週覽團離開南京，未能參加首次籌委會。5月26日上午他剛剛風塵僕僕回到首都，向政府有關部門簡要復命後，即於下午趕赴參加全運會常務會議。（《申報》1937，5，27）接着，他於7月9日出席並主持了全運會第八次常務會議，繼續對大會作出具體安排。（《申報》1937，7，10）遺憾的是，由於日軍入侵，抗戰全面爆發，這屆全運會被迫停辦。

176　褚民誼紀實全傳　第三卷　強國健民

第四節　奧林匹克，國術揚威

　　我國與奧林匹克委員會的直接聯繫，始於1922年外交家、體育運動愛好者王正廷博士當選為國際奧委會委員。1936年以前，我國也曾參加過奧運會。在1928年第9屆奧運會上，只有一名觀察員出席。1932年第10屆奧運會，時值國難方殷，僅有劉長春一名運動員參加。那時，奧運會在中國還鮮為人知。到1936年8月在德國柏林召開的第11屆奧運會（當時國人常稱之為「世運會」），出現了轉折。前期我國於1933年和1935年先後成功地舉辦了第五屆和第六屆全國運動會，廣大民眾對體育運動的熱情不斷高漲，國術運動普遍開展，體育成績明顯提高，湧現出一批有發展前途的優秀運動員，為參加第11屆奧運會打下了基礎。

　　我國參加第11屆奧運會，是由「中華全國體育協進會」負責組織的。該會於1924年正式成立後，積極組織參與國際體育交流活動，於1931年被奧委會承認為其團體會員。1933年乘在南京召開第五屆全運會之機，召開全國代表大會整頓和健全組織（詳見前述本章第三節「全運大會，舉國振奮」）。國府對該協會的工作十分重視，後頁左上圖是中華全國體育協進會於1934年8月3日召開董事會時的攝影，除全體董事出席外，行政院院長汪精衛和教育部長王世杰亦親蒞會議指導。

　　繼而在1935年第六屆全運會閉幕前夕，於10月18日晚，中華全國體育協進會在上海再次舉行全國代表大會，改選第三任董事會，當選董事：張伯苓、王正廷、郝更生、褚民誼、吳蘊瑞、馬約翰、沈嗣良、袁敦禮、高梓、朱家驊、董守義、吳鐵城、王卓然、章輯五、宋君復等十五人。並在19日晚間董事會第一次會議上，推舉王正廷為董事會主席，褚民誼、郝更生、沈嗣良、吳蘊瑞四人為常務董事，聘請沈嗣良任名譽總幹事。（《勤奮體育月報》[2.23]Vol.3，No.3，1935，12）

　　新一屆董事會成立後，便將組織參加1936年第11屆奧運會列入了主要的議事日程。1936年1月27日上午在上海召開第二次常務會議，王正廷主席，有褚民誼等十二名董事到會，討論決定了參加奧運會的一系列重要問題，包括：代表團的人數及在各項目中的分配（當時初步確定職員和運動員總數以八十人為限，以後增至百餘人）；出席世運會的選拔原則；分成足球、籃球、田徑及游

1934年8月3日中華全國體育協進會董事會議攝影。左起前排：褚民誼、王正廷、王世杰、汪精衛、張伯苓、黃麗明、高梓；後排：沈嗣良、吳蘊瑞、馬約翰、郝更生、袁敦禮

泳、舉重及國術表演四大組進行選拔，並推舉出各組的負責人；籌集經費以及關於德方派專輪迎接等事宜。其中舉重及國術表演組的選拔工作，確定由褚民誼、張之江、沈嗣良和葉良負責，褚為召集人。褚民誼在協會中還兼任名譽會計。籌集經費是參加奧運會的基礎，會上決定委請主席及郝更生、褚民誼、沈嗣良四董事向財政部面呈急需，即行撥付津貼，並向各省市及熱心體育人士募捐，以彌不足。（《申報》1936，1，29）

會後，各組分頭積極開展選拔工作。武術是具有我國特色，而奧運會前所未有的項目，深受國內外關注。記者於是年1月30日「往訪中委及全國體育協進會董事褚民誼氏」，《申報》於次日報道其談話謂，「此次德國在柏林舉行第十一屆世運會，我國將為大規模之參加，除選手八十人外，另有考察專員二十人，總數在百人以上，可謂空前盛舉，而德政府特予優待，派專輪迎載吾國選手，殊值感謝。吾人此次出國參加各項運動，錦標得否，雖難預期；但借此觀光先進國，擴充眼界，以期有所借鏡，誠屬絕好機會。此次參加當然以球類田徑為主體，而我國固有國術，自有相當價值，亦未可忽視。去年上海第六屆全運會，國術各項表演，已為人重視，尤其女子表演進步較速。歐美人士對中國國術，尚未十分認識，遠不若其信仰日本柔術之深刻。其原因一則日人能運用中國拳術之長，而使之科學化；二則日人對於柔術宣傳，亦與其他宣傳同樣努力。吾人提倡國術，已有七八年之久。中央以及各省市雖有國術館之設立，

不過傳授與練習而已,尚鮮所謂科學化之國術發明。余雖未能以全力用於體育方面,惟公餘研習既久,稍有心得,曾運用國術之長,有太極操及各種運動器械之發明,此次甚願赴德一行,業將原有體育著作,譯成英法文,茲更加譯德文,以便屆時分送。

關於選拔舉重及國術表演選手,經全國體育協進會董事會推定本人及張之江、沈嗣良、葉良四人,並以本人為召集人。張先生在國外,現可與商者,僅有沈、葉兩君。所幸選拔原則,大會業已決定。舉重之選手,較易選拔,因其方式簡單,只要力舉愈重愈好。惟國術門類甚多,故必需既博且精,於徒手、器械各具工夫者,始能合選。因人數僅有六人,希望少數人,能表現多種精彩之國術。茲定於五月十五日為初選期,五月二十一日舉行複選。事先由本會函達各地教育廳局以及國術團體,每處保送二三名,屆時來上海國術館報到。其往返川資及住食費,均由保送機關自理。複選後之費用,由會擔任。此項通告,不日即可發出,以便各地物色選手。舉重選手,定為四人,內地二人,南洋群島二人。國術初選十二名,複選六名。此六名選定即正式派出。希望各地於報送時特別注意選拔,(一)品行良正、(二)武藝高強、(三)年齡少壯之人才,以期為國增光也。」

接着,2月2日《申報》上公佈了,中華全國體育協進會選拔委員會,規定參加世界運動會舉重比賽及國術表演預選會的簡則,向全國徵集報名。為了指導各地的選拔工作,《申報》(1936,3,4)上發表了國術選拔委員褚民誼和葉良二氏,就國術選手參加世運會之目的和選拔出國人才的問題,對國光社記者發表的談話。首談提倡國術在運動上之四大優點,一曰,國術種類繁多,不外剛柔兩種,其動作無不透達全身,而無偏重傾向之弊,不論老幼男女、性情緩急、體質強弱,均能適合選用;二曰,國術講究姿勢,一招一式,無不充分發揮於身手腰腿之間,運動中包含藝術性,使身體鍛煉得更驕健美觀;三曰,開展國術運動,費用經濟,無特殊場地要求,時間安排靈活,便於普遍推廣;四曰,國術除強健身體外,也是一種精深的搏擊術,在運動中寓軍事訓練之意。次謂,此次參加世運會之目的,在於傳佈我國固有之健身術,以供世界研究;並趁此世界體育精華互相集合之機會,特派國術中之年輕有為者參加,參觀世界體育先進國之動向,觀察其精神之所在,為日後改進國術之準備。故此次所定選拔出國人才之標準,除技術外,態度及學識,均為選拔之重要條件。

國術和舉重項目的預選，於5月11日在上海申園進行，分別安排在上午和下午。國術方面從各地保送的參選人員共計25人，來自江西、河南、浙江、南京、青島、上海及駐日留學生處等七個單位。由褚民誼主持、與張之江、葉良、沈嗣良、徐致一和佟忠義等人分任選拔委員和評判員。舉重方面參選的共10人，按成績選出三名。國術組先預賽，然後緊接着於次日進行決賽。（《申報》1936，5，10-12）

　　鑒於國術門類繁多，褚民誼建議增加錄取名額，經12日下午在協進會開會討論審定，選出參加世運國術表演男女正取和備取代表共九名，名單如下（括號內為選手推薦的地區及預賽和決賽的總分）：

　　男子正取四人：張文廣（京，843分）、溫敬銘（京，838分）、鄭懷賢（滬，810分）、金石生（豫，809分）；

　　男子備取二人：張爾鼎（留日，797分）、寇運興（豫，780分）；

　　女子正取二人：翟漣沅（京，858分）、傅淑云（京，819分）；

　　女子備取一人：劉玉華（豫，800）。（《申報》1936，5，13）

　　選拔期間，國民政府委派參加世運會的政府代表、考試院院長戴傳賢，應邀來滬出席國術選手評選會並訓話。他將與代表團團長王正廷先行於5月19日同船繞道美國赴德參加奧運會。12日晚，上海國術館、精武體育會、中華體育會、中華國術協會等四團體，舉行公餞，到戴院長、褚民誼、張之江、杜月笙、張嘯林、沈嗣良、吳鑑泉等三十餘人。（《申報》1936，5，12；20）

　　5月16日中華全國體育協進會召開第四次常務董事會，王正廷（主席）、郝更生、褚民誼、吳蘊瑞、沈嗣良出席。會上確定了舉重及國術隊的人選；並決定舉重和國術選手分別在上海和南京中央國術館集訓，請褚民誼、張之江及管理郝銘三君主持一切訓練方法及其它事宜。20日國術表演選手全部在京報道，開始集訓。（《申報》1936，5，18；21）

　　褚民誼對國術隊的訓練十分關心，《中央日報》上時有披露。在題為「國術選手勤練太極拳」的消息中稱，「中委褚民誼，以選手對太極拳雖均有相當訓練，為使其爐火純青起見，昨日11時親赴中央國術館予以指導。褚氏為慎重計，並請吳圖南先生逐日指導練習。本隊在世運會表演，除太極拳外，則以各選手平日練習之器械及拳術，各盡其能」（《中央日報》1936，6，9）在南京的集中練習告一段落後，選手們在褚民誼的安排下來到上海，先於6月13日晚，在青年會舉行的國術選手歡迎大會上表演太極拳和各種國術。次日中午在

大光明影院中德聯合歡送奧運代表團大會上，由褚民誼親自引領登台亮相（詳見後文）。繼而又於19日在青年會向公眾作公開表演，參觀者達七百餘人。（《中央日報》1936，6，13；14和20）

據6月17日代表隊教練郝銘向國光社記者稱，三名備取者均已入選，同赴柏林。其中劉玉華和寇運興兩人由河南省政府補助旅費，張爾鼎補舉重空額。其理由為三人成績尚屬優異；而在世運會中，又須表演太極操，至少須有八九人，方可成隊。現代表隊在世運會中，已決定在奧林匹克中央大廳表演數日。代表名單以及表演項目，已委託顧舜華翻譯成德文，並進行編排，務使項目不致重疊。（《申報》1936，6，18）通過在南京的集訓和在上海的一系列表演，國術表演隊於出發前作好了充分準備，6月28日《申報》上公佈了九名選手及二位管理員擬在世運會上表演的項目。除集體表演太極操外，每人準備了十餘個項目，包括各路拳術和刀、槍、劍、戟、棍棒、飛叉等器械，有單人表演也有各種對打，可謂精華匯粹。

與此同時，參加奧運會其他項目的選手也分組在上海和香港等地進行選拔。其中足球代表隊4月在香港進行選拔，羅致全國精英22人，於月底乘輪抵滬，應行政院蔣院長之召晉京聆訓。並在京、滬兩地進行四場友誼賽和表演賽後，即先期於5月2日離滬出發，赴南洋一帶，作二月餘之遊歷比賽，在各地約有廿餘場，已由協進會事先與西貢、新加坡、爪哇等地足球隊接洽妥當，擬定至7月9日在孟買，與我國全體代表團會合，直赴柏林參與正式比賽。（《申報》1936，4，20）其他運動項目的代表，大都以小型運動會或對抗賽等方式進行選拔，均先後於6月中旬前完成。

6月14日上午，上海市長與德國總領事館聯合假座大光明電影院，舉行歡送我國參加奧運會選手典禮，有全體到滬選手和中外來賓共千餘人出席，規模盛大。國術選手在放映奧林匹克歷史影片之前表演國術，不啻為向國際上之一次公開預演。大會在中、德兩國國歌聲中開幕，吳鐵城市長、德總領事克理拜、西人田徑委員會主席白乃特和褚民誼相繼致詞。褚氏著白色緊身上衣、白色馬褲，先後以中文和法文演說，略謂「參加世運中國國術選手九人業已選出，國術為吾國固有之國粹，將隨諸世運會而推行於世界各國。」演說畢，全體國術隊員，一色的白紡綢衣褲，集體登台亮相，然後分別進行精彩的國術表演，受到熱烈歡迎。會後，在褚民誼主持下，由上海市中華體育會、精武體育會和中華國術協會三團體，於青年會宴請全體奧運選手和部分中外來賓百餘

人，褚民誼致歡送詞，對各選手慰勉有加。德國總領事在致詞中稱，「此次本人參觀國術表演，其精彩為從來未見。本人前曾在中國軍隊中觀及國術表演，但都不及今日之精彩。此次赴德國表演，必備受歡迎也。」（《申報》1936，6，14-15）

鑒於我國參加本屆世運會籌備工作基本就緒，代表團行期在即，中華體育協進會於6月14日下午舉行第五次常務董事會會議，王正廷已於5月中旬先行出國，會議由褚民誼主席，出席會議的除常務董事褚民誼、郝更生、沈嗣良、吳蘊瑞外，還邀請在滬董事馬約翰、宋君復列席。會議歷五小時之久，對出席世運會代表團的名單及業餘運動員資格等問題進行了認真審核；對代表團赴京謁陵、聆訓及受旗典禮等事宜進行了研究，確定南北方面一切事務，由褚、郝兩董事接洽辦理；此外還議決聘請「修正業餘運動規則委員會」委員以及「全國各項運動最高紀錄審查委員會」委員等事項。（《勤奮體育月報》[2.23] Vol.10，1936，3）

國民政府對我國首次正式大規模參加這屆奧運會十分重視，臨行前奉行政院蔣介石院長之召，中國代表團在褚民誼的帶領下，於6月23日晉京聆訓，並由蔣院長行授旗禮。南京的《中央日報》和上海的《申報》等於次日報道稱，已在上海集合的全體團員八十餘人於午後到達南京，隨即往中山陵園謁陵，敬獻花圈。三時赴勵志社，應蔣院長茶會。四時在該社大禮堂聆訓，並進行授旗式，蔣院長致詞，語多鼓勵。授旗後，勵志社歌詠班並唱歡送歌，儀式簡單隆重，旋在大門前攝影。七時半蔣院長在勵志社歡讌，該社並舉行音樂會。會畢，代表團一行即搭當夜快車返滬。這次活動社會反應強烈，各大媒體圖文並茂地以各種形式紛紛予以報導。下圖選用的是《良友》畫報[2.9]No.118（1936，7）上，以「大軍啟行」為標題，刊登的若干照片中的兩幀。其上圖是授旗儀式後的全體攝影。蔣介石偕夫人宋美齡，以及教育部長王世杰和帶隊褚民誼等出席，授予的中國隊旗飄揚在前排的右端；右圖是蔣委員長訓話時的特寫，褚民誼立於其旁，遠處隱約可見蔣夫人。

中國代表團出發前夕，《申報》（1936，6，25）上發表了出席世運會代表團的名單，除國府代表戴傳賢外，代表團共計144人，包括：管理員和教練員29人、運動員79人（包括後來發表的競走運動員4人）、考察團員36人。由總領隊王正廷，總幹事沈嗣良、總教練馬約翰，考察團總領隊郝更生等帶領。其中，國術表演隊由郝銘任管理，顧舜華任助理。

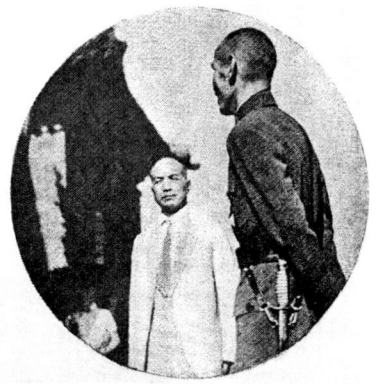

（左圖）會後全體合影，第一排右起：褚民誼（8）、宋美齡（9）、蔣介石（10）、王世杰（11）；
（右圖）蔣委員長（右）致訓詞，褚民誼立於其左

1936年6月23日參加第11屆奧運會中國代表團出發前晉京在勵志社聆聽行政院長蔣介石訓詞，並行授旗禮。（《良友》畫報[2.9] No.118，1936，7）

　　6月26日我國參加在德國柏林舉行的第11屆奧運會代表團一行百餘人，於中午12時乘意國康脫浮第號郵輪赴德。滬市各界於24日下午舉行歡送大會，並於出發當天到碼頭熱烈送行。其行程為：6月28日過香港，7月2日新加坡，6日哥倫布，9日孟買，14日馬世佛，17日博賽，20日抵威尼斯上岸。然後轉乘火車直達柏林，入住奧運村。（《申報》1936，6，26）

　　中國代表團在旅途中和到達歐洲後，受到了當地華僑的熱情歡迎，所到之處國術隊應邀表演，博得一片讚譽之聲。例如，當時新加坡40萬人口中，華僑佔30多萬。代表團7月2日到達後，僑胞的歡迎極為熱烈，上岸備專車數十輛環遊全市後，舉行公宴大會，並特邀進行國術表演和籃球友誼賽。大會向代表團贈特製綠色綢旗一面，上書「海外揚威」四個大字，表達了廣大海外僑胞的殷切厚望。（《申報》1936，7，27）

　　8月1日第11屆奧運會在柏林開幕，後頁右圖是開幕當天會場入口前的盛況，當時世界上最大的齊柏林飛艇盤旋於會場之上。右下角是我國代表團入駐奧林匹克村時，以足球隊長李惠堂為前導，持國旗前進的場景，照片刊登在《良友》畫報[2.9] No.119（1936，8）上。

　　我國此次出席奧運會的運動員，由各地推薦，經預選、集訓和終選等方式，除國術表演隊9人外，選拔出男女運動員70人，分別參加足球（22人）、籃球（14人）、田徑（20人）、競走（4人）、游泳（2人）、舉重（3人）、

拳擊（4人）和自行車（1人）等八個項目的比賽，可以說彙集了當時國內的體育精英，其中包括屢創全國記錄甚至遠東記錄的名將，如短跑的劉長春、撐竿跳高的符保盧、游泳的楊秀瓊以及足球名宿李惠堂等。（《申報》1936，6，25）

我國運動健兒大規模出師征戰奧運，極大地牽動了國人的神經。各大媒體或派出記者隨行採訪，或刊登來電來鴻，連日來奧運新聞成為報刊雜誌和民間的熱門話題。健兒們的精神可嘉，然而由於我國參加奧運項目起步較晚，運動成績存在明顯差距；加上缺乏經驗和長途跋涉的旅途勞頓，比賽結果全軍覆沒，不但獎牌顆粒未收，進入決賽也鮮有其人。田徑賽僅有符保盧一人撐竿跳高預賽及格（3.8米），

1936年8月1日第11屆奧運會在德國柏林開幕當天會場入口前的盛況。右下圖是我國代表團入駐奧林匹克村時的情景（《良友》畫報[2.9] No.119，1936，8）

但未過4米，決賽落選。足球首戰即遇強手英國隊，以2:0告負。籃球雖勝法國，但負於日本、秘魯和巴西，小組賽未能出線。中國隊此舉首次出戰，對獲獎牌本無奢望，主要抱交流和學習的態度，重在體現精神。然而，國術隊在大會上的表演，則成為此次為國增光的一個亮點。由中華全國體育協進會編輯，於1937年11月出版的《出席第十一屆世界運動會中華代表團報告》[3.43]（簡稱《十一屆世運報告》）中，刊登了有關國術團成員的兩張照片。後頁上圖是六位男選手和二位管理員郝銘和顧舜華在奧運村內的合影。後頁下圖是奧運代表團全體女團員的合影，左端是游泳選手楊秀瓊；右側三人是國術女選手，翟漣沅、傅淑云和劉玉華，國術女選手幾乎撐起了我國派出的女中豪傑的半壁江山。

在奧運會上，我國的國術原定8月5日田徑賽完畢後在大會場表演。但由於撐杆跳高延長到晚9時才結束，因而改期到11日舉行，並於12日再度表演。當時的《申報》於8月13日以「我國國術表演大受歡迎，觀者三萬餘」為題，及時進行了報導。稱：接柏林來電，中國國術團「在此間國家運動場露天劇場表演時，雖入晚，而觀眾不下三萬餘人，當隊員（六男三女）入場時，備受觀眾歡迎。在未表演之前，中國國術之歷史及其特點已由播音機，向觀眾明白宣

奧運會國術團六位男選手和管理員郝銘和顧舜華（居中的左右兩人）的合影（《十一屆世運會報告》[3.43]）

奧運會中國代表團全體女團員。左端是楊秀瓊；右側三人是國術女選手，翟漣沅（右3）、傅淑云（右2）和劉玉華（右1）（《十一屆世運會報告》[3.43]）

第八章　全民體育，重在健身　185

1936年8月11日晚，中國國術團在奧運會柏林迪特里希・埃卡特露天大劇院表演太極操（1937年出版的《德國柏林第11屆奧運會官方報告書》第2卷第6部分）

佈。此項運動表演之敏捷及演藝者身體各部位控制之得宜，足以表現中國古代體育上之特長，同時亦博得觀眾景仰。」

會後，由理查德・弗里特里希（Richter Friedrich）編輯，於1937年出版的《德國柏林第11屆奧運會官方報告書》第2卷第6部分中，作為中國代表團出席該次奧運會的象徵，刊登了我國國術團，在柏林著名的迪特里希・埃卡特露天劇場（Dietrich Eckart Open-Air Theatre）集體表演太極操的照片（見上圖），文中稱：「中國隊的體操把觀眾引入了一個完全不同的世界。8月11日在迪特里希・埃卡特露天劇場表演的『中國拳術』，源自中國古代的宇宙觀。單人演練從自衛的角度出發，目的在於使身體具有極佳的柔性和彈性。對打演練以極快的速度進行，中國人顯示了十分驚人的抗急速強硬打擊的耐受力。劍、矛和長槍等的表演十分精彩。這些兵器驚險地緊貼身體穿梭而過，觀眾緊張刺激，表演中考驗的是勇氣和膽量。」

為了利用奧運會這個國際平臺，向世界推介我國的武術精髓，褚民誼在精心策劃和組織國術表演團的同時；以德語為主編寫出版了下述書籍並攝製電影，在會上大力宣傳太極操以及他所倡導的發展健康體育運動的主張。後頁左上兩圖所示是他編寫的兩本德文書籍：《中國太極操：圓形體操，1936年柏林第11屆奧運會》（*Das Chinesische T'ai-Chi-Turnen: Kreisförmiges Turnen,*

褚民誼著《中國體育-想像力和創造力》[1.41] 　　褚民誼著《中國太極操：圓形體操》[1.40] 　　1935年第六屆全運會上褚民誼表演太極球

1935年第六屆全運會上褚民誼號令3000小學生表演團體太極操

1936年褚民誼為第11屆奧運會編撰的兩本外文專輯以及書中登載照片中之二幀

XI. Olympiade, Berlin 1936）[1.40][15]和《中國體育——想像力和創造力，1936年柏林第11屆奧運會》（Die Chinesische Körpererziehung——Idee und Gestalt, XI. Olympiade, Berlin 1936）[1.41]。前者的內容與同時在國內發行的中文版《太極

---

[15] 此兩書現藏於「德國雷根斯堡大學圖書館」。後者還可在「德國法蘭克福國家圖書館」查閱到。

第八章　全民體育，重在健身　187

操特刊》[1.39]基本相同，為了在國際上廣為推行，書中採用了德、法、英三種語言，首先由褚民誼用法語撰寫序言，接着顧舜華先後用德語和英語對太極操的發明和要點進行講解，然後以德語對太極操的動作及其變化逐一進行圖解說明，以期國外讀者可以按此自行操練。

後者則是褚民誼撰寫後，由顧舜華全部翻譯成德文出版。書中開始介紹了融中國固有的國術和西方體操兩者優點為一體的「太極操」，然後著重闡述了褚氏所提倡的普及全民健康運動要實現「三省」（省時、省錢、省力）和不以比賽為目標要實行「三驗」（檢驗體格、測驗體力、考驗體能）的主張，最後刊登了全套太極操的圖解。值得提出的是，上海德國總領事克里拜對我國的國術頗有了解，曾出席1935年在上海召開的第六屆全國運動會開幕式，親歷在新建的大型體育場內，三千小學生在褚民誼的號令下整齊劃一地表演太極操的盛況。深感應將西方的新發展與中國的傳統體育結合起來。據此，他撰寫了題為「見證」的引言，並鄭重簽名，向西方推薦該書。在上述兩書的開頭，還刊登了作者、譯者和汪精衛等人的肖像，以及發明人褚民誼在第六屆全運會上指揮學生表演太極操和演練太極球的多幅照片，這里選登其中的兩幅（見後頁圖）。

此外，與上述兩本著作相配合，褚民誼還特意以太極操為主要內容，親自演練攝成電影，在奧運會上系統介紹近年來中國武術科學化和民眾化的成果。奧運會後，該影片由德國體育家保羅·沃肯（Paul Walken）編輯成電影專輯，取名《太極操：中國體育運動體系》（*T'ai-Chi-Gymnastik: Ein Chines. System d. Körperschulg*），於1938年由帝國教育電影中心出版，編號為高等教育電影C231。該編者附文向德國讀者簡要說明褚民誼創編太極操之特點，並在影片內插入德文標題字幕。該專輯現今可在德國國家圖書館網站目錄上查到。

這是一部16毫米的影片，其實物示於後頁上圖，圖中所示標尺單位為厘米，外盒蓋上標有德文Reichsanstalt für film und bild in Wissenschaft und unterricht（帝國電影和影像研究所科學和教育類）字樣，及其編號C231，確係上述影片無疑。據現今保存者稱，該影片係二次大戰蘇聯攻佔柏林後，與德國檔案一起作為戰利品被掠走，交存於莫斯科達爾文博物館內。該館後來曾長期停辦，歷經科茨（Koht）三代人的珍藏，保存至今，其過程中還有其家人按電影中的示範，每日堅持操練太極操的一段佳話。為了能與世人分享，近來其後人將此影片發佈在Youtube網上，公之於眾。電影的片頭（見後頁中圖），在德文標題「太極操：中國體育運動體系」之後，分別示出了「製片者：中國

體育協會主席褚民誼（Tsu Min-yee）博士」和「編者：柏林大學體育學院，體操和體育教師工學碩士保羅・沃肯」的字幕。

影片全程由褚民誼親自表演，內容包括如下四部份：（一）全套太極操的演練，並相應用轉輪器械演示太極操圓形運動之原理；（二）太極棍和太極球的單人推手表演示範；三、傳統太極拳及雙人太極推手之表演片段；（四）

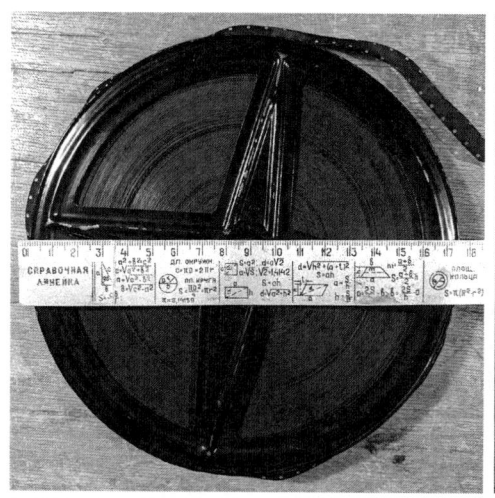

根據褚民誼提供的電影資料，經保羅・沃肯編輯，於1938年由德國教育電影中心出版的題為《太極操：中國體育運動體系》的教育電影專輯：（右）影片外盒；（左）內置16mm電影膠卷一盤

1938年由德國教育電影中心出版的題為《太極操：中國體育運動體系》的教育電影專輯片頭的德文字幕截圖：（中圖）片名；（左圖）製片者，中國體育協會（主席褚民誼）；（右圖）編輯者，柏林體育大學體育教員保羅・沃肯

影片中用手或腿推動轉輪器械顯示太極操圓形動作原理（左右對照）示例兩則之截圖（說明詳見文中）

第八章 全民體育，重在健身　189

1933年第五屆全國運動會開幕式上褚氏帶領數千小學生表演太極團體操之實況片段。全片放映時間共計11分。

　　太極操以慢勻柔、走圓形為特徵，為節省時間，編輯時採用快進方式播出。影片中的一個亮點是，褚民誼為顯示太極操動作走圓形的原理，巧妙地設計出一種轉輪器械，在表演完全套太極操之後，與第一和第二段的上肢運動以及第四段下肢運動相對應，分別以肘腕或腿腳旋轉不同位置上的轉輪予以模擬。前頁下圖示出了其中二個動作相互對照的情況。一個是第二段練肘腕肩中之臂前圈動作（見左二圖），兩手側平舉後，以肘為軸心，用小臂和手腕，有如轉動臂前兩個輪子一般作圓形運動；另一個是第四段練腿腳中之腿外圈動作（見右二圖），左腿站立，右腳有如轉動腿外側的輪子一般，帶動膝和髖關節作圓形運動。採用這種模擬方法，把太極操走圓形，在不同方向上活動上下肢各個關節，以達「暢運血脈，活動筋骨」的動作原理，解析得一目了然。

　　關於我國武術在歐洲和奧運會上受到熱烈歡迎的情況，據《申報》（1936，9，10）報導，中委褚民誼向往訪的中央社記者略謂「我國此次參加世界運動會，各種比賽情形，迭見報載，雖未獲得分數，然此行原屬觀光性質，當能由比較以求進步。其中國術一門，亦曾在大會及各地表演，頗能博得佳譽，聊堪告慰。」言次並出示團員某君自德來函，敘述經過甚詳，茲為節錄如下：「（上略）八月二日世運會開始比賽，我國各項運動均落人後。國術隊於抵柏林之次日（7月24日），即由留德學生會全體學生偕赴漢堡，參加萬國音樂藝術武術等表演，我武術表演結果，博得數萬觀眾歡迎。7月27日又在柏林華僑學生歡迎會表演國術及太極操、太極球，並分贈太極操刊物數百冊，是日到會觀眾，德軍政要人頗多。次日各報登載消息，頗多讚譽之詞。嗣又赴德國軍營表演各種拳術，德國士兵、官員均一致同聲讚美，乃將太極操刊物分別贈與。8月11日我國術隊正式在大會表演，首為團體太極操，次為各隊員之單拳、對拳，次為器械表演，均極精彩，博得數萬觀眾之欣賞，鼓掌歡呼之聲歷時頗久。17日程（天放）大使歡送全體團員，席間丁君文淵代表王儒堂（正廷）先生提議派國術隊赴各地表演，定九月一日在意大利會合，並說明各地多有來函請往表演者。程大使、戴（傳賢）院長均附議，並面授機宜。國術同志多欣然願往，藉以宣揚國光。18日留歐學生總會在沙羅開年會，戴院長公宴全體選手及學生，是日有京劇，國術隊又表演一次，該會並製贈獎牌以作紀念。太極操刊物兩種，除歷次表演時分贈外賓以外，其餘留存大使館，轉贈各國圖

書館及外賓。國術隊有二套武器，新者程大使留存使館陳列。又太極球大使擬轉贈德國體育館。體育影片亦留存使館放映。太極操以學理新穎，各國人士前來索取刊物者，日不暇給，足徵外人對於國術漸能了解。國術隊於20日離開德國軍營，將往別地表演，德軍營長並設宴餞別。出發時又派樂隊歡送，盛意殊足感云。（下略）」

國術隊按計劃與其它團員匯合後，9月4日同乘意輪康特羅梭號循原程返國，10月3日下午抵滬。雖然我國在參賽項目上沒有得分；但是國術表演令世人對我國固有的健身運動刮目相看，體現了我國運動健兒的精神風貌，為國爭得了榮譽。中華全國體育協進會於10月4日下午舉行茶話會，歡迎我國出席奧運會代表，暨全體考察團員，《申報》於次日報道，主席在歡迎詞中稱，「此次我國國術團出國表演，已得各國人士讚美，今後國人對於國術當更深信仰，共促國術之發達。」嗣後，如右上圖所示，中華體育協進會於1937年11月編輯出版了《出席第十一屆世界運動會中華代表團報告」[3.43]，對我國參加這屆奧運會的活動進行了總結。

1937年11月中華體育協進會編輯出版的《出席第十一屆世界運動會中華代表團報告》[3.43]

第11屆奧運會一級勳章

第11屆奧林匹克運動會聖火熄滅，據主辦方發布，至7月28日報名截止，共有53个國家4844名選手參加，其規模超過以前各屆。這屆奧運會以開創火炬接力和黑人運動員杰西·歐文的优異成績而載入奧運史冊。中國首次正式派出百餘人的代表團，并在會上進行國術表演，是我國參與奧林匹克運動史上的一个里程碑。

1936年在德國先後成功地召開了第4屆冬季奧會和第11屆夏季奧運會，東道主德國為感謝參賽各國的盛意，特設立奧林匹克獎章，分為一級勳章、二級勳章和紀念獎章三類，頒發給未出席大會，然而對大會的舉辦有特別關係

第八章　全民體育，重在健身　191

之人士。我國獲贈者先後有王世杰、朱家驊、褚民誼、張之江和鄒魯。1937年《中央週報》第472期上報道，德國駐華大使館飛師爾參事，代表陶德曼大使於6月17日下午設宴向褚民誼和張之江交授「第11屆奧運會一級勳章」（The Olympic Order First Class，Germany，1936，頸項章，見前頁右下圖）。他在致詞中說道，「我們今天的兩位貴賓，是中國體育界的領袖，去年在德國開世運會，中國第一次派多數的人參加，這就是兩位的功勞……我今天代表將兩座勳章贈給兩位，是非常榮幸的一件事」。右圖是褚民誼獲該勳章後，著大禮服，配戴所有國際上來自德國、法國和比利時政府頒贈的五枚勳章的照片（亦見第一卷文前的褚民誼肖像）。第11屆奧運會一級勳章佩戴於圖中褚民誼頸項之左側，其上奧林匹克五環標記，十分醒目。其餘各勳章之情況，詳載於本篇第三章之第三節「放眼世界　同心協力」和第四章之第一節「中比交往，情緣久長」。

褚民誼著大禮服佩戴分別由德國、法國和比利時政府頒贈的五枚勳章。第11屆奧運會一級勳章佩戴於圖中褚民誼頸項之左側（各勳章之說明詳見本書第一卷文前中之「褚民誼肖像」）

第五節　毽子風箏，與民同享

正如褚民誼在《五運總報告》[3.31]上發表的〈普遍的健康運動與專門的技術表演〉一文中所述，「中國從前本無所謂體育，雖然拳術在古代很發達，只是用來自衛的，所以他的方法，不是在健康方面着想的，而是在攻擊方面着想的。後來五口通商，體育當然同別種學問一同輸入。一般國人纔知道體操、球類及田徑賽等種種方法。大家此仿彼做，風行一時，甚至把中國原來體育上種種運動，反都拋棄了。中國的體育上運動，除了拳術以外，還有射箭、騎馬、競渡、放風箏、拉空箏、踢毽子、打鞦韆等種種。後來曉得外國運動也無非把全身筋骨來鍛煉。那末中國固有的種種游藝也是這樣。所以近來大家很提倡國術。不過國術這兩個字，應該包括中國固有的一切技術藝術，他的意義很廣泛，不僅指拳術一種而已。」

文中所述的「踢毽子」，長期以來是我國民眾中寓體育於娛樂之中的一項遊戲活動，因其簡單易行、活潑有趣，裨益健身，在民間廣為流傳，褚民誼自幼在家鄉即喜愛並善於此道。如第二篇第二章之第四節「風箏豆腐，飛渡海西」中所述，早在他赴法留學初期，即於1910年與法國拉鹿阿教授合作，用法文撰寫了題為〈中國毽子〉的長文[1.2]，圖文并茂地將這項中國特色具有悠久歷史的民間健身體育運動推向國際。

褚民誼學成歸國，當選為國民黨中央執行委員，北伐勝利後於1927年被任命為上海中法國立工業專門學校校長。那時國事方定，1928年他被派赴歐考察衛生，9月回國後即常川駐校，在大力從事教育和開展衛生運動的同時，在學校和社會上積極提倡踢毽子。據1928年11月21日《民國日報》報道，上海各大學聯合會於11月17日晚借寧波同鄉會舉行同樂會，由胡適之主席，到十八校及來賓蔡子民、韋慤（捧丹）等一百四十餘人，會上「褚民誼演國術太極拳舞劍，又與吳經熊相繼踢毽子，以為提倡平民體育，獨此為不費而有益。」時值自11月份起在上海召開規模宏大的國貨展覽會，褚氏認為這是在民眾中提倡踢毽子的大好機會。如右圖所示，《時事新報》（1928，12，12）上，以「褚民誼發起踢毽子比賽」為題報道，「中委褚民誼自上次在上海市運動會，一度提倡踢毽子後，嗣更於上海各大學教職員同樂席上現身說法，一獻其踢毽子之身手，並演說踢毽子之有益於身體，在一切舶來運動（如籃球、足球、網球）之上，認為亦係一種國術，有加以提倡之價值。一時贊成者頗多。日前國貨展覽會請褚博士評判，醫藥博士乃與該會游藝股張磐蓀、王漢強二君協商，擬假該會開一踢毽子比賽大會。二君極端贊成，因召集踢毽子同志共同討論辦法，結果公推博士草擬比賽簡章。博士當即擬就。」決賽的比賽地點定在國貨展覽會音樂亭。比賽標準分為毽子樣式、個人踢法和團體比賽三項，各設特等、優等、頭等、二等和三等五級。評判員為褚民誼、韋慤、鄭洪年、吳經熊、嚴慎予等五人。

1928年12月12日《時事新報》上報道褚民誼在上海國貨展覽會上發起踢毽子比賽

獎品之高下，視比賽之結果而定，有褚民誼、韋愨、馮少山、鄭洪年等個人和團體之允贈及本會之銀杯銀牌等，皆於比賽前陳列游藝部。任何個人和團體均可於12月20日以前往該會游藝部報名參賽。

該報於26日報道國貨展覽會盛況時謂，「踢毽子比賽，昨日下午二時在該會音樂亭比賽，有比決賽權者共十九人，業誌昨報。是日為雲南紀念日，各機關放假，到會參觀者，異常踴躍，運動亦分外出力。發起人褚民誼先生，下午一時即已到會，至音樂亭點名後，隨即開始比賽。各運動員，無不振作精神，冀得錦標。一時觀眾之掌聲，不絕於耳，誠踢毽子空前之盛舉。本日評判員為褚民誼、葉玉甫（恭綽）、農堯民、張磐蓀、田守成。評判結果，取得十六名。」國貨展覽會於12月31日閉幕，「毽子比賽亦於午後由褚民誼先生主持發給獎品。」（《時事新報》1929，1，1）

接着，褚民誼更於1929年2月，在第一次中央衛生委員會會議上提交了「改良體育以保健康案」，提出了運動比賽擬採用標準比賽和各級學校運動宜列入踢毽子一門的建議（詳見本篇第九章之第二節「倡導五育，全面發展」），經2月25日第四次會議討論，決議交衛生部和教育部辦理。（《民國日報》1929，2，27）

歷經九一八事變之後，在褚民誼的主持籌備下，於1932年召開了全國體育會議，由他執掌教育部全國體育委員會。為了提高人們對踢毽子這項「平民」健身活動的重視，褚民誼將其稱之為「毽子運動」，在全國範圍內大力提倡。1933年1月18日在他主持召開的體育委員會常務會議上，通過了「舉行首都及全國各地踢毽子比賽案」，並推他草擬比賽規則。（《申報》1933，1，20）經一再開會討論，議決於1933年3月26日，與南京社會局合作，舉辦「全國第一次京市踢毽子比賽」。為進行指導，褚民誼趕在發起全國踢毽子比賽之前，在百忙中親自編寫了《毽子運動》[1.27]一書，於1933年3月出版發行。如後頁圖所示，書銘分別由吳稚暉用古體篆字和北京大學農學院長蕭瑜用現行楷體書寫。吳稚暉還特意親筆題寫序言，對毽子的詞源及其發展歷史進行了考證。文中引經據典地說明，毽子古稱「踀鏑」，拋足之戲具，「其戲遠肇於漢世，盛於六朝隋唐，實一戶內戶外皆可資以運動之戲具也。」後因其上植以毛而簡稱為「毽子」，沿襲至今。

接着，考試院院長戴傳賢在他題寫的序言中稱，「自今以後，此技將因兩先生（注：指褚、吳兩氏）之運動而重光於華夏，或且傳播於世界也。」

兒童踢毽圖　　　　　　　　蕭瑜題書銘　　　　　　　　吳稚暉題書銘（封面）

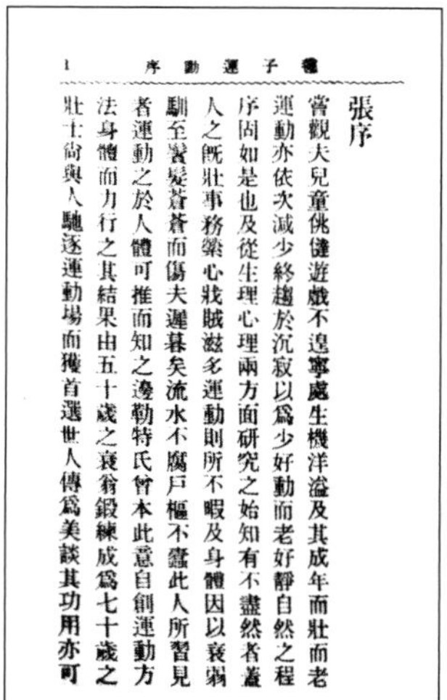

張治中序首頁　　　　　　　戴傳賢序　　　　　　　　　吳稚暉序首頁

毽子運動式樣示例

第八章　全民體育・重在健身　195

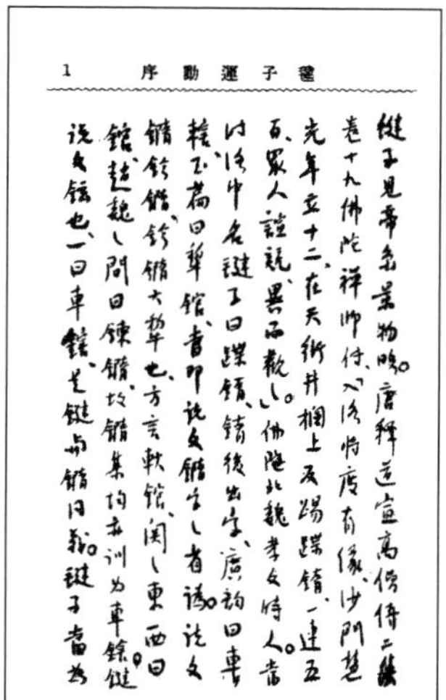

各類毽子示例

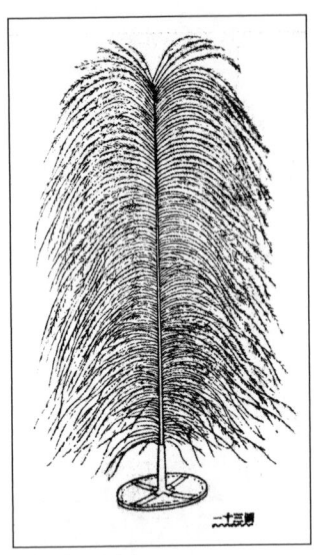

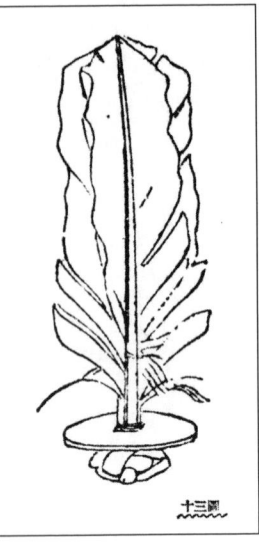

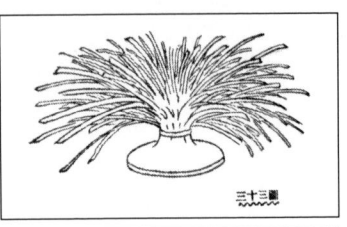

1933年3月出版的褚民誼著《毽子運動》[1.27]

　　曾在1932年淞滬抗戰中立下戰功的第五軍軍長張治中將軍，在其序言中謂：「吾國素不注重體育，一般民眾尤缺乏運動之常識與機會，頹然不振者觸目皆是，民族前途之可慮，孰有勝於此者。褚民誼先生力挽頹風，獎勵體育，深自鍛練以為民倡。近且以關於體育之常識，著為毽子運動一書，將行世迺，承賜閱稿本，不勝佩慰。毽子者兒童之玩物，最普遍之運動器具也。先生以是名書，其將以示提倡民眾運動，而返吾民族精神於生機洋溢之兒童時代歟，因樂為之序。」

　　著者褚民誼在本書開篇的引言中講述了毽子運動的特點、意義，及其成書過程，謂：

　　「毽子是一種很和平而又平均的運動，室內室外均相宜。一人獨踢可，數人輪踢亦可。踢毽時雖兩腿兩腳動作較多，因腰頸之旋轉，亦可使兩手隨之而舞動。尤其是眼，隨毽子上下左右而活動，可以練眼力之正確，為看書寫字作畫人之調劑目力的一個好方法。故亦可稱為全身運動之一種。且不要場所或服裝之設備。毽子本身亦可自己用紙或雞毛做。故亦可稱為平民運動之一種。惟其如此，毽子能普遍全國，無論東西南北，孩子們非常愛踢。自興辦學校以來，舶來品的運動，如球類田徑賽等大盛，把自己固有的好運動之毽子，倒

忘了提倡。殊不知毽子足可稱為我國一種國術。因凡一種技術，為他國所無而為我國所獨有者，始可稱為國術。日本人所有者，不學之於中國，即學之於歐美。獨毽子一種，為木屐所限，不能用腳踢，故用木板拍，是用手拍非用腳踢也。余少時喜踢毽，而又善踢之，故今尚能踢。曾於民國紀元前二年，在巴黎所出版之中法雜誌上，與拉鹿阿教授發表過關于毽子一篇法文的文章[16]，並有各種式樣踢法的圖。到現在已有二十四年，雖在國內有多次舉行毽子比賽，仍沒有對於毽子用本國文字發表。所以在第一次全國體育會議以後，由全國體育委員會發起舉行全國各地踢毽子比賽以前，匆忙寫此。把個人能踢的幾種毽子式樣，及其名稱記出。當然還有別的式樣，尚請精於此者，加以補充與更正。」

該書圖文並茂，內分兩篇和一個附錄，總計40頁，含圖35幅（書中沿用了原法文版中的插圖）。第一篇「毽子運動式樣」，分三章逐一介紹了平毽16個動作、跳毽13個動作和單式與複式4個動作，共計33個動作；第二篇「毽子運動方法」，分為個人運動和團體運動二章進行介紹；附錄中傳授的是「造毽子法」，對常見的各種毽子的毽底和毽羽材料、製作方法及其組合形態介紹甚詳。

《體育周報》[2.19]為宣傳這次踢毽子比賽的意義，於第2卷第4期（1933，3，4）上發表社評稱：「全國體委會於本年一月中旬決定舉行首都及各地踢毽子比賽大會……這種舉措，可以說是提倡『到民間去』的體育第一聲。我們不只希望首都的市民踴躍的參加，以引起全國的注意和興趣；還企盼着全國各地的公眾——尤其是農民——要抱著『從踢毽子而引起鄉村對於體育的共鳴和認識』的目標，即日的準備起來，協力完成這鄉土運動的初步工作……設法使它深入民間。因為這種比賽，設備經濟，興趣濃厚，而鄉村的農民對於踢毽多半是有相當的根基和嗜好。所以登高一呼，從者必眾。這種輕而易舉又合乎提倡鄉村體育主要條件的運動，相信必有相當的收穫。」

教育部於3月初頒佈了「踢毽子比賽規則」暨「報名單」各一種，特通函各省市教育廳局，飭屬定期舉行比賽，首都方面已定於本月二十六日舉行。按照該規則，與賽者不分男女壯幼，報名時須註明平時能踢幾種式樣，每種式樣能踢多少。比賽分為普通賽和特別賽兩種；前者以盤踢為主，按平時能左右盤踢對數的多少分成五組比賽給獎；後者以躍起的交踢為主，不論左右能連交踢多者為勝，按平時能踢的數目分成三組比賽給獎。其他各種式樣，於比賽後舉

---

[16] 係褚民誼於1910年在法國《中法友好協會簡報》上發表的題為〈中國毽子〉[1.2]的法語長文，內容詳見第二篇第二章中之第四節「風箏豆腐，飛渡海西」。

行表演，表演之式樣多者得優獎，表演之式樣較多而姿勢又好者，得最優獎，優獎與最優獎無定數。（《體育周報》[2.19]Vol.2，No.5，1933，3，11）

　　1933年3月26日上午八時，全國第一次京市踢毽子比賽，假中央大學體育館舉行。《體育周報》[2.19]Vol.2，No.10（1933，4，15）和《南洋商報》（1933，4，25）對此次活動進行了詳細報道，略謂「報名與賽者，成人與男女小學生一百餘名，推褚民誼為評判長。褚在會場中，興致甚濃。評判員為石瑛、王崇植、李書華、張炯、譚熙鴻、張信孚、黃麗明、張匯蘭、彭百川、朗奎等十餘人。因踢毽子比賽，為空前未有之舉，京市士女前往參觀者，乃達數千人之多。」先舉行特別賽，二十一人參加，評判結果，第一名國民革命軍遺族學校學生戴金堯，一次交踢七十九個，第二名中央政治學校體育主任盧頌恩，第三名夫子廟小學學生朱友莊；次舉行普通賽，比賽者三十名，結果第一名河北深縣楊价人，一次盤踢九百一十一對，第二名河北深縣村長金幼甲、溥子衡二人，第三名中央軍校學生李致祥。女子第一名東區實驗小學學生易桂華，一次盤踢四百二十五對，第二名夫子廟小學生歐惠芳。最後是各種花式自由踢表演，第一名楊价人和第二名金幼甲、溥子衡等均能各踢百餘種，花樣翻新，極饒精采。楊、金、溥三人練習踢毽已逾十年，均聞訊從北平來京參賽。比賽結束後，於3月28日「在市府大禮堂行給獎禮，並由毽子名手楊价人等人，表演各種毽式，姿勢極為精彩。褚民誼主席，陳公博、石瑛均有演說，希望各地盡力提倡以強身體。」自此以後京市踢毽子比賽，每年舉辦一次。據1935年3月4日《時事新報》報道，由首都民眾體育委員會主辦的第三屆京市踢毽子比賽於3月2日在中央大學進行，至3日上午表演後結束，褚民誼一如既往地出席並授獎。

　　在教育部和褚民誼的大力倡導下，毽子運動在各地普遍開展起來，並先後於1933年在南京召開的第五屆全國運動會和1935年在上海召開的第六屆全國運動會上，將踢毽子這項平民運動正式列入國術比賽項目。作為國術比賽總裁判長的中央委員褚民誼，不僅親臨比賽現場，還即興一顯踢毽身手，以壯聲勢。此外，據《時事新報》（1935，7，21）報道，我國童子軍總部首次遴選童子軍代表團，出席於1935年8月21-28日在美國紐約召開的美國童子軍成立二十五週年紀念大會。鑑於所發表的八名代表中，對於踢毽成績較差，「故復由褚民誼提請中央，加派遺族學校學生戴金堯、湯護民二人（按：此二人均為南京市出席本屆全運會之踢毽代表）隨同參加，以資表揚國粹於海外。」所需之出國經費另由中央補助。

踢毽子這項曾被視為民間遊戲活動的平民體育項目，在其推廣過程中並非一帆風順，特別是遭到了一些醉心於西洋運動者們的種種非議。然而褚民誼卻頂住壓力，樂此不疲，正如他不遺餘力地到處推廣太極拳和太極操那樣，為的是讓不論在城市或鄉村的男女老幼，皆能以簡單易舉、行之有效的方法從事日常體育鍛鍊，以達到全民健身的目的。根據實踐經驗，他認為「踢毽子為兒童最適宜之運動」，並在第六屆全運會勝利召開之際，以此為標題在《康健雜誌》[2.20]第3卷第10期《第六屆全國運動大會專號》（1935，10，15）上，隨後又在《勤奮體育月報》[2.23]第3卷第4期（1936，1）上發表署名文章，進一步闡述他發展全民健身運動，特別是推廣毽子運動的宗旨。全文如下：

「近數年來體育事業，漸趨發達，匪惟歐美各種運動方法，國人爭相仿效，即吾國固有之習尚日就廢棄者，亦經各方面之提倡，（如國術一項）大有重新估定價值之意。予為酷嗜運動之一人，於國術中之太極拳，尤有特好。且因而發明一種太極操，既為個人鍛鍊身體最為適宜之一種運動，復可以供多數人集合表演之用。然猶嫌其姿式稍近複雜，且運動一事，自五六歲之兒童起，即宜逐日不拘形式而為之，以植立強健之基礎。太極操亦有太規矩之點，予因就吾國舊傳各種運動方法精為選擇，覺惟有踢毽子一項，為最適宜之運動，且尤為兒童最適宜運動。茲為較詳之敘述，以供大眾研究。

踢毽子為固有之習尚，且極普遍。吾國各種運動方法，溯其源流，皆甚久遠。踢毽子不知始於何說，最近亦當在隋唐之際。予自童時即已習之，至今數十年。往來南北各省，嘗見有兒童為之，可知此種運動方法，傳之既久，而又最為普遍。大凡一種習尚，能深入於民眾，而又長久守之而不失者，必已經多人之研究，實為一種有益之事，而後允許其流傳。此予所為選擇此種運動方法，為吾國兒童體育必須之條件，不憚苦口宣揚，且蒙種種非笑而猶不悔也。

踢毽子為最經濟之運動方法。現在學校中及社會中所流行之運動方法，幾無一事不來自歐美，無論何種運動，皆須有相當之設置。器械也，場所也，一求美備，動須鉅款。若踢毽子，則所須至微，一人為之，不過方丈之地，室內室外均可。多數人為之，亦任何空地，皆可於咄嗟之間，即能舉行，遑論設備。以今日民窮財盡之中國，有此最經濟之運動方法，且為祖先遺傳千百年不肯失，而又不待教習，不待宣傳，吾人以為凡稍具常識者，皆宜極端以提倡之也。

踢毽子尤為兒童最適宜之運動，此理無待繁言。因此種運動方法，至極簡單，而能使全身上下手足頭目皆可得運動之益處，且其動作無絲毫不合於生理衛生之處。兒童從五六歲起，即可為之，至於終身，亦無不可，乃至別種運動，皆可不習。嘗見唐高僧傳中，載有佛陀禪師軼事一則，言師入洛，將度有緣，沙門慧光，年甫十二，在天街井欄上，反踢躁鎗一連五百，師異其精能，求為弟子，後成大師，名震寰宇，躁鎗即今毽子，明人紀載有之。僧家剃度弟子，謂之選佛，此為何等大事，而乃及於能踢毽子之小兒，可知無論何種頑意，但能造極精微，皆可顯其身手。故即謂此事為我國最精最美之運動方法，亦無不可。何況其流傳久徧，而又行之甚易乎。」文章言簡意賅，盡顯其在「民窮財盡」之中國，千方百計儘快提高全民體質之良苦用心。

放風箏是我國另一項歷史悠久、民眾喜聞樂見的娛樂健身活動。褚民誼自幼在鄉間即長於此道。已如第二篇第二章之第四節「風箏豆腐，飛渡海西」中所述，民國紀元前他在法國鼓吹革命期間，即將中國的傳統風箏技藝傳至歐洲，在巴黎開辦風箏公司，自行生產製作，獲得「改良型風箏」的法國專利，並於1909年分別在「首屆巴黎國際航空運動博覽會」和在比利時首都布魯塞爾舉辦的「皇家航空賽會」上展出表演，博得好評。在他回國主持和推動全國體育活動期間，也不忘提倡這個屬於國術範疇的平民運動項目。1934年4月15日星期天，在南京雨花台舉行盛大的風箏比賽。《時事新報》於當日報道，「首都放風箏比賽，定十五日晨八時起，在雨花台舉行，參加賽員百三十餘人，風箏種類，凡四十餘種，大小各異，形式不同，美麗壯觀。吳稚暉任名譽評判長，褚民誼為評判長，張炯、王崇植副之，張繼、羅家倫、譚熙鴻、賴璉等三十六人，分任評判，午後五時，當場給獎。」

賽後，《新生》週刊[2.28]第1卷第12期（1935，4，28）上報道，中委褚民誼等發起之首都風箏比賽，十五日於雨花台舉行，與賽有百尺之長龍蜈蚣、奇禽異獸等，觀者七、八萬人，興高采烈，極一時之盛。」如後頁左上圖所示，該期雜誌的封面上刊登的是褚民誼在賽會上表演放飛風箏的照片，其右為名譽評判長吳稚暉。該刊內還以多幅照片示出了當時風箏賽會的實況。本文選用其中之三幅，亦示於後頁，可見廣大民眾參與之空前熱烈景象。其中之中圖是各路民間風箏高手雲集於一堂的合影。作為賽會主要組織者和評判長的褚民誼，十分高興地被簇擁在人群之中。其右側展示的是百尺長龍的蜈蚣風箏正作升空前的準備。左下圖是數萬民眾在雨花台現場爭觀風箏表演的場面。

上左　1934年4月15日在南京舉行風箏賽會（《新生》週刊[2.28] Vol.1, No.12（1934，4，28）之封面
上右　百尺蜈蚣風箏將升空
中　　賽會負責人褚民誼（前排中胸佩飄帶者）與全體風箏參賽者的合影
下　　萬眾爭觀風箏表演

1934年4月15日在南京雨花臺舉行風箏賽會的盛況（《新生》週刊[2.28] Vol.1, No.12（1934，4，28）

第八章　全民體育，重在健身　201

這次風箏賽會在京城可謂轟動一時，《文華》藝術月刊[2.16]第47期（1934，6）上刊登數幅現場照片的同時，還附以宇宙一僧所賦的竹技詞六首。摘其第一和第六首曰：「萬人空巷雨花台，看賽風箏出郭來；滾滾名流多逸興，名流本是救世才。」「名公提倡放風箏，哄動都城萬戶人；提倡風箏原有益，仍求提倡到民生。」在生動描寫當時盛況的同時，對賽會組織者努力關注民生寄予殷切的期望。

春季是放風箏的佳節，4月首都的風箏賽會後，如右上圖所示，5月份褚民誼又在參加上海中學聯合運動會上，興致勃勃地為中學生們示範表演他自己親手製作的蜻蜓風箏。《新生》週刊[2.28]Vol.1，No.18（1934，6，9）上將此照片作為該期封面登出。

1934年5月褚民誼在上海中學聯合運動會上表演放風箏[2.28]
Vol.17.No.18（1934，6，9）

自此以後，每年春季在南京舉辦一次大型的風箏賽會，第二次京市風箏表演賽於1935年3月17日在雨花台舉行，《南洋商報》（1935，4，5）報道稱，當日晨起，纖纖細雨，時落時止，表演者竟不因雨掃興，風箏在雨花台上早已出現。「下午三時半，細雨又止，參觀者與表演者，聯翩而至，一步一滑，放箏者竟不畏艱難，滿山亂跑。下午係東北風，力量甚微，放上去者，僅中號之蝴蝶、老鷹、燈籠……之類。中以質輕體小者，放上後，飄飄蕩蕩，極為悅目。其較大者……無從放起，殊屬掃興。本屆風箏比賽評判長褚民誼，是日乘行政院之38號汽車偕同評判員黃世傑，於下午三時半往雨花台參觀，立於雨花台上方亭之前，四處眺望，極為留意。褚氏攜帶自備風箏，因風勢太小，直至五時始將一長逾四尺之蝴蝶風箏，取出表演。是項風箏，質為紗制，身為翠綠色，四翼則為粉紅色，其上施一彩色，極為美觀，像真四翅。因係活制，迨裝上後，即迎風提送，適遇陣風吹來，藉力而上，褚乃滿山跑步，風箏愈飛愈上，觀眾見褚氏所放風箏飛上迅速，而彩澤美麗，莫不拍掌叫好，惜遇雨而止。

「據褚民誼在雨花台稱，評判風箏標準，以評判高度最為困難。往昔評判高度，多憑直覺，因主觀時有錯誤。最近擬得一法，即用測量器，測量其高度。其法俟於風箏放至最高度時，將其收下。以木制測驗器……其上裝一圓

器，旁有轉軸，將線繞於測驗器之上轉動，每轉一轉，長為一公尺，直至其轉完時，數其轉動次數，便可知其高度若干尺，方法最便，本屆決開始施用，等云。」

第三屆南京風箏比賽於1936年5月初在安德門外石子崗舉行，由褚民誼主持，參加者一百二十餘人。右上圖示出的是，褚民誼在賽會上手持龍鳶待放之勢，刊登在《人言周刊》1936年5月第3卷第10期的封面上。

在褚民誼的積極推動下，上海從1935年起也開始舉辦風箏比賽。據《申報》（1936，3，23）報道，上海市立民教館於1936年3月22日，「在滬閔路吳家巷上海中學操場，舉行第二屆風箏決賽，並有中委褚民誼之風箏表演，觀眾人數極眾。」經21日在演講廳舉行風箏初賽，及格風箏二十八隻，復有臨時參加表演者十五人，合計風箏數四十三隻，按其形態，編為魚蝶、虎形、人型、蜈蚣、蟹形五組進行比賽。比賽當天「適為星期日，故各界用自備或搭乘汽車，前往上中操場參觀者，人數達二千餘人，殊極盛況。比賽於下午三時開始，首由民教館康樂組主任龍英傑報告提倡正當遊戲意義，次由褚民誼代表顧舜華致詞（褚因故晚到未出席開幕），鼓勵有加。詞畢，各賽員將風箏徐徐起飛。風箏種類既多，形態又不一，蜿蜒飛舞，片刻入雲，殊極大觀。

1936年5月南京第三屆風箏賽會上，褚民誼手持龍鳶待放。《人言周刊》（1936年5月第3卷第10期）之封面

「至四時四十五分鐘，始賽畢，乃復將風箏徐徐拉收。而中委褚民誼氏，適於此時蒞場，並攜來蝶、蟬、鷹三種風箏。當經褚氏親自次第表演，手揮目送，縱放姿勢，極形美妙。比及褚氏表演完畢，將風箏收下，時間已五時餘，遂各盡興賦歸。

「當時決賽成績，均經評判員褚民誼、張雲卿、張叔珍、李子洋等四人，就其高度及平穩兩項，分別紀分。以前列五類風箏為優勝，均由該館贈給特製銀盃各一隻，其餘與賽風箏，亦均分別贈給紀念章一枚，以資鼓勵。」

除了上述踢毽子和放風箏外，褚民誼還很關心在少數民族中流行的摔跤、騎馬等運動項目。在第五和第六屆全國運動會他所主持的的國術比賽項目中，就列有摔跤項目。如前節所述，蒙古摔跤隊應邀在第六屆全運會上進行表演，

褚民誼與他們全體的合影，刊登在1935年《申報第六屆全運會畫刊》上（照片引用在前本章第三節「全運大會，舉國振奮」中）。

褚民誼喜愛的體育活動項目十分廣泛，騎射也是其中之一，《體育周報》[2.19]Vol.1，No.46（1932，12，17）上登載了「褚民誼與蒙古王公賽馬」的一則消息稱，「中委褚民誼，素嗜騎馬，此次以蒙古各王公，對跑馬有充分經驗，乘彼等來京之便[17]，相約賽馬，藉廣見識。褚氏爰於八日下午三時，假軍官學校及參謀本部良馬十餘匹，請宋子文、陳儀、賀耀祖及蒙古各王公各旗盟代表，在中央體育場跑馬場行技。」當日蒙古各王公代表包括隨員共二十人，「由褚氏陪同於三時前分乘蒙古代表晉京團汽車，至中央體育場。其時各馬夫均已備馬等候，各代表甫進跑馬場，即卸裝上馬。籐鞭一揮，風馳前進，於是均馳騁爭先。蒙人馳馬技術，究屬能手，至半圈時，三王公幷駕齊驅。及達終點，在前者均為蒙古代表，與最後者竟相差一里之多。

「褚民誼雖疏於練習，而技術尚屬精熟。頭戴烏羢小帽，黑鬍飄飄，足綑黃絨綁腿，儼然將軍。跑馬時，屢欲爭先，而志與願違。為慎重計，只得不爭為是，以致列在最後。於第二圈開始時，褚氏語記者曰，『余願最後出發，若在人之先，萬一失足，被馬踐踏，危險萬分。』褚氏可謂膽大而心細也。」《南洋商報》（1933，1，6）上，對此次賽馬活動也有較詳細的報道。

嗣後，據1934年之報載，在褚民誼和張治中等人的提倡下，由時任南京衛戍司令的谷正倫和任江蘇省政府主席的陳果夫等人分別發起，先後有首都騎射會和江蘇騎射會之組織。（《公評報》，1，31；《蘇州明報》，4，16）

此外，1934年5月，「國府林（森）主席發起腳踏車比賽會」，《時事新報》（1934，5，9）報道稱，「決由主管機關聘定，國府張燿德，教部張炯、鍾靈秀、郭蓮峰，社會局王崇植等，警廳陳佑華，民眾教育館顧子明，中大吳蘊瑞，體育場張東屏，及褚民誼等十四人為籌備委員，褚為籌備主任。「五月八日在市府開第一次籌備會，議決賽會定於五月二十七日在中山陵園分男女兩組舉行等事項。賽後，《華北日報》（1934，5，31）詳誌了該次賽會之經過。略謂，首都腳踏車比賽，27日在中央體育場前舉行。上午八時，繼續舉行男子預賽，十一時三十分為女子決賽，下午一時舉行男子複賽，五時三十分正式決賽。女子報名參賽者28人，決賽到16人，決出前10名，高師貞獲女子個人

---

[17] 應邀赴京列席國民黨四屆三中全會討論民族團結問題。

褚民誼在《中國體育》電影專輯中,親自作多種踢毽子姿勢(右)和射箭(左)示範表演的截圖
(1935年中國教育電影協會出品,1982年湖北電影製片廠復製)

第一名。男子參加比賽者約二百餘人,通過預賽、複賽,最後決賽出15名,李承斌獲男子個人第一名。

當日上午七時,會場職員及比賽人員俱紛紛到場,計到評判長褚民誼,副評判長張炯、王崇植,終點總裁判張東屏,以及評判譚熙鴻、賴璉等共二十餘人。發令為徐炎之。檢錄為王健吾、劉國榮。由於比賽結束較晚,不及發獎,遂改定於六月二日上午九時在國民大戲院頒獎。評判長褚民誼為慰勞會場職員計,於晚七時,在公餘聯歡社歡宴全體評判,九時許始盡歡而散云。

在本篇第六章之第三節「三民主義,電影促成」中業已介紹,在他親自編導,題為《褚民誼博士表演中國體育》的普及教育電影專輯中,除太極拳、太極推手和他新發明的太極棍和太極球的演示外,如上圖所示,還親自進行了多種姿勢的踢毽子和射箭表演。作為國家體育運動負責人的褚民誼,立足我國國情,不遺餘力地在大力推廣武術的同時,積極提倡踢毽子、放風箏、射箭、騎馬、摔跤等諸多傳統民間體育運動項目,意在促進健身運動,不分城市鄉村、男女老幼,蓬勃開展起來,以提高全民族的健康水平。

第六節　健康運動,科學測驗

褚民誼大力倡導體育運動的目的全然在於提高民眾的健康水平,而不以追求競賽成績為目標。首屆全國體育大會圓滿結束後不久,為了從體育鍛練和醫藥衛生兩個方面推動全民健康運動的開展,在他的積極組織下,邀集各方

專家,在上海發起成立「康健雜誌社」,於1933年5月1日創刊出版了《康健雜誌》月刊[2.20](見下圖)。在雜誌的封底登出了該社的主要職員及其分工。褚民誼既擅長體育又通曉醫藥衛生,任社長和編輯總主任;陳振民任副社長和雜誌發行人。此外,宋國賓任醫藥編輯主任,牟鴻彝任衛生編輯主任,陳稼軒任體育編輯主任,萬籟鳴任美術編輯主任,程沄涼任出版部主任,金振宇任交際部主任。康健救國是康健雜誌社的辦刊宗旨。創刊號的封面,如圖所示,係畫家萬籟鳴之杰作(簽名「籟鳴」於左下角),以神話典故「射日」,隱喻為民驅除康健之「頑敵」的信心和決心。在該刊的「發刊辭」中,宋國賓寫道,九一八事變以後「愛國者的血在沸騰着,朝野上下皆知道一致的應付國難了!從前高唱不抵抗主義的,現在也知道非抵抗不可了!「抵抗,是打通當前難關的惟一方法;奮起,是換取未來新生命的惟一出路。但是這種重大的責任,決不是孱弱、萎靡的人們所能負的。換句話說,就是惟有康健者纔能實際救國。在我們四萬萬全民族中間,多一個健康的同胞,就多一份救國的實力。我們要雪恥,要圖存,要創造國家的新途徑,要發揚民族的大無畏的精神,惟有一致的提倡健康,腳踏實地的來鍛鍊有用的身體,奮發有為的精神,這樣,何嘗不可以挽回這個危險的局面呢?」刊末,在其封內,以整版登載了上海「平民療養院」的啟示。該院始辦於醫治淞滬抗日傷員,嗣後面向民眾,由褚民誼任院長,對普通大眾惠以廉價診治(詳見本篇第七章之第四節「籌建醫院,面向大眾」)。

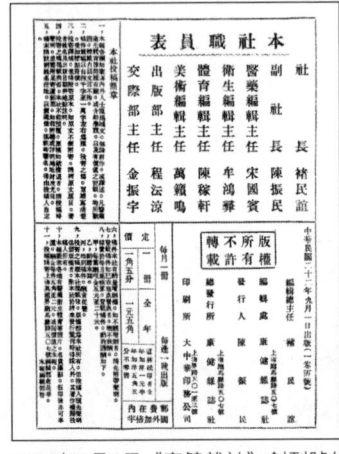

1933年5月1日《康健雜誌》創刊號的封面(右)和封底(左)[2.20]

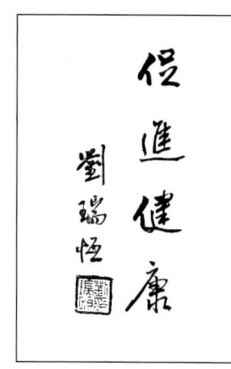

劉瑞恆題詞 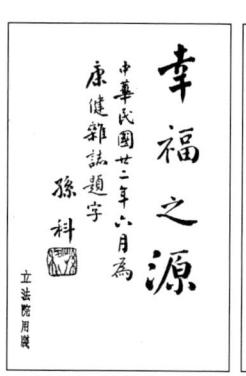　　孫科題詞 　　林森題詞 　　封面

（左）張之江題詞；（右）雜誌社主要職員肖像，　朱家驊題詞 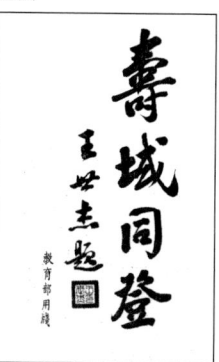　　王世杰題詞
社長褚民誼居中

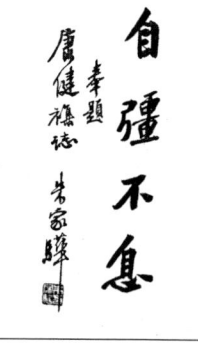

1933年10月1日出版的康健雜誌《全運會專號》，封面及其中刊登的題詞和主要職員的肖像[2.20]
Vol.1，No.6（1933，10，1）

　　為了配合在首都舉行的第五屆全國運動會，《康健雜誌》[2.20]於第一卷第六期（1933，10，1）出版了《全運會專號》。如右上圖所示，在萬籟鳴設計的封面顯著位置上，登載了全運會籌備委員會主任、「本刊主編褚民誼博士」的肖像，以其健美的體魄，向民眾發出了向康健進軍的無聲號召。《專號》內還同時登載了政府有關負責人為該刊的題詞，包括：國民政府主席林森，立法院長孫科，前後兩任教育部長朱家驊和王世杰，衛生部長劉瑞恆，以及中國國術館館長張之江等人的題詞，以表達對健康運動的大力支持和鼓勵。此外，還刊登了本刊主要職員的肖像。

　　《康健雜誌》的封面開始時全部由我國動漫大師萬籟鳴設計創作，自其第二卷第七期（1934，7，1）起，增添了褚民誼對該刊的親筆題銘，後頁右上

图所示为继后第二卷第八期（1934，8，1）的封面。

褚民谊对该刊十分重视，常在其上发表许多带有指导性的文章，例如：筹备全运会期间所写的〈太极操之团体表演〉（Vol.1，No.3，1933，7，1），在全运会专号上为告诫运动员们而作的〈保护健康与牺牲健康〉（Vol.1，No.6，1933，10，1），全运会结束后为指导全国体育运动发展的长文〈体育方法选择与健康检验〉（连载于Vol.2，No.1，1934，1，1和No.3，1934，3，1），以及针对儿童们撰写的〈踢毽子为儿童最适宜的运动〉（Vol.3，No.10，1935，10，15）等等。

《康健杂志》[2.20]Vol.2，No.8（1934，8，1）之封面

「康健杂志社」除杂志外还出版有关的书籍。其中，陈振民与马岳樑合编的专著《吴鉴泉氏的太极拳》[3.35]，就是由该社于1935年5月出版的。对于吴氏太极拳，褚民谊曾于1925年摄得其全套图照53张，并在1929年褚著《太极拳图》[1.8]一书中率先公布于众。此后，为进一步推广太极拳，陈振民于1933年经吴鉴泉本人同意，再度精心摄得吴氏太极拳图照91张，由《康健杂志》自第1卷第3期（1933，7，1）起，以〈吴鉴泉氏的太极拳〉为题，详加介绍，相继刊登六期，直至第2卷第9期（1934，9，5）结束。然后经吴婿马岳梁补充修改，于次年，以同名专著问世。褚民谊为之题词曰「柔道得之」。（详见本章之第二节「发扬国术，太极创新」）

褚民谊关于开展健康运动和用科学测定的方法进行比赛的主张，在他早期担任全国体育委员会委员时所发表的〈对运动比赛之意见〉一文中就提出来了。1928年11月24日《申报》在披露该文时介绍称，「中委褚民谊近从事于教育之余提倡体育甚力，盖鉴于吾国国民体格之衰弱，与运动之无当，害多而利少，颇思有以振兴改革之，因草就此文。」该文后被收录在1929年8月出版的《文集》[1.10]中。

文中在强调运动对于作为动物的人类之重要意义后指出，「动物虽非运动不可，但是动的程度贵适当，动的时间要有节制，即以现在一般运动者而言，

往往失之太過，每見一般青年運動者，用力太猛，練習太過，結果身體每受損傷。「但是人類有種競爭的心理，尤其在比賽時，都有求勝心……為爭勝之故，每將人的身體弄壞。在各屆運動大會中，我們常常看見青年因為競賽要求勝利，拼命用力而得心病的很多，這種比賽，實在害人不淺。現在我想出一種救濟的方法，將各種比賽，用測驗的法子，定為標準，叫作標準比賽。」

至於什麼是標準比賽，他具體地提出了用各種形式的器械來測量人的各部分力量，以顯示體力的強弱；以及進行生理學測驗，即測量賽跑出發前和到達目的地後，人體的脈搏、呼吸、體溫和血壓的變化及其恢復如常所需的時間，來判斷其體能之優劣的方法。「這樣可以免去拼命僥倖以求一時勝利的弊病，而免去身體上的損傷；一方面並可知其體力之強弱，而使其注意逐漸鍛鍊，以謀根本之培養。」他在這裡提出的標準比賽，即嗣後所提倡的實行科學"三驗"主張的雛形。

為了推行他的上述創意，褚民誼親自設計製作了測驗腰力、臂力、肩力、腿力等各種器械，並於1929年12月29日下午，在上海舉行的國術比賽大會上，和太極推手器械一起，公開演示，並說明它們的功用。（《申報》1929，12，30）後頁上圖為1930年4月《文華》藝術月刊[2.17]第9期上刊登的褚民誼新發明的其中一種測驗拉力和握力的儀器。嗣後，測力比賽在1933年第五屆和1935年第六屆全運會上均被列為國術組中的一個競賽項目。

褚民誼上述關於健康運動的主張一經提出，便得到當時不少有識之士的贊同和響應，最早嘗試將「健康比賽」列入運動大會的，是1930年3月15-20日召開的江蘇省運動會。該運動會是與同年4月將在杭州舉行的第四屆全運會相呼應的一次重要的地方運動會。為了進行准備，江蘇省教育廳於1月22日成立了籌委會，陳和銑廳長為主席，推定陳和銑、褚民誼等七人為常委，褚氏還兼任獎品部主任，負責向民間機關和個人募集獎品。（《申報》1930，1，22）褚氏還專為此事，在報上公開發佈徵集獎品的啟示，對運動會予以大力支持。大會分兩個階段進行，前三天舉行省校運動會，後三天是參加全運會的民眾預選賽。運動會在鎮江市舉行，盛況空前，《申報》連日來予以跟蹤報道。

3月15日舉行開幕式，參加學校男39所、女8所，運動員男401人、女86人。主席陳和銑在報告中強調指出，「我們這次會議除準備參加全國運動會外，其目的在求健康。『健』是健全的體育，『康』是要充分的體能。我們所負的使命，是要把中國建設起來，是要全國人民多數的健康，不是少數人優勝

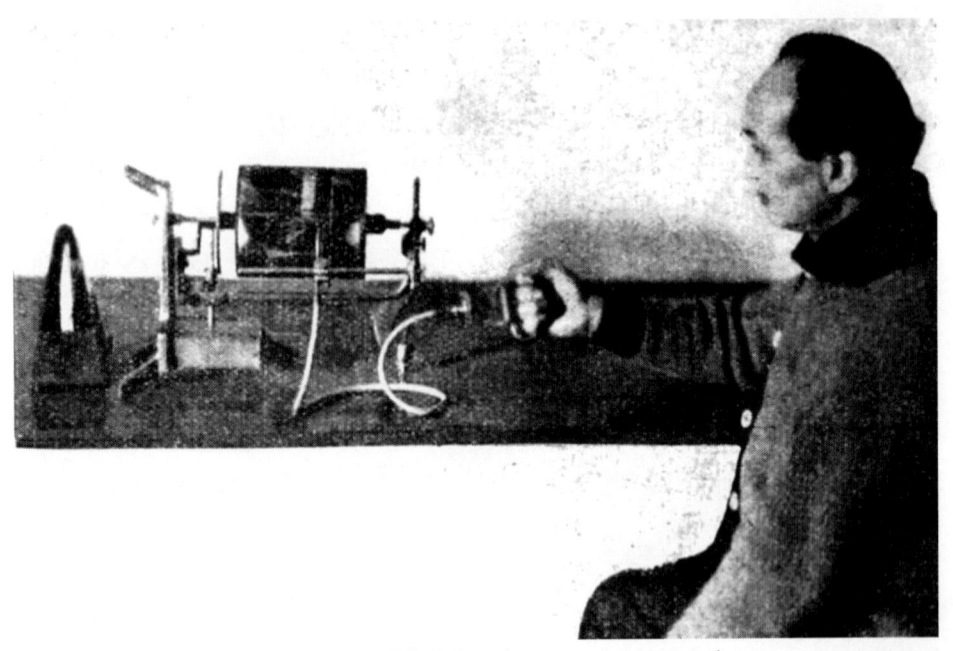

褚民誼新發明的測驗體力器之一種（《文華》藝術月刊[2.17] No.9，1930，4）

所能成功。所以我們此次運動會除游泳未能設備外，其餘各項運動應有盡有；並且添了一項健康比賽，是用科學的方法，來測驗各與賽員身體健康達到何種程度，即希望以後吾人時時刻刻要講究體育也。吾人生活於此奮鬥之世界，如無健全身體，將無以貢獻於社會、國家及世界矣，望各位一致努力！」《申報》於次日報道了他的演講，以及來賓教育部朱經農、張道藩、楊杏佛和何玉書等人的致詞。

原計劃開幕式後首先進行的是「健康比賽」，由褚民誼主持並擔任裁判長。報上事先披露稱，他將與吳稚暉、楊杏佛等人一同參加開幕活動。但由於褚氏身體臨時不適而未能如約，健康比賽也因此延期。褚民誼病愈後，立即連夜自滬趕赴鎮江，參加18日第二階段的民眾預選賽開幕。賽會參加者有30縣之多，人數共計526人。褚民誼在會上發表演說，略謂「運動有方法與目的之兩種意義。方法有各項之不同，而目的之為健康則一也。本屆運動會有健康比賽一項，為向來所未有。「吾所謂健康比賽有三：一為體格之檢驗；二為體力之測驗；三為體能之考驗。」接着，他對這三方面的檢測進行了具體說明（本節後部將對此作詳細介紹，這裡從略）。

1930年3月18日江蘇省運動會上褚民誼（左2）與楊杏佛等人正在指導進行「健康比賽」，測定女生未跑前的脈搏和呼吸（《圖畫時報》[2.7]No.647，1930，3，23）

  講話完畢，進行各項競賽。「健康比賽，由褚民誼君所創議，」《申報》於次日報道稱，「其方法在同一年齡之下，跑百米路程，考驗其起步之前之脈搏及呼吸度次數為標準，至終點時，其度次與前相較，增加若干，相差幾少，考其體能。先由褚君邀楊杏佛、陳和銑、俞慶棠、蔣順元及本報記者孫道勝先生行試演。隨後參加者，有中央立法委員陶玄女士、陳和銑夫人、女生錦標胡瑞聲及其他女生四十餘人，各個成績，將由褚、楊二君閱查成績表後，方可定奪。」這次「健康比賽」，可以說是褚民誼的主張，體育要實行"三驗"的一次早期的有益嘗試。

  會後，《圖畫時報》[2.7]第647期（1930，3，23）上刊登了多幅報道江蘇省運動會的圖片，其中記載「健康比賽」的照片示於上圖，原圖注為「江蘇褚民誼、楊杏佛、本報記者裴順元等測女生未跑前脈搏呼吸。」圖中可見，主持人褚民誼正在現場作認真指導。

  其時褚民誼正肩負教育和工商兩部的委託，作為中國政府的總代表率團參加於1930年在比利時召開的國際博覽會。他在主持完上述「健康比賽」後即刻返滬，於4月5日放洋，直至年底回國。接着在完成赴新疆視察的任務後，又經

第八章　全民體育，重在健身

歷了九一八事變。由於上述種種原因，他所倡導的健康比賽，以及當時教育部委託他籌備召開的全國體育會議便被耽擱了下來。

事隔兩年餘，在褚民誼主持籌備下，於1932年8月成功召開了首屆全國體育會議，並於1933年10月在首都舉辦規模盛大的第五屆全國運動會。在此形勢下，全國範圍內掀起了開展體育運動的新高潮。為了進行指導，防止和糾正體育以比賽為目的錯誤傾向，褚民誼在各種場合，大聲疾呼，例如，1932年6月17日在南京中央軍官學校發表題為〈體育之新趨勢〉的演講；1933年10月全運會前夕先後在《科學畫報》[2.21]（Vol.2，No.8）和《科學的中國》[2.22]（Vol.1，No.6）上分別刊登題為〈科學與體育〉和〈體育的兩個標語與三種主張〉的論文；接著又於全運會後，在《康健雜誌》[2.20]（Vol.2，No.1-3，1934）上連載題為〈體育方法選擇與健康檢驗〉等文章，一再全面地闡述他所提倡的，「以健康為目的，以科學化和民眾化為標語，以實行『三要』『三省』『三驗』為主張」的開展全民體育運動的思想。其中「三要」（要慢、要匀、要柔）和「三省」（省時、省錢、省力）這兩種主張，在他推廣太極拳和太極操時已有充分的體現和詳述（見本章前面諸節）。下面將概括介紹，自江蘇省運動會「健康比賽」以來，他一貫提倡的「三驗」（檢驗體格、測驗體力、考驗體能）主張。

他指出，「體育是三育的一種，人們生存所必要的條件，假使能夠科學化，一定更加有益而無害。「但是不知科學而妄提倡體育，便不免有毛病發生。或者太偏於激烈，或者太偏於技術，只知養成選手，把體育目的健康兩字，反而置之腦後，這是很危險的。因為他沒有體育的標準，但知跳高、跳遠、跑快為好，而不知許多青年的身體，就因為跳、因為跑而犧牲他們的健康了。所以提倡體育，在施行種種方法之後，一定要有一種考成，看那種運動方法到底在體育方面有什麼進步？就是健康，也看健康到什麼程度？所以我對體育上提出第三種的主張，就是三驗：一、檢驗體格；二、測驗體力；三、考驗體能。」

（一）體格檢驗，「所謂體格」，他說道，「就是身體的外形與結構，如身高、體重、身濶、胸圍、腹圍、頸圍以及四肢的周圍（就是大小臂圍、大小腿圍）等等，都要依據檢驗的數目，一一記載下來。我現在擬定一種方法，照這個方法去行，可以很容易分別那一種的體格是好，那一種體格是壞。這個方法就是劃一『健康線』。這條健康線，越直越好；彎曲了就是表示身體不好。

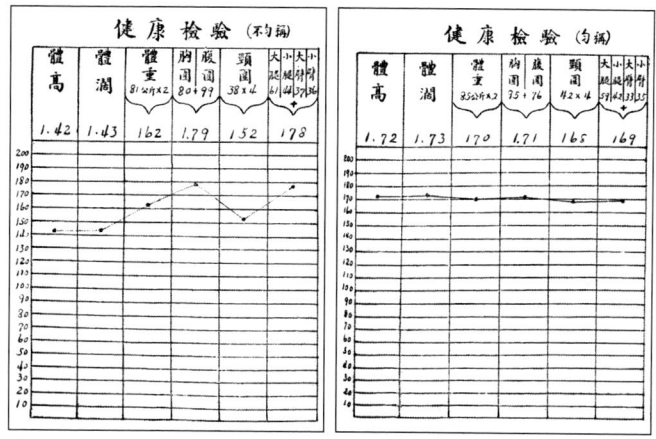

褚民誼設計的「健康檢驗」圖。其上繪製的「健康線」顯示身體的勻稱度；（右）線直勻稱；（左）肥胖不勻稱（《康健雜誌》[2.20]Vol.2, No. 3, 1934）

健康線何以直的算好呢？直就是表示身體各方面很合比例、很勻稱；若是彎彎曲曲的度數太多，就是表示身體的結構不相稱，就是不健康。譬方一個人，應該多少高，就應該多少重，這就是配合。如果身體很短，而很重；或者身體很高而很輕，就是不配合、不相稱。所以人不一定生得大算好，生得小算不好；大要大得配，小要小得稱，纔是真正的好。」

上圖是他建議繪製的「健康檢驗」圖表，採用體高、體濶、體重（公斤）的2倍、胸圍＋腹圍、頸圍的4倍、大小臂圍和大小腿圍之總和等六個參數，將其測定和計算結果標點在圖上，依次連接起來，便形成了一條「健康線」。右圖的「健康線」平直，顯示體格勻稱。左圖的「健康線」出現明顯的曲折，反映的是身體過胖所引起的不勻稱。這種方法簡單明瞭，雖然褚民誼當時所採用的體格參數和計算方法還有待完善；但是他的創意，以「體格勻稱」作為人體健康程度的一個標準，並進行初步嘗試，則是十分可貴的。其所提出的體格勻稱的概念，與當今流行的與身高相匹配的體重指數，可謂如出一轍。

（二）體力測驗，「我們人的體力」，他主張，「不是要他局部發達，最好要他全部發達。所以我們測驗體力，也不是測驗一種，而是測驗全身。在從前考試武狀元武舉人時代，試驗方法，是用舉重的方法、開弓、舞大刀、托石担，都是很不科學的。因為他沒有一個很精細的數目，可以代表各部分的力量的緣故。「所以我們要用測力表，把全身的力量，如手的握力、臂的托力、

推力、拉力、提力、挾力、腰力、腿力、肩力等等，都要測驗到。立一張詳細的表（如右圖所示）；由這個方法的結果，看那一個人的體力總數最多，就是那一個人的力氣最大，這是一點沒有錯誤的。」

他進一步分析道，「這種辦法，好處最多，第一是可以免除直接的比賽，不用甲同乙直接的爭勝負，而可以詳細知道這個人的力量。「第二是節省時間……要知道那個力量最大，一看便知，又極其公允，沒有毛病。況兩人直接比賽，於感情也是很不好的，用這樣來測驗，大家沒有關係。第三是不傷身體，舊式比賽的方法，往往弄壞身體。「今用這種科學方法，不用直接比賽，大家沒有好勝的感情作用，是不會傷身體的。而各人的全身力量，又測驗得非常精細。」

褚民誼設計的「測驗體力」表，紀錄全身各部分的力量（《康健雜誌》[2.20]Vol.2，No.3，1934）

（三）體能考驗，「體能就是我們的精氣」，他通俗地解說道，「中國人講力氣很大，是錯的，實則力是力量，是有大小的……氣只有長短，沒有大小。考量體能就是考驗我們的精氣。我們的力要大，氣還要長。「一個人要三個條件，體格身段要相配，力量要大，精氣要長。我們跑快步之後，神色沒有什麼改變，這個人體能是好的；如果非常疲倦，就是體能不行，氣不長。「如果動作以後，體溫陡然增加，那可以斷定這人有肺癆病。所以要考驗體能，就是在他平時，脈搏、呼吸、血壓和體溫等，把他檢查以後記起來；再看他運動以後有什麼變動。如果發現體溫增高，一定要禁止他不得再運動。脈搏與呼吸，運動前與運動後，相差多少；大概和平的運動相差很少；激烈的運動相差便多。如果激烈運動過分，一定使心臟和肺臟受損，所以考驗體能是非常重要的。考驗體能之法，就是在一定的距離、一定的時間，做同一種的運動。在運動前與運動後，種種相差的數目，愈少愈好。並且要看他運動以後五分鐘內能不能復原？如果能夠復原，就是好的身體。其次看他十分鐘內能不能復原？如果能夠，便是第二等的身體。再次看他十五分鐘內能不能復原？要是能夠，這便是第三等身體了。還有許多過分運動，不能復原，簡直傷害心臟肺臟，這是非常危險，我們更應當注意的。」

最後他呼籲：「希望全國體育界採納我這方法與標準，使我們的體育不光是效法人家的，而如我們總理所主張的迎頭趕上去，用我們新的科學方法來普及，把我們整個民族復興起來！」

褚民誼提出的上述體育運動的主張，以科學原理為基礎，以增進健康為目的，對於廣大民眾，無論國內國外均能適用。為此，他乘我國派出龐大代表團參加1936年第11屆奧運會之際，如前節「奧林匹克，國術爭光」中所述，特意編寫出版了題為《中國體育——想像力和創造力，1936年柏林第11屆奧運會》的德文版專著[1.41]，將他富有創意的上述體育運動思想貢獻於世。

第七節　體育真意，真美善樂

褚民誼為什麼如此醉心於提倡體育運動？他在《大陸雜誌》第一卷第六期（1932，12，1）上撰文〈提倡體育之真意義〉[18][1.25]（見右圖），從人性論的高度出發，闡述了提倡體育的目的是要得到健康的「真、美、善、樂」的觀點。這篇文章是在召開首屆全國體育會議之後，教育部委託他主持全國體育委員會，負責規劃和推動全國體育事業之際發表的。文中寫道：

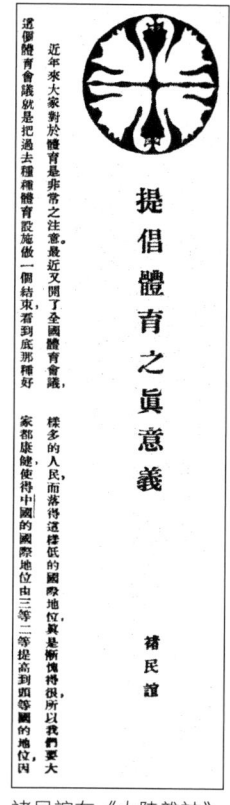

褚民誼在《大陸雜誌》（Vol.1，No.6，1932，12，1）上發表的論文〈提倡體育之真意義〉[1.25]

「近年來大家對於體育是非常之注意。最近又開了全國體育會議，這個體育會議就是把過去種種體育實施做一個結束，看到底那種好那種不好，然後決定將來的體育方針。現在這個會議的結果，是已經擬定一個『國民體育實施方案』，貢獻於教育部，如能採納，使全國照這個案去做，必定有好成績。閉幕以後，教育部發表了一個體育委員會。我們曉得體育委員會，從前本是有過的，因為種種關係，沒有組織成功。這次教育部是尊重全國體育會議的決議案來發表的，職務是擔任計劃全國體育的事情。這是大家提倡體育，開全國體育

18　為擴大影響，相同的內容，嗣後還以〈體育之意義〉為題，發表在1933年《民眾體育》季刊第1卷第1期上。

會議所得的結果——是提倡體育的事實——本文所謂『體育之真意義』是要使國人均了解甚麼是體育之真意義。」

他在說明「提倡體育的真意義,就是『健身強種』……去提高國家民族的地位,把國家民族弄強盛」之後,進一步說道:「我們提倡體育,固然是要『健身強種』。但是提倡體育的好處,是要特別說明的。如果我們不明白好處去提倡體育,還是得不到『健身強國』的結果,一定走到別的路上去,而失掉真正的意義與目的,成為錯誤的提倡了!提倡體育的好處究竟是甚麼呢?就是『真』『美』『善』『樂』。『真』字的意思就是『天真』。我們提倡體育、鍛練身體,是在要得到這個『真』字。『真』字是天然的『天真』。『真』的對面是假字,假是造假的……現在許多人,都曉得健康是很好的,但是他們不由正當的途徑去鍛練,而用一種法子去做成。譬如音樂唱歌要唱得好聽,本是要身體好才行,否則氣不足,聲調不長……然而中國唱戲的名角,多半不知鍛練身體,只曉得在上台之前去吃鴉片煙。吃了鴉片煙之後,精神很好,就可以唱得好聽,這完全是假造的東西,終是不行的。他們不吃鴉片煙就不能唱戲;而且不陸續加多煙的分量,也是不能唱戲。所以弄到癮頭日大一日,身體日弱一日,後來終是不能多唱。所以中國戲子越好,所唱的戲越少,只是最後出台一唱就完了。做戲多的都不是好戲子,是跑龍套的人。外國就不然,外國唱戲的人,要齣齣有他才是好角色……是甚麼原因呢?就是中國戲子身體不好。「中國不僅唱戲的為然,別種事業的人也有這樣情形。中國所謂『能者多勞』的話,是合於外國唱戲的情形。若是中國就是地位越大,事情越少,暇逸得很。地位小的,所做的事情才是一天忙到晚。歐美的人,不是這樣,他們在工廠做工的人,固然是很勞苦,就是當廠長的,也是很忙很勞苦。不像中國,居高位者的,非常暇逸,所以中國工業辦不好。這種習慣,看似很小,而影響於國家民族很大。其所以弄成這種習慣,也是身體不好的關係!」「以上是借音樂、唱歌的事來說明『真』字的意思,就是說『真』的是研究體育使身體強健而氣足;『假』的是靠吃鴉片煙之類得一時之興奮。」

「此外,還有我們觀察事物的正確不正確,也是在身體健康不健康上去定。因為身體不好,精神也是不好;精神不好,觀察事物亦是不正確的。不正確就是不『真』,——就是錯誤。比方我們的眼睛有病,就看東西不清楚,——就會看錯。神經有病,——不健康——去觀察事情也是不行的,——也是要觀察錯誤的。小事錯誤還不要緊,大事如果錯誤,那就不得了!所以我們應

注意到『真』字，——觀察要正確。所謂『誠意正心修身齊家治國平天下』的話，中間『誠意』二字就是『真』字的意思。意誠才可以治國平天下。大事業都是要從『真』字出發才能成功，所以『真』字是非常重要。

「現在再來講『美』。『美』是由『真』得到的。『美』是甚麼呢？就是好看。女子們為甚麼塗紅胭脂擦白粉呢？就是要好看。然而好看要『真』的才好看，假的是不好看。我去年在北平女師大講演，曾經說過：我們現在不要效紅樓夢上林黛玉的美，是要有健康的美。什麼叫做健康的美呢？就是一個人身體很強，就是很好看。身體很強的人，一定是不過於胖與過於瘦的，一定是容光煥發的，所以很好看。這種好看就是健康的『美』。這次全國體育會議，本有提倡健康的『美』的提案，大家沒有採取。所以不採取的意思，就是說不必特別標明出來，已經包括在目的當中了。我們提倡體育的目的，是要得到健康的『真』『美』『善』『樂』。但是健康的『美』，我們很難以找到標準。中國人的體格大概是柔弱的，我們講美女子都只講她們的面部。因為中國向來是穿大衣服的……現在我們中國女子衣服兩個手可以露出來了，穿長襪子的腿也可以露出來了。但是男子露肩露腿，反以為野蠻而失禮了！。然而我們雖然不能觀察中國人的健康『美』，亦可以想象到大家不講究體育，多半總是沒有健康美的。我在法國的時候，一天有一個朋友由海邊避暑回來。我因為知道那海邊是最好洗澡的地方，就問他洗海水澡的感想。他說不曾洗過。我又問為甚麼不洗澡呢？他說我身體很瘦弱，在那裏洗澡的人，那是很強壯，我如果除了衣服，同他們一塊洗澡，自己覺得不好意思，所以沒有洗。這個朋友是很顧體面的，如果不然，也冒昧地去洗澡，一定會給那邊人笑話，一人被笑不打緊，或者以為中國人都是這樣。但是這個人在中國並不是十分身體不好的，一同法國人比，就大愧不如，可見中國人的體育是太不提倡了！

我們中國人洗澡是關了門在房裏頭洗的，恐怕人家看見，所以身體的健康『美』是無從比較。歐美則不然，古代希臘羅馬洗澡的地方，是露天的。幾百人幾千人同時在一處洗，完全是公開的。這種公開洗澡，是很有意義，不知不覺中可以提倡體育。因為公開洗澡，那個的體格好不好，可以得一個比較。體格不好的，自己知道不如人，一定發生觀感去鍛練身體，改良體格，健康『美』的競賽，都寓在這裡面。

「我們對各種事物，不要有成見」，褚民誼進一步發揮道，「什麼是成見呢？譬如古代時候我們只用樹葉子把下部包裹，也無所謂不好。有了衣服

以後，就連什麼東西都遮起來了，就是太假了！外國女人無論冬夏可以赤膊，赤膊袒胸算是禮服，而男人要穿衣服，這是一種習慣，但已變為成見。這種成見，我們都不應該有。「各國各都會，或在公園，或在大路上，或在博物院，常有許多裸體男女銅像石刻，露出全身很健康的樣子，這是在中國看不到的。這種制度，是表出種種健康『美』的模範，意思是很好的。譬如那種男女的銅像石刻給小孩們尤其孕婦看見了，可以生出一種印象，這種印象就是使孕婦心裏想到將來我生了兒女也願他強壯到這樣子。

健康的美，有內外之分。以上所講的，是屬於外表的體魄。體魄健康了，得到健全的學問與技能，然後可以在文學上藝術上表現種種的美，引人入勝，這是屬於精神上的美。所以提倡體育，要真的美，不要假冒美觀。健康的美究竟有什麼好處呢？好處就是有了健康的『美』，才能夠有『善』。『善』是道德的問題，與惡字相反的。小而言之，是要使人家有好的觀念，不給人家討厭。比方我們穿的衣服不論綢的布的都是清潔，使人家看見不討厭，就是『善』，就是道德。大而言之，我們於社會上要有貢獻。消極方面，不要害人；積極方面，要益人救人。要能夠不害人而能益人救人，就先要他自己有好的身體，——很健康的體魄——因為身體不好不健康，就容易得病。比方是傳染病，如不曉得衛生，將自己的病於不知不覺中傳染於人，豈不是害人？……那就是頂不道德，是頂可惡的。所以我們應該要保持自己的身體健康不生病才能『善』——這是消極的『善』。」

「至於積極方面，不但是不害人，還要鍛練體魄去救人。譬如看見一個人跌在水裏頭，身體好，會游泳的，就可以跳下去把他救起來……他跌倒了，可以扶起他，諸如此類救人的事情多得很。此外還有許多看不見的，如一個農夫身體好能夠耕許多的田，為社會增加生產，有益於人，其他各種事業也是一樣。我身體比人家好，能夠多做事情，亦是有益於人。所以廣義的講起來，凡是多做於人類有益的事情，都是『善』。要多做於人類有益的事情，是要有很好很健康的身體；所以說有了健康的『美』才能夠有『善』！」

「接着就是講到『樂』字。『樂』是甚麼？『樂』是快樂。人身的快樂就是健康。不是錢，不是官……只有身體弄好了，才是真快『樂』。這種快『樂』在身體好的時候，總是糊裏糊塗過去，到了病痛時，睡在床上，想到從前健康的快樂，才知道是非常寶貴的。所以我們平時是要保護身體，維持健康，去享受這快樂的。「我們要時時刻刻注意提倡體育，維持健康。身體不好

的人，注意體育，身體就好了；上了年紀也可以同年輕的人一樣，這才是真快樂。我們如果不注意體育，一定會弄到身體不好，精神衰弱，因此對於一切事物都是悲觀，都是厭世，無論甚麼事情都不肯去做……結果使得政治、社會、事業都沒有辦法。有時候還要因為這種悲觀鬧出意見。大概大家對於一件事的觀察，那個對，那個不對，雖然不容易說，然而身體不好，精神不健康的人，總是觀察錯的，不正確的。所以這種人一多，什麼事都做不成功！我們要把身體練好，使精神能夠健全……才能很快樂很感興趣的為國家社會做事情！

「所以我們『提倡體育之真意義』在健身強種之中，還寓有『真』『美』『善』『樂』四個字的好處。」為了達到這個目的，他進一步說道，「我們提倡體育還要注意的，就是『普遍』二字，要大家都來，大家都得到體育的好處。不是那個同那個比賽，是要當作吃飯睡覺一樣人人每日應該要做的一樁事情。要規定一種基本動作，各人日日去練，不可間斷。除了這種基本動作之外，還有時間可以隨各人的意思興趣去練習別種運動。」

接著，他對「基本動作」的目的、要求和方法進行了詳細解說，提出他所創編的太極操，可以作為基本動作加以普遍推廣（對此在本章第二節「發揚國術，太極創新」中已有詳述）。

褚民誼在這篇文章中，從普世的價值觀出發，闡明了提倡體育的真義在於實現人性的「真、美、善、樂」。他不但言，而且重於行。作為中央委員，全國體育運動的領頭人，他毅然衝破當時社會上的「成見」習俗，以自己裸露的半身健美照片，作為國人健康的範例，展示出來，一時間成為媒體競相報道的熱門新聞。照片上，他那「真」實健「美」的體格、「善」意「樂」觀的精氣神，為健康的「真、美、善、樂」做出了生動的詮釋。褚民誼從不惑之年直至年近六旬，一直樂此不疲。後圖給出了褚民誼在不同時期的健美照片，第一張是1927年12月4日《圖畫時報》416期[2.7]上，作為頭條新聞，首次公之於眾的照片，是此後最頻繁見諸於書刊上的。其後的三張照片是本書其他章節中未曾出示過的，依次是1928年4月刊登在《良友》畫報第25期上，1931年5月13日題贈張靜江先生（現今展示在南潯「張靜江故居」展覽會內），和攝于1940年代的健美體魄照片。

第八章　全民體育，重在健身　219

1927年12月4日《圖畫時報》 　　　　1928年4月《良友》畫報第25期[2.9]

1931年5月13日題贈張靜江 　　　　1940年代年近六旬的健美照片[1.63]

褚民誼1920年代至1940年代不同時期的健美照片

第九章　從教育人，孜孜不倦

第一節　辛勤耕耘，中法工院

　　褚民誼以教育為立國之本，孜孜不倦，盡心竭力，矢志不渝。早在歐洲求學時期，辛亥革命剛一結束，他便在法國積極參與留法勤工儉學運動，並進而於1920年初以北京大學駐歐通訊員身份負責在法國籌建里昂中法大學，1921年學校建成他任副校長。1924年他結束了近二十年的游學生涯，在法國斯特拉斯堡大學獲醫學博士和藥劑師學位後，於年底回國，即被聘任為國立廣東大學教授，不久相繼任命為代理和署理廣東大學校長，期間兼任廣東大學醫學院院長和北京大學生物系教授，並被廣州國民政府任命為教育行政委員會委員。廣東大學是孫中山於1924年在國民革命策源地廣州創辦起來的，學校設文、理、法、醫、農、工各科，其規模堪稱當時國內之最。褚民誼執掌廣大後，大元帥府又下令將里昂中法大學定為廣東大學的海外部。1926年國民革命軍誓師北伐，褚民誼任後方軍醫處處長，1927年3月革命軍攻佔上海，他即於次月被任命為中法國立工學院的前身中法國立工業專門學校校長。前述的里昂中法大學，是由中法雙方合作，中國在海外創辦的第一所高等學院；後者中法國立工學院，則是中法兩國政府唯一在中國上海共同開辦的一所高等工科院校，兩者對於中法之間的文化交流與合作，可謂一脈相承。褚民誼堪當其任，在上海到職後便以校為家，辛勤耕耘十二年，直至1939年。這是他畢生中任期最長的一個職務。

　　目前的上海理工大學，其歷史可溯源至上海中法國立工學院和滬江大學的前身，至今已逾百年。在其校慶100周年和105周年之際，先後編輯出版了《風雨旋歌復興園──從德文醫學堂到國立高機》[3.78]和《棟梁氣貫大世界──上海理工大學工程教育百年》[3.84]兩書，書中對中法國立工學院的歷史沿革和發展介紹甚詳。1934年中法國立工學院第一屆大學生畢業之際，由院長褚民誼主編出版的《中法國立工學院院刊》[1.33]全面總結了該院的歷史，內容翔實豐富。該校係由中法兩國政府合辦，環境和設施在全國高校中均屬特殊

情形。為此1935年褚民誼撰寫了題為〈中法國立工學院之過去與將來〉[1.35]的綜述論文，在《科學》[2.4]Vol.19，No.7（1935，7）上發表，並全文刊登在《時事新報》（1935，7，3）、《華北日報》（1935，7，7-8）和《申報》（1935，7，17）等諸多報刊以及《中央週刊》[2.12]（1935年第371期）上，以饗國人。文中第一部分概要地介紹了「本校之沿革」（這部分內容亦曾刊登在《中法國立工學院院刊》[1.33]的「本院概況」一節中）。

「在1907年以前，」他寫道，「有德醫名寶隆（E. Paulun）者，來滬行醫，懸壺之餘，購地數畝，建屋數椽，設帳授徒，是為本校之濫觴。其後寶隆氏所收生徒日多，乃成立私立醫學院。斯時德領事克拉甫（W. Knappe，現譯克納佩），鑒於寶隆氏辦學成績頗佳，乃取得其同意，向德政府提議，將私立醫校加以擴充，設醫工兩科，改組為德國國立大學，經德政府核准，於1907年6月3日正式成立，是為同濟大學[19]，仍由寶隆氏任校長。1909年，寶隆病故，將其私產，悉數捐入校中，繼任校長名斯卻波（Von Schab，現譯福沙伯）。1914年，歐戰發生，同濟停辦，斯卻波去職。

迨戰事告終，訂定凡爾賽和約，於第134條載明，『德國放棄在上海法租界所有之德國國立同濟大學全部校產，與中法兩政府。』法政府根據此條約，遂與中國政府商定，繼續共同辦理辦法，定名為中法國立通惠工商學校，設工商兩科，中法政府各派校長一人。中國校長為張保熙，法國校長名梅鵬（B. Maybon），1921年3月10日，正式改組成立，遠近學子，負笈前來者達四百餘人。不幸至1923年，風潮迭起，校務遂因之停頓，於是停辦商科，更改校名為中法國立工業專門學校。翌年，張保熙辭職，暫由教務長胡文燿代理校長職務。其後，梅鵬亦相繼辭職，由法政府派薛藩（H. Civet）繼任，中政府亦正式任命朱炎為校長，校務進行，日益發達。迨至1927年3月21日，國民革命軍抵定上海，風潮又起，朱炎去職。是年四月，由國民政府大學院，派褚民誼為校長。翌年2月10日褚氏來校就職，因被政府派往歐洲各國調查衛生事宜，其職務由李宗侗代理。1929年，奉部令更名為中法國立工業專科學校。旋又以年數及課程與教育部所頒新章程抵觸，於1931年呈部，請改為獨立學院，奉部令照准，於9月1日正式改為中法國立工學院，院長仍為褚民誼、薛藩。」

---

[19] 此為該校當時的稱謂，「同濟」為德文的「德國」——Deutsche的上海話諧音，蘊中德「同舟共濟」之意。對其全稱現有多種譯法，書[3.84]中稱之為「同濟德文醫學堂」和「同濟德文醫工學堂」等。

國民政府委任褚民誼為中法國立工業專門學校校長的命令是在1927年4月27日正式作出的。[3.60]《申報》3月29日和31日上先後報道,國民革命軍剛一進駐上海,位於法租界的中法工業專門學校便掀起了學潮,學生罷課要求收回教育權和驅逐校長朱炎。3月28日該校學生會致函白崇禧總指揮部,陳述意見後,又於30日下午二時許,推派代表五十餘人,持大小旗幟至新西區總司令部請願,要求蔣總司令親自答復所提要求。蔣親至大門前,向學生演說,略謂,你們的來意,余已知悉,請即回校,一面派員查明真相,再予圓滿之宣示云云。各學生聆此訓議,即行回校。不料又發生法兵入駐學校,佔據校舍事件,遭到學生強烈抗議,矛盾又行激化。在此情勢下,中央教育委員會作出了由褚民誼繼任校長的決定報政府批准,該校學生會聞訊即電中央教委會,對此「極表歡迎,祈轉促褚君,速蒞校主持。」(《申報》1927,4,24)褚民誼到滬後即與前校長朱炎數次面商交代事宜,該校學生會亦派代表進謁褚氏,待進一步與法領事及法校長兩處接洽妥當後即可到校就職。(《申報》1927,5,6;15)

　　當時正值革命形勢風雲突變,重大政治變故接踵而至。國民黨與共產黨公開分裂,釀成了上海的「四一二」事變。4月18日國民政府在南京宣告成立,國民黨內部出現了寧漢對立的嚴重局面。作為國民黨元老之一的褚民誼,身臨漩渦中心,責無旁貸,竭力為恢復黨內團結而奔走斡旋。9月15日寧、漢、滬三方實現聯合,成立國民黨中央特別委員會,改組國民政府和國民黨中央軍事委員會。褚民誼先後被推選為中央特別委員會委員、商人部主任和訓政實施方案委員會常務委員,常駐南京辦公。此時他認為,黨既清而又合,可以在處理中法工業專門學校復課等事宜後,赴法從事他所喜愛的醫學方面的研究,遂於11月提出對黨政工作的辭呈,但受黨政各界極力挽留未能成行。在動盪的政治局面趨於穩定之後,在首都南京召開一次整頓組織、鞏固團結的國民黨二屆四中全會迫在眉睫。在12月3日第一次預備會上,褚民誼被推舉為中央黨部秘書長,負責大會的具體籌備工作。原定會議在1928年1月初召開,國民政府於1月3日下令,委派他赴歐洲考察衛生。為了做好充分的準備工作,全會日期一再推延,褚民誼顧全大局,堅持到二屆四中全會於1928年2月2日開幕到7日勝利結束,才於2月11日由上海啟程赴歐考察。(詳見本篇第二章「投筆從戎,參加北伐」中的有關部分)

　　褚民誼出發前,於2月10日到中法國立工業專門學校(簡稱「中法工

專」）就職，高中部恢復上課。次日《申報》上報道了這則消息，並刊登了他臨行前致國民政府大學院的呈文：「為呈報事，喻前奉國民政府命令，任命褚民誼為中法國立工業專門學校校長等因，遂於本月十日到校就職，先將中學各級之課開講，至專科問題，需組成中法委員會共同討論辦法。惟民誼已奉國民政府派赴法國考察衛生事宜。在考察事宜期間所有校務，由李宗侗暫行代理，狀請照准，並轉呈國民政府加以任命。至需用經費，仍懇請從速撥發，以維中法兩國合辦之教育事業，實為公便。謹呈大學院院長蔡（元培）。」

歷經八個月的赴歐考察，褚民誼於1928年9月14日回到上海。已如本篇第七章「醫藥衛生，造福社會」中所述，此行他在醫藥衛生等方面收穫頗豐。其中，他所提出的擬由中法合辦在上海設立「巴斯德學院」（防治傳染病的「細菌研究院」）的建議，得到了法方有關方面的支持，這是他計劃改造中法工專的一個重要組成部分。歸國後他即着手處理中法工專的校務，於10月1日在校內向全體學生發表講話。嗣後不久出版的《褚民誼最近言論集》[1.10]中收錄了10月1日、6日和16日連續三次訓話的全文。

作為校長，他第一次與全體學生見面，講話是以這樣親切的口吻開場的：「今天與諸同學談話，兄弟覺得非常愉快。諸同學在課堂時多，與兄弟見面時少，對於課程校務，應有改善之處，諸同學或不甚明瞭，必須加以說明。故兄弟極願與同學時常談話，使師生間不致隔閡。此後定于每星期……與諸同學談話一次。兄弟年齡較長，極願以箇人之經驗，或過去之事實如革命及求學等，每星期與同學討論一次。」接着，他談了如下五個問題：一是關於巴斯德學院（後詳）；二是提倡國術，特聘請拳術專家來校訓練；三是注意清潔衛生，防止近來的痢疾傳染；四是要有禮貌，養成尊師互愛之良好習慣；五是由於二年級同學程度不齊，擬分兩班聘請法語教師授課。

在關於「巴斯德學院」的講話中，透露出他雄心勃勃的辦校設想，試圖仿照清華大學擴大留學生派出計劃，並將該校逐漸辦成一所綜合性的「中法大學」。他是這樣說的，「本院初名同濟大學，設立工醫兩科。嗣因歐戰影響，改為通惠工商學校，醫科遂未設立。嗣改為工業專門，設備雖較完全，然因風潮數起，專門班畢業者寥寥。今本校雖已開學，而專門班猶未恢復，則因教授缺乏之故。所以從前之三四年級同學，已送往法比兩國留學。每人約需每年千元。現兄弟計劃，最好每年能有四十人留學海外，約需四萬元。當此財政竭蹶之時，雖不易辦到，然總要勉力做去。兄弟希望本校同清華一樣，每年有若

干學生留學。一方對內,則注意改進法文之課程,使同學之法文程度,既能提高,而修業時間又較縮短。對於法文,人人具有相當之根基,庶幾其他科學,可以迎刃而解。至於巴斯德學院,現方在計劃中,約計籌備期限,非一二年不為功。鄙見擬就本校所餘之空屋,加以修理,改為學院,並非將本校完全改組,諸同學實毋寧恐惶。並擬將本校先辦工醫二科,再由工科、醫科,擴充至農科、理科、文科,而成立一中法大學。北平之中法大學,里昂之中法大學,早已設立。上海、廣州亦有設立此種大學之必要。所以本校即為他日上海中法大學之基礎。但此種計劃,決非短時期內所能實現。」

在10月6日的第二次講話中,談及三個校務問題。首先他對即將到來的雙十國慶節慶祝活動做出具體安排。「今年國慶,與往年不同。」他說道,「今年舉國已統一,中山先生所主張之北伐已完成。國民政府成立以來,經過三年之努力,東征北伐之奮鬥,今日舉國始統一於青天白日旗幟之下,故各地人民,歡忻鼓舞,籌備慶祝,皆異常熱烈。兄弟本應在校與諸同學共同慶祝,奈中央委兄弟主持籌備首都慶祝事宜。以首都與本校相較,有輕重大小之別,故不得不捨棄一方,擔任首都慶祝,然心中則彌以為歉。兄弟雖不在校,希望同學仍照常熱烈底慶祝。至於經費,本定為二百元,現已由教職員捐了少許,其餘請諸同學捐輸,不足之數,兄弟再來擔任。遊藝方面,可演影戲、拳術、音樂、歌舞等,以喚起同學精神上之愉快。校內並須紮牌樓、懸燈彩,以資點綴。望同學推出幹事,分頭做去。」

其次他要求學生不曠課、少請假,並擬修訂一個切實可行的曠課懲戒辦法。最後他提倡學生全面發展,讀書之餘,鍛煉身體、重視美育,並鼓勵以音樂頤養性情、涵濡德育,特開闢一音樂室,供同學課餘入內肄習,以免在宿舍內妨害他人學業。從中可見,他對學生的管理可謂寬嚴相濟、體貼入微。

說完上述校務後,時間尚早,他就開始以「進化與革命」為題,向同學們作通俗系統的講演。此後幾次講話也都圍繞這個問題展開。在使學生獲得豐富的地球和人類社會進化的歷史知識的同時,他以生動的事實說明,保守落後必有亡國之憂,我國革命在所必然的道理。從而鼓勵青年學子們道:「今日革命之破壞時期,已成過去,此後宜如何進行,力求迅速之進化,長足之進步,此責任惟青年負之。要知不進化即係退化;遲滯之進化,即等於不進化。積之既久勢必再生革命,循環不已,國家之元氣大傷,安有圖強之望。故吾人宜發一猛省,急起直追,使吾國政治社會,凡百事務,惟有迅速之進化,人人刻苦的

努力,不斷底奮鬥,日進千里,靡有已時,務使最短時間,致國家於強盛,而一洗中華病國之譏,甚望舉國青年,群起而肩斯大任焉!」

隨着學潮平息,褚民誼到校掌理校務,學校迅速走上健康發展的道路。1929年3月28日《申報》的學校生活欄目中,刊登了題為「褚民誼先生指導下的中法工專」的校聞,報道該校近來的新氣象謂:「滬西中法國立工業專門學校開學後,各種小集團組織頗形活躍,較之上學期的沉寂狀態覺生氣不少。

一、學生會重振旗鼓。本學期當選的執監委員,類皆校中的優秀份子,學識才能自高人一着,熱心服務的精神令人見而敬佩,所以同學方面都相慶得人。並據某執委云,近正努力於籌設發行月刊的事宜,擬與學校當局合作辦理,期收相勵之效。若果如是則將來的成績,可斷言必為吾人以具大欣慰的。

二、資望深重的黨義教師。誰都知道褚民誼先生是國民黨的數一數二的忠實同志,在黨早有相當的歷史。本學期褚先生以校長的地位,在百忙中抽暇,親自講授黨義,把國民黨過去的歷史,中山先生奮鬥的經過,和一切遺教,以及屢次的舉義,目前黨的地位形勢等等情形,備極詳細透徹,聽者咸為動容,是在褚先生不愧為資望深重的黨義教師,而在學生亦堪告榮幸。

三、新創立的神州武術學社。褚先生是提倡國術的一位專家,對於國術運動的興意,特別熱烈,特請劉福民先生擔任教席,各級規定每星期二小時為必修課。但是諸喜習國術的同學認為二小時的時間太少,從劉先生的發起組織了神州武術學社,無須入社費,有志的都可加入。所以入社的已不下二三十人。每日刀劍槍棍,舞弄至勤。

四、秩序井然的美悠遠會。這是一個小小的集團,雖然祇有十多個人,可是他們的內部組織是很完美的,很有規則的。他們的宗旨是着力在三育的方面,凡他們的力所能及的事項,他們都願去嘗試一下。所編的半月刊還能過得下去,他們的一種不屈不撓的精神,和堅固的團結力,確乎在小集團中是難於多見的。

五、春假期內的兩旅行團。一組是到杭州去的,一切手續都已由該團團長黃敬齋君籌備妥當,借宿地點也已由褚校長商借,定即日出發,期約旬日,到杭州後將作一番詳密的參觀。一組是到蘇州去的,沿途步行,一行七人。他們的目的,在想作一次較長途的遠足,飽覽天然的風景。沿途由中法兩校長給證明書,飭警保護,蓋畏匪患,為期亦旬日。聞該團於沿途所經之地,概請各該地長官題字,藉留紀念,預料回校之日,必將携大宗琳琅物以俱歸也。」

在校內開展多種多樣活動的同時，褚校長對學生嚴格管理，對他們的學業嚴加要求。在《申報》4月9日題為「褚民誼獎勵勤學」的報道中稱，「中法工專校長褚先生的改革校務的精神毅力，確令人驚佩。他鑒於同學們自由出入校門頗易滋事，甚感不幸而有危險發生……所以就定了一種妥善的辦法，在星期六下午和星期日及假日仍可自由出入。惟平時則概須向學監處領取一形似雞心的銅質通行證，否則不准出校門一步，若違章，記過一次。同學們類相安無事，並不嫌手續麻煩而纏足。這種通行證卻實行於校中，亦可謂別開生面的了。「他常告誡學生切宜少預聞外事，本學期又榜刊一紙『凡學期考試得第一二名的，得免下學期的學費』的佈告。因此一般日夜在夢想免費的同學，個個開着快車趕功課，滿擬爭得免費的機會。預料一般學問優長得勝利的同學，必將感恩載德地互呼受惠不淺哩。」

　　褚民誼到校後所採取的一系列舉措，以及校內開展的豐富多彩的活動，展現出他所提倡的"德智體美群"五育全面發展的蓬勃景象。其中春假自助旅行團活動，更是別具一格。有關褚民誼提倡"五育"全面發展的思想將在本章第二節"倡導五育，全面發展"中另述。

　　後頁上圖是1929年1月「上海中法國立工業專門學校（高中部）三年級全體學生歡送教授何尚平先生赴法就總領事職及尼谷蘭先生返國攝影」。照片原件現曾展出在杭州西湖博覽會博物館內[20]，照片下側對前排人物的標註依稀可見。前排除學生外，從右第四人起依次為：秘書田守成、法國校長薛藩（H. Civet）、教授何尚平、法國教授尼谷蘭（M. Nicolet）、中國校長褚民誼、法國教授薛帆（A. Civet）和中國學生舍監顧寶琦。在褚校長的帶領下，全體學生和大部分中方教職員一律穿著中式長衫，與法方人員形成明顯對比。從圖上可見當時在校的法方教職員為數尚少。

　　如前所述，學校因學潮停課後於1928年初復課，然而由於缺乏教授等原因，只有附屬高中部各年級能夠正常上課。「是時本科學生中途輟學，甚為可惜」，他在〈中法國立工學院之過去與將來〉[1.35]一文中寫道，「民誼乃商承教育部資送該生等赴比留學，計分兩批，每批二十人，於留學費用，則由本校經費下，予以撥助。」正如本篇第四章「中比庚款，比國博覽」中所述，褚民誼與比利時教育界素有密切聯繫。該國工農業發達，毗鄰法國，法語是其

---

[20] 該照片的局部亦曾發表在《圖畫週刊》[2.7]No.533（1929，1，27）上。

1929年1月上海中法國立工業專門學校三年級全體學生歡送教授柯尚平先生赴法就總領事職及尼谷蘭先生返國合影。前排從右第四人起：田守成、薛藩、何尚平、尼谷蘭、褚民誼、薛帆和中國學生舍監顧寶琦等（杭州西湖博覽會博物館）

通用語言之一，而其學費和生活費用則明顯低於法國。加之，褚民誼等人早年在比利時勞工大學建立起來的中國留學生宿舍，為他們創造了便利的求學條件。由於法比之間交通便捷，有些中國留法學生，特別是經濟上困難的學生，甚至會選擇在該處住宿。因此，將待學的中法工專學生成批地派赴比利時留學，無疑是一個明智的決策。

1929年4月中比庚款委員會恢復工作，褚民誼任中方委員長，在中比雙方共同制定的計劃中，有資助中國學生赴比利時留學的項目。適逢中法工專「高中部有學生七名畢業，因得參與考試，由該會資送赴比留學。」（〈中法國立工學院之過去與將來〉[1.35]）

該校自1921年3月10日由中法兩國政府合作從德人手中接收，正式改組成立以來，直至1929年，屢經周折，而步入正軌。3月11日下午三時在學校大禮

堂舉行八週年紀念典禮，《民國日報》於次日報道，「全體中法教職員暨學生濟濟一堂。來賓到者，有河北省政府委員農礦廳長蕭子昇、江蘇省政府委員陳和銑、立法院委員戴修駿、農礦部農政司司長徐海航等。首由該校校長褚民誼致詞，略謂，『本校成立以來，於今瞬已八年。自兄弟長校後，參加紀念盛會，尚為第一次。以往之事實，如風潮數起，為本校至不幸之事。今則師生之間，感情極為融洽，共同合作，以求本校前途之發展，所望諸同學益加奮勉，努力進取云云。』次來賓蕭子昇演講，報告北平教育界最近之狀況，對大學區制，頗有論列。次各來賓均有演說，語多勗勉。次教職員學生相繼演說，至五時散會。」

已如本篇第四章第三節「精心組織，博覽爭光」中所述，1930年5月褚民誼受政府委派率團赴比利時參加國際博覽會，於12月12日載譽回到上海。中法工專師生於褚校長抵滬當日到碼頭熱烈歡迎之後，又於14日召開歡迎會。會上決定組織校友會，並立即著手進行籌備，以期於翌年初紀念學校十週年之際正式成立。《時事新報》於12月16日報道，「中法工業專門學校，自前中法通惠工商學院改組以來，前後已屆十載，先後校友約千餘人。近為互通聲氣、聯絡感情起見，前晚假座太平洋西菜館，舉行校友會籌備會，兼歡迎褚校長民誼先生，及首批留比回國同學陳啟福、魯若愚、林祖心、林祖歡、方仁麟、余谷樂諸君。到有教職員及同學，褚民誼、朱炎之、范爭波、張瀛曾等五十餘人。席間由同學代表虞兆夔君報告宗旨，並有褚、朱及留比同學代表陳啟福諸先生相繼演說。旋即推定校友會籌備委員褚民誼等九人。九時餘盡歡而散。聞第一次籌備會定於本月念一日舉行，由倪之璜君召集云。」

1931年2月8日，中法國立工業專科學校校友會在該校開成立大會。票選褚民誼、范爭波等九人為執行委員。《民國日報》於2月26日報道，「昨開第一次執委會議，照章於執委中公推褚民誼、農汝惠、范爭波為常務，干保元、張瀛曾為文牘，倪之璜、林俊為會計，吳天倪、陳啟福為庶務，並議決于母校十週紀念會，公贈名貴書籍為紀

1931年7月6日《申報》上刊登的「中法國立工學院」更名通告，及該院附屬法文補習班招生告示

念，會址則暫設辣斐德路母校中云。」

通過中法雙方的共同努力，1930年中法工專本科復課，當年高中部12位畢業生中，有9人通過考試，成為本科一年級新生。學校奉教育部令，更名為「中法國立工業專科學校」。當時中國的工科教育還很不完善，尚無單獨設立的工科高等學校，將這所按照歐洲工程師培養目標建立起來的學校，以國內一般通行的「專科學校」定名，其學制及課程設置與當時教育部新頒佈的「專科學校組織法」和「修正專科學校規程」的規定相抵觸。為此校方向教育部提出申請，將該校確立為一所獨立的工業學院，奉部照准，改稱為「中法國立工學院」，法文校名「Institut Technique Franco- Chinois」（ITFC），在我國工科教育發展史上，此舉實乃開建立獨立工科院校之先河。如前頁右圖所示，刊登在1931年7月6日《申報》上的更名通告中謂，「本院原名中法國立工業專科學校，奉教育部令，改組為獨立學院，定名中法國立工學院。院址上海拉斐德路1195號。」其左側同時刊登有「中法國立工學院附屬法文補習班招生」告示。該告示中稱：

「本院附設高級中學三年，另附設法文補習班一年。高中各級及大學一、二年級插級生，俟九月初另行登報招考。茲先招補習班生約百名。資格：公立及已立案之私立初級中學畢業生。年齡：限14歲至16歲。報名日期：7月11日起29日止，每日上午9時至12時。報名手續：備具畢業證書及相片二枚，報名費兩元。考試日期：7月30日、31日兩天，每日上午八時起。考試科目：黨義、國文、算數、代數、幾何、地理、歷史及口試。考試地點：上海拉斐德路1195號本院。招考簡章函索即寄。」

中法國立工學院中國院長兼訓育主任褚民誼（右）和法國院長兼教務主任薛藩（左）（《中法國立工學院院刊》[1.33]）

更名後的中法國立工學院的組織領導依舊，褚民誼任中國院長兼訓育主任，薛藩（H. Civet）任法國院長兼教務主任（見前頁下圖）。薛藩是畢業於法國中央職業技術學校的工程師，1924年2月來華就職前任法國凱澤洛登工學院（Ecole Techniquede Kaiser Lautern）副校長。《申報》（1932，1，19）上報道稱，「中法國立工學院，係由中法兩國政府所合辦，故該院組織方面，與普通學校不同，有中法院長各一人，會同辦理學校行政事宜。中國院長褚民誼係教育部聘任，法國院長薛藩則由該國政府委派。薛藩氏原為工程師出身，對於工業之學術經驗，頗稱豐富。來長該校，已歷時八年，頗著成績。現法國政府鑒於薛藩氏辦理教育有方，特於日前授給榮譽勳章，以示獎勉云。」至於中方院長褚民誼，則先已於1930年獲得了法國政府授予的榮譽軍團軍官勳位勳章（見本篇前述第三和第四章中的有關部分）。

「中法國立工學院」於1931年9月1日正式成立。15日上午九時，舉行開學暨院長褚民誼宣誓就職典禮。如右下圖所示，《民國日報》於次日報道，「教育部長李書華親臨監誓。到該校中法全體教職員暨學生數百人，濟濟一堂。行禮如儀後，褚民誼即宣誓就職。其詞謂『余誓以至誠，遵奉總理遺教，服從政府命令，恪恭就職，努力將事，不用無用之人，不作無益之事，如違誓詞，願受最嚴厲之處罰，謹誓。』次由李部長致訓詞，略謂『本人共到貴校來過三次。第一次在十餘年前，由歐洲回國路過上海，曾到貴校參觀；第二次是兩年前，貴校褚院長陪兄弟來參觀；今日參加褚院長就職典禮，是為第三次。貴校乃中法兩國政府所合辦，在教育界頗佔特殊之地位。尤其為工業學校，當此建設伊始，需才正殷之際，愈當注重。蓋養成技術專門人才，為今日我國切要之圖。吾人對於溝通中法文化，具有夙願，貴校褚院長為努力中法文化有相當歷史之人物，長貴校已數年，具有相當成績，今後必能日益發展。法校長對貴校辦理頗稱熱心，兩校長融洽無間，共同努力，恭祝貴校前途日益光明云云。』次由院長褚民誼致答詞，並報告該校改組經過情形，略謂『本校今日開學，本人就職，承蒙部長親臨監誓，非常榮幸。本校以前，僅

1931年9月15日「中法國立工學院」舉行開學暨院長褚民誼宣誓就職典禮（《民國日報》1931，9，16）

第九章　從教育人・孜孜不倦　231

中法國立工學院正門（《中法國立工學院院刊》[1.33]）　　中法國立工學院校徽，中文校名（上），法文校名縮寫（下）[3.84]

　　為甲種工商業學校，嗣改為專門工業。惜中經變故，專科各生未及畢業，乃由本校資送赴比留學。先後計有兩批，現畢業歸國在本校服務者，已有數人，成績頗佳，殊堪欣慰。即前年本校附屬高中畢業生七人，由中比庚款委員會派往比國留學，聞在比成績亦佳。上年本校始恢復本科一年級，今年有二年級，以後每年陸續增加班次，學程定為四年，故呈准教育部改組為獨立工學院云。」次法校長亦有演說，語多勗勉，該學院全體教職員及學生代表向李部長致謝詞。」
　　右上圖所示，是該學院的校徽，上部是中文「中法國立工學院」的全稱，下部「I.T.F.C」是法文校名的縮寫，中間以兩杠相連，以表中法兩國之間的友誼和聯合辦學，從而將徽章組合成一個寓意工業的「工」字形，其設計可謂獨具匠心。[3.84]
　　中法國立工學院的地址在上海辣斐德路（今復興路）1195號，位於辣斐德路與亞爾培路（今陝西南路）之交匯處。左上圖所示為辣斐德路上的學院正門。院內建築講究，設備齊全，院舍寬大，整潔衛生，可容納寄宿生四五百人，更有廣闊之操場草地數處，可供各種體育運動和戶外活動之用。後頁上圖展示的是學院的全景，從右端大門進入校園，其右手側（即照片的正面），依次是教室和辦公主樓、試驗室以及學生宿舍；其對面先是實習工廠區（可見煙囪和水塔），接着是教員宿舍（從圖的右下側向左可見其沿街的屋頂）。校內設施除大教室十間（其中有二間梯形座位的教室），及備有大量科學及工業

中法國立工學院鳥覽全景（《中法國立工學院院刊》[1.33]）

書籍的圖書室[21]一大間外，另設有機械、鍊鐵、翻砂、木工和金屬試驗五個工廠，以及工業模型陳列室、工業圖畫室、化學試驗室、物理試驗室和電學試驗室各一間。

  學院教職員按1934年登記共計50名（名單和住址見《中法國立工學院院刊》[1.33]）。半數住在校內，其中一部分安置在沿亞爾培路一側的教員宿舍區內，有獨立的門戶，門牌號雙數，從亞爾培路400至410號。褚民誼被任命後，即於1928年初舉家從廣州遷居到亞爾培路408號，直至1939年離職。前述他的二個女兒褚孟嫄和褚仲媯出生在廣州，嗣後他的三個兒子褚叔炎、褚季燊和褚幼義則先後於1931年、1934年和1935年出生在上海。褚民誼不僅在此安家，而且將這里作為他開展工作的基地，許多早期的重要活動都在這里並借助學校的資源進行。例如，赴歐考察衛生回國後，他主編的《醫藥評論》[2.15]於1929年1月創刊，前三年每半月出刊一期，編輯部就設在他家中。1929年他任中比庚款委員會中方委員長，除聘請在外交部任職的劉錫昌為秘書長外，還聘請時任中法工專的秘書農汝惠和田守成，分任中方法文佐理和中文佐理。為充分利用比利時退回的庚款，委員會工作繁忙，從4月到8月曾先後召開過九次全體大會，其事先舉行的六次中方代表團提案預備會，以及七次中比雙方聯合提案審查小組會，均在褚氏的寓所內舉行。1930年褚民誼被政府委派，擔任中國參加比利時國際博覽會中國代表團總代表，中國館內展出的內容包括教育、農業和工商業三大類，上述劉、農、田三人均被任命為代表團成員；此外，褚民誼除在校內積極提倡體育外，還以此作為向社會推廣太極拳和太極推手器械運動的一個陣地，並曾邀請該校體育教員金壽峰協助到比利時國際博覽會

---

[21] 至1934年藏書共計六萬五千餘冊，其中含近一万五千冊外文書籍[3.84]）。

上作太極推手器械等武術表演。還值得指出的是，雖然他所提出的成立巴斯德學院的議案，由於經費等原因未能實現，但是他依托北平的中法大學，利用中法工專校內的空餘處所，於1929年在上海創建了中法大學藥學院（後稱藥學專科），蔡元培任董事長，他任院長，如此等等。所有上述活動，對擴大該校的社會影響，爭得各方的支持，特別是中比和中法庚款委員會的贊助，產生了積極的作用。

下圖是刊登在1932年11月《良友》畫報[2.9]第71期上，中法國立工學院教職員的近影，顯示出當年比較完備的中法雙方的教職員陣容。圖中前排就坐者，右起依次為：法文講師尼谷蘭（M. Nicolet），何尚平教授，法文講師白榮璋（M. Blanchet），中國院長褚民誼（著長衫者），法國院長薛藩（H. Cevit），秘書主任農汝惠，電學講師麥彝（M. Mailly），林祖歡教授，法國會計主任達理（M. Darre）；第二排右起第四人為秘書田守成。

1934年夏，中法國立工學院迎來了第一屆大學畢業生，學校步入了成熟階段。值此之際，由中方院長褚民誼領銜編輯的《中法國立工學院院刊》（簡稱

1932年11月中法國立工學院教職員近影。前排右起：尼谷雷、何尚平、白榮璋、褚民誼、薛藩、農汝惠、麥彝、林祖歡和達理；二排右起第四人為田守仁（《良友》畫報[2.9]No.71，1932，11）

《院刊》）[1.33] 於1934年12月出版面世（見後頁圖）。出版委員會由中方師生共同組成：主席褚民誼，法文編輯農汝惠，中文編輯田守成，委員何尚平、林祖歡等九人，學生代表華貽幹、周家模等十二人，以及廣告員吳天倪和周以泰。該刊圖文並茂，內容豐富。刊銘由褚民誼題寫，其內容按目次包括：褚民誼序言，各有關要人題詞，校訓，攝影（教職員及畢業生肖像），校景，本院概況（中法文），本院各項統計表（行政系統，學生人數、年齡、籍貫、家長職業的統計和比較），論壇（4篇），學生實習攝影，專著（11篇），體育與軍訓攝影，學生成績及研究（13篇），來件（畢業生2件），現任和前任職教員一覽表，高中畢業生一覽表，最後是〈中法國立工學院學則〉和〈附屬高中部學則〉以及本刊編委會名單（其中有部分教員和學生發表的文章以中法兩種文字發表）。

中法國立工學院是當時我國最早的一個獨立的工科高等學校，序言中，褚民誼首先指出，由於長期以來中國存在忽視物質文明、故步自封的弊病，而致淪為人為刀俎、我為魚肉、任人宰割的地步。接着他寫道，「試觀今日列強，其立國之要素，蓋莫不注重於工業。自科學昌明以來，工業早已成為時代之驕子，一切生產事業，胥賴乎是。我國今日猶未脫手工業時代，尚未足以言機械工業。若與先進各國比較，其落伍之程度，至少為一世紀。長此不圖振作，隱憂何堪設想。惟事業之發軔，端在人才；而人才之作育，賴有學校。本校為工業專門學校，故所負之使命，尤為重要。」今日第一屆畢業學生之成長，係屢經波折，同仁悉力經營，經過八年之培養灌溉，始得實現。「此等工業專門人材，實應時勢之需要以產生，吾人不得不加以維護，樹物質文明之基，而願為材者，亦自知珍惜也。

「抑本院係中法兩國所合辦，一切行政教務，均由中法雙方，共同負責，此在我國，實為創制，以視一般國立學校，性質迥有不同。是故吾人一方負有培植工業專門人材之責任；同時負有溝通中法邦交、文化與經濟之使命。十餘年來，本此主旨，進行不已，所有成者幾何，雖見仁見智，各有不同，而在吾人惟有盡其心力以赴之。茲值本校學生第一屆畢業之辰，因有院刊之輯，將本院之沿革、組織、設備、規章、以及教師心得、學生成績、校務概況，彙編成冊，付之剞劂，以資紀念，而供策勵，所望海內大雅，進而教之，予以匡正，使本校前途，日趨光明，則幸甚矣！」褚民誼序於1934年5月。

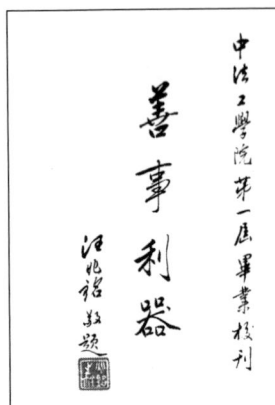

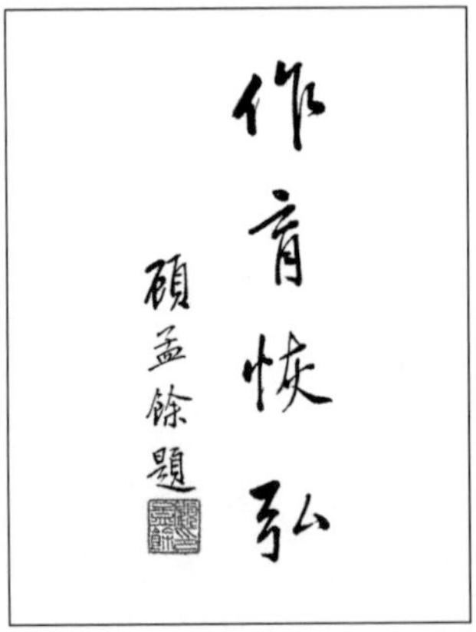

上三圖之圖注自右至左分別為：封面（紅色，褚民誼題銘）；林森題詞；汪兆銘題詞。下三圖之圖注自右至左分別為：王世杰題詞；顧孟餘題詞；陳公博題詞。

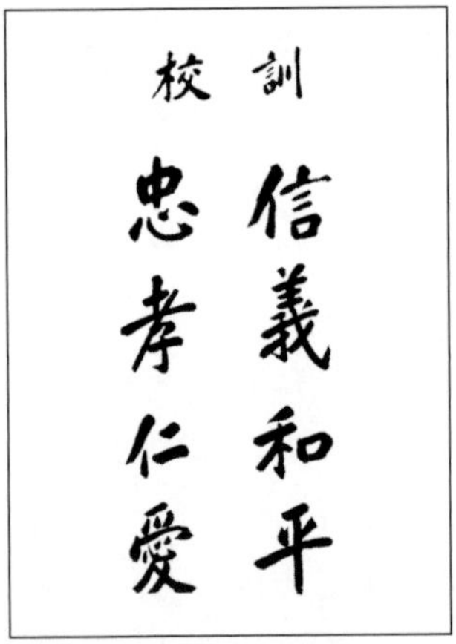

校訓 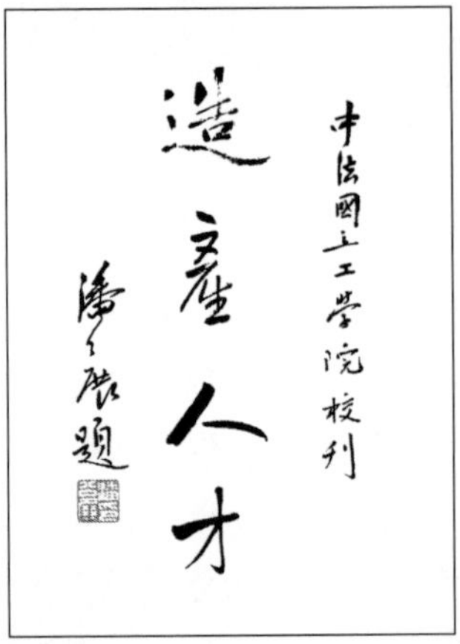　　　　　　　　　　潘公展題詞 　　　　　　　　黃紹竑題詞

1934年12月出版的《中法國立工學院院刊》：封面、要人題詞和校訓[1.33]

本院學生軍事訓練　　　　　　　　　學生在圖書館內學習

大學三年級土木工程系學生測量實習　　大學一二年級學生工廠實習

大學四年級學生電汽實習　　　　　　大學三年級機械系學生實習

《中法國立工學院院刊》[1.33]照片選登

　　當時國民政府的首腦、主管部門和與工業相關部門的領導，分別在該刊上發表題詞，對中法國立工學院寄予殷切的期望和鼓勵。如前頁圖所示，依次為國民政府主席林森的題詞「因物致用」，行政院長汪兆銘的題詞「善事利器」，教育部長王世杰的題詞「講求實學」，鐵道部長顧孟餘的題詞「作育恢

第九章　從教育人，孜孜不倦　237

弘」，實業部長陳公博的題詞「桃李陰濃」，內政部長黃紹竑的題詞「有棟梁氣」和上海市教育局長潘公展的題詞「造產人才」。學校著重培養實用的高級工程技術人才，前頁摘自本刊的數圖，示出了教學活動，特別是在校內實習活動的片段。

在該刊[1.33]上公佈的〈中法國立工學院學則〉的總綱中規定：「本院以養成高深工業人才為目的」，「現分兩系（一）機械電機系（二）土木工程系，其修業期間為四學年，兩年為公共科目，兩年為專門科目；並附設高級中學，其修業期間為三年；又法文補習班，其修業期間為一學年。」這樣該工學院就形成了從法文補習班入高中升至大學的八年一貫制的教學體系。法文補習班招收年齡14-16歲的初中畢業或初中二年級生，名額每年百人。高中各級和大學一二年級除本院直升外，還接收從外校來的插班生。據《院刊》[1.33]中的統計，每學期在校學生人數，在原中法工專時期維持在百人左右，到學校發展成為獨立的工學院後，擴大到二百多人。以有第一屆大學畢業生的1934年上學期為例，其各年級就學人數的分配為：補習班86人，高中一二三年級依次為67、21和28人，大學本科一二三四年級依次為30、17、15和9人，全體在校生共計273人。

此外，為了充分利用學院豐富的法文教學資源，還從1932年秋季開始，面向公眾，開辦免費「法文夜班」，翌年春季繼續招生。《時事新報》（1933，2，4）上報道，中法國立工學院院長褚民誼博士，對於文化事業，素具熱忱，去年秋季始業時，曾於該院內添設法文夜班，免費教授，來學者非常踴躍。該夜班每日下午六時至七時，授課一小時，至年假時考試成績，極為優良。現夜班定於二月六日（下星期一）開課，續招新生。凡有志研求法文者，可於二月五日（本星期日）上午及二月六日（下星期一）下午六時至七時，親自至辣斐德路1195號中法國立工學院接洽。」

褚民誼在〈中法國立工學院之過去與將來〉[1.35]一文中，對於該校的辦學方針有如下說明：「本校為中法兩國共有之唯一國立教育文化機關，負有實際溝通中法教育文化之職責，在大學為創制……本院為工業專科，當然以養成高深人才為目的，惟因與法方合作，故一切課程編制，均參照法國大學，制度管理，絕對嚴格，不稍假借，各科課程，均以法語，直接講解教授。講師除聘有法國學驗俱深之士，分擔各課外，其餘均係我國留學法、比之優秀份子。學生入學肄業第一年進法文補習班，翌年升入高中一年級，即可直接聽講法語。此後依次遞升。至於大學畢業，留學國外更圖深造，固屬有餘裕；其服務社會

者，不僅法文精通，且各具有工業專長，尤能措施裕如。惟是本校考試，採取嚴格主義，學生學年考試不及格者，斷難升學，絕無通融。而各門課程繁多，非加意用功埋頭苦幹不可。且尤注重實習，工廠機械電汽設備具全。每星期實習之時間，與年俱增，班次愈高，則實習愈多。以故入學必具決心，磨練乃能成器。」此外，在工學院學則中還明確規定，「本院大學部學生畢業名次列於第一第二者，得由本院設法資送法、比、瑞等國留學。」以進一步培養更高端的科技人才。

學校在學生的學習過程中嚴把質量關，在肄業各階段通過層層考試制度，不斷進行淘汰篩選，至大學結業時，由院方聘請校內外中法雙方的教授和專家組成考試委員會，進行筆試和口試。畢業生嚴欣一和施旦民曾聯合撰文回憶道，「通過准予畢業的同學，得到兩張文憑。一張是中國政府教育部蓋章的工學士畢業文憑，一張是由法國駐滬總領士簽名蓋章代表法國政府頒發的工程師法文文憑。證書上有中法兩國校長簽名，有全體考試委員會委員簽字，便於今後出國深造，不論公派或因私留學法國、比利時都起作用。」[3.84]

至於學院經費「係由中法兩政府各半負擔」，《院刊》[1.33]中的本院概況一節中稱，「其來源約有下列數種：一、中法兩政府之補助；二、學費收入；三、私人捐助。」

該校水平雖高，然而學生學習所需費用十分低廉。在學則中規定，大學部每生每學期二十五元，中學部十五元。學生均取住院制，除膳費（每月約六七元）以及書籍費由學生自理外，其餘住宿費、試驗費、院內醫藥費、體育費、講義費、圖書及其他雜費概不收取。學生若能自覺撙節，則學費連同膳食書籍等費，每年百數十元已足。且學校採取獎勵政策，規定每學期大考成績名列第一第二名者，得免繳下學期學費，所以本校肄業者多為勤苦自勵之學生。對學生的調查統計表明，他們中不乏來自農民和工人家庭的子弟（詳見《院刊》[1.33]中的統計）。

褚民誼一貫對學生嚴格要求。有這樣一件事值得記述，學校在對學習優良的學生實行優惠政策的同時，作出了學年考試不及格不予升學的規定。為嚴格執行校規，曾於1934年11月發生大學部二年級學生湯武釗考試不及格未能升級，因要求學校當局不遂，同級學生16人，於6日罷課，而引發學潮風波。褚校長時在南京公務，得悉後即於次日趕滬勸諭，堅持原則，「嚴令該級學生8日晨自動上課，否則一律開除學籍。」（《華北日報》，11，8）「經褚校

第九章　從教育人・孜孜不倦　239

長剴切開導後，（諸生）業於8日晨八時照常上課，至考試未及格之學生湯武釗，已自願留級云。至此這場風波得以及時化解。（《時事新報》，11，9）

從上述可見，中法國立工學院充分利用先進的法國教育資源，在中國本土上，以低廉的費用，培養與歐美大學水平相當的工程技術人才。但是學校並不亦步亦趨地走「全盤西化」的道路，而是採取洋為中用的政策，培植適合我國社會經濟發展所需要的高級人才。在院組織領導上，有通曉中西文化、具有豐富教育經驗的褚民誼擔任中國院長，兼任訓育主任，負學生管理之責，大力提倡學員「德智體美群」五育全面發展。在課程設置上，從高中到大學各年級（除最後的大學四年級外），均設有黨義和軍訓課，《院刊》[1.33]上就登有學生參加軍訓的照片。在文化學習方面，除習法文外，在高中和大學一二年級期間，同時設有國文課，整個大學四年還加設英文課。此外學校還安排和鼓勵各年級，特別是高年級學生利用各種機會走出校園，深入農村和工廠進行調查和實習。學校對此十分重視，在《院刊》[1.33]中特闢「學生成績及研究欄目」，發表學生考察國有鐵道旅行記，到磚瓦廠、淮南煤礦局、橡膠廠、水泥廠等地的參觀記，以及對當前農村經濟的分析等諸多論文。其中，〈本院第一屆畢業班考察國有鐵道旅行日記〉一文，記述的是該班9名學生畢業前，於1934年3月28日至4月10日，由學校安排為期二周的沿國有鐵路的一次長途旅行的考察經過。「此次旅行，取道京滬、津浦、隴海、平漢、正太五大鐵道，途經江蘇、安徽、河南、河北、山西五大行省，渡長江，越黃河，過娘子關，來往七八千里，深入中國內地，見聞所及，每有出於上海耳目之外者。」這位學生作者如是感嘆的說道。本次考察活動，無疑將對這批即將離開母校的學子們，擴大眼界、了解國情，留下難忘的記憶。

中法國立工學院主樓。大門上方銘刻校訓「忠孝仁愛信義和平」八個大字（《院刊》[1.33]）

原中法國立工學院主樓之現貌（2008）

　　特別是，為了使學生們在這個埋頭學習西方科學知識的校園裏，牢記中華傳統文化，如《院刊》[1.33]中所示（見前圖），將中國的優良道德規範，「忠孝仁愛信義和平」作為該院的校訓。並且如前頁下圖所示，將這八個大字，高高地雕刻明示在學生日常出入的教室和辦公主樓的大門上方，令學員時時銘記在心。本頁上圖為該主樓的現貌，係本書編者2008年訪問時所攝。

　　作為中國院長的褚民誼對此言傳身教，不但盡力抽空以其親身的經歷和體驗講解黨義，而且在言行舉止上做出表率。例如，他在學校的許多正式活動場合中，如前已給出的多幀合影和他在《院刊》[1.33]上刊登的院長肖像所示，他都特意身著中式長衫的樸素服裝，並帶動中國師生們效仿，無外乎提醒在朗朗法文讀書聲中的學子們，不忘具有悠久歷史的中華本色，區區細節，其用意不可謂不深。

　　1935年6月18日《時事新報》上，報道了中法國立工學院於6月13日起至29日止，舉行大學生第二屆畢業考試的情形。「考試委員會由該校校長褚民誼、薛藩擔任正副考試委員長，法國方面聘請法工部局總辦魏志仁及總工程師路易安為考試委員，中國方面聘請實業部技術總監張軼歐、全國經濟委員會顧問敖京其、建設委員會專員鄭禮明，及該校校內教授講師等五人為考試委員。考試重要科目分為土木工程、機械工程兩系，為土木及鐵屬建築學、測量學、機械構造學、鐵道建築學、電機構造學、電學等。本屆畢業學生，土木工程系11人，機械工程系4人。各委員對於各生考試印象甚佳，緣該校成立已十餘年，為中法兩國政府所合辦，在國立大學實為創制，對於中法教育文化之溝通，素著聲譽，資遣學生赴法比深造，學成歸國服務各界達數十人。該校定章，畢業

學生中，每學系名列第一者，得由校資送赴法比留學。且管理嚴謹，課程設備，均仿照法國大學制度。以故學生畢業後，即成為工業專才云。」

據《棟梁氣貫大世界》[3.84]一書中，引用來自上海檔案館內保存的當年法文資料，「獲文憑的學生名單」（Liste des Eleves Diplmés，檔案號：Q458-82，p.68）中記載，中法國立工學院自1934年5月20日至1940年6月11日最後一次畢業考試止，總計共有99人獲得工程師文憑，其中土木工程系64人，機械電機系35人。另外在1930-1940年的10年裏，附屬高中部的畢業生計有201人。

褚院長在注重校內人才培養的同時，還十分關心他們離校後的進一步發展，期望他們終將能夠學以致用，為國盡力。自他就職以來，如前所述，在本院第一屆大學畢業生於1930年入學以前，曾有過三屆學生離校出國留學。他們是1928年時的大學部三、四年級學生，以及1929年的高中部畢業生，由於學潮的影響，打亂了教學秩序，未能在本校繼續完成學業。為了不讓他們中途輟學，由褚民誼設法先後分批派赴比利時學習。褚民誼一直把這些海外學子縈繫在心，在1935年發表〈中法國立工學院之過去和將來〉[1.35]一文中，分別介紹他們的情況稱，1928年時的40名學生分兩批各20人赴比留學，「費用則由本校經費項下，予以撥助。同時本校經費，頗感拮据，惟有力求撐節。所幸該生等在比，係能努力嚮學，不負始期，晝夜攻讀。矧且星期，亦不休息，以是有『華人無星期』之口頭語。故彼等在國外大學，每試列前矛者，為數甚多，為祖國爭光不少。今各生均已學成歸國，服務國內各界，以建設事業方面為多。在中央各部會，以及廣西、山東、河北各省建設廳，均佔重要地位，而其服務成績，莫不為各機關當局所稱道，殊可引以為慰。」至於1929年的七名高中畢業生，通過中比庚款委員會派出。「今該生等亦已學成歸國，各有相當任務矣。去年（1934年）本校第一屆畢業學生八人，就中前二名華貽幹、周家模，亦由中比庚款委員會資送赴比；孫玉華、金桑章則由中法教育基金委員會補助赴法；程福鑄一名，考取教育部官費赴意；其餘各人，均由本校分別介紹，赴各地工作。本年畢業考試，正在舉行，學生畢業後，仍當代謀出路，務期各得其所也。」

關於學校的未來計劃，褚民誼在該文中繼續寫道，「本校校舍，尚稱寬廣，一部分房屋，借與蠶桑改良會及中法大學藥科；一部分由法國兵士暫行借居。關於法國兵士借居之部分，現已收回。蠶桑改良會及中法大學藥科，以共同努力於中法文化事業，目前尚無移遷消息。一俟居址覓定，房屋即將退還，

屆時本校可力謀擴充，如設立研究院，使學生畢業後得以繼續研究高深工業；添辦附屬初中，以便初中學生畢業，直接升入高中，完成兩級中學制，使課程可以啣接。將來本校經費，得稍充裕，則工廠、實驗室、圖書館各部均可加以充實與擴展。關於學生畢業後之出路，仍本以往之方針，務使品學兼優者，得赴國外留學，造成高深工業人才。現正與中法教育基金委員會磋商，希望每年派遣學生數名赴法留學，為實際中法間教育文化之溝通。」

最後他說道：「時至今日，內憂外患，已達極點，然國力如斯，雖管樂復生，其又奚濟，若夫責備求全，而徒託空言，適足誤國。惟有堅忍不拔，舉國一心，埋頭苦幹，努力建設，以求生產，則自強不息，或可圖存。而建設舍人才莫屬，故吾人惟有盡其心力努力於此而已！」

1937年七七盧溝橋事起，日軍全面侵華，11月上海淪陷。褚民誼在未被占領的租界區內，堅守崗位，繼續與西遷的國民政府保持聯係，艱難地維護滬上教育，直至他於1939年8月離開中法國立工學院，這段時間內的詳情，見後續第四篇之第一章「抗戰爆發，堅守崗位」。

第二節　倡導五育，全面發展

「德、智、體、美、群」五育全面發展的教育主張，是褚民誼首先在1928年2月3日國民黨二屆四中全會上明確提出來的。如本篇第二章「投筆從戎，參加北伐」中有關章節所述，這次全會是在北伐取得決定性勝利，國民黨經歷嚴重分裂之後召開的一次具有重要歷史意義的會議。褚民誼被推舉為中央黨部秘書長，具體負責籌備並積極參與了這次會議。統一思想、整頓組織是大會的主要任務，改組中央黨部的組織機構是其中的一個重要議題。一段時間以來，國民黨中央黨部機關內，曾設有按階級或階層等區分的農、工、商、青年和婦女等部門，除在理論上助長階級鬥爭觀念以外，還引起黨內各部門以及與政府有關部門之間的矛盾，改革勢在必行。褚民誼在擔任中央特別委員會商人部主任期間，更深有體會，為此向中央全會提出了〈改定中央黨部組織標準的提案〉[1.6]。認為當時國民革命的「軍政」時期已基本結束，正轉入以黨治國的「訓政」時期。在「訓政」時期內，黨的工作重心在於教育和提高民眾的覺悟，以步入「憲政」時期，最終實現還政於民的革命目標。「中央黨部為本黨最高領導機關」，褚民誼在提案中寫道，「在以黨治國時期，亦即全國最高領導機

關，所負責任，至為重大。」為了實現訓政時期的目標，「中央黨部之組織，愚意除組織、宣傳、海外部仍維現狀外，其餘農、工、商、青年、婦女各部，即應悉予廢除，改設德育、智育、體育、群育、美育五部，訓練民眾，必使心身健全，國無莠民，而前此以階級、職業、性別分部之弊，亦即自然取消矣。」接着他對該五部設立之理由，即「德、智、體、美、群」五育在全面訓練民眾方面的重要作用，逐一進行了闡述。[22]

褚民誼在該提案中所倡導的「德、智、體、美、群」五育全面發展的教育主張，是針對提高包括學生在內的全民素質而提出來的。《褚民誼最近言論集》[1.10]中刊登了他於1929年4月25日在崑山中學發表的題為〈中學生應當怎樣修養〉的演講全文，對五育進行了深入淺出的講解。（《民國日報》1929，4，26）當時身為上海中法國立工業專門學校校長的褚民誼，對中等基礎教育也十分關注。他在講話中開篇語重心長地說道，「諸位先要明白你們自己所處的地位，青年真是全國國民中的重要份子。國家一切事業，都靠青年們努力。但是更要知道，中學生尤其是青年求學時期中的最重要時期，所以中學生的修養問題，便成了一箇重大問題了！」講到青年修養，他說道，「不外德育、智育、體育三者，現在所稱的五育，不過在三育之外，加上美育、群育罷了。倘若青年能把這三育修養好了，才上社會做事，那就容易成功。」

對於德育，他強調「『道德』二字，不是重在嘴上，卻重在實行；所以我講底德育，是實用的。」除在日常生活中大家都知道的傳統道德規範以外，還要「把道德的範圍放大，行之於政治社會。」美國的林肯提倡民有、民治、民享，法蘭西所提倡的自由、平等、博愛，我國所崇尚的智、仁、勇都有相互關係。「中山先生發明的三民主義，就是研究古今中外各家的學說底結晶。實行民生主義的結果，是要做到大家有飯喫，大家有衣穿，大家有屋子住，這就是所謂仁，所謂博愛，也就是民享的意思；實行民族主義的結果，要提出民族精神，這就是所謂勇，所謂自由，也就是民有的意思；實行民權主義的結果，人民自己管理自己，這就是所謂智，所謂平等，也就是民治的意思。所以大家要知道實行總理三民主義，便是德育上的修養。」

關於智育，他分析道：「智識是人人要有的，沒有知識，便不能生存。那末知識從那裏去求呢，要從真實的科學裏去求，總之科學能解決人生一切困難

---

[22] 該提案的全文披露在1928年2月4日的《申報》上，其中對有關「五育」的論述，已摘引在前述本篇之第二章之第二節「斡旋統一，謀劃訓政」中。

問題的。」西洋各國以及後來急起直追的日本，科學已非常發達，一天昌明一天。「祇有我們中國，立國最早，科學最不發達，無論何人能做幾句文章，便算得有學問。這文學時代年數過得太長了，直到現在恐怕還在玄學時代，不能像世界各國已經到了科學時代。「倘若再不提倡科學救國，恐怕再過幾年，不但不能追趕西洋各國，或許連夢想也夢想不到了。」他在歷數科學給人類的生產和生活帶來翻天覆地的變化之後說道，「要知一箇人生存在世間，時間是有限的，智力是無窮的。我能利用科學，一年的工作，可以當作十年百年，那末我雖是生存在世間幾十年，卻抵得過活幾百歲。世界上人數是有限的，能力是無限的。所以我勸諸位，以後對於科學方面，格外要注意。至於文字，不過借他來做求學問的工具，並不希望諸位都成了箇文學家。諸位同學，趕快拿文字研究通順了，以後便可以任意閱讀記載科學的書，從實學上研求知識。」

至於體育，他是這樣教導學生的，「更有人感着我國今日窮困極了，推其原因，一則不能利用機器；一則國民的體力衰弱。所以有人說，要強國必先強種。提倡體育，便是強種的妙法。提倡體育的目的，要能調節疲勞，增加體力。第一要求普遍，並不要提倡劇烈運動，因為拼命運動，或許受傷，反不能得到利益，便與提倡體育的目的違背了。此外尤其應當注重衛生，使他減少疾病。」接着，他對這些年輕的學生們，拒絕陋習、養成良好的衛生習慣，提出了諸多具體要求，包括：用鼻子而不用口呼吸；合理的清潔灑掃方法；不隨意亂吐痰；集體吃飯中的衛生注意事項；以及注重廁所衛生等等，細緻入微地逐一進行了解說。

最後他說道：「此外，除德智體三育外，便是美育和群育。美術這件事，卻能無形中感化人的性情。蔡子民先生說：『美育可以代宗教』。梁啟超先生說：『人類固然不能箇箇都做供給美術的美術家，然而不可不箇箇都做享用美術的美術人。』照這樣看來，美育當然也是很重要的了。至於人類，決不能離群而獨居的，所以貴能合作，這便是群育的要點了。今天限於時間，祇得簡略講講了。」

誠然，全面發展的教育思想早已有之，褚民誼提倡的「德、智、體、美、群」五育，其中的「德、智、體」三育，可以說傳承的是歷來我國「智、仁、勇」的古訓，至於「美育」則是教育家蔡元培所大力提倡的。褚民誼在其中的創新之處主要有以下三點：

一是強調體育重在健身，將其放在德智體三育之首；

二是提倡能生產的體育,努力實現勞心和勞力並育;

三是倡導「群育」,豐富了全面發展的內涵。

褚民誼關於體育對強國強種重要意義的諸多論述,以及他反覆強調體育以健身為目標,防止和糾正片面追求比賽的主張,在本篇第八章「全民體育,重在健身」的有關部分中已有較詳細的介紹。1928年褚民誼到中法國立工業專門學校就職後,便積極組織學生開展體育運動,尤其注重推廣武術這個我國的傳統體育項目,為此他特聘國術專家劉福民來校任教,並在劉氏帶領下在校內成立了課餘的神州武術社,深受學生歡迎。(《申報》1928,3,28)褚民誼在1929年2月18日為劉福民著《潭腿全書》所寫的序言(《文集》[1.10])中,著重闡述了應將體育放在德智體三育之首的觀點,謂:

「世固以德智體三育並重者也。余則謂應以體育為先。何則?吾人欲求湛深之學問,高尚之道德,必先具有康健之身體。質言之,必體育發達後,德育、智育始能隨之發達而無偏枯。近人雖已稍明此義,顧仍多忽視之者。每見莘莘學子殫精竭力以求學,專用腦力而不用體力。結果往往成為病夫,此證之吾國昔日之文人,尤為彰明較著。在昔文人積弱,相習成風,以故文弱聯綴為一名詞,幾有文人必弱之勢滋可慨也。

不寧惟是,不有康健之身體,雖有高尚之道德,深湛之學問,欲身體而力行,亦戛戛乎難矣。此觀於晚近學者之徒尚空談,不求事實,彰彰明甚。夫知難行易,未有能知而不能行者。有之則坐於缺乏健康之體魄,堅強之毅力耳。蓋無康健之體魄,斷無堅強之毅力;無堅強之毅力,雖欲知行合一,殊不可能。即使勉強行其所知,一遇阻力,不挫於中途,必虧於一簣。此無他,知能雖充,而實力不足也。是故體育之重要,實駕德智二育而上之。應先注意鍛鍊,以謀根基之固定,而後從事於道德學問之修養,則能知無不行,行無不達。雖勞苦其筋骨,困衡其心慮,而無艱難之可畏,險阻之足憂矣。今各級學校於體操課程外,尚有各種運動,未始非發達體育之道。顧或則偏於激烈,或則過於和緩,成效未著,而流弊已多。論者每以為禍。」

他認為我國固有之國術優於現行的體操運動,可避免諸多流弊,便毅然在中法工專以國術取代體操課。值此劉氏積研究國術心得所著潭腿一書問世之際,褚民誼樂為該書作序,「爰贅數語,略述體育重要價值之一斑。」

褚民誼大力提倡體育,將其放在學生全面發展的突出位置,其目的全然在於使他們獲得健康的體魄。為了提高學校開展體育運動的效果,除推廣國術

外，他還先後提出諸多改革意見。在《褚民誼最近言論集》[1.10]中登載了他於1928至1929年間向教育部提出的兩個提案：〈改良體育以保健康案〉和〈以勞働工作代替體操案〉。

在〈改良體育以保健康案〉中，他開門見山地指出：「為提議事，查學校體操與各項運動，無非為強健學生體格而設，然而行之多年，收效殊寡，且流弊滋甚，民誼覺有加以改革與整頓之必要。因本箇人思慮所及，擬具兩種提案，敬請採擇施行。」

第一是〈運動比賽宜採用標準比賽案〉，其理由為：「運動關係之重要，今人知者已多。然因運動比賽，與夫運動過甚發生之流弊，則注意者尚鮮。每見一般青年激烈運動之結果，於身體不惟無益，反受損傷，尤以運動比賽之流弊為最著。蓋人類本富有好勝心，既云比賽，自必出全力以求勝，甚且不顧一切，勉強為之。試覩之歷屆運動大會，數百或數千邁當（公尺）之競賽，運動員每有得心病者，非其明證歟。夫以提倡體育，而反致損傷身體，寧非捨本逐末。基此理由，因有下列兩種改良法。」

「（一）採用標準比賽法，標準比賽法者，其製成各種運動器具，各附一表於其上，以為比賽之標準之謂。」如欲較力，則相應地製造出各種形式的測力儀表，只須各人運力其上，從表上讀數即可分出各人力量之多寡，「既可免去激烈之競爭，其方法又簡而易行。」

「（二）賽跑不當僅以速度為等差，同時須以生理學測驗其身體。」測定跑步出發前和到達後各人的脈搏、呼吸、體溫、血壓之數值，對比其前後變化之大小和恢復正常之快慢。運動員體格強者，變化小、恢復快，參以賽跑快慢的結果，以評定其優劣。「其意義有四：一、足以免去僥幸以求一時之勝利而不顧身體損傷之流弊；二、足以促進其注意體力之鍛鍊與生理之培養；三、消極的防止激烈之運動；四、積極的提倡真實之體育。」他的上述兩種改良方法，同時發表在〈對運動比賽之意見〉一文（《申報》1928，11，24和《文集》[1.10]）中，有關他所主張的科學「三驗」的測定法，詳見本篇第八章之第六節「康健運動，科學測驗」。

第二是「各級學校運動宜列入踢毽子一門案」，謂「今日各級學校之運動，其激烈者如足球、賽跑等。運動員為出全力以求勝，故每不顧一切，勇往直前，一不得當，輒易損傷身體，其流弊之甚，前已言之。其次如籃球、網球等，雖比較的穩妥，而價值頗昂。一球之需，動輒數金，真可謂之貴族式之

運動，非貧民之力可能勝。即以學校經費言，歷年消耗於此項運動者，亦頗不貲。當此物力維艱，力求撙節之時，似宜權衡輕重，折衷至當。若夫毽子，則僅需制錢一枚，既無多花費，又不傷身體，且為全身運動，習練既久，能使身體平均發達。今人每以保存國粹，提倡國貨為言。竊謂以言國貨，則各種之球皆舶來品，而毽子獨為國產。以言國粹，則各種運動皆歐美化，毽子則為中國固有之運動，亦可謂之小小國粹矣。乃各級學校運動對此獨付缺如，惟舶來之品是尚，良用慨然。吾人提倡體育，當以真實之體育為依歸。今各種運動之流弊既如彼，而毽子運動之利益獨如此。雖不能屏絕各種運動，概以踢毽子代替之；但至少亦應將踢毽子列入學校運動之一，庶幾補偏救弊，達到提倡真實體育之目的。」有關褚民誼在民眾，特別是在兒童中，大力提倡「踢毽子」運動的言論和活動，詳見本篇第八章之第五節「毽子風箏，與民同享」。

從上述提案可見，褚民誼處處從有益於學生的健康着想，大力倡導「真實之體育」的良苦用心。至於他所提出的「以勞働工作代替體操案」，正如本篇第三章之第四節「勞動大學，西湖博覽」中所述，是褚民誼一貫主張勞心與勞力並重，教育與生產勞動相結合的一個具體體現。他於1928年發表的題為〈體育與勞働〉的論文，先後被收錄在《褚民誼最近言論集》[1.10]和《現代教育評論集》[3.25]中，對此有比較詳盡的闡述。

該文從分析勞心與勞力分離的弊病開始寫道，「在過去社會一般人的觀念，大都重視勞心，賤視勞力。從前有句古話，說是『勞心者役人，勞力者役於人』。這種話的階級觀念很深，遺害也就非淺。因此我國的文人，大都精神頹唐，軟弱不振，以為知識階級，是應該如此的……因此民族獨立性漸滅，尚武精神銷亡，外人乃錫以東亞病夫的佳號，這是多麼痛心的事。同時所謂勞力者，拼命去勞力，他的工作，既無時間的限制，又無分量的規定，非至精疲力竭，不能休息。這種過分的勞働，於身體是大害的。我們要折衷至當，調劑均勻。古時耕餘而讀，讀後而耕，謂之耕讀，這種生活非常高雅」。去年（1927年）設立勞働大學，內分勞工學院和勞農學院，完全在於實現工讀和耕讀並重的主張。「不過這種學校，僅由一二箇的設立，收效不多。所以現在我們又有一種主張，想把這種工讀與耕讀並重的精神，普遍地傳到各校去。希望凡是中學及其以上程度的學生，每日皆有幾小時的工廠或農場的實習，以代替體操，養成勞働的習慣，既可以強壯身體，並能增加其技能，這真是一舉兩得的事。大約總有表同情的罷！我人生在世上，學問固然是要緊，技能也不可沒有。所

以有了學，同時也要有術，學與術是不可偏廢的。況且處世先須解決的是生活問題。假如以學謀生，便可以術為消遣；以術謀生，便可以學為娛樂。在從前一般人的眼光，大都注重學，以為學成後，便可得到優崇的地位，不知世界的趨勢，是注重實際的，必須有了術才能謀生，學不過研究如何改良與發展術的方法罷了。我們現今的社會，勞心與勞力，似是截然兩事，勞心者不能勞力，勞力者不知勞心。我們希望能調劑一下，一方使學生每日做幾小時工；一方使工人每日讀幾小時書。這樣做去，心與力始可同時發育，不致偏枯。庶幾將來人人皆能做工，人人皆有智識，國家前途，就不可限量了。現在我國所以貧弱之故，有兩句成語，可以概括的說，就是『生之者寡，食之者眾』。而所以致此的原因，是因為國人，將許多時間和精力，消耗於無用之地。在一般人民，染有不正當嗜好與無謂的應酬，如飲酒、吸大煙、打麻雀及種種賭博，固不必說。即如學校的體操，雖對鍛鍊身體，為有益之事。然我以為太不經濟了。工人不斷的勞力，他所得的結果，是製造品。農人不斷的勞力，他所得的結果，是出產品。學生不斷的體操，他所得結果何在呢？雖說筋骨強健了，體力發達了；但工人農人勞力合宜，身體或格外強健些。而學生們體操或運動所化去的時間和精力很多，所得祇此，所謂得不償失，故我以為太不經濟。假如拿全國各學校所用於體操的力量，移至於農或工的工作上去，我想他的出產和製造品，一定很可觀呢。所以現在要想箇法子，使得學生在體操或其他運動上的力量，不致浪費，同時並可發展學生的體育。這法子是什麼，就是我們所主張的學校每日至少一小時的實習工作。我們要把箇人與團體的力量，集合起來，去從事工作，使得學生體育既可發達，而利用這種力量，並可得到很好的收成，且學成一種技能。」

他舉了一個眾人汲水到高處儲蓄能量，可進行水力發電的淺顯例子，用以說明，採取適當的辦法，把各人的一致努力所獲得的力量集合起來，可以得到可觀應用的道理之後，說道，「那麼這箇學校學生的力量便不是浪費於無用之地的，一方他的體力強壯，一方並能得着勞働的效果，這是多麼好呢！現在各學校的遊戲運動，如網球、籃球、足球等，以及野外的競走、賽馬、比車種種的運動，含有貴族性的，不是一般貧苦人所能享受的娛樂，而且將時間和力量浪費，殊屬可惜。現在我們要提倡勞働式的體操，使各學校學生每日至少做一小時的勞工生活，廢除貴族式，而成為勞働化。至於具體的辦法，則不必限定，各校看四周的環境，因地制宜，努力底去設備與實行罷了。」

为了實行他的上述主張，他向教育部提出了〈以勞動工作代替體操案〉。提案分為理由、辦法和說明三部分。在敘述理由的最後，他總結此舉之意義有四：「一、可強健學生之體魄；二、能增加社會之生產；三、使學生得一嫻熟之技能以為謀生之工具；四、為社會預儲實用之人才以應建設之需要。」

在辦法部分，他提出了三點具體建議：「一、時間，以體操及其他運動之時間，改為勞動工作之時間（每日至少一小時）；二、設備，各校斟酌環境之情形，量予設備（詳細計劃由教育部另定之）；三、經費，即以用於體育之經費，為勞動之經費。（在創始之初，雖不無困難。然一經規劃成就，則學生勞動結果之所得，其生產必至夥頤。即以其生產之所得，作為經費，不惟經費不患竭蹶，即設備亦可日臻完善。行之數年，全國學校，必皆能有一規模粗具之勞働場所出現。）」

最後他對該方案進一步說明道，「或謂吾國國民體育之不振，方當提倡之不暇，奈何變更學校之體操，而代之以勞動工作哉？不知此乃切實的真正的提倡體育也。試觀彼農夫車水，兩足不停運轉，非體操而何？工人打鐵，兩手不停運動，與體操何異？且農夫車水之結果，則為收穫，工人打鐵之結果，則為出品，學生體操之結果何在。今國內之所謂智識階級，其體力較之勞動者，相去何可以道里計。此等智識階級，未始非經過學校之體操訓練也，而其成效乃如是，則知體操與勞動，孰為其真正體育，不辯而自明矣。且一國之盛衰端賴國民體格之強弱。吾黨三民主義，以民族主義為首要，而欲講民族主義，自非先振起民族精神不可。欲振起民族精神，則非身體上之鍛練有素，勞其筋骨，而堅定其心志，不為功，此則勞動工作尚矣。惟此種主張，在此積重難返局勢之下，實現似非易易。然體操與運動，本以發達體育為宗旨，今循名核實，每不相符，甚且流弊滋多。當此建設開始，百政維新之時，又豈可一任莘莘學子之精力與時間，用於無用之地，而不為之設法補救，矧以甚少之代價，可收絕大之效果哉。用本一得之愚，以效蒭蕘之獻，是否有當敬請公決。」

《申報》（1934，1，4）上報道「褚民誼講生產的體育」

褚民誼的上述教育與生產勞動相結合的主張，正如他所說，「在此積重難返局勢之下，實現似非易易」，對此他早有思想準備。從上述〈以勞動工作代體操案〉於1929年正式提出以後，他就一直不斷地進行呼籲。五年之後的1934年，《申報》（1934，1，7）名人演講的欄目中，就有題為「褚民誼講生產的體育」的報道（見前頁右圖）。他在講演中，繼續重申他的主張，謂「運動最好的一種，要算是能生產的運動，像種田、做工等。」並再度建議，「最好將來的中學校的課程中，能每天增加一二鐘點的種田或作工等功課，俾使後來的大學生都有能做這能生產的運動的經驗。」為實現他所堅持的勞心與勞力並育的理想目標，作不懈努力。

　　除了在體育方面的上述創意外，倡導「群育」，是褚民誼在教育思想上的另一貢獻。「群育」的提出，構成了一個「德、智、體、美、群」五育全面發展的完整新體系，豐富了新時代下全面育人的內涵，把塑造個人的品行，從注重一己的修養，擴大和提升到從社會發展的眼光來加以規範的境界。社會性是人類的一個重要特徵，隨社會的不斷向前發展，「群育」的重要意義日益突顯出來。他在二屆四中全會上關於黨務的提案中，在論及群育及設立群育部之必要時寫道，「智育、德育、體育，即古人智仁勇之義。惟在此新時代下，僅此三育，在個人固已完美，而自社會言，尚不足盡健全之美。竊以為於此三育外，尚應有群育、美育兩部……言群育之必要，蓋遺世獨立，在此世界進化之時，已決不可能，而集合群眾，努力於國民革命，尤為本黨重要方略之所在。惟集群眾，必有其訓練指導之方，否則烏合之眾，何足以外抗強虜，內清軍閥……竊念凡關於群眾運動，宜特設一群育部，為其主管，導民眾於群化，示運動之方針，此群育部之所以有設立必要也。」

　　至於「群育」在培育學生中之要義，他在前述〈中學生應當怎樣修養〉的演講中，對此作出了「人類，決不能離群而獨居，所以貴能合作，這便是群育的要點」的簡明詮釋。

　　在那個年代裏，自私自利、弱肉強食之論盛行於世，褚民誼著重提倡互助合作之精神，以樹新風。他在為《社會科學與歷史方法》所作的序言（[3.18]；《文集》[1.10]）中，對互助合作在紛繁複雜的社會進化中不可或缺的作用，有如下論述；「夫宇宙間之林林總總，萬彙不齊，其天然之進化，蓋莫不由簡單而漸進於繁複。即社會間事事物物，人生之營營擾擾，無非為求生存而競爭，亦即為謀生活舒適而奮鬥。惟競爭之先，必須互助；而奮鬥之前，

必須努力。能互助始能競爭;能努力始能奮鬥。亦即能努力於內而互助不息,始能奮鬥於外而競爭不已。故互助與競爭,努力與奮鬥,宜並重不宜偏廢。特是所謂內外者,其範圍視世界文明之程度為轉移。世界愈文明,則範圍愈廣。初以一人或一家族為內外,而從事於互助與競爭。今則將以一民族或一國家為內外矣。他日世界文明之進化達於極點,則可以一世界為內外,而無所用其競爭,各民族各國家皆能團集一致,從事於互助生存。至於斯時,庶幾道並行而不相悖,萬物並育而不相害,則天下大同矣。不寧惟是,重互助者必昌盛,反之則衰微;尚競爭者必強大,反之則弱小。昌者王道,其昌也永;強者霸道,其強也暫。於此又可見互助與競爭之為用不同,即成效亦各別。所以昔人有以力服人,不若以德服人之說也。然而無論互助與競爭,其為生存而努力與奮鬥,以求生命之久常,謀生活之舒適,則一也。」

作為中方院長兼訓育主任的褚民誼,曾鼓勵和支持中法工專的高中生,於1929年春假期間,自組旅行團,分赴杭州和蘇州作短途旅行和遠足。旅行順利結束後,《申報》於4月9日,報道了他們的旅行過程。「赴杭州的是在3月26日出發,4月3日回滬,借宿於西湖藝術院,計嘗參觀杭州各大工廠,兼西子湖畔諸名勝。步行赴蘇州的是3月29日出發,4月4日回滬⋯⋯第一晚在黃渡站坐度終宵,第二晚借宿在昆山徐夢鷹帥府上,第三晚在外跨塘站坐度終宵,至第四日晨五時許抵蘇。經褚先生之介紹寄宿在中央大學蘇州農業學校,共在蘇遊四日而返。一路上飽受風霜困倦的艱難,差幸,終究趕至目的地,獲得榮譽而歸。」他們走出校門,深入社會,既豐富了閱歷,又發揚了團結互助和艱苦奮鬥之精神,得到了一次很好的鍛鍊,不謂不是開展「群育」活動之一良法。

昔日國人壽至六十花甲,實屬不易,值得慶賀,以示敬老。然而在此習俗中,為個人祝壽,常顯自私、侈富、沽名、射利之弊。為校此風,褚民誼著書《花甲同慶》[1.49],提出實行集團慶壽之倡議,並將此視為提倡「群育」之一要舉。他於1939年6月在中法國立工學院撰寫的該書序言中,闡述了此舉蘊含「群育」之要義,全文如下:

「或問花甲同慶何由作?則應之曰:提倡群育而已!

何謂群育?互助合作精神之養成法也。其實施之道,即假借各種實際之團體生活,使其分子激宕擦摩,互相進道;而人才之發展,人格之養成,互尊精神協和態度之存續,咸依各人團體生活之活動而著效。國於今世,強不強之所由分,即群不群為之判也;群則致強,不群則致弱,群為公,不群為私而已!

往者以德育、體育、智育語當世，聞者無不韙其言。一人智德且健，厥智、厥德、厥健猶在私，欲大其功，非群不可；使能群其群而智仁勇，則智育、德育、體育之為用，不更壯耶？

且吾國之社會，宗法社會也。雖視頑鄙民族圖騰社會為較美，然自私自利之存在，仍未能盡脫家族主義之藩籬，長載此蒙，雖美何利？且列強諸國，方各結轕其族，有事人寰；天擇惟強，錮蔽則棄。脫之集一國之群，共為一的，無論不能多上人，即欲不為人多上，不可得也。

群育之敵，厥為宗法；宗法之著，則為慶壽；花甲同慶，顛撲宗法社會力行團體生活而提倡群育者也。以花甲同慶而推動之智德體三育，育斯群於大智大仁大勇之域，疇謂家族之私不能去，國族之位不能強哉？嚴又陵譯Sociology為群學，其悋遠矣」

關於褚民誼提倡的「花甲同慶」的要義及其在社會上推行的情況，詳見後述第四篇第四章之第五節「移風易俗，花甲同慶」。

應該說，褚民誼倡導的「群育」，是教育領域裏有待深入研究的一個大課題，它將隨著人類社會之發展而鑄成新型。據《公餘月刊》[2.29]Vol.3，No.2（1937，3，1）中登載的題為〈群育與美育〉一文中披露，在南京國立中央大學中曾設有「群育委員會」，以推動「群育」的開展和深入探討。

關於他注重和提倡「美育」方面的內容，詳見本篇後續第十章「鍾愛國粹，發展美育」中之有關章節。

褚民誼常以全面發展鼓勵莘莘學子，他〈在新民大學之演詞〉（《文集》[1.10]）中，對該校大學生如何認清和適應社會進化之大勢，成長為日新月異的真正「新民」，寄語如下：

「當兄弟進貴校的大門，就有『新民大學』四字，接觸眼簾。顧名思義，貴校同學們的思想學術一定很新穎，當時兄弟就很愉快。新民這二字的意義很好，包括的範圍極廣，並且含有進步的意思。不過這箇名詞，並非新創，在大學上就有了，——大學之道，在明明德，在新民，在止於至善，——所謂明德，所謂至善，是在道德方面講的。如果沒有智識，怎能明德；沒有實力，怎能行善。所以孔子又講『智仁勇』，具有智仁勇之三者，然後可以明德，而止於至善。智是學問，仁是道德，勇是實力。必先有實力——體力與腦力——然後始能求學問，明道德。倘使體力不充，即體育不好，雖有很好的道德學問，可是無力去實行，也沒有用。所以智仁勇三字，皆關係於體育。勇是占著第一

把交椅的位置,質言之,便是先應注意的意思。

「其次從智識方面說,文學、哲學、科學,以及種種社會的進化,都有不斷的進步,而含有『新』的意義。我們可以分做三點看,第一是情,次是法,再次是理,這是進化史上應有的必經的過程。情不獨人類有之,便是極細微的動物都有的。」中山先生從前在黃埔軍校裏曾經演說過,而題為校訓的——親愛精誠——四箇大字,因為親愛精神的力量,能團結一盤散沙,使成為一堅強的團體。「我們中國人是十分用情的,不過用的是小情,不是大情。何以呢?他只能愛其子女親戚朋友,其他的人雖稱為同胞,可是同胞二字中所包含的愛字卻不去實行的。所以中國的政治與社會進步很慢,這是一箇主要的原因。因為中國人的所謂情,是私情而不是博愛;並且因私情而妨害博愛的也有,這皆因見小不見大之故。」

「歐美的社會,是重『法』不重『情』,這也不大好。最好像郎中先生開方子,要『情』三分,『法』三分,『理』四分,合起來才十分妥當。

情是感情,即親愛之意,上面已經講過。既有情了,為甚麼一定要法呢。現在可以簡單的講一下。法果然不是領導人的,也不是訓練人的,是強迫人不為惡的。但不能不有法,有了法,賞罰的原則及標準,才可以定,才可以施行。使那甘心為惡的人,有所畏懼,而不為善的人,也勉強去為善。例如北伐時,打倒貪官、污吏、土豪、劣紳,建設廉潔政府——等等標語,也就是同樣用意。便是現在政府對於賞罰必要嚴明,並且設有監察院與司法院,為最高監督賞罰的機關,也無非注重法制的精神。這是因為訓政過渡時代,不能不有法的緣故,也就是導人為善的唯一方法。

法是防範人為惡的,但是遇到不怕死、不畏法的人,那便如何呢?於是根本的解決,惟有求之於理。『理』是使人知道為甚麼要為善而不為惡,比較用『法』去勉強人、引誘人、恐嚇人為善,那就好多了。如果人人都明『理』,人人便能自治,『法』亦無用了。不過在此過渡時代,理智尚未昌明普及之時,則不得不有『法』維持之。

所以將來世界的趨勢,必定重理而不重情,亦不重法。不是像現在中國人之專尚情,與歐美人之專尚法,演出種種流弊來。這就是『新民』由明德而至善的意義。兄弟今天拿這個小小的意見,貢獻給各位。如果各位能依照這樣做去,那末日日新,又日新,才是真正的『新民』,才合貴校名的意義。各位同學的前途,就不可限量了!」

褚民誼十分注重青年的修養，並身為表率。1935年9月30日上午八時，中央政治學校敦請行政院秘書長褚民誼到校發表演講，《中央日報》於次日報道，「到該校主任吳揖峯、劉振東，及學生五百餘人。褚氏講題為〈青年修養的方法〉[1.37]，分立志、持躬、處事、治學、鍛鍊各點說明，其詞甚為精彩透闢」。如右圖所示，全文繼後連載在10月2日，5日和6日該報上。

　　設在首都南京的中央政治學校是培養青年黨政骨幹之所，褚民誼多次到訪，此為第三次。他在演講中旁徵博引革命導師孫中山以及歷代先賢對於修身養性的格言，並結合自身數十年的體驗，深入淺出、循循善誘地教導他面前的青年學子們。對於修養的重要性，他開篇說道。「青年是國家未來的主人翁，十年前的學生，有許多是在政府裏擔任重要的職務，有許多在教育界、實業界或其他方面擔任各種的工作。他們的活動可以影響於整個的社會和國家。所以十年以後，中國的命運如何，要看現在一般青年學生的修養如何，是不是大家都能夠努力，充實自己，造成一個健全的自我，以擔負復興民族的責任。貴校同學，將來畢業後都要分發到中央或地方政府機關服務，有訓練民眾和移風易俗的責任，更應當注重修養……青年的時期，是人生的黃金時代，凡要成就大事業的人，必須要在青年時期，打好一個基礎。」

1935年9月30日褚民誼在中央政治學校的演講〈青年修養的方法〉[1.37]，全文連載於《中央日報》（1935，10，2：5-6）

　　關於修養的方法，他從下述五個方面加以說明，略謂：

（一）立志，射箭必須要有鵠的，航海必須要有羅盤針，做人亦是一樣，須要先立定志向。「我國古代的先賢，關於立志方面，有很多的說明……可以知道立志的重要。立了志以後，才能夠有一往直前、百折不回的勇氣，才可以做到『富貴不能淫，貧賤不能移，威武不能屈』的地步。總理說『學生要立志做大事，不可做大官。』又說『人生以服務為目的，不以奪取為目的』……可見我們立志切不可從自己的私利方面着想，要以國家、社會、人類為前提，來貢獻自己的能力……希望大家犧牲自己，為國家服務。如果人人能立定這樣一個為國家貢獻力量的志願，那末國家一定可以強盛起來，達到自由平等的地位。

第九章　從教育人，孜孜不倦　255

（二）持躬，持躬就是修身和自治的意思。我們要去訓練民眾，必須先訓練自己，要做到自己的言語行動，都合乎理想的標準，才可以感化他人，貫徹訓練民眾的目的。持躬的唯一方法是『敬』。曾文正公說，『敬以持躬，敬則小心翼翼，事無巨細，皆不敢忽。』又說，『敬字惟無眾寡、無大小、無敢慢三語最為切當。』……可見修養自己『敬』字最為重要。我們固然很難做到古人所謂『坐如尸、立如齊、非禮勿視、非禮勿聽、非禮勿言、非禮勿動』的地步，但我們的言語行動，應當竭力檢束使合於規矩，這是很必要的新生活運動。教人從清潔規矩做起，亦是主敬的意思。「我們苟能持躬以敬。又可以收身體健康的效果……照現今的解釋，清潔規矩就是主敬的入手辦法，比方「走路要平視，胸要挺起，衣冠要整齊，不嫖不賭不吸烟」以及「不要隨地吐痰、隨地便溺」等項。一方面固然是敬的表示，同時亦是促進身體健康的必要條件。

（三）處事、辦事兩個字，我們幾乎每天總要說起幾次……其實辦事是很難的，要件件都辦得妥當，真不容易。我以為，無論是人事物事，我們總要用一個『誠』字去對付他，自然而然會處理得很順利。曾文正公說，『凡辦一事，必有許多艱難波折。吾輩總以誠心求之，虛心處之。心誠則志專而氣足，千磨百折而不改其常度，終有順理成章之一日。心虛則不動客氣，不挾私見，終可為人共亮。』又說『接人總宜以真心相向，不可常懷智術，以相迎拒。人以偽來，我以誠往，久之則偽者以共趨於誠矣。』……我自己本二十餘年來辦學校服務社會，及行政的經驗，覺得誠字確是處事的好方法。我處處總以誠心待人，以誠心辦事，雖然不見得個個人都以誠心待我，件件事都辦得十分妥當，但我自己行為，光明磊落，有站得住的立場，無論如何，總能使大家了解的。有了誠心做處事的根本，還要再加上兩個處事的方法。（1）事前要有計劃和準備。這就是說『凡事豫則立』……不論什麼事，預備和計劃的時間越充分，事情成功的把握越多……（2）大處著眼，小處著手。我們做事，固然有時候需要大刀闊斧的幹，有時候亦需要細針密縷的做，不能拘於成見，但是這個原則要拿得定的。

（四）治學，『業精於勤』，這是大家所共知的。「治學除了勤以外，

還要注意兩點。（1）以範圍而言，閱讀應廣，研究貴精……我以為，『治學亦要和埃及的金字塔一樣，要能廣大才能高。』……學者要能返博歸約，才算是學業的成功。（2）以方法而言，要眼到、口到、心到、手到……光是看書，不容易記得書中的內容，所以要讀書；讀熟了以後，不明白書中的道理，仍舊等於不讀，所以要運用思想；明白了書中的道理，還要把他應用出來，寫成論文，才能得到讀書的益處。所以眼到、口到、心到、手到，要同時并進，缺了一項，就是不行的。

（五）鍛鍊，健全的精神，寓於健全的的體魄。要成功偉大的事業，身體的鍛鍊，亦是很重要的……身體的健康與否，與意志的強弱有極大的影響。如果身體健康，常有強盛的活氣，則其意志亦自然鞏固；意志鞏固則無論何事，必有排除萬難而達目的的勇氣。所以要立志的堅定，應注重身體的鍛鍊。又身體的強弱，和持躬、處事、治學亦有關係。身體衰弱的人，常有畏難苟安的心理，要他莊敬持躬，自然是很困難；身體衰弱的人，精神必然萎頓，如何能夠發揮辦事能力；身體衰弱的人，注意力不容易集中，讀書亦很難進步。所以鍛鍊身體是青年修養的根本問題。應當特別注意。我們要鍛鍊身體，增進身體的健康，須從『恆』字著手……年無分老少，事無分難易，但行之有恆，有如種樹養畜，日見其大，而不自覺耳。

　　其次說到鍛鍊身體的方法，我覺得每日早操，是人人必要的。但是以什麼為早操呢。我以為太極操最適合於各位同志的需要。因為各位的功課，都是很忙的，要每天抽出一大部分時間來運動，的確很不容易。只有不費時、不費錢、不費力的太極操，才適合各位的實際情形。太極操是一種全身平均發達的運動，如果各位能夠每天抽出十五分鐘來練習，一定可以得到身體的健康。」

　　他在表演太極操各分段姿勢之後，總結道，「今天我所貢獻於各位的，第一希望各位立定為國家服務的志願；第二希望各位持躬以『敬』，處事以『誠』，治學以『勤』，鍛鍊以『恆』，製成健全的自我，以作復興民族的先鋒！」

第三節　胸懷全局，厲行教育

　　褚民誼以教育為民族復興實現三民主義之根本大計，歷任教育行政委員會委員等職，胸懷全局，竭力促進我國教育事業之全面拓展。教育行政委員會曾作為國家最高教育領導機構，最早在廣州國民政府時期成立。1926年2月19日國民政府在任命褚民誼署理廣東大學校長兼籌備中山大學事宜的同時，委任他為新組建的教育行政委員會委員，於3月1日宣誓就職。是年7月國民革命軍誓師北伐，褚民誼籌建中山大學事畢，於9月照准辭廣東大學校長之職，擔任國民革命軍總司令部後方軍醫處長，隨中央北上（詳見本篇第一章「歸國伊始，執掌廣大」中的有關部分）。1927年4月18日南京國民政府成立後不久，即於4月27日任命褚民誼為中法國立工業專門學校校長，同時任命汪兆銘為東南大學校長，並增補任命蔡元培、李煜瀛和汪兆銘為教育行政委員會委員。[3.60] 接着，於5月9日中央政務會議上，通過了在上海設立教育行政委員會辦事處，開辦中央研究院以及勞働大學等提案，褚民誼與張靜江、蔡元培、李石曾等人一起被推舉為這兩所院校的籌備委員。（《申報》1927，5，12）

　　當時蔡元培和李石曾等人力主試行大學院和大學區制度。該制度意在將大學教育與學術研究結合在一起，仿照法國，實行以大學為中心的地區教育管理體制。為此，以廣東的中山大學（列為第一中山大學）為模式，相繼在湖北成立第二中山大學，在浙江成立第三中山大學，在江蘇成立第四中山大學，以期作為各該地區的中心大學。其中第四中山大學是在南京原國立東南大學的基礎上，合併多所學校組建而成。東南大學歷史悠久，可追溯至清末於1902年開始籌建的三江、兩江師範學堂，民國後改為南京高等師範學校，並於1921年在此基礎上創建成為一所國立的東南大學。北伐勝利後，南京國民政府對這所位在首都的大學十分重視，始任汪精衛為該校校長，並派接收員於1927年6月初完成了點收手續。由於寧漢分裂，大學校長空缺，學生請願更換校長及時開學復課。據《申報》（1927，6，9）報道，6月6日國民政府教育行政委員會常務委員蔡子民、李石曾、褚民誼諸人齊聚南京。該校學生會聞訊派代表前往「教育行政委員會請願，適值中央政治會議開會，由五時半守候至八時半。該會議散後，即由褚委員民誼出面接見……答覆曰：『剛才已經議決了，東南大學改組依次列為第四中山大學，任張乃燕為校長（江蘇劃為大學區，教育廳取消），

1927年6月國民政府要員視察東南大學時在玄武湖畔的合影。自左而右，後排：蔣介石、李石曾、蔣夫人（陳潔如）、蔡子民、張乃燕、高魯和蔡無忌；前排：褚民誼、胡剛復、陳和銑等（褚民誼攝）（《圖畫時報》[2.7]No.372，1927，6，29）

一月內開課。』末謂，『對不住，我們馬上便到上海去，不多談。』該代表等以學校負責有人，如何建設一完善的最高學府，可與張校長接洽，即興辭而退。」褚、李回滬後，又繼續於9日在李石曾寓所，由褚民誼出面會見往訪學生代表，進一步告之東大改組計劃，圖示該校的隸屬關係，及下設十個學院的設想。並告之當晚赴京，向中央政治會議提請議決每年約八十萬的經費預算。此外，還表示至遲將於七月中旬開學，並對學生們提出的廢除寒暑兩假以補學業和開展學生讀書運動的意見深表贊同，離別時還約定在南京再見。（《申報》1927，6，11）從上述二則報道中可略見，褚民誼在這個時期內，為北伐戰後重建和發展該校所作的努力。嗣後，第四中山大學於1928年2月和4月先後更名為江蘇大學和國立中央大學，張乃燕仍任校長。

東南大學毗鄰南京名勝後湖（玄武湖），上圖是國民政府要員視察該校時於玄武湖畔的合影。該照片係褚民誼所攝，發表在《圖畫時報》[2.7]第372期（1927，6，29）上。圖中人物，按原圖註：「後排自右而左：東南大學接收員蔡無忌、高魯、教育廳長張乃燕、蔡子民、蔣夫人、李石曾、蔣總司令；前排自左而右：褚民誼、胡剛復、司法廳長陳和銑」。

此外，上海是當時我國最發達的工商業大都市，同時也是我國教育精華薈萃之地。1927年國民革命軍抵定上海，成立了中央政治會議上海臨時分會，褚民誼於4月23日被增補為委員。繼政府任命他為上海中法國立工業專門學校校長之後，又於5月被該上海分會推舉為教育委員會主席，主持滬上教育事宜，

第九章　從教育人，孜孜不倦　259

在政局的轉折關頭，為使教育工作走上正軌，奔忙於寧滬之間。《申報》於5月4日，以「上海教育委員會之議決案」為題報道，「政治會議上海分會上海教育委員會，於昨日下午二時開第二次會議，列席者張默君、姜琦、楊杏佛、褚民誼、周仁、朱經農、李煜瀛、胡明復等，推褚民誼為主席。」首由主席報告常務委員會作出的，推舉褚民誼為該會主席、姜琪為幹事，聘請林立三為臨時秘書，以及有關接管南洋大學和任免上海教育局長等問題的四項決議。接着會上討論了如下七個提案，包括：制定本會組織大綱以確定其權限案；上海國立四校維持經費案；恢復上海美術專門學校案；務本女校請派校長案；上海教育界同志會請究懲中小學教職員聯合會案；法科大學請撥用政治大學校舍案；請求解決震旦大學校務案等，並相應地做出了決議。從這次會議議決的問題可見，在當時的局勢下，上海教育委員會肩負著相當繁重而又複雜的任務。

如前所述，國民政府奠都南京的初期，曾試行大學院制的教育管理體制。「大學院自成立以來，即着手於全國教育籌劃，並由蔡（元培）院長分聘教育學術專家數十人，籌備中央研究院及組織各種委員會。」《時事新報》於1927年11月7日上公佈「中央研究院及大學各種委員名單」時稱。其中，褚民誼被聘為大學院大學委員會委員。在大學委員會全體名單中，列有：「當然委員，蔡元培、戴傳賢、蔣夢麟、張乃燕、易培基、鄭洪年、張謹、楊銓；聘任委員，李石曾、褚民誼、胡適、高魯、許崇清，秘書金曾澄。」1928年9月褚民誼赴歐考察衛生歸來，出席了10月26日召開的大學院大學委員會。鑒於教育部取代了原大學院，會議議決大學委員會仍繼續進行，改名教育部大學委員會。褚民誼仍繼續擔任委員。（《南洋商報》1928，11，16）

褚民誼一貫注重發揮民間社團的積極作用。他自穗抵滬出任上海中法國立工業專門學校校長和教育部大學委員會委員後，積極參與上海各大學聯合會的活動。據1928年11月21日《民國日報》報道，是月17日晚舉行上海各大學聯合會同樂會，到十八校及來賓蔡元培、韋愨（捧丹）等一百四十餘人，胡適之主席。褚民誼為了在教育界大力提倡他所提出的〈改良體育以保健康〉的方案，在會上發表演講並作為游藝項目，相繼演示國術太極拳劍以及踢毽子等平民健身體育運動。嗣後，已如本篇第六章之第一節「國難當頭，國府任職」中所述，當1931年爆發九一八事變之際，為了引導師生們的愛國熱情向健康方向發展，上海各大學聯合會於9月30日下午召開第二十九次談話會，有以中法國立工學院院長褚民誼為首的上海十三所高等院校負責人參加，會後聯合發表

了「願師生合作重復弦歌，俾齊一心志抵抗強敵」的宣言。（《民國日報》1931，10，1）

此外，在褚民誼等人的發起下，從1931年底開始積極籌備成立「上海各大學教職員聯合會」，於1933年3月19日召開會員大會。《時事新報》於3月18日報道其籌備經過，略謂，「民國二十年（1931年）12月16日午後三時半，在八仙橋青年會開發起人會議，到會十六大學七十餘人，主席褚民誼，選舉胡庶華、張壽鏞、江鎮三、林業可、鄭洪年、盛振為、康選宜、王造時、褚民誼、何廷述為籌備委員。12月18日正午十二時，在華安八樓開第一次籌備委員會，主席胡庶華，分配職務，並推定康選宜、何廷述等為宣言、簡章起草委員。12月23日午後四時半，在華安八樓開第二次籌委會，主席鄭洪年，由康選宜說明起草經過，通過簡章草案，決定成立日期。12月28日上午十時，在青年會開成立會，到會各校會委三百餘人，主席褚民誼，通過簡章，選舉褚民誼、王景岐、鄭洪年、胡庶華、康選宜……等（29人）為會員代表。「二十一年（1932年）1月8日午後四時在青年會開第三次籌委會，主席胡庶華，議決代表大會延期，並派康選宜（滬江大學教授）代表出席大學校長敘餐會。」此後由於日本入侵之戰禍以及各校經費困難等原因，代表大會一再延期，直至「二十二年（1933年）3月12日上午十一時，在青年會開第六次籌委會，決定於本月19日正午，開第一次會員大會。」會議次日《時事新報》上報道，「本埠各大學教職員聯合會，昨日中午十二時假座八仙橋青年會開二十二年度第一次全體會員大會，到二十六校教職員達七十餘人。」會上決議修改簡章，改會員代表大會制為會員大會制，並當場選舉康選宜等31人為執行委員，鄭洪年等七人為監察委員。通過了抵制日貨、收復東北等多項抗日要案，號召全國教育界自四月一日起總動員，反抗日本侵略。

次年元旦，據《時事新報》（1934，1，6）報道，上海各大學聯合會於2日正午舉行聯歡大會，到會者計康選宜等二百餘人，「首由主席褚民誼、張壽鏞、翁之龍相繼演說，繼而表演游藝……最後由褚民誼氏表演太極拳，功夫老到，咸嘆觀止。散會後褚民誼語記者謂。擬推行南京公務員俱樂部[23]辦於上海計劃。在上海組織一學界俱樂部，以為士林陶情之所。」

他除着力於中法工專的校務外，還十分關心滬上的教育事業，經常應邀到

---

[23] 指於是年一月成立之「公餘聯歡社」。

各類學校作演講和指導工作,其活動頻繁見諸報端。例如,早在1927年11月北伐勝利初期,《民國日報》(11,15)上報道稱,「江灣復旦大學,於本月十一日,請褚民誼先生到校演講,學生聽講者頗形擁擠。講辭要旨;一、求學問須求為社會而不為個人的學問;二、政治未上軌道,可多致力於革命,政治已上軌道,則須多用功讀書。洋洋數千言,推闡盡致,聞者咸為動容。」

《申報》曾接連報道了他於1928年10月29日、11月5日和12月3日分別到大夏大學、交通大學和暨南大學講演的消息和講話內容。1929年8月出版的《褚民誼最近言論集》[1.10]中,除刊登了他在中法工專發表的三篇「訓話記錄」(1928年10月1,6和16日)以及前述他〈在新民大學之演詞〉外,還選登了多篇他在其它學校演講的全文,包括:〈震旦大學紀念演詞〉(在1928年11月慶祝該校念五週年紀念大會上所作),〈勸學生以科學救國〉(1928年11月5日在上海交通大學的演講),〈在中德產科女醫校之演詞〉(在上海女子醫學專門學校和上海產科專門學校的女同學,共同歡迎杭州女子產科職業學校的女同學大會上所作)和〈中學生應當怎樣修養〉(1929年4月25日在崑山中學校的演講)等。另據《天籟》17卷第5期上報道,1929年他曾應邀到上海滬江大學作題為〈國民革命中之教育〉的演講,計有全體教職及學生九百餘人到會聽講,情況熱烈。

自孫中山逝世後,國民黨中央作出了於每週週一舉行總理紀念週活動的規定,「一則以紀念總理之偉大精神及人格,示後人以規範;一則以演述總理遺教與報告國內外時事,期謀互相推進。全國各行政機關、農工商學團體,均相率奉行。惟其間每因各自舉行,於演述方面,主其事者,不外各機關之領袖,常感覺資料缺乏,興味索然。」《申報》1931年1月23日上披露的褚民誼近日致上海各大學及學院的函中寫道;「民誼爰擬有上海各大學及學院總理紀念週輪流交換演講辦法之發起。查上海一埠,國立及經教育部立案之大學及學院,計有中央大學商學院和醫學院、交通大學、暨南大學、同濟大學、勞動大學、音樂院、中法國立工業專科學校、中國公學、復旦大學、光華大學、大同大學、大夏大學、滬江大學、法學院、法政學院、中法大學藥學專修科等十七校,及最高學府之中央研究院,由各校校長、各院院長,每週輪流參加各該院校之紀念週……如是每校校長,於每週內輪流赴各校一次。若以上海六院十二校計,則在十八週內,輪流赴各院校紀念週一次,互相交換,周而復始,而每人每個週講題,均可演述十八次後,復更換第二個講題,在各校則已於十八週

內，聆得十八種不同之演講矣。於學生方面既能喚起其參加紀念週之興趣不致厭倦，且得增進其各種學識；於各校校長方面，藉以取得聯絡以增進各大學間之情感及團結，為學術上之互助。不但此也，且於每次出席各校紀念週之時，更能以各校學生參加紀念週之情形與夫各校教務方面及管理方面之情況，作一比較觀，俾得他山之石，可以攻玉，以收截長補短之效，而免彼此隔閡之弊。區區之意，曾與各校當局，討論及之，盛蒙表示贊同。茲為鄭重計，特再書面徵求同意，是否可行，尚希裁示，以便定期約同各校，共通進行為盼。」

　　褚民誼的上述倡議函，業誌滬上各報。《申報》於2月10日報道謂，「茲悉各校對此主張，均表贊同，惟於輪流交換演講之辦法，尚有待於討論，紛函褚氏詢問意見。褚氏因於星期日（2月8日）下午七時，在其私寓，宴請各校校長、各院院長，蒞臨共同商榷。」到者有來自十三所大學的校長或負責人，經互相商榷，議決各項辦法如下：「一、規定三月二日為開始舉行輪流交換演講之時期；二、輪流交換演講每隔一星期舉行一次；三、自三月二日起，至六月八日止，暫定輪流交換演講次數為八次；四、用抽籤法決定各校長前往各校輪流交換演講之次序；五、各學校每月舉行聚餐會一次，每次由三個學校擔任東道，聚餐地點暫定華安飯店；六、講題每次不同，由各校長院長自加撰揮，其範圍以黨義為主，視各該校之環境與需要而為之演講。」褚民誼發起的這一交換演講活動，不但豐富了總理紀念週的內容；而且為密切滬上各大學之間的聯係，提供了一個經常性的平台。

　　在辦學方面，曾獲法國醫學博士和藥科學士學位的褚民誼，對我國醫藥教育的發展尤為關注。回國之初，他即出任廣東大學醫學院院長。此外，如本篇第七章之第五節「醫藥並重，培植人才」中所述，在他主持廣東國民革命軍後方軍醫處時期共事的，從日本醫科大學畢業的郭琦元，於1926年5月在上海發起創辦「東南醫科大學」。為了使這所華人自己興辦的醫科大學得以生存和發展，在當時的局勢下決非易事，必須得到社會上在資金等各方面的支持。1927年褚民誼隨北伐進軍，從廣東到達上海後，即被聘請為該校的董事會主席，與諸董事和學校負責人一起籌措和運作資金，並按政府的要求釐定校規和各類章程，使該校發展壯大成為滬上華人自辦的一所著名的「東南醫學院」。

　　褚民誼還針對當時我國醫藥教育中存在的問題，提出許多建設性的創議。例如，他主張醫藥並重，為了填補我國藥科教育的空白，提出在大學體制中設立獨立藥科專業的建議，並借用中法工專校園內，前同濟醫工舊址的空餘設

施，在國內首先於1929年在上海成立了「中法大學藥學院」，後按教育部的規定改稱為「中法大學藥學專科」，他自己親任校長。又如，當時在中國相繼成立的醫學院，其醫學從歐美、日本等不同國度輸入，形成了派別林立的嚴重無序狀態，不但各校所授的課程不同，而且教授醫事的語言亦不一致，課堂上各自使用英、德、法等國語言的比比皆是。據褚民誼1930年的調查，僅有公立的北平大學醫學院以及私立的上海東南醫學院和南通大學醫學院等少數幾所學校使用中文。（〈中國醫藥問題和衛生建設的過去和現在〉[1.15]）為此，他在1930年發表的〈中國醫學教育之前途〉（《醫藥評論》[2.15]No.26，1930，1，15）一文中，剖析和批評了當時中國醫學教育中存在門派之爭的弊病，鮮明地提出了整頓我國醫學教育的建議，包括：打破各校藩籬統一使用中文進行教學，有系統地組織和編制全國統一的醫學教育制度和課程體系，編制醫學上應用之各種單字及術語的中西文對照辭典，以及設置醫學研究院為全國培育健全的醫學師資等，這些中肯的意見為發展我國醫學教育事業指出了改革的方向。

　　褚民誼一貫關心培植民間辦學，當時地處江蘇南通縣的「南通大學」（後稱「南通學院」），是盛名一時的私立地方高等學校。該校第一任校長張孝若的父親張謇，是民國時期的著名實業家和教育家，曾以一己之力，將南通建設成為一個工商和文教等事業欣欣向榮的「全國模範縣」。張氏於1926年7月去世後，張孝若按其父生前遺願，於1928年將已建成的農科、醫科、紡織科三個專門學校合併成「南通大學」。按私立學校條例，需由校方聘請校董組成校董會，作為決策機構。據《南通大學百年誌》（江蘇出版社，2012，4）上記載，當時的校董會由李煜瀛、于右任、李宗仁、褚民誼、秦汾、何玉書、錢永銘、張軼歐、許璇、榮宗敬、周威、徐肇均、張孝若、吳寄塵等14位社會及地方名人組成。

　　1928年11月8日南通大學開學，《民國日報》（1928，11，8）上報道稱，「南通大學於本月八日開學，學生約四百餘人，設有醫農紡織三科，以醫科學生為多。該校因開學伊始，敦請名流演講，並參加開學典禮，特派醫科主任戴君尚文來滬，請李石曾、褚民誼等前往講演，李石曾因身體微有不適，未能前去，褚氏當即應允，已於昨晚起程，同行者並有江蘇農工廳長何玉書。」此為褚民誼首次考察有模範之譽的南通縣，《民國日報》（11，13）上發表了他返滬後於12日的訪談，記述了此次的行程和感想，並以〈南通現狀談〉為題收錄在《文集》〔1.10〕中。文中他寫道，"「予等於星期四（11月8日）上

午抵通,下榻南通俱樂部,是日下午舉行大學開學典禮,翌日開第一次校董會議,通過學校組織大綱及董事會條例,選舉予為正主席、何玉書為副主席、張孝若為校長。嗣南通中學與縣黨部相繼開歡迎會。黨員與學生一律中山裝,精神異常飽滿……晚間大學學生舉行遊藝於南通劇場,劇場佈置,固極精美,學生表演,亦有精彩。至於南通大學……今校長張孝若賡繼乃父遺志,摯畫經營,成茲偉業。凡關於校舍、校具、圖書、儀器之設備,均極周至。而農場、桑園、苗圃、畜場、醫院、實驗室,以及紡織各種機械,無不畢具。總三科之設備,連同基地基業,所費已百餘萬

1928年9月南通大學董事長褚民誼(×)和副董事長何玉書(○),在南通紡織學校門前的集體合影(《圖畫時報》[2.7]No.513,1928,11,18)

元,其完善可知。夫以一人之經營,一縣之財力,創辦最高之學府,其規模至此,求之吾國今日各縣中,實所罕覯。」

右上圖所示,是褚民誼與何玉書等人視察南通大學時,在紡織學校門前的合影,刊登在《圖畫時報》[2.7]第513期(1928,11,18)上。褚民誼對南通縣的建設很感興趣,該期上還登載了他在訪問期間所攝的作品:南通總商會、南通俱樂部和南通中山公園一角等。

南通大學成立後,面向全國招生,後頁左圖是上海《申報》(1930,7,2)上刊登的南通大學農科及其附屬中學的招生廣告,招收大學一年級新生和二三年級插班生、高中及初中一年級新生和二年級插班生。報名及考試地點分別設在南通本校、上海寰球中國學生會和南京中華農學會。廣告由校董會主席褚民誼、副主席何玉書和校長張孝若聯合署名發佈。

1931年2月10日褚民誼和何玉書,在上海召集南通學院第二次董事會。《申報》(1931,2,15)對該次會議報道稱,與會董事11人,其中于右任由張孝若代表,李石曾由褚民誼代表,此外還有學校三科科長及基產主任列席

第九章 從教育人,孜孜不倦 265

會議。褚民誼主席首先報告了學校在教育部立案及更名經過，謂，「校董會組織成立，呈部核准立案後，即呈請學校立案。經教部派員視察，認為合格，惟以大學須備三個學院，本校原有農醫紡三科，內紡織不能稱學院，是以教育部暫准以南通學院名義立案，俟具備三學院時，仍得恢復南通大學舊名。」接着，他對附屬中學立案問題、董事會改選事宜以及本次會議需討論的議題進行了說明。然後，由張孝若校長向董事會彙報學校工作情況，略謂本校學風尚佳，能遵守校規；在層層嚴格考核制度下，學生尚能認真求學；歷屆畢業生調查結果，均能就業並獲得各方推許；校用經費賴大生紗廠撥助，仍感拮据萬狀；本校在阜寧縣基產墾地十一萬餘畝，夏間突遭土匪踩躪，頗受損失等等。

經會議討論，作出如下決議：向國民政府以及中華教育基金委員會、中比庚款委員會申請補助；派員會同墾務主任擬定各產基地將來計劃，具報備案；呈教育部咨行江蘇省政府令本校基產所在地各縣政府協力保護；設立秘書處由校董兼任，分掌學務、財務、墾務事宜；制定恢復大學舊名辦法，擬定預算，交下次校董會討論；以及推蔡子民、沈燕謀和于敬之為校董等項。正當張孝若致力主持南通學院校務之際，於1935年10月17日突發張氏被其僕人槍殺的意外事件。作為校董會主席的褚民誼，此時身為行政院秘書長，在百忙中，毅然臨危接手，從1935年11月起，親自代理南通學院院長（見後頁右上圖），直至1936年8月鄭亦同出任院長，穩定了當時的混亂局面，使該校得以持續地順利向前發展。（《南通大學百年誌》，江蘇出版社，2012）

嗣後不久，1937年全面抗戰爆發，南通學院地處戰區陷於停頓，在褚民誼和校董張敬禮的努力和支持下，遷到上海法租界內，於1938年夏復課（「臺黨史館」稚07330），這是後話了（詳見第四篇第一章之第一節「法租界內，維護教育」）。

「南通大學」招生廣告（《申報》1930，7，2）

大夏大學是滬上一所負有盛名的私立綜合性大學，創立於1924年6月1日，因學潮原廈門大學三百餘名師生離校到上海而創辦起來。十年來為了民族復興，在董事長、校長王伯群的精心擘畫下迅速發展壯大，自建新校舍，擁地三百餘畝，有教職員百餘名，學生二千人，設文、理、教、商、法五院，暨師範、體育兩個專修科，並附設中學。為紀念其成立十週年，在1934年《大夏學報》第五期上出版了《大夏大學十週紀念特刊》，同時登載在1934年11月3日的《申報》和《時事新報》等刊物上。國府政要林森、吳稚暉、汪精衛、戴傳賢、孫科、于右任、居正、褚民誼、王世杰、何應欽、吳鐵城、潘公展等為之題字。如右下圖所示，褚民誼以「蔚成大觀」的題詞，熱情贊譽大夏大學之蓬勃發展。

其實，褚民誼與大夏大學早就結有情緣，已如本篇第一章「歸國伊始，執掌廣大」之第二和第三節中所述，褚氏回國伊始即於1925-1926年在國民革命策源地廣州，兩度執掌國立廣東大學。期間，褚校長就曾為前來投奔的大夏大學離校生作出過妥善安排。據1926年3月2日《廣州民國日報》上發表的題為「廣東大學最近之改革」的一篇專訪中披露，「上海大夏大學離校學生百餘人，日前呈請該校收容，現褚校長已允許其在各科旁聽，俟學期試驗成績及格，則可按照程度分插各班，等云。」1928年在褚民誼大力倡導下，社會上興起了「衛生救國」的熱潮（詳見本篇第七章之第一節「衛生建設，規劃指導」），大夏大學邀請他於10月29日在每星期一週會的系列演講會上，做題為〈個人衛生〉的講演，「褚先生於醫學造詣甚深，故其議論於日常衛生之原

南通大學董事長兼代理校長褚民誼（《南通大學百年誌》，2012）

1934年11月《大夏大學十週紀念特刊》上褚民誼的題詞。刊登在《申報》及《時事新報》（1934，11，3）上

理及實際，能闡發無遺，且出言饒有興趣，聽者極為動容云。」《民國日報》（1926，10，31）上如是說。

嗣後，褚民誼於1934年加入大夏大學董事會，有力地推動了該校體育專修科的添設，以及全校體育運動的開展。「大夏大學體育設備素稱完善，」翌年《時事新報》（1935，3，24）上報道，「年來厲行普及體育，更積極擴充，運動場面積達八十餘畝，尤屬不可多得。校中又有六十餘畝之河流一條，河水清潔，可供游泳及划舟之用，在上海洵為絕無僅有。該校校董何應欽、褚民誼、吳鐵城等，對於提倡體育均極熱心。爰於本年春季校董會提議，添設體育專修科。經全體校董一致通過，」並由王伯群校長聘請現任該校體育主任方萬邦為主任。「決於秋季開辦，招收高中畢業生，施以二年之專門體育學識及技能，男女分班訓練，以期養成適當之中小學體育師資、體育行政人員、及童子軍教員人才。該校教育學院久負盛名，理科設備亦甚充實……體育專修科學生可與大學部學生同時選習，所有校內優良之設備與教材，均可儘量利用，尤為難得之機會云。」

此外，為獎勵清貧學生就學，《時事新報》（1935，5，20）上報道「大夏大學校董何應欽、褚民誼、楊永泰等，發起募集清寒獎學金，為補助該校優秀清寒學生之費用，並經第一七六次校務會議決，照校董等所訂募集辦法，由校務會議各委員及畢業生中有地位者，分向外界募集，即以捐款人之芳名名其獎學金云。」

1935年6月1日迎來了大夏大學成立十一週年紀念，「上午八時起，舉行紀念會」，次日《時事新報》報道，「同時舉行春季運動會暨體育館破土典禮，並歡迎新校董褚民誼，到校董來賓暨全校教職員學生二千餘人。」「開會時首由王校長致詞，略謂『本校師生合作之精神、犧牲奮鬥之毅力，過去十一年之成績，在人耳目，惟國事日亟，大學教育所負責任益重。故本校去年春起，決定以民族復興為教育之方針，積極實施，普及體育，即其一端。今日舉行運動會，係全校學生體育成績之表現，並非如普通學校少數選手之競

1935年6月1日大夏大學成立十一週年紀念，褚民誼董事舉鏟為新建體育館行破土禮之攝影。校長王伯群站於其身後右側（《時事新報》1935，6，2）

技。更為完善體育設備起見，於今日開始建築體育館，希望闔校共體斯旨，共同繼續努力，負此復興民族之鉅任。」次校董褚民誼演說，略謂『民族之興衰，繫於國民體格之強弱，吾國素有東亞病夫之誚，救亡圖存，自以提倡體育為要圖，尤不宜專模倣外國運動。凡中國固有之優良運動及練身方法，宜發揚而光大之。本人對此，提倡素力，此後對本校體育，尤當竭力贊助。本校普及體育，已著成績，希望將來更推而廣之，普及於全社會，以立民族復興之基礎。」次來賓航空委員會特派宣傳員朱天寶、同濟大學代表唐英等，相繼演說。舉行體育館破土禮時，由王校長宣讀頌詞，由褚校董舉鏟破土，全體師生，唱校歌歡呼。九時運動會開始，全校學生二千人，一致參加，每人至少認定三種運動，在吾國大學中，可謂空前之創舉。是日中午十二時，該校畢業生舉行回校聚餐會，下午七時後尚有學生游藝及燃放焰火等餘興。運動會舉行兩天，至今日下午五時完畢云。」前頁右下圖是刊登在該報上，褚民誼舉鏟行體育館破土禮時的攝影，校長王伯群執演詞稿站在他的右後方。

嗣後，據1936年10月2日《時事新報》報道，大夏大學結合當時的國內外形勢，1936年以來，「倡導民族復興教育，不遺餘力，曾先後舉行救亡圖存講座、太平洋問題講座、未來大戰講座、國難教育講座、集體唱歌訓練等，對學生予以精神上之訓練，收效頗大。本學期設公民教育講座，邀請校內外專家於紀念週時演講。」其時，辭去行政院秘書長的褚民誼，正主持籌備第一屆國民大會（詳見本篇第六章之第六節「首屆籌備，國民大會」），應邀所做的〈國民大會與公民教育〉的演講，亦安排其間。若干年後，大夏大學成為了現今上海華東師範大學的前身。

褚民誼十分重視普及教育。他作為中央委員，於1930年3月1日至6日召開的國民黨三屆三中全會上，與朱家驊委員聯名，向大會提出了〈厲行本黨教育政策案〉[1.11]，經教育組審核，議決交政治會議討論。大會閉幕後，《申報》於3月7日和8日（見右圖），連載其全文。文中主張，本黨的教育政策，當前應以實行國民義務教育、成人補習教育和職業教育為重點，大力倡導免費普及教育，並擬定出相應的實施辦法。

1930年3月國民黨三屆三中全會上朱家驊與褚民誼聯合提出〈厲行本黨教育政策案〉，發表在《申報》（1930，3，7-8）上

提案的第一部分寫道,「本黨之教育政策,對於各項教育設施,均有明確之規定。吾人為整個國家之教育計,自應兼籌並顧,不宜有所偏廢。惟以目前國家環境與人民之需要而論,則不可不有先後緩急之分。方今訓政伊始,本黨最大之責任,要在促進地方自治、發展國民經濟。而欲達到此目的,必須盡力從事于文盲之掃除、生產之增進。」據近年粗略調查結果,吾國四萬萬四千餘萬的人口中,全國失學兒童和成人總計超過人口的半數以上,以大多數未受教育之人民,而欲其實行自治,行使民權,其為不可能之事。至於吾國之經濟落後,即使農產品亦需仰仗大量進口,必先努力從事于生產能率之增進。「基此兩大需要,吾人認為目前必須急切施行之根本教育,厥為以養成國民生活技能為中心之國民義務教育、成人補習教育與職業教育是已。

惟欲實施國民義務教育與成人教育,必須先有廣大師資之養成。以每二十五人需一教員之標準,則須有一千萬以上之教員,始足敷用。如此鉅大需要,自非多設專校,無以濟事。且此種教師,負有國家特殊使命,應受特殊之訓練,不能與普通教育等量齊觀。故今後之師範學校,應獨立設置,不得作其他學校之附庸。並須增長年限,加緊訓練,改善待遇,提高小學教師薪俸,以造成師範教育之健全基礎。同時對於現任之小學教員及私塾塾師,須用假期,逐年分別加以訓練。蓋良好小學師資之缺乏,至今成為極大問題。據浙江教育廳十七年(1928年)度之統計,全省小學教員,曾受師範教育者,僅占百分之四十一,其餘百分之五十九,均係未受師範教育者,一般私塾塾師尚不在內。此種不合格之教師,若加以嚴厲之取締,則恐在此青黃不接之際,失學者人數將更增多,故吾人不得不為之積極籌劃補救之道也。

職業教育向為吾國所忽視,各省舉辦之各種職業學校,類皆以書本為主,缺乏實驗之設備;且與當地生產環境不相呼應,畢業後又無適當之出路與保障,故其所得之效果,直等於零。吾人必須力矯曲弊,對於學校之設立,是以適應當地生產需要為主要條件。於工業區域內,設置實驗工廠;於農業區域內,設置農業試驗場。一方面為學生實習之用;一方面即為改造當地生產之張本,並為之預留生活出路與確實保障……同時於軍隊中,實施職業教育,以為他日墾地築路及其他生產之用。此不僅化分利為生利,且為消弭戰禍、救亡挽危之根本大計也。

本黨之教育政策,以教育機會平等為基本原則,顧目前之學校教育,顯為少數有財者之專利……設不根本打破,則普及教育之目的,永難達到。故吾人主張全國學校應一律免費,使貧寒青年各得舒展天才。惟以現今財政困難,

一時實現勢所難能，衹得先將國民義務學校、成人補習學校及師範學校免除納費，其餘中等以上之學校，先設免費學額若干名，逐年增加，俟教費充實時，再行全免。對於有志研究高深學術者，國家亦應資助獎勵之。此為實行本黨教育政策之最低必要條件，否則雖欲屬行普及教育，其如事實不許何。

最後吾人急須根本解決者，即為教育經費問題。教育經費，若無充分之準備與保障，則一切計劃皆成畫餅。以目前教育經費之狀況而論，不僅不足以推行本黨之教育政策，即欲維持現狀，恐亦不易。故吾人為治標計，須先將已經確定之教育經費確定；至治本之策，中央及各省應規定歲收之百分二十至三十為教育經費，並須確立獨立保障制度，且須打破過去『以地方之款辦地方教育』之謬誤觀念，由中央統籌計劃，使各地教育平均發展，夫能如是，然後本黨之教育政策，始得貫徹實現。」接着，在提案的第二部分提出了實施的辦法，分為總綱、國民義務教育（六年免費小學教育）、成人補習教育、師範教育、職業教育以及免費與獎學等六個部分，就相應的組織領導、設施建設、法令法規、優惠政策、收費標準、經費來源和奮鬥目標等問題，逐一作出了規劃。

褚民誼為了促進普及教育，積極主張利用電影這個形象化的有力工具，大力開拓我國的教育電影事業，如本篇第六章之第三節「三民主義，電影促成」中所述，1932年他與段錫朋等人一起，發起成立了我國最早的「中國教育電影協會」。褚民誼除歷任該會執行委員外，還一直擔負設計組主任之責，為我國的教育電影事業作出了開創性的工作。

為了推動基礎教育的發展，褚民誼身體力行，曾先後在滬上創辦和擔任多所中小學校的董事和董事長，並經常深入中小學校，發表演講，諄諄教導。已如本章第二節「倡導五育，全面發展」中所述，他於1929年4月25日應邀到崑山縣立中學，發表了題為〈中學生應當怎樣修養〉的演講，對學生「德智體美群」五育全面發展進行了深入淺出的講解。（《民國日報》1929，4，26）其講演全文收錄在《褚民誼最近言論集》[1.10]中。

在上海租界區內，長期以來缺乏優質的初等學校，據1931年2月4日和7月7日《民國日報》報道，「中委褚民誼、市執委范爭波、市商會委員王曉賴、法學士吳靜波等，念租界教育之衰落，常此以往，後患堪虞……擬創辦一完美之「興中小學」，於金神父路群賢別墅，業已呈請教局，指令照准，對於課堂設備，均有深切計劃，現已積極進行，冀作租界教育之先鋒。」褚民誼被推舉為該校主席校董，校長由吳靜波擔任，自1930年創辦以來，成績斐然，於7月6日

舉行畢業典禮，到有師生家長及來賓約一百八十餘人，盛極一時。

1930年褚民誼率團出國參加比利時國際博覽會，興中小學師生曾分別於4月和12月前往碼頭歡送和歡迎。褚氏返滬後，《民國日報》1930年12月29日報道，「金神父路賈西義路口，興中小學（文中誤為「中興」小學）主席校董褚民誼先生，前日上午到校訓話，全體師生，齊集禮堂。褚氏於鼓掌聲中起立致訓詞，略謂『此次代表國府赴比參加博覽會，承蒙同學們歡迎歡送，非常盛謝。此次赴比雖獲獎品三百餘件，然國產仍須努力建設，以謀國際最後爭光，尤其同學們都是未來的國民，在小學時候，須有求學的決心，養成國民的性情（鼓掌）。現在你們既到了此地求學，校舍雖不寬大，然師生們精神頗佳，但是你們應該注意三點：一、『運用科學化』，凡各種物質建設，須有科學的系統。迴觀中國文化落後，其原因在甚麼，就是沒有科學化深切的了解，尤其小學生更須切實去研究，孔子云『生而非知之』，這都是教我們去研究的事實。二、今後學生須有合作精神……養成師生合作的習慣，尤須在小學的時候，研究課程範圍之外，一切行動，應遵教師的訓誨，由小學次中學而至大學，莫不有養成合作的習慣。三、體育，使身體的強壯，除足球、體操運動外，我提倡一種最經濟和簡便的運動是甚麼，就是中國固有的運動踢毽子，我很希望同學們去實行起來，使你們的身體強健，也可保持我國固有的妙術運動。』」1931年「九一八」事件爆發後不久，《民國日報》於是月28日上報道，「興中小學昨發抗日宣言，大意為誓死抵制日貨，為東北將士報仇。」

應社會需要，該校不斷擴大，除小學外還設有幼稚園，至1931年8月24日舉行開學典禮時，學生已達二百餘人。（《民國日報》1931，9，1）1933年增設第二校於亞爾培路恒平街恒平里，「此次招考，報名者達一百四十餘人，錄取七十餘人。上屆會攷，全數及格，投考中學，亦均錄取，廿四日開學，廿六日上課。」（《時事新報》1933，8，24）接着，《時事新報》於1933年11月23日上報道了興中小學積極籌募基金建築校舍的消息，略謂，「該校為紀念興中會諸先烈之精神，創辦以來，已三載有餘。近感學生日眾，擴充乏術，而租借校舍，更非久計，經各校董之商酌，乃有籌募基金建築校舍之舉。」近日已派校長吳靜波赴各地接洽，結果圓滿，「在京謁見立法院孫院長，認捐巨款。本市吳市長以該校既為紀念革命而設，應即設法擴充，備函向南洋永安堂胡文虎先生處，勸募建築基金。聞吳（靜波）校長不日放洋，並便道考察海外華南一帶小學教育，以資借鏡云。」

位於上海的「愛國女子中學」（愛國女中），是蔡元培於1901年發起創辦的一所女子學校。曾在革命時期為解放婦女、反對封建、爭取自由發揮了積極作用。進入建設時期，該校繼續取得發展，蔡元培任董事長，褚民誼等任董事，季達（毅生）任校長。1931年3月29日《民國日報》報道，「上海愛國女校自遷移江灣路塵園後，銳意整頓，昨由校董褚民誼先生赴校視察，於下午三時該校開會歡迎，並請褚校董致訓辭，講述〈母性教育與中國現狀〉。略謂『中國衰落原因，固甚複雜，而母性教育之不講，因此兒童先天的智能與體力既甚衰弱，而後天的環境，又不能加以矯正，循至國民之智能與體力，均漸失健強。在世界潮流中，中國欲急起直追，非注意兒童之先天的智能與體力及後天的環境不可。欲使兒童之先天與後天健強，則應注意教育，注意女子教育。』演講中並對體育原理，發揮詳盡，聽者無不動容。最後在大操場表演，先由體育科學生表演國術，後由褚校董親自表演所發明之太極操（一名圓形操）。一方面講述原理，一方面表演姿式，甚為明瞭，學生等均興高采烈，模仿操練云。」

該校規模不斷發展壯大，除在崑山路和愛文義路新闢校園開辦「愛國小學」外，還於1935年，經校董蔡子民、褚民誼、季毅生諸氏倡議，在擴大江灣路第一院原有校舍的同時，於崑山路愛國第一小學校園內增設初中第二院，以適應年來學生人數驟增的需求。（《時事新報》1937，7，27）1936年愛國女中成立三十五週年並值創辦人蔡元培七十壽辰，學校出特刊以資紀念。右圖所示，為《時事新報》1936年7月13日上刊登的，「愛國女子中學（小學）招生」廣告。由接替蔡元培任主席校董的褚民誼和校長季達聯合署名發佈。內容十一條，勾勒出該校的規模和發展現況：「（一）高中初中第一院一、二、三年級，初中第二院一、二、三年級，各招新生插班生；（二）高中二年級分文科、理科二組；（三）家政研究科招收新生一年畢業；（四）本年為本校三十五週年紀念之期，欣逢創辦人蔡元培先生七十大壽，特設

「愛國女子中小學招生」廣告（《時事新報》1936，7，13）

紀念獎學金額三十五名；（五）本校具有革命歷史，凡革命功勛兒女、殉國將士遺族，投考本校，經各當地正式機關證明，並由本校調查屬實者，錄取後，得遵照教育部規定條例免費；（六）遵照教育部規程，設置免費及公費學額；（七）第一第二小學同時招生；（八）報名即日起，報名費一元；（九）考期七月十三、十四日；（十）報名處，一、江灣路本校，二、崑山路愛國第一小學，三、愛文義路愛國第二小學；（十一）章程函索即寄。校址（高初中第一院）上海江灣路塵園；（初中第二院）上海北四川路崑山路。」

　　1933年成立的上海「中國中學」是褚民誼重點關注的學校之一，建校伊始即擔任該校董事長。據是年1月12日《時事新報》報道，「籌備年餘之中國中學，業已宣告成立，校址在法租界西愛咸斯路二四九號，地段適宜，校舍宏偉，設備更稱完美。該校日前假座南京路新新酒樓成立校董大會，出席者褚民誼、鄭洪年、吳經熊、吳開先、李次山、陸京市、周君尚、袁鶴松、胡叔異、周慎修、周祖貞、張一輪、季永章等十餘人，討論一切校務進行方法後，繼即選任周慎修為校長。」會後即於2月8-13日在《時事新報》上以主席校董褚民誼和校長周慎修聯署，接連五天刊登招生廣告。是年秋季，為擴大影響，特在蘇州的蘇州中學分設報名和分考處。「第一次錄取新生達一百二十六人，第二次錄取新生……亦有百餘人之多。」因有擴大遷校之計劃。（《時事新報》1933，7，1）遂在1934年9月14日《時事新報》上刊登了「中國中學遷入新校舍續招男女生啟事」，謂「本校本學期學生驟增，致原有校舍不敷應用。茲已覓得西愛咸斯路386-388號（拉都路西）大廈三幢為新校舍。大禮堂、教室、辦公處四十餘間，寢室五十餘間，總計可容學生八百餘人，位在原校址西首百數十步（廿二路公共汽車可直達）。校舍寬敞，運動場廣袤，尤有花木亭榭之盛景，假山池塘之清幽，誠為學子藏修遊息之良所。現已遷入高初中各級，尚有餘額，有志來學者，可即日來校報名投考，隨到隨考，至滿額為止。凡有原校證明文件，經本校審查合格者得免試。新校舍電話仍為75080。董事長褚民誼，校長周慎修。」

　　該校每年春秋兩季招收高中普通科和商科，以及初中部和小學部的男女學生。所有招生廣告及學校的重大事宜，均由主席校董褚民誼和校長周慎修聯署，事先在報刊上廣而告之。後頁右圖之（右）示出的是，《時事新報》1935年8月6日上刊登的，「中國中學招男女生」的招生告示。從1934年開始學校每學期設免費名額十名，由廣告上列名的校董褚民誼、于右任、黃紹雄、杜月

笙、陸京市、李次山、吳開先、吳醒亞、吳經熊、鄭洪年等捐助。為充分利用學校資源，曾有開辦暑期學習班之舉，《時事新報》（1934，7，3日）上發佈了「中國中學暑期學校招男女生」的告示，自即日起報名，7月9日到8月26日上課。章程函索即寄。

中國中學的發展頗受社會關注，其活動情況常見諸報端。例如，為加強對學生的教育引導，該校自1935年起率先試行「導師制」，《時事新報》於是年3月3日，對此報道稱，「中國中學自去秋立案以還，學生人數激增。最近當局為求師生共同合作，並指導學生日常生活計，特試行導師制度。初高中各級每級設導師一人，其他住校任課各教員，亦隨時隨地襄助導師，扶植學生正當之生活，指摘學生不良之習性。又該校自本學期起，為求訓育、教務充分聯絡起見，將原有教務、訓育兩處，合併設立教導處，以原任教務主任周祖貞為教導主任，另聘方朝柱、俞康為副教導主任。」又該校課外文體活動活躍，該報於3月16日報道，「中國中學籃球隊，本學期出賽以來，成績殊佳。茲隨高一同學旅蘇參觀團，全體赴蘇比賽，已約省蘇中、東吳、晏成、萃英、成烈及其他蘇城各著名籃球隊比賽，等云。」

1936年《時事新報》於3月3日，以〈褚民誼氏在中國中學演講〉為題報道，「西愛咸斯路中國中學，辦理完善，設備充實，學生達四百餘人，昨日補行開學典禮，由該校董事長褚民誼演講，〈國難期中中學生應如何修養〉，詳述智德體三育之重要，言論警惕，聽者動容。該校並定六日舉行校董會議，共商一切進行事宜云。」接著，上海教育局長潘公展應邀於3月25日到校視察和演講，該報於次日報道，略謂本市中國中學開辦

《中國中學》在《時事新報》上的招生廣告。
（右）1935，8，6；
（左）1937，7，5-7

已有多年，教學訓導咸有長足之進展，本學期以本嚴格訓練之主張，「每周延請名人演講青年問題及國際問題，以為實力救國之準備。上週有褚民誼、吳經熊兩氏，本週有江問漁、薛農山兩氏，日昨潘教育局長特赴該校演講。首由周

校長及各主任引導參觀各教室、宿舍、圖書館、儀器室及運動場，秩序井然，深為局長所稱許，認為私立學校中不可多得之學校。繼由潘局長在該校大禮堂演講，題為〈國難時期之教育〉，策勵學生努力求學，培養實力，語極懇摯，聽者動容，歷兩小時之久云」

學校為提高和活躍學生的學習氛圍，舉辦多種多樣的競賽活動。據《時事新報》（1937，5，9）報道，中國中學於5月8日在該校大禮堂舉行本學期高初中英語背誦比賽，敦請東吳大學、復旦大學、大同大學等四位教授為評判，各生所操英語均甚流利，姿態亦多自然，結果各評出高中部和初中部之第一、二、三名。並聞該校時事測驗定於下星期一舉行，其他各項學術比賽亦將分別擇期舉行云。該校創辦三年以來，「以管教嚴密，聲譽卓著，校務蒸蒸日上。」於1936年7月刊行《中國中學一覽》一冊「對該校一切規程設備詳載無遺，並有銅圖多幅及名人題字，內容甚為豐富，備有志投考該校者函索。」（《時事新報》1936，7，15）

隨着中國中學的聲譽日隆，其規模也迅速擴大。《時事新報》於1936年7月22日報道其秋季招生情況時謂，「西愛咸斯路中國中學，辦理素稱完善，歷屆參與會考，成績優良，此次高初中畢業生會考成績，可獲全部及格，足見平時教訓之嚴格，全校學生數共計四百數十人，第一次招考新生一百二十三人，業已揭曉。茲鑒於本學期考生擁擠，特擴充學額，將高一初一兩級，添設雙班，續招新生及插班生一百八十名，並添賃大屋一幢為校外宿舍，以資容納。全校校舍亦已從事修葺粉飾，氣象為之一新云。」1937年又應社會上之需求，分設女子部，在7月4日「中國中學分設女子部啟示」中謂，「本校開辦以來歷經五載，校務日形發達，男女學生數計達五百餘名，原有校舍雖一再擴充，仍有不敷之感，查教部中學規程有『中學生以男女分校或分班為原則』之規定，以及社會人士一再函請，分設女子部等要求，本校為教育改進計，及副社會人士熱望起見，爰於本校附近西愛咸斯路249號覓就高大洋房一座，幽靜寬敞，設備完善，極適女生讀書遊息之所，自下學期起，將原有女生一律遷入。女校廣置學額，並招收初中及高中普通科各級新生、插班生。第一次考期定七月十日舉行，此啟。」前頁右圖之（左）示出的是，由董事長褚民誼與校長周慎修和周祖貞聯署，於1937年7月5-7日在《時事新報》上發佈的，「中國中學男子部、女子部、小學部招生」的告示。三個分部分別設在上海法租界西愛咸斯路386號、249號和343號。其上還列出了董事會擴充後全部二十位董事的名單：

馮玉祥、黃紹雄、杜月笙、覃振、朱家驊、吳經熊、褚民誼、鈕永建、蔣作賓、沈鴻烈、周慎修、陳紹寬、陸京市、周祖貞、于右任、俞飛鵬、邵力子、鄭洪年、吳開先和季永章。在董事長和校長的擘畫以及同人們的共同努力下，短短數年，就把中國中學建成為滬上由華人創辦的一所著名的私立中小學校。抗戰勝利後，褚民誼的次子褚季燊和幼子褚幼義自1950年至1953年，即就讀於該校的初中部，獲得了由校長周慎修簽署的初中畢業文憑。

此外，褚民誼還擔任其他多所中小學的董事。例如，由董事長兼校長陳濟成創辦和主持的上海中小學系列學校，包括私立上海小學、上海中學、上海幼稚師範和上海幼稚園等幾部分，由於嚴格的管理和良好的教學效果，深得社會好評，董事會亦不斷擴展壯大，褚民誼參與其間予以積極支持。右圖示出的是該系列學校在《時事新報》（1935，8，6）上刊登的招生廣告，聲稱「招收高中普通科、高中商科、初中、幼稚師範本科、幼稚師範簡科、小學、幼稚園、及嬰兒園各級生，以上除師範專收女生外，餘男女兼收，均可寄宿。本校訓管嚴密、功課認真，以敦品篤學為主，力戒浮燥囂張之風。小學幼嬰各部由校醫及有經驗之保姆教師主持保育。」待遇上，「師範或高中商科畢業後，得介紹各地任事。」校舍「分列五院，占地六十畝，花木繁茂，空氣清鮮，為藏修息遊之良地。」總辦公處，設在膠州路檳榔路之潘園。最後列出了孫科、于右任、褚民誼、王伯群等26位董事的名單。

其他見諸於報端的還有，褚氏擔任「道中女子中小學校」和「上海女子中學」等學校的校董，分別見《時事新報》（1935，7，10）和（1936，1，17）上的招生廣告，後者除普通中小學和幼稚園外，還設有師範科。個中亦表現出褚民誼對破除舊習俗，發展女子教育之重視和支持。

「私立上海中小學系列學校」招生廣告（《時事新報》1935，8，3）

對於職業教育，褚民誼也很關注。在醫學方面，除於1936年初為培養當時緊缺的藥劑生，出任「全國新藥業同業工會附設上海藥學講習所」所長（見本篇第七章中之第五節「醫藥並重，培植人才」）外，他還很重視培養社會上廣泛需求的助產士。正如1928年4月15日他〈在中德產科女醫校之演詞〉中所述，「中國產科從前差不多可以說是沒有的，社會上把這種生產重大的事，付之於一般無知無識的收生婆之手，無形中不知糟蹋了多少生命。所以婦人視生產為一大困難。其實生產乃生理上自然的工作，將來吾國產科學術發達後，難產的問題，是不會發生的。不過這種責任，全要諸位負起來做才行。」（《文集》[1.10]）

　　當時在上海的「慈航高級助產職業學校」，是一所早期由華人創辦的培養助產士的學校，招收初中畢業生。從《申報》（1931，7，12）上該校的招生廣告可見，褚民誼自1931年起即已參加和主持該校的董事會。在他的支持下，有眾多醫界名人或出任校董或擔任教授，使該校聲名大震，招生名額擴大，除上海外，還面向全國，在杭州、南京、鎮江、南通、常州、蘇州、常熟、湖州、溫州、寧波、重慶等地招生。左圖左側是《申報》1936年6月28日上刊登的該校招生廣告，由董事長褚民誼、校長王學權和教務長胡相桓聯署發佈。其中，為照顧貧困學生還設有照章酌減費用的優惠規定。

　　1935年7月19-21日，在青島舉行中華職業教育社第十五屆社員大會暨第十三屆全國職業教育討論會，《教育與職業》雜誌第167期上刊登了「大會開幕式紀要」，《時事新報》（1935，7，23-24）上亦連載其會議紀要。時任行政院秘書長的褚民誼出席開幕式，言簡

「慈航高級助產職業學校」（左）和「慈航職業學校」（右）在《申報》（1936，6，28）上發佈的招生廣告

意駭地致詞道;「年來職業教育，國人漸知重要而提倡，細考教育，本無職業與非職業之區別，無論文科、理科、哲學等等，都含有職業之意味;不過後來因太注重於理想而忽略於雙手之應用罷了。考其所以忽視之源，由來已久。自有勞心者治人，勞力者治於人之說起，就把一切職業都忽視了。我人須知，古來大聖，如神農、黃帝，都以農工立國。自己本人即為農人、工人，所以能開創一切，做偉大事業。現今一入學校，萬事都怕勞動，其甚者竟以求學為升官之路，此係大誤。即現今之文、法、工、理、醫等科，亦大都所學非所用，而其程度，均規定須在高中以上，因此中等學校之屬於職業甚少。今後應多注意設立推廣中等職業學校，更當注意就其環境，因地制宜，方可免閉門造車之弊。現今國家每年入超很大，衣食住行，都須仰給於外人，危險太大。今後如何增進生產，自當格外留意。諸君對於職教改進、研究、討論之結果，建議於政府，希望政府採納，能在短期內，職教發達，生產增加，前途無量。」

褚民誼於1935年底辭去行政院秘書長後，常駐上海，有更多精力灌注於符合上海地區環境的職業教育。他在已開辦的慈航助產學校的基礎上，進一步爭取上海當局和社會上的支持，發起創辦「慈航職業學校」。《申報》於1936年3月19日報道，「中委褚民誼及王學權等，鑒於際茲經濟破產，國勢阽危之秋，教育非尚生產不足以復興民族，爰特創辦慈航職業中學，以便造就一般手腦並用之人才，服務社會。日前下午七時，特在大西洋菜社舉行校董會成立會，到吳開先、吳醒亞、童行白、潘文安、褚民誼、王學權等十餘人，由褚民誼主席。首由主席報告創辦職中旨趣，次討論議案:一、公推褚民誼為董事長、王學權為校長;二、由校董會及王校長負責籌劃經費;三、推褚民誼、王學權會同勘定校址;四、遵照部頒職業學校規程，辦理呈請市教育局備案手續;五、暫設籌備處於赫德路慈航助產學校內。」

會後，《申報》(1936，6，18)上登載的「慈航職校近訊」中稱，該校「經校長王學權、籌備主任錢然等數月來之積極籌備，業已大致就緒，定七月二日招考初高級[24]土木科、染織科、化學工藝科、商科等各科一年級新生各四十名。該校為救濟貧窮子弟起見，特設優待生、免費生、服務生額，凡家境清寒者，均可請求。並附設銀行行員訓練班、藝徒班、家事班，亦同時招生。該校為便利學生實習計，除積極購置大批機械儀器外，並特約均昌染織廠、新裕

---

[24] 初級和高級班新生的資格分別為小學和初中畢業。

記營造廠等各大工廠，為實習場所。」前第二頁左圖右側是《申報》1936年6月28日上刊登的該校招生廣告，由董事長褚民誼、常務校董于右任、吳醒亞、童行白、楊衛玉，以及校長王學權聯合署名發佈。

此外，已在本篇第七章之第五節「醫藥並重，培植人才」中所述，「東南醫學院」是一所由華人創辦的滬上著名醫學院，長期由郭琦元院長主持，並得到褚民誼任主席的董事會的大力支持，成績斐然。在此基礎上，據1937年6月28日《時事新報》報道，為適應當時社會上對生產技術人才之急需，東南醫學院院長郭琦元氏，「乃與褚民誼、童行白諸先生興辦『東南高級職業學校』。該校校董會早經社會局立案，並已呈准開辦，現在暫設藥劑、護士、農村教育、應用化學四科，畢業後並可由校方介紹相當職業。其投考各科之資格，均須曾於公立或已立案之初級中學畢業者，或具有同等學力者，均可應試。如係優秀學生，經其原校校長出具證明書，備函保送該校，亦可酌量免考。聞訂於七月十五日舉行第一次入學考試，近日前往報名者頗為踴躍云。」

值得提出的是，褚民誼在大力提倡西部大開發的同時，也十分重視少數民族的教育，這在本篇第五章「探險西北，力主開發」的有關部分裏已有記述。1932年11月戴傳賢等人向中央提出建設西北專門教育之初步計劃案，被原則通過，褚民誼等人被推舉為籌備委員。[3.60]教育部為提高回民教育、鞏固民族團結起見，特應回民之請求，於1933年5月11日成立「回民教育促進委員會」，褚民誼與唐柯三、孫繩武三人被推選為常務委員。（《申報》1933，5，16）1934年底在上海成立「蒙藏學院」（後改稱「蒙藏學校」）以訓練邊疆服務人才，褚民誼被推為常務董事兼任院長（《申報》1934，12，12）（詳見本篇第五章之第三節「團結蒙藏，培植人才」），如此等等。

此外，正如1930年3月他在國民黨三屆三中全會上，與朱家驊聯名提出的〈厲行本黨教育政策案〉[1.11]中所述，據近年的粗略調查，我國文盲佔人口的二分之一以上。國民政府自成立以來，幾乎每年都要舉辦一次掃除文盲的「識字運動」，褚民誼對此十分關心和重視。首都第九屆識字運動籌備委員會於1935年9月9日至15日，舉行識字運動宣傳週，褚民誼應邀於9月13日，在中央廣播電台發表了題為〈推行識字運動的方法〉的演講[1.36]，從民眾的切身利益和國家興亡的大義出發，認真總結經驗，從識字運動的意義、過去失敗的原因和今後的方針三個方面，提出了中肯的意見和建議，演詞刊登在由中央廣播無線電台管理處出版的《廣播周報》[2.26]第53期（1935，9，21）上，全文如下：

(一）識字運動的意義：
  （1）關於個人方面：不識字的人，不能記賬，對於個人收支的情形，無從明瞭；不能寫信，一切意見都很難向人表示；不能看報，對於國家大事，世界潮流，一點亦不知道。日常和人家交際往來，不但減少許多便利，而且很容易吃人家的虧，有眼睛和沒眼睛的一樣。諸位想想，這是多麼痛苦的事情！還有關於個人的生產方面、事業方面，亦統統因為不識字的緣故，不能研究書籍，沒有機會增加新的知識、新的技能，因此就永遠沒有改良和進步的希望！我們為要解決以上的幾種困難，所以有普及識字的必要。
  （2）關於國家方面：一個國家，若要達到強盛的目的，必須要一方面全國國民的民族意識很強固；另一方面政府與民眾完全打成一片。我們試研究民族意識，所以強固的原因，其最大因素，就是大家明瞭本國的歷史，和本國所處的地位。假如不識字的人，如何能夠達到這個目的呢？其次說到國家建設方面，政府雖然有種種良好的計劃，但是實行起來，往往因為民眾的知識程度太低，不能了解政府遠大的計劃，以致時常發生無謂的誤會，事情還沒有動手，障礙已經很多。所以要使政府與人民力量集中，國家建設早日完成起見，非從識字運動着手不可。還有一點，現在的國家，是三民主義的國家，凡是合於法律資格的人民，都可以行使選舉、罷免、創制、複決四權，假如不識字的人，連自己的名字都不能寫，佈告招貼都看不懂，那末，如何能夠行使這四種基本的民權呢？中央黨部之所以規定識字運動，為黨員七項工作之一，其主要原因，無非要早日完成訓練民眾，行使四權的工作。
(二）過去識字運動失敗的原因：自國民政府奠都南京以來，提倡識字運動，已經有七八年的歷史，為什麼到今天還沒有成功呢？分析起來有下列幾種原因：
  （1）祇注重文字教育，而忽略常識教育和職業指導：因為識字教育沒有包括常識教育在裏面，其內容很容易陷於單調無味，往往使學習的人，發生厭惡的感覺。又識字運動沒有加上一種職業指導在裏面，那末識字教育和民眾本身的生產事業，毫無關係，如何能夠引起他們學習的興趣呢？

(2) 識字以後無應用的機會：一般民眾既經識字以後，應當時常有應用的機會，如報紙和政府的佈告，在可能範圍，要用白話文，使民眾已經認識的字，因應用機會多而不容易忘記。在從前識字運動辦過了，好像政府的責任，就算完了，往後也不再去理會他，這當然很難使識字運動收效圓滿的。

(3) 民眾方面無推進識字的組織：過去的識字運動，除了政府方面，作片面的努力而外，民眾方面，並沒有一個推進識字運動的組織，來協助政府，共同工作。因為這樣，所以識字運動不容易普及，更不容易持久。

(三) 今後識字運動的方針：今後的識字運動，應當照下列的原則，積極進行：

(1) 識字教育應包含職業指導：現今一般民眾所感受的困難，是生計問題。政府方面，固然要積極肅清匪患，屬行建設事業，使人民安居樂業，國民經濟，得以逐漸繁榮。同時於識字教育當中，亦應當包含一種生產指導。比方在農業區，就要研究農作物的改良，要指示一般農民改良農作物、保存農作物，以及推銷農作物的方法；在工業區要指導工人管理機器的技術，增加和改良出品的方法，以及工廠的衛生等項；在商業區要指導商民，改進營業的態度和方法。總之，無論如何，要使識字教育和職業指導，同時並進。然後民眾們自然而然會願意接受識字教育。

(2) 普設識字學校，實施強迫教育：關於這一點，各地方政府應查明當地應受識字教育者的人數，斟酌情形，設立若干識字學校，以兩個月為一期，將所有應受識字教育的人，妥為支配，於一年內，完全教授完畢。其有故意規避不願入學者，須設法想出強迫方法勒令入學。至識字學校之授課時間，要以利用各界民眾業餘時間為原則。

(3) 識字運動與新生活運動打成一片：識字運動，本為新生活運動工作之一，現時各地中等以上學校，均有勞動服務團的組織，我們即可以勞動服務團為推行識字運動的幹部。在政府方面，利用此種固有團體，推行識字運動，可以節省經費。在勞動服務團方面。又可因此而到達人人服務的目的。現在試舉首都新生活第一

實踐區的情形,做一個例子。該區由市立第一中學及私立鍾英中學兩校勞動服務團擔任推行新運工作,共有團員一千人。住民戶數,約有七千五百戶,每戶平均以六人計算,共有四萬五千人,除去幼孩、已識字者,或已入學校者不計外,其餘未識字者,共約三萬人。以團員一千人,平均分配。每一團員,應教授三十人。我們可利用該區內各公共場所,如祠堂、廟宇、戲場、學校之類,佈置課堂,即以勞動服務團團員為教員,預計一年以內,即可將該區文盲,完全肅清。我以為這種辦法,很可以供各地方政府採用。

(4) 提倡白話文:我們固然要注意識字運動的普及,以達到人人識字的目的;同時亦須顧及已識字者時常有應用的機會。現時除各中小學課本,多已採用白話文之外,我以為各種政府的佈告,在可能範圍內,應以採用白話文為原則。一方面,可以使政府的意思容易為民眾所了解;另一方面,又可以收鼓勵民眾識字的效果,可稱一舉兩得。因為政府的佈告,民眾總是十分注意的。此外,關於報紙方面,亦應逐漸採用白話文,以便一般民眾閱讀,使已識字者,養成閱讀報紙的習慣。這點對推行識字運動的前途亦有很大的關係。

褚民誼自二十世紀初從事旅歐勤工儉學運動和創辦里昂中法大學開始,便積極獻身於教育事業。他不但大力創導「德智體美群」五育全面發展的教育方針;而且為在我國實現普及教育提出了全面實施的政策方案。他不但致力於發展提高型的的高等教育和留學生教育;而且著重基礎教育和實用型的職業教育以及為少數民族服務的各類教育。他不但鼓勵和扶植國內社會上的民間辦學;而且着力爭取國際上的支持和合作,取得了明顯的成效。褚民誼胸懷全局、身體力行,為全面推動我國教育事業的發展作出了不懈努力。

第十章　鍾愛國粹，發展美育

第一節　提倡美術，酷愛攝影

　　褚民誼以美育可以陶冶性情、激發創造思維，而將其視為人們享受生活、獲得全面發展不可或缺的組成部分，並將世界各民族文藝美術方面的成就，視為全人類的共同財富。民國初期中國的美術家大都到歐洲留學深造，一批後來成為中國美術界的大師們，於1924年5月至7月在法國鄰接德國的斯特拉斯堡，發起舉辦「中國美術展覽會」。這是首次向歐洲介紹中國古代和近代美術的一次盛會，展覽在著名的萊茵宮內舉行，隆重熱烈，轟動一時。已如第二篇第六章「中國美術，首展歐洲」中所述，那時已完成籌建里昂中法大學的褚民誼，正在斯特拉斯堡醫學院攻讀醫學博士學位，而北京大學校長蔡元培此時也正旅居此地，兩人對此舉均予以積極支持。蔡氏和褚氏分別被推舉為大會的名譽主席和副主席，主持了開幕式的各項活動，並為《展會目錄專輯》[3.4]分別撰寫了序言。蔡序用中文題寫，褚序則將其以法文譯出，兩者配合默契。此外褚民誼還精心製作了中國式的燈彩，懸挂殿內外各處，為展會增添濃厚的民族氛圍。

　　值得指出的是，當時眾多留學歐洲的中國學子，大都是負笈前來探求西方的先進科學，以中國大學代表團駐法國和比利時代表的名義參與展覽會的褚民誼就是其中的一員。他在孜孜以求西方醫學的同時，也醉心於美術之中。蔡元培在為展會所寫的序言和在會上發表的演講中，在強調「中西美術自有互換所長之必要」的同時，精闢地闡述了科學與美術的關係。他指出，「美是各種相對性的調和劑」「愛真愛美的性質是人人都有的」，只是各有偏重，「文化歷史上，科學與美術，總是同時發展。美術家得科學家的助力，技術愈能進步；科學家得美術的助力，研究愈增興趣。」這次展會實現的「就是學術上的調和與民族間的調和。「也鑒於此，通過這次展會活動，褚民誼與美術界結下了友誼，從此建立起廣泛的聯繫。

　　嗣後，褚、蔡兩人相繼回國。南京國民政府成立初期，設立大學院作為全國最高教育和學術機關，蔡元培和楊杏佛分任院長和副院長，以美術在育人中

的重要作用，確有提倡之必要，於1928年夏發起舉辦美術展覽會。不久大學院改組為教育部，蔣夢麟任部長，仍繼續辦理，將其定名為教育部「全國美術展覽會」。由於要在全國廣泛徵集作品，加之時局不靖，經費困難等原因，展會延至1929年4月10日至5月10日在上海舉辦。這是我國首次由政府出面舉辦的全國性的美術展覽會，展出書畫、金石、西畫、雕塑、工藝美術和美術攝影等作品萬餘件，是我國美術發展史上具有里程碑意義的事件。

為了辦好這次展會，教育部聘任和組織了高規格的籌備、執行、評判和顧問機構，於1929年1月8日發佈名單（《申報》1929，1，10），大會名譽會長蔡元培，名譽副會長楊杏佛；大會會長蔣夢麟，副會長馬敘倫，吳震春；總幹事陳石珍（後由孟壽椿代理）。孟壽椿在開幕式上的會務報告中謂，「本會組織採委員制，最高機關為總務委員會，本會一切重要問題，都取決是會。至於執行機關，有常務委員會處理；日常會務，有事務、徵集、陳列、會場、編輯五組，分任籌備。」上述兩個委員會的名單（按姓氏筆畫為序）如下：

總務委員會委員26人，丁衍鏞、于右任、王一亭、王濟遠、朱應鵬、江小鶼、朱應鵬、何香凝、狄楚青、李金髮、李宗侃、李祖韓、李毅士、吳湖帆、林文錚、林風眠、范文照、徐志摩、徐悲鴻、陳小蝶、陳萬里、張聿光、褚民誼、葉恭綽、劉海粟、蔡周峻、錢壽鐵。

常務委員11人，王一亭、朱應鵬、江小鶼、李毅士、林文錚、林風眠、徐志摩、徐悲鴻、褚民誼、葉恭綽、劉海粟。

此外還聘請國民政府最高長官蔣介石、譚延闓等22人為名譽評判員，聘請地方長官和各界名流熊式輝等9人為名譽顧問。

歷經多次延期和認真籌備，教育部全國美術展覽會終於1929年4月10日上午十時開幕，《申報》於次日報道：「有馬敘倫、楊杏佛、張群、褚民誼、葉恭綽等千餘人，並有歐美日本作家參與，主席馬敘倫，紀錄陸賓秋，會場佈置，異常宏偉。」該文除登載主席致詞、總幹事會務報告以及來賓祝辭外，還刊登了開幕式的合影（見後頁上圖）。圖上同時標註出前排就座的數位主要人物：褚民誼、葉恭綽、楊杏佛和馬敘倫等。

褚民誼積極支持舉辦全國美術展覽會，負總務委員和常務委員之責（見前述名單），並特於會前發表題為〈美術與人生〉的論文（彙編在《文集》[1.10]中），著重說明舉辦全國美術展覽會的意義。文中重申了他在1928年二屆四中全會上提出改組中央黨部的提案中，關於發展美育的重要性（見本篇第

1929年4月10日在上海舉行的「第一次全國美術展覽會」開幕攝影。前排自右至左：褚民誼（×）、葉恭綽（□）、楊杏佛（○）和馬敘倫（△）等（《申報》1929，4，11）。

二章之第二節「斡旋統一，謀劃訓政」）之後說道：「抑人類之異於萬物者，以其具有性靈，富於感情耳。性靈雖由於天賦，然必有以涵濡之；情感則端有賴夫陶鎔。性靈涵濡，情感陶鎔，然後思想愉快，精神活潑，工作迅奮而猛進，此則美術作品尚矣。蓋惟真正之美術作品，具有藝術價值者，始寓有美育之意義，使人忻賞之餘，引起其美的觀念，以涵濡性靈、陶鎔情感於不知覺中，此美術作品之價值，所以名貴，而教部此次有全國美術展覽會之創舉也。當茲發軔之初，竊願自此日進千里，使國人之美育觀念，端其趨向，而美術作品，精益求精焉。」

此外，他還在會上展出了自攝的多幅美術攝影，刊登在《美展特刊》上，後頁上圖示出其部分作品，主題分別為：「晨曦」「海面渡船迎夕照（香港九龍間）」「海面渡船迎夕照」「靜物」和「小友」等。

1928年冬，時在江蘇省農工廳任職的張蓬舟等攝影愛好者，「為提倡美的攝影」，在首都南京發起成立第一家民間攝影團體「美社」。社員來自南京、上海、江蘇等地，褚民誼是其中的首批會員，積極支持和參與活動，在該社舉辦的歷次攝影展覽會中均有多幅佳作展出。後頁右下圖是發表在《民國日報》（1928，12，26）上，1928年12月25日至27日在南京舉辦「美社第一回照片展覽會」的啟事。事前《時報》和《申報》分別於12月17日和21日上報道，「美社」為京滬嗜好美術攝影者，張蓬舟、柴芷湘、張充仁、張有德、王怡庵等多人所組織，其後加入者已達卅餘人，如名攝影家金滿成、唐僧，及中央委員何應欽、褚民誼和江蘇省委農工廳長何玉書等均已加入。定於12月25日起連續

第十章 鍾愛國粹，發展美育　287

晨曦　　　　　静物　　　　　海面渡船迎夕照（香港九龍間）

海面渡船迎夕照　　　　　小友

褚民誼在「第一次全國美術展覽會」上展出的部分美術攝影作品（《美展特刊》）

三天，在首都開第一次攝影展覽會，觀眾免費入覽，地址在南京半邊街通俗教育館。作品共有二百餘點，又展覽時，尚有個人照片裝訂成冊者，計褚民誼君所攝各國風景六冊、太極拳一冊，張蓬舟所攝東征雜綴一冊，與何玉書巡視江南寫真一冊。此外，於展覽日期間，在會場中贈送出品特刊一種，及《時報》贈品。美社展會在京舉行，轟動一時，《時報》在刊登上述消息時，冠以「異軍突起」之醒目標題。

美術家許士騏偕友觀賞後，特發表〈美社影展參觀記〉於1929年1月8日《申報》上，略謂「美社為新進美的攝影團體，會員僉係文藝界知名之士。斯會創設，為期甚暫，而成績斐然，予

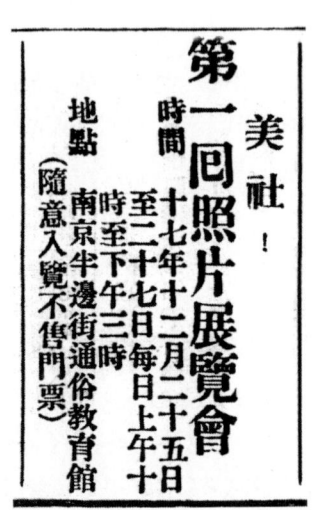

1928年12月25至27日「美社第一回照片展覽會」啟事（《民國日報》1928，12，26）

288　褚民誼紀實全傳　第三卷　強國健民

吾人以深刻之快感。（張）蓬舟、（王）崢嶸、（金）滿成，三君之力也。此展覽會，由張君蓬舟，主持會務，尤為勞苦功高。藝術奇葩，不致從茲萎謝。而落寞肅颯之新都藝壇，亦得經雨潤而發榮滋長矣！」他在歷述全場十餘位作家作品之特色時指出，「褚民誼、何應欽、何玉書、張靜愚四位，亦各有出品。其中以褚氏為最精。風景廬山『雲靄』『蓮花洞』『白鹿洞』及『西貢之虎』『西湖之月』『寶叔塔下』『歸帆』等，攝來殊有特趣，堪稱斲輪老手。」開展是日，「陰雨霏霏、泥濘載道，而參觀者絡繹不絕。足見都中人士，對於攝影藝術，有相當之認識與興趣。」該文如是記述道。

著名畫刊《圖畫時報》[2.7]第527期（1929，1，6）上，對此次攝影展覽會進行了專題報道。後頁上圖是展會閉幕褚民誼與美社書記張蓬舟及在滬社員聚餐後，興高采烈的合影。與此同時，在該刊上還選登了該次展會上的若干攝影作品，其中有一幅是褚民誼攝於杭州西湖之夜，題為「西湖之月影聯珠」的作品，示於該合影之下圖。他特為此圖誌曰：「月行速度每兩分鐘進行路程等於月球之直徑，如每隔兩分鐘一攝，則第一個月必與第二個月相聯接。今每隔三分鐘一攝，每次攝時十五秒，月與月之空間，乃有半直徑之距離。此影係自白堤向旗下營所攝，是日適為陰曆八月十八，西湖正放蓮花燈。圖中背景之無數光點，乃是各旅館飯莊懸掛之彩燈也」。褚民誼的這幅精心之作，在美術中融入了科學元素，巧妙地體現出美術與科學之完美結合，其用意不可謂不深。

美社攝影展的成功舉辦，引起京、滬藝術界的關注和歡迎。其後的各次展會則采取在京滬各地輪展的方式進行。一年後，「美社第二次攝影展」於1929年11月8日至10日首先在上海舉行，據《申報》（1929，11，9）報道，「本屆展覽會雖為第二次，而在申尚係首次。昨午在小花園時報舘三樓照相室開幕，計人像、靜物、風景出品約共二百點。該社社員男女共有二十餘人，大都均有作品送會。黨國聞人何應欽、褚民誼、何玉書諸氏，各有作品數件，在場陳列。到場觀覽者，半日間計有三百餘人。來賓可無須入場券。」接著，該次展會於是年12月6日至8日轉至南京舉行，據《中央日報》（1929，12，7）於開幕次日報道，展會「已於昨日起，借中央大學東南院樓下藝術科西畫第二室舉行，到者約二千人，甚形擁擠，多為中大師生。今日、明日仍繼續舉行，時間仍自晨間九時至晚五時，定於明日（星期日）晚五時截止。此次公開展覽……無須入場券。計有作品一百七十四幀，為社員中三十九人之傑作，薈萃一堂，頗堪觀摩，殊為首都藝術界放一異彩云。」

1928年12月25－27日美社在南京舉行「第一屆攝影展覽會」閉幕，在滬社員聚餐後的合影。自右至左，柴騁陸、王怡庵、邵翼之、邵雨湘、褚民誼、張蓬舟、金滿成、王崢嶸、張有德和張充仁（《圖畫時報》[2.7]No.527，1929，1，6）

1928年「美社第一屆攝影展覽會」上展出的褚民誼作品：「西湖之月影聯珠」（照片詳釋見正文）（《圖畫時報》[2.7] No.527，1929，1，6）

「美社第三次攝影展」於1933年6月2日下午一時起，在滬開幕。《時事新報》於開幕當日報道，「展覽會地址原借時報館三樓，現因整除不及，改借河南路泗涇路口文華美術圖書公司二樓，時間仍舊，參觀者無須門票，即可入場，並有三展專集在會場發售云。」次年，據《中央日報》（1934，3，9）報道，「美社第三回照片展覽會，業於客歲在滬開幕，佳作約百幀。近由該社書記張蓬舟君，携帶來京，與公園路（半邊街）南京民眾教育館商定借用該館藝

術舘址,於本月十日十一日兩天上午九時至下午五時,舉行第三次展覽會。作品中如褚民誼君之『涇惠渠寫生』[25]『咸陽古渡』,張篷舟君之『逆水行舟』『艾霞遺像』……等,作風均甚新穎。其他社友作品數十幀,琳琅滿目、美不勝收。該會純屬公開性質,入場不須門卷。上海文華美術圖書公司,並為該社刊行三展專集,收入作品三十五幀,印刷精美,屆時亦在會場出售。」

　　至於擬議中的「美社第四次攝影展」,由於時局等原因,雖幾經籌備而終未能如願舉辦。「美社」活動,除舉辦系列攝影展會外,還經常組織座談會或聚餐會,研究社務並增進社友間的聯係。作為國內有名之攝影團體,其活動情況屢見報端。1936年9月5日晚,「由社員錢瘦竹君具東,召集在滬社友,舉行第三次座談會於錢宅。」《大公報》次日報道,「到十餘人,席間決定於本月內籌開第四次照片展覽會,在京滬兩地舉行云。」接着,該報於1937年1月10日報道,「攝影團體『美社』,昨晚在本市(上海)寧波路鄧說摩飯店進行新年聚餐。由社友徐夢花輪值作東,出席的社友有褚民誼、唐鏡元、邵禹襄、柴芷湘、屠哲隱、何珊元、鄭鏡人、張有德、金華亭、錢瘦竹、程玉西、張篷舟等。席間決定本月底舉行第四次照片展覽會。並由褚民誼報告四月之全國美術展覽會攝影作品參加辦法,書記張篷舟報告會務。」該社社友現有七十餘人,多係各方面知名之士:包括政界聞人、文藝家、新聞記者、職業攝影家等,可謂人才濟濟,為國內攝影團體之佼佼者。「據聞此次出品力求精粹,每人至多祇限三張。目下已收到作品不少,均存書記張篷舟處,正在題名裱裝。外埠社友亦發函催促。展覽時仍本過去習慣,印行展覽專集。因鑒於參觀者過去太形擁擠,以致秩序紊亂,將酌收門票,而以所得悉數匯綏勞軍云。」不閱月,《大公報》上又於2月7日報道,「美社第八次聚餐會,由社員褚民誼召集,昨晚六時在褚宅舉行,到社員胡伯洲、康彰、金華亭、余仲英、邵雨湘、柴芷湘、張充仁、唐僧、屠哲隱、張篷舟、程玉西等二十餘人。餐後並放映褚氏所攝之黃山、棲霞山、南潯等處風景影片,至九時始盡興而散。該社第四次展覽會因各地社員作品尚有一部分未寄到,決展至本月內開幕云。」此後,雖經多方努力,美社攝影展,最終只公開輪迴舉辦了三屆。

　　褚民誼是一位美術攝影的酷愛者和推動者,其作品除在展覽會上展出外,還經常發表在當時廣為流傳的有關攝影的雜誌上。他的攝影作品在《旅行雜

---

[25] 該照片之詳情,見本編第六章之第四節「興修水利,賑災濟民」。

誌》[2.10]上發表的情況，在前述第二篇第八章「旅行雜誌，歐遊追憶」中已有綜述。此外，當時的《圖畫時報》（原稱《圖畫週刊》）[2.7]，以在我國首用銅版印刷畫報而聞名，有「中國現代攝影第一刊」之譽，其上也可屢見褚民誼的攝影作品，據不完全統計，從1927至1931年間，總計逾40幅。作品內容以親歷各地之景觀、風情為主，亦有重要新聞事件之報道，如：1927年中央政治會議主席胡漢民之肖像和南潯江浙交界分水墩之風貌（No.371，1927，6，26）以及是年蔣介石等政府要人視察東南大學時的合影和南潯張園（張靜江住宅之後園）的景色（No.372，1927，6，29）各1幅；1928年赴歐考察途中，在埃及京城的城砦和街道，金字塔和獅身人面像（No.467，1928，6，6和No.489，1928，8，22）以及哥倫坡大榕樹（No.490，1928，8，25）等的攝影共5幅，是年訪問南通大學和參觀南通市容的攝影（No.513，1928，11，18）共4幅，還有法使法領參觀國貨展覽會之攝影（No.524，1928，12，26）和他在南京美社攝影展上的作品（No.527，1929，1，6）各1幅；1929年中法要人聚會和在中西醫藥研究所等機構籌備處門前的攝影（No.538，1929，2，20）共2幅，以及是年華北紀游（北平、張家口、綏遠等地）攝影系列連載（一）、（二）、（三）（No.608，1929，10，30；No.609，11，3和No.610，11，6）共19幅；1931年與吳稚暉等友人訪問南京郊外茅山等地攝影（No.746，1931，3，22和No.747，1931，3，29）共8幅等等。自1931年「九一八」事變後，國事繁忙，經濟拮据，他的攝影作品明顯減少。為了圖強救國，推動普及教育，他將攝影熱情更多地傾注在發展我國的教育電影事業上（詳見本篇第六章之第三節「三民主義，電影促成」）。

  第一次全國美術展覽會後不久，褚民誼於1929年10月被任命為國民政府代表，籌備參加於1930年5月在比利時召開的國際博覽會。這次博覽會為紀念比利時獨立一百周年，規模盛大。我國由教育和工商兩部發起參展，展品包括教育、工業和農業三大類。與此同時，如本篇第四章之第三節「精心組織，博覽爭光」中所述，褚民誼認為這是向世界交流中國美術的大好機會，遂在葉恭綽的協助下，收集了180餘件中國現代繪畫精品，其中不乏名家大作，帶到會上展出。在籌備時間短促，經費支絀，面積窄小的條件下，通過褚民誼的精心策劃，把中國館的內內外外佈置得富有濃郁的中華美術風格，深得國外觀眾的讚賞。由於場地的限制，各種展品難以分類展示，從國內帶來的大批繪畫只能採取懸掛場內四周的辦法輪換展出。為了更好地宣揚中國的美術，除印發包括全

部參展繪畫目錄的《中國美術》專輯[3.20]外，還於大會後期，假比利時美術會會址，展出全部徵得的繪畫。接着，他還將其中的80餘件作品借給位於法國的里昂中法大學，參加於雙十國慶節在該校舉辦的中國藝術展覽會。連展三天後，又延長一天，參觀者不下三千餘人。

通過褚民誼在國際博覽會期間策劃的一系列展出活動，首次把我國現代畫家群起推上了世界舞臺，眾多著名畫家在博覽會上獲獎。（《申報》1931，11，29；《博覽會特刊》[1.22]）其中，獲「最優等獎」的有徐世昌、黃賓虹、高奇峰、高劍父、呂鳳子、狄楚青、陳樹人、王一亭、徐悲鴻等9人；獲「優等獎」的有吳待秋、鄭曼青、馮超然、張大千，鄭午昌、劉海粟、盧觀海、盧鎮寰、張善孖、汪采白、張聿光等11人。獲「金牌獎」的有李秋君、許士麒、溥儒、姚滄客、姚墨林、姚粟若、葉少秉、楊敏湖、吳仲熊、伍配榮、王濟遠、吳湖帆、張書旂、張時敏、鄧爾稚、張坤儀、趙少昂、林風眠、湯建猷、陳東湖、張湛湖、高元宰等22人[26]；此外還有獲「銀牌獎」者共64人（姓名這裏從略）。我國在比利時博覽會上取得獎品總數第三的驕人佳績，美術界是其中的一個獎牌大戶。

我國著名畫家徐悲鴻，早年留學歐洲，是一位將西方素描及油畫與中國畫結合起來的先驅，褚民誼在法國留學時期即與他相識。徐悲鴻自其數幅作品被推介到1930年比利時博覽會上亮相，獲最優等獎的好評後，進而於次年在比國首都布魯塞爾舉辦個人畫展，並應里昂中法大學的執意要求，會後移至法國巴黎展出，大受歡迎，從而萌生了舉辦一個大規模中國畫展的想法。回國後徵集各地著名畫家作品，於1933年1月間運往歐洲，相繼在法國、比利時、意大利、德國和蘇俄展出，轟動一時。1934年8月17日他載譽抵滬，受到國內各界的熱烈歡迎。褚民誼馳電道賀，並趕赴上海參加六團體舉辦的公宴。（《申報》1934，8，18；20）

褚民誼與美術界有廣泛聯係，僅舉數例如下：朗靜山是我國早年最負盛名的攝影家，褚民誼與他興趣相投、私交甚篤。1929年9月17日朗靜山與原配夫人的長女郎毓英與張海容在上海大華飯店舉行婚禮，有眾多攝影名家出席，褚民誼高興地擔任証婚人，後頁左上圖是褚民誼、杜開泰和左賚生等出席婚禮時在飯店庭院內的攝影，刊登在《圖畫時報》[2.7]第597期（1929，9，22）上。

---

[26] 上述得獎人員名單的次序按原資料排列。

朗靜山離異後，1928年與追隨他的女畫家雷佩芝相識相戀，於1930年6月在上海結婚。左下圖是郎靜山為未婚妻雷佩芝（左）與褚民誼夫人陳舜貞（右）攜長女褚孟媛歡聚時所攝，刊登在《圖畫時報》[2.7]第663期（1930，5，18）上。此外，郎靜山很喜愛褚民誼的兩個活潑的女兒，多次以她們作為兒童攝影專欄「小朋友」中的角色人物。右下圖是其中的一幅作品，發表在《中華圖畫雜誌》[2.18]1931年第4期上，以「小演說家，褚民誼君之女公子」為題，真可謂惟妙惟肖。從上述數圖，即可見褚民誼與朗靜山之間的親密關係。

1929年9月17日朗靜山長女舉行婚禮，前排自右至左：褚民誼（証婚人）杜開泰和左賚生（《圖畫時報》[2.7] No.597，1929，9，22）

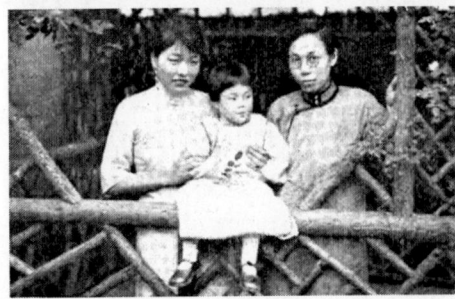

1930年朗靜山拍攝他的未婚妻雷佩芝（左）與褚民誼夫人陳舜貞（右）及長女的合影（《圖畫時報》[2.7] No.663，1930，5，18）

1931年朗靜山所攝題為「小演説家，褚民誼君之女公子」的作品（《中華圖畫雜誌》[2.18]1931第4期）

1930年春「中國文藝學院」舉行開幕典禮攝影。前排自右至左：黃賓虹（2）、褚民誼（3）、葉恭綽（4）、蔡元培（5）、周峻（6）等（源自《圖說歷史》網）

　　葉恭綽是我國著名的書畫家和收藏家，1928年夏秋間發起，約請黃賓虹為院長，在上海創辦「中國文藝學院」（後按教育部規定，改稱「中國文藝專科學校」），內設中國書畫科和中國文學科，以培養較高水平的中國書畫人才。經籌備於1930年春開學。蔡元培偕夫人周峻和褚民誼一起出席了該校的開學典禮，並與師生們合影留念（見上圖）。此後不久，也就在葉恭綽的大力支持下，褚民誼將中國現代名家的百餘幅精品帶到1930年比利時國際博覽會上成功地進行了展出。

　　許士騏與楊縵華伉儷分別是我國知名的畫家和書法家，如前所述，他們曾於1930年隨同比利時國際博覽會中國政府代表褚民誼赴歐。許氏的繪畫作品參加展出，獲金牌獎。（詳見本篇第四章之第三節「精心組織，博覽爭光」）。許氏夫婦歸國後，於1933年10月和11月聯袂在南京和上海兩地舉行書畫展，公開展出傑作百餘幅。後頁左上圖是國府主席林森在褚民誼陪同下參觀展覽會時與許氏夫婦的合影。《文華》藝術月刊[2.17]第44期（1934，1）上，在選登展會多幅展品的同時，刊出了這張照片。

第十章　鍾愛國粹，發展美育　295

1933年10月和11月許士騏與楊縵華伉儷聯袂在南京和上海兩地舉行書畫展，國府主席林森（左2）在褚民誼（左3）陪同下參觀展會時與許氏夫婦的合影（《文華》藝術月刊[2.17]No.44，1934，1）

　　出自廣東番禺的高劍父、高奇峰兄弟和陳樹人三人是我國著名的「嶺南畫派」的領軍人物。他們自幼從名師習國畫，後到日本留學，曾參加同盟會，投身國民革命。在繪畫上，他們致力於改革傳統國畫，提倡「折中中西，融會古今」，作品注重寫生和筆墨色彩的運用，開創了獨樹一幟的現代國畫新流派。褚民誼最早於1930年，將他們的作品推介到比利時國際博覽會上向世界展示，三人均獲「最優等獎」，響譽國際。嗣後，褚民誼任行政院秘書長，1933年由行政院聘請高奇峰赴德國柏林進行展覽，以揚我國美術之光，不幸積勞病發，於是年11月2日在上海逝世（展會事宜其後委託時在歐洲的徐悲鴻接手）。「國民政府明令表揚，並令將生平事蹟、學術作品分別存備宣付史館，具仰國家追尚先哲，崇獎藝宗之至意」（《申報》，1936，12，26）。（高氏的生平事跡簡介見《申報》1936，12，24）

　　高奇峰的去世，使嶺南畫派痛失一位宗師。1935年其兄「嶺南名畫家高劍父自粵赴南京籌辦個人作品展覽會」，《良友》畫報[2.9]第105期（1935，5）上對此進行報道，並刊登了高氏在南京受京市藝術界歡迎之合影，褚民誼出席其間，示於後頁右上圖。

　　1935年冬，高奇峰的生前好友呈請政府將他運回廣東尚未入墓的遺柩遷至首都南京公葬。承政府交由行政院，通令京市政府及廣東省府市府，一體遵照，協助、保護辦理。汪精衛、吳鐵城、褚民誼、馬超俊、葉恭綽等人特發起舉行公葬，並成立公葬委員會。靈柩於1936年2月8日抵滬進行修理；同時在棲

1935年嶺南名畫家高劍父自粵赴寧籌辦個人作品展覽會，受到南京市藝術界歡迎之合影。左起前排：汪亞塵、楊緙華、高劍父、汪亞塵夫人（榮君立）、徐悲鴻；後排：陳樹人、許士麒、王祺、褚民誼（《良友》畫報[2.9] No.105，1935，5）

霞山建築墓域塚壙。兩者完工後，即承鐵道部撥給鐵棚花車，於是年12月24日由滬起柩，經無錫移靈至寧。（《申報》1936，12，26；27）

接著，《申報》（1936，12，28）上報道稱：高奇峰的公葬禮，於1936年12月27日下午在棲霞墓地舉行，「參加者有國府代表呂超及居正、褚民誼、葉恭綽等，暨院部代表和來賓共千餘人。孫科、孔祥熙、薛篤弼、呂超等，均送挽聯或花圈，林主席並親題墓碑，二時舉行公祭，由褚民誼主祭，並獻花，次讀國府等祭文，行禮默哀後奏樂禮成。高柩即自祭壇移運墓穴安放，三時行公葬式，由呂超主祭，高女弟子張坤儀獻土，全體向柩行禮後，由牧師依宗教儀式主禮，最後禱告畢，蓋槨禮亦告成。」林森的墓碑題詞尊曰「畫聖高奇峰先生之墓」。高奇峰的公葬祭禮莊嚴隆重，以此向我國畫壇一代宗師致以崇高讚譽和景仰之情。

劉海粟江蘇常州人，是我國現代傑出的畫家和美術教育家。他早年創辦上海美術專科學校，任校長。他所採取的男女同校、人體模特寫生等，為當時驚世駭俗之舉。褚民誼提倡美術和美育，留法歸國後，曾任該校董事。已如第三篇第四章之第三節「精心組織，博覽爭光」中所述，1930年褚民誼代表國府率隊參加盛大的比利時國際博覽會，為宣傳我國的美術成就，在會上展出百餘幅中國現代藝術家的作品。劉海粟此時亦在歐洲訪問，被邀請擔任國際評獎委員會中國評獎委員，他的繪畫作品亦在會上展出，獲「優等獎」。後頁左上圖是當年參加博覽會期間劉氏夫婦在比利時首都布魯塞爾美術峯前的留影。照片

第十章 鍾愛國粹，發展美育 297

1930年參加比利時博覽會期間，劉海粟與夫人（左3和4）在布魯塞爾美術峯前的留影（詳情見文內）

刊登在《布拉格的東方眼-捷克畫家齊蒂爾研究》（貝米沙著，廣西美術出版社，2017，5，1）一書中。此外，1937年七七事變後，劉氏亦曾一度留住上海租界區內，期間褚、劉兩人過從甚密，成就了一段兩人情深意厚互贈書畫珍品之佳話，詳載於本書最後部分「褚民誼書法概覽」中。

我國旅游資源十分豐富，褚民誼對其開發利用十分關注。例如本篇第七章之第四節「籌建醫院，惠濟大眾」中所述，以春秋末期干將、莫邪在此鑄劍而得名的莫干山，以茂密竹林、清澈山泉、空氣清新、幽靜安謐著稱，是浙江省內享譽國內外的一處旅游勝地。自國民政府奠都南京以來，為充分利用其優越的自然條件，初在山巔有專門調養肺病的療養院之設立。1931年褚民誼出任董事長後，將其擴建成為一所設施齊備的綜合性「莫干山療養院」，促進了該地區的醫療和旅游事業的發展，而聲譽日隆。此外，陝西的華山和安徽的黃山，歷代以來就是我國著名的勝蹟之地。

位於我國版圖中央之「西嶽」華山，以其山勢奇險著稱天下，頗受攝影愛好者褚民誼的青睞，其作品在攝影刊物和展會上多有展現。1933年，國民政府為籌備參加在美國芝加哥舉辦的國際博覽會，於是年2月18日至3月5日，在中央研究院舉行徵品展覽會。據《時事新報》（1933，3，21）報道，「中國旅行社為芝加哥博覽會徵集之攝影出品，自連日在上海銀行圖書館公開展覽以來，參觀者，踵趾相接，贊美備至，定購出品者，亦有多人。前日星期（19日）停止參觀，品評委員會，利用休假，進行品評工作，計出席者有葉

華山，褚民誼攝（《飛鷹》雜誌1936年第1期）

恭綽、傅秉常、宋春舫、江小鶼、郎靜山、陸品琴等，列席者陳小蝶，由該社社長陳湘濤，陪同觀覽，逐件品評，計費時四小時之久。」品評結果，褚民誼之陝西華山仙人掌與張大千之安徽黃山和嵇光華之浙江天目山瀑布，三人列為特等。上圖是褚民誼發表在《飛鷹》雜誌1936年第1期上，名為「華山」的作品。

　　黃山風景秀麗，自古就有天下第一奇山之稱。為全面制定其建設計劃，新成立的黃山建設委員會，於1935年1月10日，舉行首次全體會議，《時事新報》於次日報道，「皖省黃山初步建設計劃，業已完成。該省為光大勝蹟，繁榮皖南起見，特聘許世英、吳稚暉等百餘人為委員，組織黃山建設委員會，繼續進行建設。該會十日在京舉行首次全體委員大會，到邵元冲、陳其采、張治中、褚民誼、柏文蔚、胡仲舒等，許主席，決議：（一）三年建設計劃案；（二）確定行政經費案；（三）收回文殊慈光寺、紫雲庵寺廟地畝及寺僧佔有山地田畝案。臨時提案，關於保護動植物及整頓路線等案，均通過。「又九日晚常委會決定加聘于右任、孔庸之等十八人為該會委員，並報請省府委任。」後頁上圖是1935年1月10日「安徽黃山建設委員會第一次全體委員大會攝影」，褚民誼積極參與其間，坐於前排左二。

　　已如本篇第六章之第六節「首屆籌備，國民大會」中所述，褚民誼從1935年12月開始，辭去了行政院秘書長的職務，擺脫了行政事務的羈絆，以國民黨中央委員的身份，更多地繼續關心和推動全國的文化建設事業，這正是他的意

第十章　鍾愛國粹，發展美育　299

1935年1月10日在南京召開的「安徽黃山建設委員會第一次全體委員大會攝影」。前排左起，漲治中、褚民誼、陳樹人、于右任、許世英、陳其采、邵元冲等（1935年4月《衣村復興委員會會報》第2卷第11號）

願所在。汪精衛遇刺後不久，於1935年12月7日召開的國民黨五屆一中全會第五次會議上，推選出新一屆中樞負責人以及中央黨部和各部會的負責人。為了促進我國文化事業的發展，在這次全會上決定成立國民黨中央「文化事業計劃委員會」（以下簡稱「中央文計委」），推舉陳果夫為主任委員，褚民誼和張道藩為副主任委員。（《申報》1935，12，8）接着，在12日的中常會上又通過了中央各部會的組織條例和職員名單，其中擔任文化事業計劃委員會委員的有：吳鐵城、陳布雷、王世杰、焦易堂、溥侗、王祺、何思源、吳保豐、潘公展、張冲和傅秉常等11人。（《申報》1935，12，13）

中央文計委為開展工作，其下組織若干專門委員會和專業組，在1936年9月12日舉行的第五次會議上，討論了召開各專門研究委員會的辦法，《華北日報》於次日報道，「到主任委員陳果夫，副褚民誼，委員王世杰、方治等。」「聞已決定各項程序，並于月底開始分別召集云云。」

9月30日下午中央文計委美術研究會召開第一次會議,「參加者該會主任委員陳果夫,副主任委員褚民誼,委員溥侗、張沖、王世杰、焦易堂、方治,專委劉開渠、孫福熙、宗白華、豐子愷等,褚民誼主席,決定美術製作取材標準案等多件。」(《時事新報》,10,1)接著,於10月1日召開中央文計委戲劇研究會,「出席主任委員陳果夫,副主任委員褚民誼,委員方治、張沖、溥侗,專委熊佛西、王泊生、余上沅等多人,聞決定案件甚多。」(《東南日報》,10,2)上述美術和戲劇研究會,還於2日下午分別舉行第二次會議,「分由褚民誼及溥侗主席,議決要案甚多。」(《時事新報》,10,3)

10月7日下午中央文計委禮俗組開會,「到陳果夫、褚民誼、焦易堂、陳念中等。由陳念中主席,對訂定國民道德律、中華民國通禮、中華民國生活歷等問題,均有詳盡之討論。(《時事新報》,10,8)10月10日下午中央文計委教育組,「開首次會議,出席者主任委員陳果夫,副主任委員褚民誼,委員王世杰、潘公展、張沖,專門委員廖世承、吳俊升、邰爽秋、馬宗榮、高陽、徐公美、郭有守、陳劍翛、王近信,研究委員張家範、黃夢飛,及該會秘書馬元放等多人。由潘公展主席,陳果夫報告該會之任務、暨中樞對於諸委之期望,次討論關於文化事業計劃綱要中關於教育計劃方面之問題……擬定實施辦法,呈請中央核定施行。復次討論該會禮俗組專門委員周鼎珩所擬民眾讀物改進方案,經決定由會呈請中常會轉飭教育部辦理,最後討論徐委員公美提議之推進全國教育電影方案,經決定先請郭有守、陳劍翛二委員審查,移交下屆會議云。」(《時事新報》,10,12)另據《時事新報》(10,16)報道,因中央文計委工作任務日重,在15日第23次中央常務會議上議決,任陳白為中央文計委秘書。

10月21日下午,中央文計委語言文字研究會開首次會議。「到主委陳果夫,副主委褚民誼,委員王世杰及專委等多人,對語言文字如何改進,討論頗詳。」(《時事新報》,10,22)12月10日,中央文計委召開第七次委員會議,到陳果夫、褚民誼、王世杰、張道藩、方治等,聞通過文化博覽會各種要案。(《東南日報》,12,11)

1937年5月下旬在京召開中央文計委音樂專門委員會成立首次會議,平大女音樂系主任楊仲子被聘為該專門委員會委員,《華北日報》(1937,5,4)上刊登了她赴南京參加會議返平後的專訪文章,對此次會議的情況介紹甚詳,略謂「此次出席人員,有陳果夫、褚民誼、齊如山、丁燮林、張道藩、王世

杰、蕭友梅、黃自、趙梅伯、溥侗、唐學詠、張冶等二十餘人。首由該會主任委員陳果夫報告該會成立之經過及訂定文化事業計劃綱要之意義。次議決要案如下：（一）整理固有音樂；（二）改良現有樂器；（三）獎勵音樂創作；（四）整飭社會音樂；（五）提倡音樂教育。關於一二兩項進行步驟：甲、整理廟堂古樂，乙、整理燕樂，丙、搜集各地風謠民歌及地方性音樂，丁、整理舊譜編制新譜，戊、改善樂器，己、編訂國家各種典禮用樂。關於三四兩項籌設獎勵民族音樂及整飭社會音樂審查委員會，規定標準嚴厲審查。關於第五項擬定辦法如下：甲、確定音樂教材標準，乙、恢復中小學校原有音樂課程時數，丙、檢定師資，丁、開辦暑期學校，戊、定期舉行音樂競賽，己、培養中西樂隊專門人才。」接着，在第二次會議上，聽取教育部和內政部對第一次議決各案的意見後，議決擬訂國樂研究所計劃，並研究各案之實施辦法。

《華北日報》（1937，6，5）上還報道稱，「中央文化事業計劃委員會，以我國歷史悠遠，代有特起人物，亟應表而出之，藉作人群楷模，增強民族自信力，特於三四兩日分別召開史地、語文兩研究會。到有該會委員張道藩、褚民誼、焦易堂，及各專家柳詒徵、蕭一山、胡步曾、張世祿、艾沙、倪弼等多人。該會主任陳果夫，因公在鎮，由副主任張道藩主席，對於表彰民族英雄一案，經長時間之討論，結果決定，先就秦始皇……等四十人徵求傳記。此外並討論設立國家檔案保管處，及其他研究案件云。」

從上述眾多報道中，約略可見，自1935年底中央文計委成立以來，在陳果夫、褚民誼、張道藩等人的主持下，團結各路專家，為發展我國文化事業所作的諸多努力。

1937年4月1日至23日教育部在南京舉辦第二次「全國美術展覽會」，在國家戲劇音樂院和美術陳列館舉行落成典禮之際，於新建成的美術陳列館內進行。1937年4月1日《申報全國美術特刊》上，刊登了展會的職員名冊，大會名譽會長林森，名譽副會長蔣中正、蔡元培，會長王世杰，副會長段錫朋、錢昌照。展會設籌備委員會，主持籌備工作，主任委員張道藩，常務委員8人，委員54人。褚民誼延續前屆，擔任常務委員，積極參與其中。據《申報》（1937，1，11）報道，1937年1月10日舉行首次全體籌委會，主席張道藩，到會委員褚民誼等40餘人，討論和決定了陳列品的分類、分配和基本要求，以及陳列品的審查辦法等原則。接着又開了多次常務委員會討論實施。本次展會不舉行開幕和閉幕儀式，據統計（見《申報》1937，4，23），展會期間參觀

人數達十二、三萬人，盛況為我國美術歷史前所未有。嗣後，教育部制定了全國美展進行辦法，於是年6月5日令發各教育廳局知照。「該辦法規定每兩年就首都舉行一次，每次均於春季舉行，在舉行前九個月，由各省市籌備預展。」（《申報》1937，6，6）可惜不久全面抗戰爆發，未能實行。

除上述第二次全國美術展覽會外，本文後述許多全國性的重要文化建設事業，大多是在中央文計委，特別是在褚民誼和張道藩等人的主持和籌劃下進行並取得顯著成果的。有關開辦中國戲劇學校、建設國立戲劇音樂院及美術陳列館、研究和出版中國戲劇史等的詳情，載於本章後續第四節「戲劇文化，大業圖宏」中。

中國自古就有書畫不分家之說，褚民誼本人就是一位以正楷「顏容柳骨」而負盛名的書法家。他在這方面的造詣，將在本書最後部分「褚民誼書法概覽」中綜述。

第二節　公餘聯歡，正當娛樂

褚民誼在國家危難之際，於1932年2月出掌國民政府行政院秘書長。在渡過政府一度遷都洛陽等動盪時期，並於1933年10月由政府成功舉辦第五屆全國運動會之後不久，褚民誼等人為提倡公務員在業餘時間開展正當的娛樂活動，以「陶養身心，聯絡感情」為宗旨（見社章），積極籌建「公餘聯歡社」（以下簡稱「聯歡社」），得到政府各院部會的熱烈響應和支持。如右圖所示，在該社成立一週年之際，發表了《民國二十三年公餘聯歡社社務報告》（簡稱《週年社務報告》）[3.34]，綜述了該會的創辦和1934年度的社務情況，內容包括：聯歡社的籌備經過，組織狀況，遊藝設備（附照片，見後），以及年度收支等項，並在其封底刊登了〈公餘聯歡社章程〉。

「金陵自奠都以來，百廢俱興」，報告開篇敘述該社的籌備經過時道，「吾人從政之暇，每苦難通情愫，爰由孔祥熙、褚民誼、郭春濤、陳

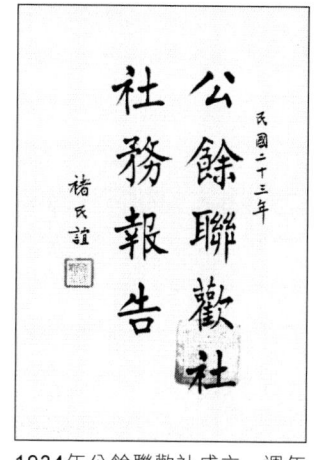

1934年公餘聯歡社成立一週年出版的《民國二十三年公餘聯歡社社務報告》[3.34]

第十章　鍾愛國粹，發展美育　303

紹寬、曾仲鳴、徐謨、陳公博、黃紹雄、陳儀、朱家驊、鄒琳、顧孟餘、王世杰、石瑛、鄭天錫、陳樹人、唐有壬、羅文幹、石青陽、段錫朋、劉瑞恆、甘乃光、許世英、傅汝霖、張道藩等發起組織公餘聯歡社,俾承洽之便,共收砥礪之功,庶敬業之餘,而有樂群之趣。並承汪兆銘、孫科、居正、戴傳賢,列名贊助。」旋推定褚民誼等

「公餘聯歡社」在南京的會所(《公餘聯歡社社務報告》[3.34])

26人負責籌備,「共開籌備會三次,擬定章則,佈置社所,及購辦遊藝物品,並分別徵求社員」,時政府各部會簽名參加者有17個單位,計1180人,並呈由南京黨部核准設立和南京市政府核准備案。「遂於民國二十三年(1934年)一月二十一日(週日)上午九時,假勵志社大禮堂開成立大會,到有市黨部代表雷震、市政府代表張劍鳴,暨社員陳公博、陳紹寬、褚民誼等八百餘人,宣告正式成立。」

聯歡社正式成立後,按社章「設理事會由各參加機關之代表一人組織處理本社一切事務」之規定,推定褚民誼等三十一人為理事,於一月二十六日下午召開第一次理事會,選舉褚民誼(行政院)、謝冠生(司法部)、沈士華(交通部)、許靜芝(文官處)、雷震(教育部)等五人為常務理事,互推褚民誼為常務主任理事。理事會下設正副總幹事,各組主任、股長及幹事。議決指定:正總幹事張劍鳴,副總幹事戴策,文書組主任方叔章,會計組主任張遠春,庶務組主任戴策(兼),文藝組主任陳樹人,體育組主任褚民誼(兼),音樂組主任唐學冰,棋術組主任費子芾,戲劇組主任溥西園。

按社章規定,聯歡社社員分為三類,「凡公務人員經本社理事之介紹者,均得為本社社員」「凡非公務人員而有一藝之長經社員二人之介紹者,得為本社個別會員」「凡熱心贊助本社而有特別技能者,得由理事會之決議聘請為本社名譽會員」。

社員按章繳納會費,「凡補助本社經費之機關,其社員之社費每季繳納二元」「凡尚未補助本社經費之機關,其社員每季納費六元」「個別社員每季納費六元」。

「本社每年開社員大會一次，由理事會召集之；每季開理事會一次由常務理事召集之；每月開常務理事會一次由常務主任理事召集之；如遇必要時，得由理事會召集社員臨時大會，常務理事會召集臨時理事會。」

本社舉辦的遊藝活動暫定如下各種，「由各社員自由參加一種或數種：（一）體育組（國術、球類、田徑、舞術）；（二）學術組（演講、研究）；（三）文藝組（詩詞、書畫、攝影、電影）；（四）音樂組（中樂、西樂）；（五）戲劇組（平劇、崑劇、話劇）；（六）棋術組（圍棋、象棋）。」

聯歡社會所暫設在南京香舖營二十一號（現為南京洪武北路129號），如前頁右上圖所示，為帶有寬敞花園的一幢二層樓的建築，其中的主要文娛設施和佈置情況分別見後兩頁諸圖。

聯歡社成立後，廣大公務員公餘之際有了自己的活動場所，踴躍報名入社。在《週年社務報告》[3.34]中，以圖表形式示出，一年來總計有在冊社員680名，分佈在35個政府機關中。為滿足社員多種多樣的正當娛樂愛好，如前所述，社內設六大遊藝組。根據社章規定，每組設主任一人、名譽指導或幹事若干人，掌理該組一切事務，並視事務之繁簡得分若干股，每股設股長一人。為此聯歡社聘請諸多熱心服務及有一藝之長的人士為本社職員，分任各職，其中不乏專家名流，例如，畫家陳樹人任文藝組主任，美術家張道藩任西畫股長，戲劇家溥西園任戲劇組主任，教育部長王世杰任學術組主任，體育家褚民誼任體育組主任，國術專家吳圖南任國術股股長，褚民誼後來還先後兼任平劇股和崑劇股股長等等，積極指導和推動各項活動的開展，深受社員歡迎。

為了推動社務，由「首都公餘聯歡社」具名編輯，於1935年5月16日創刊出版了《公餘半月刊》[2.29][27]。該刊免費向會員發放，是社員了解政府和社內動態，圍繞本社宗旨相互交換意見的一個經常性的園地。如後第三頁上圖所示，封面由該社常務主任理事褚民誼題寫，國民政府主席林森特為創刊題詞：「聲應氣求」，予以肯定和鼓勵。

褚民誼在該刊上發表了多篇論述，其要者有：〈公餘學術研究與公餘正當娛樂〉（Vol.1，No.1，1935，5，16）；〈太極操與國民健康〉（Vol.1，No.2，1935，6，1）；〈公務員之職責與人格〉（Vol.1，No.11，1935，10，15）；〈第六屆全國運動大會簡單的報告〉（Vol.1，No.13，1935，11，15）；〈本

---

[27] 自1936年2月第2卷第1期起，改為月刊，更名為《公餘月刊》。

運動場 　　　　　　　　　　　武術場

乒乓室 　　　　　　　　　　　檯球室

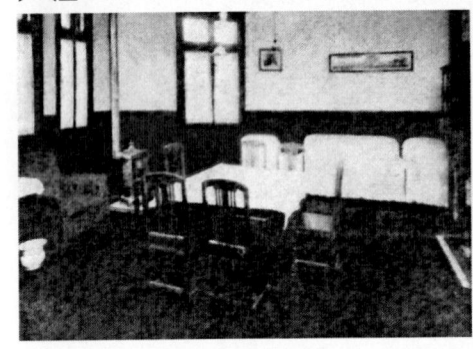

平劇室 　　　　　　　　　　　崑劇室

「公餘聯歡社」內的主要文娛設施（《週年社務報告》[3.34]）

話劇室 　　　　　　　　　　　　棋室

文藝室 　　　　　　　　　　　　書報室

膳堂 　　　　　　　　　　　　　宴會廳

「公餘聯歡社」內的主要文娛設施（續）（《週年社務報告》**[3.34]**）

第十章　鍾愛國粹，發展美育

1935年5月16日首都公餘聯歡社出版的《公餘半月刊》創刊號：（右）封面；（左）國民政府主席林森的題詞[2.29]
Vol.1，No.1（1935，5，16）

社兩年來之回顧〉（Vol.2，特大號，1936，1，21）；〈對於世界運動大會的感想〉（Vol.2，No.8，1936，9，7）；〈對於崑曲的認識〉（Vol.2，No.12，1937，1）等。

其中〈公務員之職責與人格〉一文，轉載的是他於1935年9月23日在行政院總理紀念週上的演講，對廣大的公務員提出了行為要求。「總理常說人生以服務為目的」，他開始講道，「就是說人生在世，應該做事情。而所做的事情，直接間接，都要於國家社會有益。例如耕田是服務，所收穫的農產品，直接可以養家糊口，間接即為國家增加了生產，做工經商的都是這樣。現在的公務員，從前名為官吏，其職務是為國家辦事，直接是盡自己的天職，取正當的報酬；間接是為人民造幸福，求民族國家的發展。在政治組織方面，公務員是有大小之分，此種大小之分完全就其職務範圍而言。所謂院長、部長、局長、科長等都是就所司職務為分別，與本院內部辦公，因為公事之分配而分科、分組的意思相同。其分配方法，或因其專長、或因其經歷、或因其資望，而總目的則為分工合作，大家來把國家的事情弄好。在職務之外，是無所謂大公務員與小公務員的分別。

以上是就公務員的職務而言，至于公務員的責任，從前院長曾經指導我們說，大家對于公事之處理，要力求認真與迅速。這兩個條件，就是公務員的責任，因為國家的事不可耽擱，所以要迅速。而本院為行政最高機關，所轄的事

務，門類繁多雜碎，偶一疏忽，即易錯誤，所以要認真。本院成立至今，沒有什麼錯誤事情，是賴有故譚院長遺留下的好規矩，與汪院長對於種種大小事情詳細的指導。以後大家仍要依照汪院長的指導，對於公事力求認真與迅速，努力做去，以盡各人的責任。

至於人格問題，更是重要，不但公務員要注重人格，就是老百姓也應注意人格。人格的必要條件，就是禮義廉恥。一個人如無禮義廉恥，就連禽獸都比不上。所以簡單的說，人格就是做人的資格，無人格就不算人。

公務員既要尊重自己的人格，同時又要顧全機關的名譽，所謂有團體的自由，然後才有個人的自由的話，也可以應用到公務員方面去。就是公務員的一舉一動，與自己人格和機關的名譽，都有關係。為保全機關的名譽起見，自己就不能不時時刻刻檢點，一切不能放肆。」

他在舉例說明如何在日常人際交往中注意禮貌和相互規勸，以及國人中好賭、好嫖、好抽鴉片惡習的危害之後，告誡道，「總之一個人的行為，在消極方面，萬不可為惡，萬不可以為小惡而為之；在積極方面，是要為善，不要以為小善而不為。又不可以為個人的行為，人家不知道，儘可隨隨便便不加檢點。誠於中者形於外，人的善惡邪正，是可以從面孔上看出來的。相面之術，並不全屬迷信，是有很合科學的地方。一個人如果時時刻刻自修，心氣平和，面上和平的肌肉，必較發達；否則反是。所以我們平時運動，要採和平的方法，不要採很猛烈與咬牙睜眼惡形惡狀的運動。平時的行為更要正當，如果越軌，自然心虛，人家總要知道的。所以我們要保全自己的人格，要從極細微的地方做起。」

身為行政院秘書長的褚民誼，一貫提倡正當的娛樂活動，堅決反對嫖娼、賭博、吸煙等舊社會遺留的惡習。已如第二篇第三章之第一節「革命輔成，勤工儉學」中所述，早在辛亥革命勝利後不久，為了防腐拒變，他即與革命同志一起，於1912年起建立自律性的組織「進德會」，成為其中實行包括不賭博、不狎妓、不置妾、不吸煙等「六不」的會員。出任秘書長後，如前所述，他還注意教育廣大政府公職人員，冀望他們成為不受惡習沾染的人格表率。在外患內憂日甚的形勢下，為了在社會上肅清「煙賭娼」這三種毒害，以強國力，於1934年5月在首都大張旗鼓地開展「肅清（煙賭娼）三害」運動，他於5月7日，在國民大戲院發表演講，其演詞刊登在《南京政府公告》第141期（1934，5，31）上。

「中國是最貧最弱之國」，他大聲疾呼道。「天災人禍，逼得民不聊生，而民族體力，日趨孱弱，國民很少健全份子。考其原因，既不能懷恨祖宗，亦不能盡怪外人欺侮，實由於國民染害『煙賭娼』三毒至深，以至國民經濟日益衰敗，而健全體格受其摧殘。倘能戒除，吾知轉弱為強、由貧成富，殊非難事。

「目下『煙賭娼』三毒彌漫全國，為害甚烈，其蔓延地域，如此之廣，而沾染惡習者，又復如此之多，欲圖犯者戒除，病者痊愈，絕非一人所能為力，亦非短時間可以奏效，所賴國民全體群策群力，下最大決心，持以毅力，而肅清之耳。」

他在歷數三毒對個人、家庭、社會和國家的嚴重危害後，發出如下號召：「『煙賭娼』三者均為健全國民所不應有之惡習，吾國當此外患內憂交相煎迫之時，尤應振作精神，努力生產事業，不宜費時耗材，於無益之中，而重增國家貧弱之危象，所盼諸位力勸親友，全犯者應全戒除，犯一犯二者，應戒除其一病或二病，其未犯者務使其不致沾染。如此人人戒除、個個避免，則個人與家庭，皆受其利，即民族與國家，亦可日即富強矣！」

1936年1月21日公餘聯歡社成立二週年，《公餘半月刊》於是日出版《特大號》（[2.27]Vol.2，特大號）以茲紀念，其上列出了全體職員的名單，並刊登了常務主任理事褚民誼以及諸多常務理事和理事的肖像。如右圖所示，褚民誼著樸素的中山服，儼然一名為國為民謀實事的公務員形象。

值得指出的是，褚民誼剛於年前12月13日辭去行政院秘書長之職，據《公餘半月刊》[2.29] Vol.1，No.16（1936，1，1）上報道，行政院中各秘書、參事、參議等，曾在本社大樓，設宴與原褚秘書長話別。12月17日召開第十一次理事會，原常務理事沈士華辭職，另聘新上任的行政院秘書長翁文灝為常務理事。嗣後，聯歡社召開第二次社員大會，推定理事31人，並於1936年3月20日召開的二屆一次理事會上推選常務理事，褚民誼繼續擔任常務主任理事，從而可以更多的精力過問聯歡社的社務。（《公餘月刊》[2.29]

《公餘半月刊》紀念公餘聯歡社成立二週年《特大號》上刊登的褚民誼肖像[2.29] Vol.2（特大號 1936，1，21）

1936年1月25日命名為「中正堂」的大禮堂（左）在「公餘聯歡社」主樓（右）傍落成。禮堂名由褚民誼題寫（《公餘半月刊》[2.29]Vol.2「特大號」1936，1，21）

褚民誼（左）與吳稚暉（中）和鈕永健（右）在新建成的中正堂前合影（「臺黨史館」稚12612）

Vol.2，No.3，1936，4，1）

　　在上述聯歡社成立二週年的特刊上，褚民誼發表了題為〈本社兩年來之回顧〉的總結報告。對於聯歡社來說，確保經費來源以及擴大活動場所，是其得以生存和持續發展的重要條件。他在文中著重談及近年來通過努力，獲准從機關取得經常性的經費補助，以及在本社主樓旁建成命名為「中正堂」的大禮堂（見左上圖），這兩個重要進展。

　　「本月二十一日，為本社成立兩週年紀念日。」他寫道，「吾人回顧此兩年中種種經過事實，頗不勝其振觸。誠以近千人之集合，且皆為公務人員，而董其事者，又十餘輩，歷時兩年，曾不能使社中所有設備臻於完善，以愜饜社員之意，足為吾人之所慚恨也。然猶有一二事可為社員解嘲者，即目前社中最低額之經費，差能自給。此不能不舉以相告者，本社原定社員月出社費二元，以為維持本社經費。乃成立以後，收集至為困難，以致社費常至不給。乃由理事會提議，函請各機關月給津貼若干，俾集支柱。計先後收到各機關覆函，准給津貼者若干處，且經呈請國民政府核准，『凡補助本社款項，其數額如不超過全預算千分之五，准予援照補習教育經費成例，作為正式開支。』自是以後，本社乃有確定經費，而社員社費由每月二元，減至每季二元，收集因之較易，一年以來，本社得以支持不敝者以此。然吾人於此，仍復力求樽節，計十數月中，積存可三四千元。因就社傍隙地，建築禮堂一處，以為社員講習及表演之場所，不足之數，則募款以補之。堂成，計費洋一萬六千餘元。堂成適

當本社成立兩週年紀念日,且以本社社址,曾為蔣委員長憺惟暫駐之地,因即名之曰中正堂,以紀勳烈。此實本社成立以來,足可回顧之事。自今以往,吾人當益從事於充實社中一切設備,假之歲月,或有使吾人欣然自足之一日,然不能不望我社同人之共同努力矣。」

據該刊報道,行政院長蔣中正捐助本社五百元,作為建築中正堂費用。中正堂內外裝修完成後,於1936年1月25日舉行落成典禮。前頁右上圖為褚民誼與吳稚暉和鈕永健三人高興地在新落成的中正堂前的合影,大門上端褚民誼題寫的「中正堂」三字清晰可見。該禮堂不僅為本社服務,也向社會開放,特別是作為新成立的中國戲劇學校教學活動的主要基地(詳見後節)。

應該指出的是,聯歡社豐富多彩的活動,同時也帶動了社會上正當娛樂的開展。以棋術組為例,在《公餘半月刊》[2.29]第1卷第4期(1935,7,1)上報道,「本社鑒於圍棋一道,有提倡之必要,遂發起京滬圍棋埠際比賽,與上海圍棋社,經幾度往返電商,卒得實現。」滬方選手於7月21日到京後,來社茶敘,並聘請張澹如先生(張靜江之弟,上海圍棋名家)為總裁判,商討一切

1935年7月22-23日「公餘聯歡社組織的「京滬圍棋比賽」全體人員在主樓門前的合影。褚民誼位於首排中間,總裁判張澹如在其右(《公餘半月刊》[2.29]Vol.1,No,4,1935,7,1)

比賽事宜,「次日(22日)設讌款待,午後二時,首由褚常務主任理事致詞,略謂『圍棋為我國固有之特技,考諸歷史,不乏名流。前清中葉國家富強,國手如梁、程、施、范等,應時而出。而近年來,東鄰圍棋,並經政府獎進,不遺餘力。識者謂圍棋之工拙,關係國家之盛衰,蓋運用其智慧,鍛鍊其身心,技也而進於道矣。此次比賽之意,提倡正當娛樂,擯除不良嗜好,深望我國才智之士,同研究智育體育之原,小之足以養生,大之足以強國。願諸君深味此意,努力邁進云云。』」詞畢全體攝影留念(見前頁下圖)。

繼即開始比賽,「計分十組對弈。「當日結果,京滬雙方分數平均,勝負未判。又次日(23)上午七時繼續比賽,至下午六時,宣告結束。滬方共得2340分,京方共得2460分,結果京方獲勝。七時由本社總幹事張劍鳴、棋術組主任費子苆,暨社員王第祺等,公讌京滬各選手,至十一時許,始盡歡而散。綜計參觀棋戰者,為數極夥,頗極一時之盛矣。聞此次棋稿,將在本刊逐期(自下期起)披露,以供同好者之參攷云。」

接著,據《公餘半月刊》[2.29]Vol,1,No.9(1935,9,15)上報道,「本社接上海圍棋社來函,邀請赴申,作第二次圍棋埠際比賽。於本月(9月)2日下午七時由棋術組主任費子苆先生,邀請京方圍棋選手,在本社舉行談話會。茲議決,于本月20日赴申,21、22兩日舉行比賽。」

繼後《公餘半月刊》[2.29]Vol,1,No.15(1935,12,15)上又稱,「本社發起之首都圍棋比賽,已於本月(12月)1日開始舉行,參加者,共24人,並請張澹如君為總評判。本社備有獎品多種,大約旬日後始能決定最後勝負。」

上述幾則社聞,報道了棋術組在社內外和市內市外舉辦的一些活動的熱烈場面。其他如體育組組織的各單位間的對抗賽;戲劇組經常應邀到電台上演播,或舉辦大型的演出活動等等,豐富多彩,不一而足。

1937年1月21日,聯歡社於成立三週年之際,出版了《公餘聯歡社三週年特刊》[3.41],以茲總結和紀念(見右圖)。該刊內容,在首先刊登總理遺像及遺囑之後,依次

1937年1月21日出版的《公餘聯歡社三週年特刊》[3.41]

第十章　鍾愛國粹,發展美育　313

为：吳作人近作褚主任理事油畫像[28]；王世杰等諸多政府院部負責人的題詞；褚民誼和張劍鳴等撰寫的數篇回顧和紀念的文章和詩詞；以及各組股的報告。最後是本社的職員和社員一覽、徵求社員登記表及本社社章等內容。

各組股的總結報告，分別由平劇股、話劇股、崑劇股、球類股、體育組、棋術組、音樂組和會計組提出，內容翔實，下面摘錄介紹其中球類股、平劇股和崑劇股的概況。

球類股主要報告的是乒乓球運動。文中謂，乒乓球運動「比足籃球、網排球，要來得和緩許多，而且不受天時、氣候、時間、年齡的限制，隨時可練，輕而易舉。」社內喜愛者眾多，先後組成公餘甲和公餘乙兩個球隊，時常對外比賽，無不勝利。隨着加入隊員日益增多，原有場地不克需求，雖經轉移到較寬敞的房間，仍未能滿足，「旋經理事會議決，另撥經費千元建築一較完善之乒乓球室，其中燈光、窗戶、地板、球拍以及牆壁色彩均請專家設計，以期盡善盡美。二十五年（1936年）秋新屋落成，不但在本京為獨一無二之乒乓室，在江蘇全省亦屬絕無僅有。舉行典禮時，請京中各名手表演，造成空前之盛況。凡來本社參加比賽之球隊，咸豔羨不止，因此隊員興趣益濃，上海名將如黃安邦、莫北鴻亦均加入。」1936年10月戰敗京中列強奪得勵志社所舉辦之第三屆公開乒乓錦標，一躍而為京市乒乓之盟主。

平劇股報告一年來之概況道，「本股前以無相當出演場所，且限於經濟，每年彩排機會殊勘，自中正堂於歲首（1936年初）落成後，遂議定每月彩排一次。去年除夏季暫停彩排外，計彩排六次，與明伶合作公演三次，慶祝暨援綏等公演又三次，於中正堂演出者共十二次之多。其邀請本股於他處表演者，尚不在內，實超出本社成立以來之記錄。

「社員加入本股者歷年的在三十人左右，而去年則劇增至九十人上下，幾增兩倍，生旦淨丑，均有增加。每次彩排，雖有不敷分配之虞，然人才擠擠，搭配整齊，劇務因以蓬勃，每晚笙歌齊奏，鑼鼓喧天，極盡娛樂之能事，熱鬧情形，似較往年為尤甚焉。

「本股社員，對於平劇，研習有素，其譽滿國內，目為名票者，亦頗不乏人。尤以演出之機會甚多，而且藝術經驗亦隨之而猛進，如所演定軍山、能仁寺、八蜡廟、八大鎚諸劇目，生旦淨丑，均由社員扮飾，鮮有班底搭配者，此

---

[28] 詳情見本篇第四章中之第一節「中比交往，情緣久長」。

屬難能可貴，足以自豪。且每次演出，雖至深夜，而觀眾大都終劇而散，及歷次之滿座，固當感謝愛好本股劇藝觀眾之盛意，而一方面則足證本股之藝術，能饜觀眾之欲望，當無疑矣。「去年因社員日眾，教師亦較往年增雇，所請三位教師，均係劇界名宿，分授文武生旦。一年來所授劇目不下數十齣，一經演出，深得觀眾之好評……劇情熱鬧繁複，排練時之辛勞，不言可喻……同人受益之餘，莫不稱道而銘感者也。」

上述數端，其成績較諸往年實有進展，「究其因素，固不止一端。而褚理事長之兼主本股實為主因。褚先生政躬繁冗，人所共知，但本股每次會議，除在外埠公幹外，莫不親臨，主席所有議案，一經決議，隨之實行，是以辦事順利，劇務亦因以騰達。次則社員之和衷共濟，及其愛護本股之赤誠，尤足為發展之原動力……惟此成績，同人定不能謂為滿意而自足。今後之希望，猶待主事之籌維，力謀物質上之建設，教師之努力，俱獻精彩之劇藝……務使本股完成毫無缺憾之新都唯一模範國劇團體。」

崑劇股的活動尤為熱烈，其總結報告中寫道：「本社為提倡崑曲保存雅樂計，乃有本股之設立。當本社創始時，本股社員僅有卅餘人，迨後逐年增加，迄今已有男女社員百餘人，足見社會人士對於崑劇興趣之濃厚。歷年加入社員中，已有崑曲根底者，固不乏人，而初學者為數尤多。練習以來，成績斐然。現計有劇目二百數十齣。茲屆本社三週年紀念，爰將二十五年度（自二十五年一月二十二日起至二十六年一月二十一日止）本股概況略述於後：

關於股長一職，「自前股長王伯雷君離京後，所有股長職務，本請戲劇組主任溥西園君暫代。旋溥君以身弱多病，屢次請辭。乃於（1936年）三月二十日股務會談中，公請本社主任理事褚民誼兼攝，以是股務進行，甚為順利。」股長之下原設有幹事四人，益以股務漸形發達，改組增至八人，分掌劇務、總務、文書、交際、會計等職。「本股為便利社員拍曲排戲起見，特請富有崑劇經驗之笛師二人，一為徐金虎君最擅旦工，一為沈盤生君最擅生角，皆係前『文全福班』之舊人。後以社員增多，原有笛師不敷分配，乃於四月五日添請陸炳卿君一名，能戲甚多，亦笛師中之老手也。」

「同期」是本股活動的一個重要形式。「同期」者，簡言之，約期共同奏唱之謂也，又名「合曲」，為歷來崑曲社中所特有。「其目的在於互相欣賞吟唱之藝術，無非採人之長，補己之短；且在此種組織之內，充分表演合作精神，乃公餘正當聯歡方法。」舉辦時間，並無成規拘束，要以興之所至即舉

辦同期一次。「本股自成立以還，綜計舉行凡二十三次，每次劇目，至少十二齣，多至二十四齣，本年度內計有九期，所唱劇目……七十九齣，其中有一戲數唱者。「每次同期，除本股社員外，社外曲友參加者亦眾，時有遠道曲友聞訊而來者。」每舉同期必需少許費用，參加曲友每人須納同期費一元，其不足之數，用本社每月津貼十五元。

「登台彩串，較做同期尤難，其最低限度，必須背誦詞白，熟悉身段，姿態之演出，貴乎切合劇情，此僅以個人之藝術而論；若夫物質之供應，尤為必要條件之一。自本社中正堂落成後，自予不少便利。惟演吾國舊劇，所有服裝道具等，均須特製，本社因經濟不裕，尚未置辦。每次彩演，均須向人租用。「自成立本社以來，本股單獨彩演者共計九次，與平劇股合舉特別彩串者凡五次，參加京市遊藝表演者三次，被邀堂會者二次。在本年度內計有三次」，分別在一月、六月和十一月間舉行。「本股鑒於崑劇詞句深奧，不甚通俗。為易使觀眾明悉劇情計，自第三次彩演起，印有全套劇詞，並加簡單說明，來賓手各一冊，莫不稱便。「歷次上演，本股因係娛樂及研究藝術性質，並不售券，演來頗多精彩，雖一劇演至數回，百看不厭，故中正堂內，無不滿座。然所費已甚不貲，如衣箱、場面、梳頭、檢場等，在在需費。本社每次撥付補助費三十五元……此數，決不敷用，故大半開支，皆由社員分攤担負。」本社三週年紀念，定一月二十四日由本股表演崑劇，日夜二場，劇目已定，褚民誼之訓子、刀會，溥西園、張平、陶正伯三君之搜山打車……皆係得意之作，屆時一翻熱鬧，定可預卜。」

此外，「中央廣播電台播音節目中，常播崑曲唱片。其特別音樂節目中，時請本股同仁前往奏唱，前後凡七次，本年度內亦有二次。「每遇本股播送崑曲，各地備有收音機之曲迷，莫不準時收聽，而在本京太平路、中華路一帶行人，駐足靜聽者，為數更多。現中央電台已與本股約定劇目者，計二月四日由尤符赤、張善鄉二君合唱驚變；三月四日由褚民誼、溥西園二君唱刀會，時間均為下午七時起。」

在報告結尾的附言中說道，「本股現暫定除星期例假休息外，每日下午七時半至十時半為練習時間。在此時間內，拍曲排戲，各從所好。「為便於社員參考起見，備有崑曲大全、遏雲閣曲譜、六也曲譜、昆曲粹存、春雪閣曲譜及韻學驪珠等書。此外尚有文武樂器、管絃金革，無不齊備，以供社員操奏之用。」最後報道稱，「北平崑弋劇社來京公演，該社社長白雲生、韓世昌等，

於（1936年）十二月十四日來社拜謁本股同人。（1937年）一月十日褚兼股長以該社即將去滬，特于是日下午六時，盡在本社大宴會廳歡宴該社全體藝員，並邀請齊如山君及本股同人作陪。席間褚兼股長高唱訓子一折，嗓音洪亮，宴至七時盡歡而散。」

褚民誼為何如此熱衷於公餘聯歡，已如前述，其目的在於提倡正當的娛樂活動，於消極方面，抵制不正當的娛樂活動，以保健康與人格；於積極方面，陶情養性，以提高工作效能，對於公務人員猶應帶頭實行。然而此舉並非易事，亦不免帶來一些責難。作為主持本社工作的常務主任理事褚民誼，在其〈本社三週年來之回顧〉一文中，著重闡述了辦社的宗旨，並表達出排除一切困難，不顧毀譽，勇往直前的決心，全文如下：

「人的生活，是多方面的，要工作，要休息，亦要娛樂。在整個生活中娛樂實佔一重要位置。然娛樂有正當的，有不正當的。大都市裏的一切娛樂設備，多半是由枯燥生活中所逼出來的下意識的舉動，而易於誘人到危險的環境方面去。這種不正當娛樂，足以影響我們的健康品性；間接亦影響工作的能力。而正當的娛樂則適與之相反，不獨能增進健康，改良品性，間接還可以促進工作的效能。首都公務員，佔市民百分之三四，公餘的時間，甚少正當娛樂之消遣。所以在二十三年（1934年）一月二十一日這一天，徵集了各機關的同人，組織成了這個公餘聯歡社，以提倡公務員正當娛樂，改良公務員業餘生活為本旨。在此三年之中，本社種種設施，都歷載公餘月刊中，至各組股的過去之進行計劃，亦都詳刊本期，毋待再述。惟年來常有人對於本社責望過奢，但我們也不敢否認，說起來似覺有些汗顏。然而像這種沒有方法彌補的缺憾，又何曾是我們始料所及呢？本社一切問題，以經濟為重心，經濟的困難，便是各項事業進行的障礙。不幸這三年來有許多計劃，都因經濟關係，無法實行，自然難怪人家不滿意。但是我們掙扎之中，猶有差強人意者，如中正堂之建立，所費亦頗不貲，有此寬大之禮堂，實隨時可供扶助社會教育發展之用。三年以來，各組社員亦均能各就其興趣之所在，為種種練習及表演之舉，迄無間斷，無疑的已成為各機關公務員精神調劑之唯一的機關，是不可掩的事實。

總之，我們來辦這公餘聯歡社，絕對是很虛心的去接受並理解一切的，決不以小部分的成績為滿意，更不因一時的或部份的失敗，便表示退卻。我們願用全部的勇氣或持久的毅力，不計毀譽，不顧犧牲，勇往地向著預定的目標前

進，在不久的將來，或有使我們欣然自慰之一日。然不能不望之我社同人之共同努力，並平日贊助本社者，復能時時予本社以指導也。」

從1935年底至1937年七七事變之前的這段時期內，民眾抗日浪潮不斷高漲，國內政治局勢動蕩不定，聯歡社雖主娛樂活動，亦不置身局外，戲劇組內的話劇、平劇、崑劇各股更是積極行動，經常為賑災和抗日募捐舉行義演。《社刊》[2.27]上除設有國內外要聞欄目外，社員還可在其上結合本社活動自由發表評論。例如在其1936年7月1日第二卷第六期的封面上，就醒目地刊登了題為〈『怒吼吧，中國！』——不能上演的原因〉的文章（見右下圖）。「怒吼吧，中國！」，是以1926年四川萬縣遭英國炮艦轟擊釀成慘案為背景編寫而成的一齣反對帝國主義侵略的現代劇。

文中說道：「自從中國有新興的戲劇運動以來，『怒吼吧，中國』一劇，成了許多劇團上演目錄中最重要的一項……這次戲劇學院亦預備公演此劇，但是因為『邦交』問題，竟不能得到審查會通過，這實在是中國話劇界最遺憾的一件事。為什麼『怒吼吧，中國』的上演，是這樣困難呢？因為牠真實地描寫列強對中國殘酷的榨取，和中國民眾被壓迫的痛苦，並能正確指示中國民眾解放運動的路線，在現在中國這種情況下，此類戲劇上演，自不會容易得到贊許的。」該劇的取材中，「雖然多少有點屬於歷史的陳蹟。但中國現眾所得到的，並不是回憶的情趣，而是切身的感觸。在目前的中國，這樣的事實，還是繼續地在演着，不，自九一八、一二八以至於現在，中國民眾所受的屠殺和壓榨，是一天比一天更加利害。中國民眾的反抗，雖在種種桎梏之下，仍是繼續加強……在這個時候，『怒吼吧，中國』上演，絕對的是有重大的意義，但是因為『有礙邦交』四個字的批語，終於禁止上演了。「記得日前上海實驗小劇場公演『都會之一角』的時候，被工部局派人到場立時禁演，理由是因為『都會之一角』裏有『某幾省是我們的領土』這句話的緣故。『某幾省是我們的領土』的話，也都犯了禁，這是我們民族史上應該大書特書的，何況『怒吼吧，中國』自然

1936年7月10日《公餘月刊》第2卷第6期上的封面文章〈怒吼吧，中國！〉（[2.29] Vol.2，No.6，1936，7，10）

用不着人家干涉，不然就要自找無趣呢」。在《公餘月刊》，這個政府內部發行的刊物上，竟然發表了如此尖銳地揭露和批評有關當局壓制反帝抗日言論自由的文章！

此後不久，於1936年發生震驚中外的雙十二事變，「蔣委員長此次蒙難西安」，《公餘月刊》[2.29]Vol.2，No.12（1937，1）中稱，「本社自13日起，各股自動停止娛樂，迨蔣公安然歸來，始恢復舊觀。」通常，例如遇到3月12日總理逝世紀念日、3月29日黃花崗紀念日等法定紀念日時，聯歡社總是要下半旗，並停止娛樂以誌紀念的。（《公餘月刊》[2.29]Vol.3，No.3，1937，4，1）

上述這些事件，都是褚民誼辭政府之職，以更多時間關心聯歡社務的時期內發生的。

最後，還值得提出的是，褚民誼認為吹奏口琴是一項簡單易行的娛樂活動，曾是當年在民眾中普及口琴的一位積極推廣者。《南洋商報》（1937，3，15）上發表了一篇題為「褚民誼提倡口琴」的報道，謂1937年2月21日晚，「南京口琴會在公餘聯歡社中正堂舉行勞軍演奏。為近赴綏前線勞軍歸來之口琴專家、中華口琴會會長王慶勳及中委褚民誼所發起，王氏並出席獨奏。褚氏對正當娛樂提倡最熱心，此次特親撰一文，為口琴張目，題曰〈口琴與民眾生活〉，其文云：『吾人生於斯世，無論勞心勞力，非努力工作，蓋無以圖存。顧每日工作之餘，必需相當之消遣，以調劑勞苦，而慰藉精神，如戲劇也、國術也、電影也。各種正當之娛樂，均為吾人所必需。獨惜吾國社會習俗相沿，一般人民，惟以賭博、狎邪、酗酒為樂，坐是金錢與時間損失無窮，而精神亦因之頹唐，未由振作，國弱民貧，非無因也。竊謂娛樂既為人生所必需，則宜採取其正當者。唯一之條件，以能陶冶人之性情，使人生趣於樂觀，庶其生活常在安定純潔中過渡。上焉者使能奮發有為，下焉者亦不失為樂天之民。若是奚以致之，則惟有音樂尚矣。蓋音樂感人之深，能使頑夫廉、懦夫立。音樂之道多端，即以吾國言，樂器之類別綦夥，學習殊非易易。若夫歐美之樂器，雖亦有其特長，而價至鉅，置備不易，且學成一藝，尤非經年累月不可，以是甚難求其普及，是以一般民眾，望而卻步。夫口琴亦屬音樂之一種，其功效與其他音樂初無二致，而能免除以上兩種困難，學習易而售價廉，則非其他樂器所能及。不寧唯是，吹奏口琴，與體育方面亦有相當之裨益。蓋持口琴吹奏，可使肺部漸次擴張，作呼吸運動，可謂一舉而二善備者矣。』」一個時期以來，吹奏口琴在我國民間和學生中廣為流行，除王慶勳等口琴先輩們的積極努力

外，與褚民誼的大力提倡亦不無關係。褚民誼不僅着眼於公務員，同時也在廣大民眾中大力倡導正當的娛樂活動，以促進身心健康，其良苦用心和不懈努力，由此也可見一斑。

第三節　傳承崑曲，樂為票友

　　武術中的太極拳和戲劇中的崑曲都是褚民誼之最愛，兩者均係我中華國粹中之精華，一經他悟出其中精奧，便努力傳承，大力推廣，使之發揚光大。有關他在太極拳方面的言行，已詳述於本篇第八章之第二節「振興武術，太極創新」中。至於崑曲，這裡首先值得提到的是，聯合國科教文組織於2003年5月18日宣佈的第一批「人類口述和非物質文化遺產代表作」中，崑曲作為中國的唯一項目，榜上有名，在歷經滄桑沉浮之後，自此又重新引起了世人的注意。回顧早在上世紀三四十年代，作為名票友的褚民誼，為重振崑劇昔日輝煌，曾殫精竭慮，編撰出版了《崑曲集淨》（上、下冊）[1.54]及其附輯《元音試譯》[1.55]，作為他研究和實踐成果的結晶。前者，廣泛收集和系統整理了崑曲中的淨角戲，「七紅、八黑、三僧、四白」共計五十五齣，並提出了對崑劇各類角色和全本劇進行全面整理的計劃。後者則在此基礎上，為便於在國內外普及和推廣崑曲，這一人類文化遺產的代表作，先行選取其中四劇，將我國難懂的傳統「工尺」注音曲譜，翻譯成現代國際上通行的五線譜。上述兩部作品堪稱我國崑曲發展歷史上之創舉，可惜由於種種原因，而未能為繼。鑒於這兩部著作，是在淪陷區內於1942年6月間問世的，本書將在後續第四篇「在淪陷區內的作為」第四章之第四節「崑曲集淨，元音試譯」中，對其內容詳加介紹。

　　褚民誼步入崑曲殿堂，經歷了從喜愛聲歌，涉足京劇，到醉心於崑劇的過程。他在《崑曲集淨》[1.54]的自序中回憶道，「予少好音樂，尤喜歌唱。第彼時，士子貴自重、尚廉隅，視歌曲為優伶，目運動為佻健，士林所重，習尚尊之，雖放風箏、踢毽子之有益衛生者，亦比同輕浮，譏為淺薄，而玩物喪志之戒，更令人於卷冊之外，不敢別有所親。予雖雅慕聲歌，賦性活潑，亦惟有自敦器識，深自掩藏。直至負笈歐洲，始漸於修學之餘，假留聲機以消閒，為皮黃劇之習唱。」1924年回國，忙於國民革命，長進無多，直至1928年在上海。「始於案牘之餘，從人問藝，聲容並取，以至登臺表演，習之雖勤，然未

以皮黃之音為盡善也。」1934年[29]初在南京組織公餘聯歡社後,「始稍致意於崑曲,覺其遣詞訓雅,取調淵懿,遠非皮黃所能,遑論秦腔、越劇。且劇非一牌,牌非一調,曲目雖眾,各有剪裁,文無犯詞,樂無同律,雅不遺世,俗不近卑。於是由知而愛,由愛而好、而習、而串,彌進彌樂,以至於化,遂不禁有『此曲祇應天上,其聲非復人間』之感也。因而訪名流,求精譜,到處致力,隨時調察,每遇二三素心,當筵一曲,情適性怡,俗慮頓捐,仿佛天帝拍肩,風雲生袖,其樂有非可以語言形容者矣。」這裡,他以「天籟之音、啟迪人性」的內心感受,讚譽我國傳統崑曲藝術無與倫比之精妙,令人嚮往。

正如他在《崑曲集淨》[1.54]的自序和緒論中所述,在中國音樂和戲劇的漫長發展演進過程中,繼唐詩、宋詞之後,出現了元曲。明朝初期,距今六百年前,旅居江蘇崑山的魏良輔和梁伯龍,將當時的北曲和南曲兩大派系在剛柔、曲調、和歌等方面的不同特點融合起來,創編出以地方命名的「崑曲」。由於崑曲豐富多彩,突破了數千年來音樂功能的局限,匯入傳奇,進而誕生出「崑劇」,開創了我國戲劇藝術之先河。此後,在中華大地上,如雨後春筍般地出現了各種地方劇種,崑劇也因而被冠為我國「百戲之祖」。但是此後由於受朝廷好惡的左右,自清代乾隆之後,崑劇走向衰落,皮黃京劇興起,直至民國。

褚民誼跨入戲劇這道門檻,是從學習京劇開始的。如前所述,他在國外留學期間即已借助唱片,習唱京劇。回國後,特別是從1928年開始,虛心請教、勤奮練習,不幾年便達到了能登台表演的地步。北京這座清朝的歷代都城,是京劇的發祥之地,民國奠都南京後改名北平,京劇也在當時稱為「平劇」。此時褚民誼主要在中樞南京和上海一帶活動,少有北上。1931年他被任命為中法新疆科學考察團中方團長並承命中央赴新疆考察黨務,於是年4月到北平,擬集合中法雙方共同啟程。但由於法方提供的爬行汽車臨時出現故障,而暫留北平。

當時的北平名伶薈萃,褚民誼與我國戲劇界早有過從。1930年梅蘭芳訪美演出,褚民誼、李石曾等東西文化交流的促進者,給予積極支持。出訪團從天津乘船到滬,稍事停留後轉輪赴美。臨行前,上海各界舉行盛大歡送會。《申

---

[29] 原文中誤寫為民國二十一年。

第十章　鍾愛國粹,發展美育　321

報》於1月17日載文〈梅蘭芳歡送會紀盛〉中報道，上海各界人士於14日下午四時，在大華飯店，開一盛大之歡送會，與會者有會議主人、來賓及中外記者共三百餘人，「茶點後，於樂聲悠揚中，由張岳軍市長主席代表致歡送詞，次褚民誼、胡適之、葉玉甫、虞洽卿、張嘯林、王曉籟諸君，鄭毓秀女士等，相繼演說。大致以梅君此行非為名譽，亦非為金錢，將吸收西方文明以改良中國戲劇，並以為歐洲為音樂美術發源地，希望梅君能順道一游，則所得當更豐富云云。」接着，文中刊登了梅君之答謝詞。在對平、津、滬各界的援助和勉勵表示感謝之餘，把這次到美國去，進行東西方戲劇藝術交流的目的，以及前幾年兩次到過日本之後，「覺得非到歐美去一次不可」，並於去年得到李石曾、錢新之、周作民等人的援助在北平發起組織戲劇學院多方從事預備的情形，在會上約略地進行了報告，最後他表示，「倘然因文藝的接觸的結果，能夠在兩國的民族的感情方面，有一點增進的地方，這也就是蘭芳報答國家社會一點的意思。」詞畢，攝影，賓主盡歡而散。該文最後特別說明，「褚民誼君備一精緻小冊，請來賓簽名，題曰『鵬程萬里』贈梅君以為紀念。」1月18日梅氏啟程離滬，《申報》於次日報道，「梅蘭芳及同行者……一行二十二人，於昨日下午一時，由新關碼頭小輪船駛至淞口三夾水，換乘加拿大皇后號放洋。送行者有褚民誼、錢新之、馮耿光、朱成章、陳其采、葉恭綽、劉雲舫，及英使藍溥森等百餘人。」

1931年4月13日北平車站前，褚民誼（左3）送別梅蘭芳（左2）等人的合影（《良友》畫報[2.9]第59期）

梅蘭芳訪美演出獲得巨大成功後，《南京晚報》於次年4月16日報道，「茲據巴達維亞四月一日消息稱，梅蘭芳不久將來南洋英荷各屬一行，據接近梅氏之某君稱，梅氏當去年自美國歸國時，即有南行之意。旋因種種阻礙，未克成行。但今又欲來南，且為南洋各華校演劇籌款。」據《華北日報》（4，20）透露，他於1931年4月13日下午自北平啟程，乘平浦直通車南下。褚民誼到平後即與梅氏取得聯繫。前頁下圖示出的是，褚氏前往送行，在北平車站前與梅蘭芳等人的合影，照片發表在《良友》畫報[2.9]第59期上。

嗣後不久，褚民誼於4月25和27日在北平舉行平劇義演，演出《獨木關》和《飛熊夢》等劇目。下圖是褚民誼在《獨木關》中扮演薛仁貴的劇照。後頁右上圖是《華北日報》（4，27）上刊登的，褚民誼應華北戲劇學會之邀，於27日晚在華樂戲院演義務戲《飛熊夢》的廣告。時值新任海陸空軍副總司令張學良於18日入駐北平組建行轅，華北黨政軍各界麇集北平，活動頻繁。據《民國日報》（4，26）上登載的中央北平電之報道，「張學良定二十五日下午接見日本記者、晚觀褚民誼演劇、七時應商會公宴。」此外在《申報》4，24）上報道稱，張學良曾為義演，「購包廂一，付價五百元。」

褚民誼在北平這個舞臺上的首次亮相。堂堂一位中央大員畫了一個大花臉，在台上引亢高歌，轟動一時，媒體紛紛予以報道。《華北日報》（4，24）報道。「褚民誼到平後，連日在各校講演體育問題，聽眾極感興趣。頃聞

褚民誼在《獨木關》中扮演薛仁貴的劇照

第十章　鍾愛國粹，發展美育　323

左圖：1931年4月30日《民國日報》上報道褚民誼在北平應華北戲劇學會之邀義演平劇《渭水河》的報道
右圖：1931年4月27日《華北日報》上刊登的褚民誼當晚義演《飛熊夢》的廣告

下星期一（二十七日）將在華樂戲院演唱義務夜戲，戲碼為大軸飛熊夢，屆時聞張副司令及在平黨政軍學各界領袖，均將前往觀賞。該戲為華北戲劇學會所發起組織，李石曾為該會會長，褚民誼為該會副會長云。」如上左圖所示，《民國日報》（4，30）以「褚民誼演渭水河——保存國藝改良舊劇」為題報道，「河北通訊，中委褚民誼氏鑒于戲劇為一種高尚之藝術，自昔吾國雖於演劇皆愛觀賞，而於演員則誤加輕視。近幸學界同志如李石曾先生等加以提倡中國舊劇，乃漸漸引起學術界之研究與同情。而一般藝有專長之演員，將漸漸復其在藝術界應有之地位。乃循華北戲劇學會同人之請，粉墨登場，演渭水河濱曾來文王飛熊夢裏且比太公。昨曾致函省黨部請往參觀，原函辭長不錄。」

吾國的戲劇早已成為民間喜愛的娛樂活動，但是辛勞演出的藝人卻常被稱為「戲子」，列入社會下流，而飽受歧視，這種偏見沿襲已久。「貴」為中央委員的褚民誼，此舉除了利用他的地位和影響，進行募捐外；他的用意更是要以自身的行動為表率，力圖矯正對演員的世俗偏見，以促進我國戲劇藝術的發展，對此他在演出前的啟事中做出了說明。褚民誼的摯友蕭瑜（子昇）時任北京大學農學院院長，親歷了褚氏在北平停留期間的活動，印象深刻。他在1931年春4月為褚民誼著《太極操》[1.16]而撰寫的褚氏傳略中，特意寫了這樣一段話，「博士（對褚民誼博士之簡稱）率考察團中國團員，以四月由京首途過北

平。平市大中小學爭請講演約三十餘校，尤注意於其新發明之太極操。博士不辭勞瘁，講演之暇，並應華北戲劇學會及故宮國劇研究會之請，先後獻藝於華樂及開明兩戲院，演渭水河及獨木關等戲。在平黨政軍學各界領袖人士爭往觀賞，歎為多才多藝，兩戲社均推博士為會長。博士且遍發啟事，敘述其逢場作戲之由。其意謂，國劇為一種高尚藝術，在昔吾國人士，雖於戲劇無不愛加觀賞，而於演員則誤加輕視。欲矯其弊，則得一二號稱為士大夫之有心斯道者，偶爾袍笏加身，粉墨登場，亦不可少。並引吳稚暉先生於民國紀元之初，為勸募救國儲金，親身演唱蓮花落以為例，識者韙之。」

褚民誼這一驚人的獻藝舉動，在一片喝彩聲中，也引來了被指為「不雅」等的非議。後者正是他力圖予以糾正的世俗偏見的反應。移風易俗絕非易事，對此他以「不怕毀譽」的一貫態度，一笑置之，為達目的樂此不疲。「九一八」事變爆發後，為應對國難，他毅然出任國府行政院秘書長，雖職務繁忙，仍擇機獻演義務戲。國內局勢趨於穩定後，經他主持和努力籌備，規模空前的第五屆全國運動會，於1933年10月10日至20日首次在首都南京召開。值此盛會之際，作為籌備委員會主任和大會副會長的褚民誼，應怡社之邀，於10月14和15日兩天，在明星劇院先後演出《渭水河》和《大軸草橋關》扮相魁偉，唱工亦火候純青，要人到場參觀者甚眾」。褚氏在首演時，特意將已蓄多時之美髯除去，回到全運會，面貌一新，傳為佳話，《申報》於15日和17日兩天作如是報道。

《時事新報》（1933，10，16）上，以「褚民誼割鬚串戲——非為娛樂實為救災，大俠大義犧牲色相」為題，對褚氏此舉詳予報道。褚民誼自「九一八」事變後開始蓄鬚，已廣為人知，文中起始道，「褚民誼先生，一向在黨國要人中，有美髯伯的雅號，與國府老主席美髯公林森、監察院長美髯老于右任，同稱黨國三美髯。「今年黃河的水災，鬧的真兇，好幾省的地方，卻給淹沒了，災民無慮數百萬，一家家廬舍蕩然，一個個無處投奔，褚先生……趁此全國運動大會在首都舉行，各省市與會的健兒、看會的群眾，雲集在南京的機會，他約集了首都怡社票房的同志，在十四號十五號兩天，假座明星大戲院，表演平劇，籌款助賑。褚先生並在兩晚，親自粉墨登場，以資號召。怡社票房，特地假大京報，出了一張圖畫特刊，封面印上褚先生戲裝照片兩幅……劇目是十四晚渭水河，十五晚草橋關。」到會的人曾疑惑，「褚先生蓄豪這滿臉的濃而且黑的髯，怎麼能夠扮裝上渭水河的姜太公，和草橋關的姚期。照平常

戲裏扮出來的，卻是兩位挂著二尺來長的白口面的，這白口面決計遮不了這黑鬍髯。」褚先生為此毅然割鬚串戲，「大京報和怡社特刊裏，給了我們對褚先生的特別認識，他用特大號的字標著說，『褚先生為了籌款助賑，今天晚上要上台唱戲了，特地將蓄了好幾年，長著六寸多長的美髯完全剃去，似此大俠大義，實在可以風世』云云。」右圖是，筆名「飛飛」的記者，應讀者的要求，再度購票入場，專門繪製的褚民誼在草橋關中扮演姚期，佩戴長長白髯口的劇裝像。發表在《時事新報》（10，18）上。

褚民誼在草橋關中扮演姚期的劇裝畫像（《時事新報》1933，10，18）

文中還披露了褚氏習唱平劇花臉戲之路，略謂，「他在不久前從了名伶金少山學唱平劇。誰都知道金少山是已故伶人金秀山的兒子。秀山唱的一口好大花臉兒，當年在前清內廷供奉過。少山克紹箕裘，衣鉢獨傳，所以他的黑頭戲，如今也算舉國無雙了。褚先生從他學戲，當然學的是黑頭戲……沒有多時，就學會了好幾場，而最拿手的，要算起渭水河裏的姜太公，和草橋關裏的姚期。」

在全運會期間，褚民誼和李石曾還商請時任南京戲曲音樂院北平分院院長的名旦程硯秋（玉霜）率領程劇團及該院中華戲曲專科學校學生，赴京演劇，慰勞運動選手。據《第五屆全國運動大會總報告》[3.31]中記述，10月19日全運會比賽項目全部結束，是晚在籃球場舉行盛大的話別會，全體運動員連同大會職員不下三千餘人到場，林森主席首致訓詞，國府要員汪兆銘、孫科、王世杰以及褚民誼、陳公博、曾仲鳴等，並各使館代表亦均在座。壓軸戲是程氏演出其生平傑作《聶隱娘》，以獨到之單劍對舞終場，展現了戲劇與武術之融合。

在邀請程硯秋來大會演出的同時，如後頁上圖所示，褚民誼特撰寫〈戲劇與體育〉[1.30]一文，先後發表在南京民生報所出的《南京戲曲音樂院特刊》和《戲學月刊》1933年第2卷第10期上。文中闡述了他一貫主張的美育與人生的關係。

「人生勞苦，無間昕夕，其精神上所持以慰藉者為何物？此至切要之問題也。」他開宗明義地寫道，「蓋人類進化，外境之壓迫，與內心之安適，實互相依倚，不能偏廢。有壓迫可以促進人類之奮鬥，有安適始可以啟發人類之智

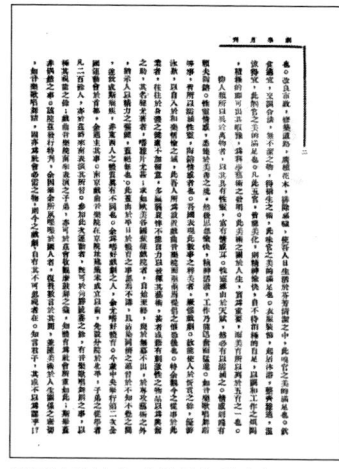

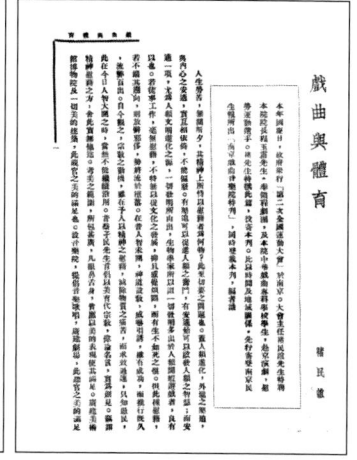

褚民誼的論文〈戲劇與體育〉[1.30]，發表在《戲學月刊》1933年第2卷第10期上

慧；而安適一項，尤為人類文明進化之源，一切發明所由出，生物學家所以謂一切發明多出於人類閒暇游戲者，良有以也。若徒事工作，毫無慰藉，不特無以促進文化之發展，抑且感覺煩悶，而有生不如死之恨。但此種慰藉，若不端其趨向，則放僻邪侈，勢將流於墮落。在昔人智未開，神道設教，威嚇引誘，雖有成功，而推行既久，流弊百出。自今觀之，宗教之動機，雖在予人以精神之慰藉，減除物質之痛苦，而求效過速，只知愚民，此在今日人智大開之時，當然不能繼續沿用。昔蔡孑民先生首創以美育代宗教，偉論名言，實為創見。竊謂精神慰藉之方，舍此實無他途。考美之範圍，所包甚廣，凡眼鼻舌身，皆應以美的表現使其滿足……此美術之關於人生，實為重要，而美育所以列於五育之一也。

抑人類所以異於萬物者，以其具有性靈，富有情感耳。性靈雖由於天賦，然必有以濡涵之。情感則端有賴夫陶鎔。性靈情感，悉臻於美善之境，然後思想愉快，精神活潑，工作乃能迅奮而猛進。如音樂歌唱舞蹈等事，皆所以濡涵性靈，陶鎔情感者也。吾國表現此數事之粹美者，厥惟戲劇。故能使人於忻賞之餘，優游泳歎，以自入於和樂恬愉之域，此吾人所為設置戲曲音樂院而亟亟焉提倡之惟恐後也。」

接著，他針對吾國戲劇界中存在的不良習氣指出，「特余觀今之從事於此業者，往往於身體之健康不加留意，多羸弱衰悴不能自力以發揮其藝術，甚者

第十章　鍾愛國粹・發展美育　327

或藉由刺激性之物品以為興奮之助，其名聲尤著者，嗜鴉片尤甚；求如歐美各國蜚聲戲院者，自始至終，幾於無幕不出，於專攻藝術之外，猶示人以精力之強健，蓋絕無也。此蓋由於平日於體育之事忽焉不講，且沾染同儕之惡習於不知不覺之間，遂致成斯痼疾，非東西人之體質真有不同也。

余為嗜好戲劇之人，余尤嗜好體育。今歲中央舉行第二次全國運動會於首都，余適主其事。南京戲曲音樂院在京院址建築未成立以前，先設分院於北平，子弟之從學者凡二百餘人，亦於茲時來南表演其所習。參加此次運動者，既可於角勝競賽之餘，有音樂歌唱舞蹈之事，以極其視能之餘；戲曲音樂院南來表演之子弟，亦可於茲會收觀摩鼓舞之益，知體育為社會所重如此，斯舉蓋非偶然之事。該院茲發行特刊，余因舉余所夙喋喋於國人者，復贅言於其間，並陳美術與人生關係之密切，如音樂歌唱舞蹈，固亦為社會必需之物，則今之戲劇，自有其不可忽視者在。知言君子，其或不以為謬乎。」文中亦道出了他努力創立南京戲曲音樂院之肇始初衷。嗣後在首都南京建設「國立戲劇音樂院」之詳情，參見本章後續之第四節「戲劇文化，大業圖宏」。

程硯秋在全運會演出後，發文〈在全運會演劇的感想〉，刊登在《第五屆全國運動大會總報告》[3.31]一書中。文中略謂，「此次第二屆全國運動大會[30]於國慶日在首都舉行……硯秋承褚民誼主任之約，率同戲曲學校學生數十人來京躬逢其盛，真覺得非常榮幸、非常奮發。褚主任囑於選手諸先生競賽之餘，與以精神上之愉快及安慰起見，奏演戲劇，以為餘興，更是義不容辭。」接著，他從大會開幕式上太極操的表演，聯想到去年訪問日內瓦時應邀在世界學校教授太極拳，該校董事長拉斯曼先生提出「把太極拳改成太極舞，用音樂參加進去」的新穎思想，進而說道，「戲劇本發源於舞蹈，而舞蹈又是人類體力活動之表現，可見體育與戲劇關係之密切……我在數年前編製聶隱娘劇本時，末場用單劍舞，其用意亦與此相仿佛。不過戲劇藝術，重在美觀，各種舞式，不能完全求真，固然不免有花樣翻新遷就觀眾之處。但是根據劍術原理，總要把國術固有的精神，運用表現於戲劇之中。這也是體育與戲劇不可分的明證。其他武場，參用國術的地方，更不勝枚舉了。故昨晚表演聶隱娘劇本，以求教於大眾之前，也就是這個用意。還求諸位先生不吝賜教，幸甚，幸甚！」此文可謂是對褚民誼上述〈戲曲與體育〉[1.30]一文，最為貼切的回應。

---

[30] 該次全運會後，經全國體育委員會第二次會議議決，正式定名為「第五屆全國運動會」。

1935年秋公餘聯歡社平劇組同人歡迎上海名票友來京茶會後攝影，前一人為褚民誼（《公餘半月刊》（[2.29]Vol.1，No.9，1935，9，15）

　　1934年1月，褚民誼在首都，為提倡公務員之正當娛樂，發起成立「公餘聯歡社」。社內提供場地和設施，分設體育、學術、文藝、音樂、戲劇、棋術各組，開展豐富多彩的業餘活動。其中的戲劇組，下分為平劇、崑劇和話劇三股。褚民誼任社長，開始時兼任體育組主任，繼而又兼任平劇股和崑劇股股長，此後，他便更多的涉足於戲劇藝術之中。（有關該社及其戲劇組的活動，詳見前述本章第二節「公餘聯歡，正當娛樂」）右上圖是刊登在《公餘半月刊》第1卷第9期（1935，9，15）上，以褚民誼為首的公餘聯歡社平劇組同人，歡迎上海名票友來京訪問，舉行茶話會後的合影。

　　1930年代國家蒙受外敵入侵，連年戰亂，國庫空虛，加之水旱災害頻發（詳見本篇第六章之第四節「興修水利，賑災濟民」），災民餓殍遍野。為了緩解民眾苦難，如前所述，褚民誼除帶頭獻演義務戲外，還積極籌劃梅蘭芳等盛譽日隆的名伶們，為賑災和慈善事業募捐。國民政府奠都南京後，在褚民誼等要員和社會名流的倡導和眾多戲迷的追捧下，京滬兩地日益成為南北戲劇名伶薈萃獻藝之地。《時事新報》（1934，2，23）上一則「梅蘭芳來滬」的消息中稱，「中央南京廿二日電，梅蘭芳念二日晨，偕褚民誼謁陵（中山陵），午孔祥熙歡宴，下午五時乘車赴滬，在京演義務戲三日，轟動一時，滿載盛譽，班禪以其藝術益世，熱心公益，特贈哈達、金佛各一。梅談，在滬演義務戲二日，即飛漢，」等云。

1935年梅蘭芳應邀赴蘇聯和歐洲考察演出，從上海啟程前於2月14至17日接連四天演唱義務戲。《實報》（2，16）上報道（見右圖），「褚民誼因梅蘭芳在滬演賑災義務戲，俄大使館駐滬代表等堅請參加表演，特於十五日晚，乘夜快車赴滬，俟事畢後即行返京。」並稱「蘇俄派迎梅劇團專輪北方號，十四日已抵滬。梅與顏惠慶定十八日啟程，胡蝶亦同行，參加蘇俄之國際電影展覽會。」此外，《時事新報》（2，12）上對此次義演活動的發起和安排報道稱，「去夏江浙旱災奇重，待賑孔殷；

1935年2月16日實報上報道褚民誼來滬客串梅蘭芳演義務戲

而中華慈幼協會，亦以經費支絀，亟須籌款補助。適值梅君蘭芳，過滬赴俄，乃由會長孔祥熙，及張人傑、褚民誼、杜月笙等，商請演唱義務戲，所得券資，即以分撥上兩項善舉，茲定於二月十四日（夏正月十一日）起，假座三星舞台，連演四夕，並有海上名票友加入合演，所排戲目精彩異常。如第一日夜戲有梅蘭芳、趙培鑫二君之汾河灣；第二日夜戲有褚民誼君嘆皇靈，及梅蘭芳君之全本龍鳳呈祥；第三日夜戲有褚民誼君刺王僚，及梅蘭芳君蘇三起解；第四日夜戲有褚民誼君之草橋關，及梅蘭芳、金少山君之霸王別姬。票價除特別座，花樓月樓外，計分十元、五元、二元、五角四種，娛樂不忘慈善，屆時車水馬龍，定有一番盛況也。」褚氏演出後即返京。後頁右上圖是褚民誼表演京劇刺王僚的劇照。

　　1935年8月梅蘭芳率團赴蘇聯及歐洲演出和考察回到上海，首由李石曾、褚民誼、杜月笙等滬上十六位名人召集，於8月4日晚，在世界社花園舉行歡迎宴會。除主人外，到錢新之、虞洽卿、王曉籟、張公權、陳光甫、戴策、余上沅、劉海粟夫婦、周劍雲夫婦、蝴蝶等四十餘人，席間論及關於慈善團體請梅演劇助賑問題，大致即將於短期內實現。（《申報》1935，8，5）嗣後，梅蘭芳在余上沅的陪同下晉京向當局有所報告，8月31日晨到達，由公餘聯歡

社安排接待，《公餘半月刊》[2.29]Vol.1，No.9（1935，9，1）上報道稱，「是日中午由市政府、市黨部及本社，聯合公讌梅氏，並邀褚民誼、張道藩、陳其采、曾仲鳴、余上沅諸君，暨本京名票魏新綠、陶默厂、楊畹農等作陪。席間商討演劇助賑，及地點、時間各問題。結果非常完滿，至下午三時，盡歡而散。」

如本節後續第四節「戲劇文化，大業圖宏」中所述，1935年6月首都南京規模宏大的「國立戲劇音樂院及美術陳列館」在公餘聯歡社院內成立籌備辦公處，發起人之一的褚民誼任籌備委員會主任委員，主持籌備。據上述《公餘半月刊》中報道「9月2日下午九時，本社褚理事長，代表國立戲劇音樂院及美術陳列館籌備委員會，在首都飯店舉行茶會，歡迎新自海外載譽歸國之梅蘭芳博士，及余上沅先生。參加者有各國駐華使領、中外新聞記者、本京文藝團體、各名票等，不下二百餘人，本社平、崑、話三股社員，亦全體加入。褚、梅、余三氏，對戲劇之改良均有熱忱之演詞。至夜闌始散。」按所商定的籌備計劃，梅氏即應首都各界水災籌賑遊藝會之邀，於9月11至16日在京演戲助賑。（《實報》，9，2）右圖所示為南京市黨部歡宴梅蘭芳（右）時之攝影，褚民誼位於其左。

褚民誼表演京劇《刺王僚》的劇照

1935年9月首都各界救濟水災游藝會邀請梅蘭芳（右）赴京表演，南京市黨部歡宴時之攝影。褚民誼位於其左（國際社攝）

9月3日中央社記者特往訪梅蘭芳，叩詢他對改革京劇之意見，《時事新報》於5日詳載其訪談內容。梅氏在回答將來之計劃時謂，「余近年來出演之機會，已不若往年之多，此次因籌款賑災，當然義不容辭。將來除以一部分時間研究京劇，力求改善外，並將招收學生，作基本的訓練。褚民誼先生主持之國立戲劇音樂院，余當盡力合作，以求戲劇之發揚光大，必要時或將在京長住云。」

這裏還值得記述的是，嗣後，國立戲劇音樂院及美術陳列館於1937年初竣工，《鐵報》（1937，3，7）上有一則消息報道，梅蘭芳博士於3月初入京在

大華大戲院演冬賑義務戲。「四日上午，以褚民誼氏之邀，赴國府路參觀國立戲劇音樂院，即他日國民會議將假此為會堂者，為首都唯一之新型建築物，氣象萬千，雕飾之精美無倫。梅博士以褚博士之慫恿，即於院中試唱《刺虎》一段。以該院構造，特別注意於音響，故梅博士歌聲，前後皆清晰可聞。梅博士等在院約逗留一小時，尋即相偕出。下午五時許，梅博士即與其夫人福芝芳，同乘歐亞航機飛滬，褚民誼曾往機場送行也。」

褚民誼在戲劇界廣交朋友、相互切磋，以傳承和發揚我國的戲劇事業。除前述的梅蘭芳、金少山、程硯秋等人外，還與著名文武生李萬春，相交甚篤。李萬春原在北方獻藝，1935年8月首次南下，在南京大戲院表演。據《實報》（1935，8，7）報道，「一號為登台第一天，未及八時，即停止售票，座位均滿，共售三千餘人。」國府要人如褚民誼、陳其采、呂超等均蒞院聽戲。各界贈送的禮物，「羅列台上，琳琅四壁。褚民誼秘書長親筆題『大雅不群』，呂超親筆題贈『藝術之光』，大為聽眾注目。現萬春每日下午三時，至霞公府政院秘書長褚民誼宅，從褚習太極拳。褚從茲多一高足。並應褚囑，重排全部《石秀》，準備日內演唱云。」接著，《時事新報》（1935，9，3）上報道，「名文武生李萬春，自在首都南京大戲園登台後，聲譽之隆，創平伶抵京演劇成績之新紀錄。南京菁報，特為發行專刊，中委褚民誼以大雅不群稱嘉之，其價值可知，本埠共舞台不惜巨重包銀，特聘之來申，准於中秋節前登台。屆時車水馬龍，定必哄動全滬人士云。」由此可以略見，李萬春此次首途南下演出，在褚民誼等人的重視和安排下，取得巨大成功的盛況。

在1934年初成立的公餘聯歡社的戲劇組內，除平劇股外，還設有崑劇股，褚民誼就是在此時步入崑劇世界的。並在該股股長缺位之際，於1936年3月被同人推舉兼任崑劇股股長，在股內活動取得長足進展的同時，他對崑劇的熱愛也一發不可收拾。在《公餘月刊》[2.29]Vol.2，No.12（1937，1）上，同時登載了描述他演出崑劇時的精彩場面以及他本人對崑曲認識的兩篇文章。

刊中首先登載的是一篇，轉載自《中央公園》、具名「木石」、題為〈刀會崑劇以後〉的文章。文中寫道：「前幾天本京公餘聯歡社，舉行第七次彩排，我預先得到了入坐券，而躬逢這次的雅樂盛會；並且，在崑曲票友，薈萃如林中，得聆樂天居士褚民誼先生的《刀會》。

在我們江浙人裏，舊家子弟，多半會哼幾句崑曲，但是能唱『紅淨』角色的關羽戲的，卻很少。因為第一要身軀高大，長得魁梧；第二要中氣足，聲音

洪亮；第三要唱做舉動，斯文英武，並且要瞭解這些典雅的曲詞。從前在江浙票友會串當中，只有吾鄉（崑山）的朱湘波一個人，如今也死去多年了！至於戲班中人，王鴻壽（即三麻子）的《挑袍》，我嫌他舉動粗俗；《麥城昇天》我嫌他烏煙瘴氣地太鬧得神怪，但是現在也成過去的了！我往時讀蘇東坡詞：讀到那首念奴嬌赤壁懷古，真有持鐵綽板銅琵琶，大聲高唱的氣慨！我很佩服東坡此詞的豪邁雄壯，深得歷史吊古的神情。其實，一部三國志，也只有這浩淼長江，滾滾東逝的千古浪潮，可以描寫；所以這段歷史好材料，既被蘇髯一個人道盡以後，後人只是脫胎這首詞，來寫成《刀會》這一折戲。

樂天居士他個子很高，相貌魁梧；中氣很足，聲音洪亮；並且扮相很英武，舉動很斯文；再加上他演戲的天才，所以他那晚彩排中的刀會，演來聲容並茂，十分出色！

以言曲詞：他於高喊『好一派江景也』以後，接唱新水令『大江東去，浪千疊，趁西風駕着那小舟一葉……』那一段，唱得很平穩；再接唱駐馬聽『依舊的水湧山疊（重一句）。好一個年少的周郎，恁在何處也？不覺的灰飛煙滅……』；笛音是愈吹愈高，唱得漸漸在在激昂。到『……破曹檣櫓，恰又早一時絕；只這鏖兵江水猶然熱，好教俺心慘切！』在激昂當中，他表情裏漸漸有點沉痛！等到周倉對著大江急浪，高喊『好水吓好水！』他接着念『這不是水』，緊跟着唱『這是二十年流不盡英雄血！』唱的音節，格外地蒼涼，神情是極感慨，沉痛，悲壯之至！我以為在全劇最緊張頂點的一剎那，他的表情也時時在變幻。

至於下面的在魯子敬招宴席上，表演辭曹歸漢，挂印封金，五關斬將，千里單騎等等說白歌唱動作，雖是為全劇不可少的熱鬧穿插，他演來也一絲不苟，神情獨到。要曉得這是崑劇中一個人獨自表演的重頭戲，率爾操觚者，所不敢輕於嘗試的。

所可惜的，演配角魯子敬的紅豆館主溥西園氏，北行未回京，臨時由他人庖代，遂使全劇當中很有一點遜色。」據《鐵報》（1936，12，3）報道，「中央委員溥西園（侗）先生，別署紅豆館主，人稱侗五將軍，以玩票蜚聲南北，文武崑亂不檔，無所不精，宗譚派，尤為票界第一人，雖內行亦多傾倒。近年旅京，偶亦串弄。「館主近年於崑曲尤深嗜，與樂天居士褚民誼時相切磋。此次首都公餘聯歡社崑劇股第七屆彩排，原定與褚氏合演《單刀赴會》，居士飾淨角關羽，館主飾生角魯肅。乃月前因平郊祖塋被匪類發掘偷盜（按：

館主旗籍,為清宗室,貴冑也),特北返料理……不及南來,是日之魯肅改由童曼秋承乏。」

緊接着該文,褚民誼發表了題為〈對于崑曲的認識〉的論文,簡述自己學習崑曲的過程,並提出了改進和復興崑曲的設想:

「看到木石君對于本人日前在公餘聯歡社第七次崑曲彩排《刀會》一折過於贊許的一篇文章,實在覺得慚愧!本人對於崑曲的認識,祗不過兩年光景,到現在拍會的曲子,僅有訓子、刀會、功宴、山門、訪普,幾折。訓子彩排過三次,刀會連日前彩排的不過是第二次。本人從前對於平劇,也登台過幾次,但是現在覺得崑曲的意味較厚,所以有工夫的時候,就拍拍。其所以比平劇感到興趣的原因,乃是它的詞句雅麗,音樂優美。本人從小也是喜歡戲劇的,在歐洲十幾年,有時也去看戲。覺得他們的戲,種類很多,有話劇、歌舞劇、歌話劇、歌劇,及其他雜劇。雜劇專門注重於佈景的富麗堂皇。話劇分喜劇、悲劇兩種。歌劇、歌舞劇、歌話劇,則注意於跳舞、唱歌及音樂,而沒有歷史文學之類的價值。

中國的戲,好像歐洲的歌話劇,或者是歌舞劇,因為裏面的說白、舞蹈、歌唱,支配得很平均。中國的崑曲,有些像歐洲的Opera或operette,可惜它的音樂太簡單,本人很想把音樂方面來改良一下。改良的方法,第一步工作,把自己所排會的幾折歌唱工尺字用五線譜寫出來。所用的樂器,當然以笛為主,陪樂為笙、弦、提琴(不是外國的)等能湊複音以附和,但是不可參加外國樂器。調子方面,要多有變化,使每一齣不雷同。這點意見,亦很得到新從歐洲回來的幾個音樂家、歌劇家的贊同。

中國戲劇音樂的調子變化,太呆板簡單,如平劇祗在西皮二簧裏翻花樣,每一齣戲都逃不出這幾個調子。所以外國人聽到中國音樂戲劇,十齣如一齣。在崑曲中,也能夠找得出很多用同樣曲牌名的戲。

本人的意思,希望我國從事於歌、樂者,或對於歌樂方面有興趣的,應該負起責任來謀改進的方法,多製些新調子,像歐美一樣,每齣戲有代表那一齣戲特色的與以前不同的新調子。那麼,中國戲劇前途,才能有很好的發達。至於中國戲劇,至今難於十分發達的原因,一部分由於上述的原因;還有一部分是受電影的影響。

本人雖則是初學崑曲者,然而已經感覺到有興趣,所以極力提倡。數年來,南京、上海、杭州、嘉興、蘇州、硤石等地有崑曲的演奏時,本人總設法

去鼓動他們的興致,並且很想聯合各地的崑曲名家來復興崑曲。今看到木石先生對于崑曲很有研究,極願意共同詳細研討改進復興崑曲的方法,這是本人所期望的。」

褚民誼按照上述改進和復興崑曲的設想,經過數年不懈努力,克服一切困難,終於在1942年取得了突破性的成果,發表了在本節開頭列出的兩本著作,《崑曲集淨》[1.54]和《元音試譯》[1.55],他對崑曲這門戲劇藝術的認識,也隨着他的深入實踐而不斷深化。他在《崑曲集淨》的緒論「崑曲與崑劇」中,在敘述中國戲劇發展歷史之後,著重對崑曲與崑劇之分及演劇與人生之益進行了獨到的闡述。(該書中原無標點,本節引文中之標點係本書著者所加)

他強調指出,崑劇從崑曲脫穎而出,兩者有明顯的區分,從歷史發展上看,「崑劇始於傳奇。「往時歌詞無非花鳥閒情、風雲寄語,及唱傳奇之曲,即有人事,自講聲容,度曲之人,苟非宛轉傳神,即難使人生感,因而表情達意,乃為歌人必具之長。表情達意之極,亦即所謂戲劇表演藝術也。」為求進一步發展,「徒唱不足以盡意也,乃益以賓白問答之辭;徒演不足以盡工也,乃助以衣冠彩切之具;生旦淨丑各飾其宜,忠孝節義各窮其致,崑曲至此乃不僅為歌唱文學已也。依乎崑曲之主體,雜以戲劇之飾演,謂為戲劇化之崑曲,或崑曲化之戲劇,皆無不可,質而言之,即崑劇也……故崑曲、崑劇之分,嚴若鴻溝之判。概括言之,專重腔調,不分科白之清唱,或亦及科白,無場面、無動作之對唱,皆崑曲也。聲容取肖,科白求美,生旦以專,齣演是務,無論為常衣不化裝,或穿水衣彩靴略扮之見習全期,及為整裝全扮之彩排飾演,皆崑劇也。」

他認為「學習崑劇,不特耳、目、心之並藝,抑且口、身、手之兼資。蓋演劇本難,演崑劇尤難,崑劇規律至嚴,不能自主。其在唱念則四聲五韻,既重收歸、清濁、尖圓,更須顯異;至於動作,則投足舉手各有定程,進退疾徐統需協律。所謂歌依韻,動協聲,賢者不能有所增,愚者不能有所減也。曩昔學習者嘗以三到論讀書,三道云者,即心到、眼到、口到也……讀書之用,上為大道梯航,下亦治亂張本,如茲大學問,三到已可盡其工……若夫五到則精神體魄一的同趨,演劇而外,無他有焉。且一劇始終莫能稍縱,苟於霎那之間,斯須之際,疏其一到,則所演之劇,精彩必無。崑劇為歌舞之精英,當如是也。」

接着他就學習崑劇,自拍曲至登台依次的八個步驟(拍曲、上笛、念白、

對白、合唱、科工（對打）、響排和彩排），逐一說明其須心、眼、耳、口、身五到，神形兼用之難。然後寫道：「在昔國人多以演劇為鄙事，自好之士避不肯為，此誠大誤。天下事如演劇者正多，一念是之，則為益無窮；一念非之，則百無一可。演劇與演人之關係，雖有五到之難，亦有五育之美。五育云者，飾忠講孝，為改良社會之資，觀者受感，演者知敬，此德育也；念詞句，讀工尺，欣賞文藝，研究樂理，此智育也；聲容台步，打把練工，其事等於課體操、習拳術，此體育也；憑技巧，擬忠姦，仗彩切，傳神理，進而至於講求佈景，改良場面，此美育也；環聽聚演，同樂觀摩，改良世風，感化頑陋，此群育也。有此五育，其功利已非任何娛樂所能及。而歌唱之予人以直接健康者，尚不與焉。往者，人敦品識，士礪廉隅，引聲作歌，非目為輕浮，即視同佻健⋯⋯殊不知名為敦品，實大弊也。厥弊之極，能令人飾情矯貌，欺人自欺，國人相與虛偽成風，莫知為恥，此一因也。獨不思孔門六藝，禮樂為先⋯⋯歌唱果為器識之累乎。況聲音振宕，益人甚多。彼終日不發高聲之人，非困閟淒涼即萎靡虛損，決非快樂之徵象。故吾人每日必有相當時間，或高談朗誦，或演講唱歌，以宏其聲，以充其氣，以暢其志，然後始能精神振奮，事事樂觀。

「抑有進者，人雖大賢，我見難泯，惟登台演劇之際可以消除我見，一返空靈。故予喜逢場演戲，暫離小我。戲劇本通人道，故非深沉於作人之道者，無以致戲劇之工。非精純於五到之功者，無以獲演劇之樂。三折肱於劇藝者，當許予言之不誣也。

「雖然演劇固不易工，人之求致其工者，不必盡於演劇也。演劇雖不易工，而其有益於身，固可斷言，求工亦非絕不可能也。劇莫善於崑，人能演劇，則學崑劇；不能演劇，則學崑曲。至崑劇與他劇之比，崑劇如韶，盡善而又盡美⋯⋯若夫崑劇苟能改良其樂，更新其曲譜，使由單調進為和聲，則恢宏流布，莫可限量，縱筆及此，願究心樂藝者，知所勉焉。」

褚民誼的這一翻話，道出了他醉心於崑曲，特別是崑劇，決心予以繼承和發揚的旨意。為了加以普及和推廣，除親自登台表演外，他還在百忙中應邀到廣播電台演唱，並曾多次灌製唱片，以擴大影響。後頁右上圖是1936-37年間上海勝利唱片公司製作的10吋黑膠唱片，轉速78轉／分，唱片中心處之標題為，「中央電台請褚民誼先生唱風雲會之（訪普）」，唱片的正、背面分別為頭段和二段（崑曲編號：42052-A和B）。該唱片現藏臺北之國家圖書館（系統號：002102237），並另存有永久典藏格式WAVE檔，可用現代設備欣賞。

與此同時他還將這一曾被忽視的人類戲劇藝術中的瑰寶，推向世界，與世人共享。義大利是歐洲中世紀後期文藝復興的發源地和中心，誕生出諸多聞名於世的歌劇和歌舞劇。如下圖所示，褚民誼（Tsu Ming-Yee）於1939年11至12月期間，在上海出版的義大利文刊物，《馬可波羅，義大利遠東評論》（*Il Marco Polo, Rassegna Italiana per L'estremo Oriente*, Sciangai, Febbraio A.XVIII[31], Anno II, Numero 3）[2.33] 第2卷第3期上，用義大利文發表了題為〈崑曲與崑劇〉（*Il canto e il teatro di Quinsan*）的長篇論文。

中央電台請褚民誼先生唱崑曲風雲會之（訪普）的唱片（「臺國圖」系統號002102237）

　　該文內容與嗣後於1942年出版的《崑曲集淨》[1.54]中的同名緒論基本相同，他在介紹崑曲和崑劇的發展歷史之後，著重闡發了崑劇的特點以及演劇與人生關係的見解。文中插入了生旦淨角的劇照。淨角是褚民誼在《北餞》劇中扮演的尉遲恭（見下圖之左1）；旦角分別是蕭明和張元和在《白蛇傳》中扮演的白蛇和青蛇；生角則是沈恆一在《白蛇傳》中扮演的許仙。圖文並茂地在國際上推介。

| 褚民誼在崑劇《北餞》中飾尉遲恭之劇照 | 褚民誼論文首頁 | 雜誌目錄 | 雜誌封面 |

1939年11-12月間義大利文《馬可波羅，義大利遠東評論，上海》第2卷第3期上發表的褚民誼的論文〈崑曲與崑劇〉[2.33]

---

[31] 義大利法西斯紀元18年2月，對應在公元1939年的11月至12月期間。

第四節　戲劇文化，大業圖宏

　　褚民誼不僅如前所述，以極大的熱情發掘和弘揚崑劇，這門我國優秀的傳統戲劇藝術；而且為了全面推動我國戲劇文化事業的繁榮和發展，在他的積極參與和主持下，成就了多項開創性的業績：在培育人才方面，1935年在南京積極參與創建了國家唯一的一所「國立戲劇學校」；在基礎設施方面，作為籌備負責人，1936年底在首都建成了當時號稱東亞第一的「國立戲劇音樂院」及「美術陳列館」；在歷史傳承和研究方面，作為主編，於1938年出版了徐慕雲著《中國戲劇史》[1.47]，前所未有地系統總結了我國從古至今數千年的戲劇發展歷史。鑒於上述學校和場館建設的重要意義，在這本中國戲劇史中，對其建設過程有較詳細的記述。此外褚民誼組建的「公餘聯歡社」，是實現上述計劃的一個重要活動基地，在其《社刊》[2.29]中常有相關消息報道。上述這些成就，無不凝聚了褚民誼的心血，下面將分別予以摘述。

　　「國立戲劇學校」（簡稱「劇校」）創建的當時，並非一帆風順，輿論上也曾有所非議，在《中國戲劇史》[1.40]第5卷第6章「國立戲劇學校之創立」中，是這樣開頭的：「國立戲劇學校成立之後，一般認為戲劇對於文化建設及社會教育有重大關係的人，都以為這是近年來一件很值得慶幸的事。但是一般向來認為戲劇不過是一種消遣娛樂的人，就不免了奇怪。他們最大的理由就是在這國難嚴重的時期，為什麼國家還要有這種不急之務。我現在將當時建議中央設立戲劇學校的經過，敘述於後，大家看了或者不至於有什麼誤會（建議原文從略）。

　　「這個建議，是在二十四年（1935年）六月中旬，由陳立夫、覃振、褚民誼、焦易堂、馬超俊、段錫朋、洪陸東、王禎、李宗黃、傅汝霖、梁寒操、羅家倫諸先生及張道藩聯名上呈中央的。後經中央會商教育部，於七月中批准，准予籌設國立戲劇學校。當經派褚民誼、方治、雷震、張炯、余上沅及張道藩為籌備委員，並指定張道藩為籌備主任，組織籌備委員會，負責進行籌備事宜。開辦費由中央、教育部分擔。經常費除由教育部擔任三分之二外，其餘由中央補助。

　　「籌備委員會於八月中開始籌備，於九月下旬，在南京、上海、北平、武漢等處同時招考新生，」委請當地教育局及戲劇界名流辦理。「各地投考者

合計約千餘人，結果取錄正取生六十名，備取生三十名。招生事畢，乃準備開學。當由教育部商承中央派褚民誼、方治、聞亦有、雷震、張烱、余上沅及張道藩為校務委員會委員，並指定張道藩為校務委員會主任委員。同時並由教育部任余上沅為校長。復經余校長聘定應雲衛為教務主任，陳治策、馬彥祥、王家齊為專任導師，而此空前之國立戲劇學校……乃於民國二十四年十月十八日在南京薛家巷（八號）校址正式成立。校務委員會主任及各委員與校長，都在這一天就職，教務主任及各導師也同日到校，六十名有志研究戲劇藝術的學生也在這一天開始了他們的學業，我們希望這一個日子，不論在中國戲劇史上，或中國文化史上，都能得到它應佔的地位。」

關於劇校的活動，在《中國戲劇史》[1.47]第2卷第11章「話劇」中寫道，「該校除校長余上沅和教務長應雲衛外，並聘請陳治策、馬彥祥、田漢、謝壽康、毛秋白、王家齊等為教授，校委張道藩、褚民誼亦親自擔任課程。但是第一學期沒有演出。」

之前，於1934年初在南京成立的公餘聯歡社，其戲劇組內設話劇、平劇、崑劇諸股，褚民誼和張道藩均積極參與其中。後經社長褚民誼積極籌措，建成取名「中正堂」的禮堂，為社內和本市的戲劇演出，特別是嗣後劇校的教學活動提供了方便條件。該書中接着寫道，「1936年1月25日，南京公餘聯歡社的小劇場中正堂建立成功，故該社話劇組即於是日舉行初次試演，劇目有《叛徒》《夏娃與蘋果》《太太逃走了》等三劇。導演為應雲衛、王家齊等，自此次演出後，於本月31日又復演一次。

2月28日、29日及3月1日，國立戲劇學校舉行第一次演出，地點亦在中正堂，劇目為陳治策改編的《視察專員》，本劇亦屬郭果爾（現稱果戈里）的《巡按》改編本的一種，但與『上海業餘』的《欽差大臣》完全不同，因為該校全以中國情節、中國服裝演出的，導演為余上沅，演員皆為該校正科生（劇校除正科生外仍有一組特別班，全為業餘之人，每週只授課九時，二十週即行休業）。並首創付給劇作者的上演稅。

至於他們這次演出的意義，余氏於說明書上說；『因為，研究戲劇藝術不是單從書本上着手的，實用戲劇人材的養成是需要舞臺上的經驗，在觀眾的合作、督促、批評之下，戲劇藝術纔容易得到進展。不但表演技藝離不開觀眾，就是明瞭戲劇的理論，編製劇本，以至於劇場的經營管理，也沒有一樣能夠離開觀眾的。一個人的舞臺經驗越多，他將來的成就也越有把握；所以本校學生

的表演雖然離成熟還很遠，我們也大膽的把它公開了。」論到他們的成績，可以說非常的成功。第一、他們演技都很平均，即便一個小角也與正角一樣的用心演出；第二、因為他們都是學生，故頗受指揮，演出的秩序也非常之好；第三、他們排演時間充足，因為排演課每週有十小時，在學分上佔有七個單位，共排兩月餘；第四、他們資本雄厚，肯化錢，佈景、服裝都非常美觀，並有專家設計，故以上四條都是成功的大原因。」

緊接着於「3月20、21、23三日，南京國立劇校又舉行第二次演出，劇目為英國瓊斯的《說慌者》，導演為馬彥祥，舞臺監督為應雲衛，亦為正科生演出，地點仍在香舖營公餘聯歡社內的中正堂，演出成績頗得佳評。

「4月3、4、5三日南京國立劇校又舉行第三次演出，這次是正科生與特別班聯合演出的，共有三個獨木劇。正科生演出英國巴雷的《上太太們那兒去吧》，由王家齊導演。余上沅的《回家》由余氏自任導演。特別班只演出《愛人如己》一劇，改編兼導演均為該班主任陳治策，本劇的優點，即是臺上臺下打成一片的新嘗試，簡直不分幕線，演員一部分在臺上，一部分在臺下，同時演戲，這種嘗試真是中國戲劇歷史上僅有的嘗試了。」

劇校有公餘聯歡社提供的設備優良的劇場，可謂得天獨厚、如魚得水，幾乎每月都要在那裏舉行一次公演。《中國戲劇史》[1.47]在記述中國話劇史時，對劇校的活動尤為關注，登載了劇校公演的一系列劇照。下面摘登其中的兩張：上圖是第一屆公演的話劇《視察專員》，係俄國郭果爾的原著，由陳治策改編，余上沅導演；下圖是第十一屆公演的話劇《日出》，由曹禺編導。

南京的戲劇活動熱熱鬧鬧地開展起來，對全國的戲劇運動產生了重要影響。「以往劇運的中心雖然全是集合在上海，然而1936年的劇運中心卻移轉到南京。這一方面因為一部分幹部人材全在南京；另一方面因為有着國立戲劇學校的存在。在上海方面雖然仍遺留着不少的劇界幹材，然而他們都跳進了電影圈，無暇顧及着戲劇了。所以南京的大演出比較上海至少要多出數倍，這也是無疑的。」《中國戲劇史》[1.47]中記述道。

這裡值得提出的是，在前面本章第二節「公餘聯歡，正當娛樂」中曾談到，1936年7月《公餘月刊》[2.29]Vol.2，No.6上，在其刊頭的顯著位置上，發表了署名「伯奇」，題為〈「怒吼吧，中國！」——不能上演的原因〉的文章，就是在上述戲劇運動發展的背景下，為衝破當局錯誤政策的束縛，支持戲劇學校和戲劇界從事反帝抗日演出活動，而發出的呼聲。

南京國立戲劇學校演出劇照選登：（上）第一屆公演的話劇《視察專員》；（下）第十一屆公演的話劇《日出》（《中國戲劇史》[1.47]）

  與此同時，1935年以來對我國戲劇文化界來說，可謂佳報頻傳，除創建上述中國戲劇學校外，由褚民誼發起連名十餘位中央委員向中央提出的提案，要在首都南京建築規模宏大的「國立戲劇音樂院及美術陳列館」，獲得了通過，並交由褚民誼主持籌備，付諸設施。其實，正如前述褚民誼於1933年第五屆全國運動會期間發表的〈戲曲與體育〉[1.30]一文中，就表露了他迫切希望在南京建立戲曲音樂院的設想。這時終於得到中央的肯定和廣泛的支持。在《中國戲劇史》[1.47]第五卷第五章內，專設「中央籌建國立戲劇音樂院之經過」一節，對此項建設大計，從提案、籌備、建築工程到建成後的使用和管理等事宜，逐一進行了記述。

第十章　鍾愛國粹，發展美育　341

「二四年（1935年）春，愛好藝術之中央委員如于右任、洪陸東、陳樹人、王祺、曾仲鳴、葉楚傖、居正、唐有壬、張道藩、吳稚暉、孔祥熙、石瑛、陳公博、焦易堂、梁寒操、陳立夫、孫科、褚民誼等，鑒於國府自奠都金陵以還，百廢俱興，而關係國家文化之戲劇音樂，尚未有具體之計劃，予以改進及提倡。遂由褚民誼發起連名擬定提案向中國國民黨中央常務委員會建議，設立國立戲劇音樂院及美術陳列館。嗣經中央常會予以通過，並指撥建築經費二十萬元，即推定各提案人進行籌備。嗣後因應需要，增加各項工程陸續由中央追加，計總數為壹百壹拾六萬元。

「是年六月，假南京香舖營二十一號（即公餘聯歡社院內），成立籌備委員會辦公處。由全體籌委互推褚民誼為主任常務委員。陳立夫、張道藩、陳樹人、王祺為常務委員，負責處理一切籌備事宜，並指派張劍鳴為工程組總幹事，戴策為事務組總幹事。」（張、戴二人分別亦為褚氏主持下的公餘聯歡社的正、副總幹事）

籌備工作首先從選擇和購置基地開始，經尋覓，「南京國府路石板橋轉角，有四方形之空地約十一畝餘，為天主堂產業，經褚主任情商該堂，以二萬五千元廉價出讓。嗣又續購毗連劇院後之張姓池塘約二畝，填土後備作宿舍及儲藏室之用。」

「是年七月在京滬各大報徵求國立戲劇音樂院及美術陳列館之建築圖樣廣告，應徵者陸續送來十五份。」其外形和內形「各具特點，構思甚精。各圖均

1935年11月29日國立戲劇音樂院及美術陳列館在南京行奠基禮。有居正（X）及籌備主任褚民誼（○）和吳稚暉（△）等全體籌備委員出席，常務委員陳立夫和張道藩位於褚左，陳樹人位於褚右（《良友》畫報[2.9]No.112，1935，12，15）

342　褚民誼紀實全傳　第三卷　強國健民

曾在中央黨部及籌委會辦公處（公餘聯歡社內）公開展覽。經全體籌備委員之鑑定，及常委之選定，以建築工程師奚福泉之立體式設計為第一，贈獎金壹千元，另有第二名贈三百元，第三名贈壹百元。」建築工程分為國立戲劇音樂院及美術陳列館兩部分，由上海陸根記營造廠以最低標價承包，於1935年11月29日在石板橋建築基地舉行奠基典禮。如前頁下圖所示，奠基石由籌備主任褚民誼題銘，司法院院長居正行奠基禮，常務委員陳立夫、張道藩、陳樹人，以及吳稚暉等全體籌備委員出席。

正當建築工程跨入1936年度順利進展之際，國民黨中央為籌備召開第一屆國民大會，6月初委派褚民誼為國民大會代表選舉總事務所副主任，全面啟動大會的籌備工作，並派葉楚傖和張道藩分別擔任正、副總幹事，協同進行。據《中國戲劇史》[1.47]中稱，「中央原指派孔祥熙、褚民誼等七委員，在南京籌建國民大會堂臨時會場，因基地等尚未覓妥，故決定將該項建築物令與國立戲劇音樂院合併建築。遂聘建築師李宗侃，照原徵得之圖樣予以擴大，加以詳密之計劃。因是而雄立國府路上之龐大建築物於落成後，奉蔣委員長之電令，命名為國民大會堂，而以國立戲劇音樂院副名之。」該會場連同美術陳列館於1936年11月完工，全部造價百餘萬。如後頁上圖所示，建築物沿國府路正門朝南，「規模宏敞，莊嚴美觀，似可與東西各國之國家劇院相媲美焉。院門橫額係『國民大會堂』五字，旁有直行刻石為『國立戲劇音樂院』七字，因國民大會舉行後，即歸劇院接受耳。當時褚民誼、張道藩諸先生日夕督工，盡力規劃，故乃能有此美滿成績也。」（關於籌備國民大會以及建造國民大會堂的詳情，參見本篇第六章中之第六節「首屆籌備，國民大會」。）

《中國戲劇史》[1.47]中對大會堂（劇場）的結構描述甚詳。會場大廳內可容座一千六百餘位，上有三層樓座，第一層樓座，可容二百餘位，左右還各有特別旁座兩間，第二及第三層之樓座，可容座約六百餘位。辦事室及電影放映間設在第三層，其上是儲藏室，更上有屋頂花園，可俯覽全城。舞台及其後台寬敞，有地下室、化裝室等，設施一應俱全，舞台上的天橋分三層以螺旋梯相通達。凡大規模之舞台佈置，均可更換自如，若用流台式，可供五堂佈景之流轉，若用旋台式，亦可將舞台旋轉。為應對南京夏酷熱、冬嚴寒的氣候，由美商承包，在寬大的場館內裝置冷暖氣設備，這在當時是比較難得的。此外，還實施花園工程，廣植常綠樹，美化劇場環境等等。綜觀大劇場建築之雄偉和設施之完善，堪稱東亞之冠，不謂虛語。

1936年11月在南京建成的國民大會堂（國立戲劇音樂院）（美術陳列館在其右側）（《中國戲劇史》[1.47]）

　　書中接着記述了利用新建場館舉行的一系列重要活動。首先作為落成典禮，1937年4月教育部在美術陳列館主辦第二屆全國美術展覽會，同時假戲劇音樂院舉行音樂演奏，國立戲劇學校也在此表演話劇《鍍金》和《自救》等節目。關於劇場的效果，書中稱：「在視覺上，每座均能看到舞台正面；在聽覺上，從最前一排至最後一排，以及第三層之最高最後一排，凡從舞台發出之聲音，均無近者感洪大，遠者感低微之差別，咸收同樣之效果，絕無回聲之鬧耳。」如前節所述，《鐵報》（1937，3，7）報道，會堂竣工之初，正值梅蘭芳入京在大華大戲院演冬賑義務戲。3月4日上午梅氏應褚民誼之邀，來大會堂參觀，並當場試唱《刺虎》一段。「以該院構造，特別注意於音響，故梅博士歌聲，前後皆清晰可聞。梅博士等在院約逗留一小時。尋即相偕出。」下午褚氏至機場送行，梅氏偕夫人離京飛滬。

　　該書繼續記述道，「是年5月軍事委員會主辦國民訓練，亦假戲劇音樂院放映電影，及上海中華體育會表演國術，每日兩場，每場均滿座，絕未發生擁擠及使觀眾不怡之現象。」

　　「是年6月實業部主辦全國手工藝品展覽會，經奉蔣委員長電令，指定國立戲劇音樂院及美術陳列館為展覽場。彼時游人如織，車水馬龍，頗一時之盛。蓋民眾之意，趁此可瞻仰最近落成之國家建築物也。」

　　此後不久，七七盧溝橋事變爆發，南京淪陷，演出和展覽活動被迫戛然而止。

　　中華文明源遠流長，褚民誼一貫重視歷史研究，以繼承和發揚我國優秀的文化遺產。正如他為了弘揚國術，在積極創新太極拳的同時，於1936年傾力

編寫出《國術源流考》[1.38]一書那樣，對我國戲劇歷史的系統整理和研究也十分重視，並最終在他的主編下，於1938年出版了徐慕雲著《中國戲劇史》[1.47]這本歷史文獻，填補了當時我國的空白。

如下圖所示，該書以灰黑色燙金硬封面的精裝本隆重問世。書末出版頁上標明：《中國戲劇史》全書一冊，主編者褚民誼、編著者徐慕雲、發行者陸高誼（世界書局有限公司代表人），1938年12月初版由（上海）世界書局出版、印刷和發行。書前刊登了褚民誼題寫的書銘，主編褚民誼博士（上）和編著者徐慕雲（下）的肖像，由褚民誼、姬覺彌、鄭過宜和徐慕雲等分別撰寫的序言（褚序、姬序、鄭序和自序），以及凡例等。

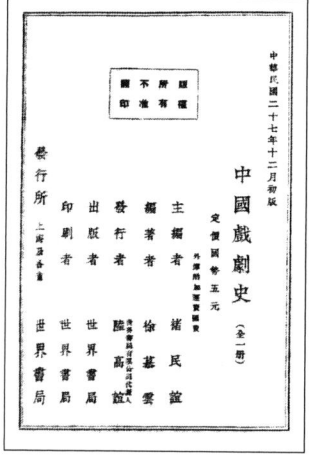

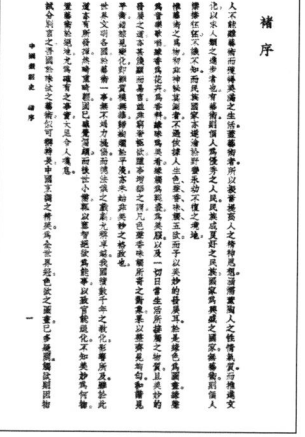

1938年12月世界書局出版的《中國戲劇史》：（右上）封面；（中上）褚民誼題寫的書銘；（左上）主編褚民誼和編著者徐慕雲的肖像；（右下）褚民誼序言之首頁；（左下）書末出版頁 [1.47]

第十章　鍾愛國粹，發展美育　　345

全書正文共分五卷：卷一「古今優伶戲曲史」，按年代從周秦至民國分十章，縱向敘述數千年來中國戲曲發展的歷史；卷二「各地各類戲曲史」，按戲劇種類橫向分述其史略，共匯集全國各省戲曲包括秦腔、崑曲、高弋、漢劇、粵劇、川劇、越劇、山西梆子、河南梆子、皮黃劇和話劇等十一種。卷三「戲劇之組合」，分四章介紹角色之分類、場面之組織、後台之組織以及各種戲裝和道具的名稱等；卷四「臉譜服裝在劇中之特殊功用」，分臉譜和服裝二章詳述，前者介紹臉譜之功用、識別、顏色及勾法，附彩色臉譜五十三種，後者逐一介紹男女、文武以及神怪等各種角色的服裝，附彩色劇照五十幀；卷五「戲劇之評價與其藝術之研究」，共分七章，涉及中西劇之評價與比較，六十年來故都名伶概述，戲劇唱、念、音韻、行腔等藝術之研究以及國家推動戲劇發展在組織、宣傳、教育、建設等方面近年來的進展等。

褚民誼在序言中，闡述了提倡戲劇藝術之旨意，簡要介紹了成書過程，並對該書的特點和價值作出了評論。文章開篇寫道：「人不能離藝術而獲得美滿之生活。蓋藝術者，所以振奮提高人之精神思想，涵濡熏陶人之性情氣質，而推進文化，以求人類之進步者也。有藝術，則個人為優秀之人民，民族成良好之民族，國家為興盛之國家。無藝術，則個人榛榛狉狉，不識不知，而民族國家亦遂淪於野蠻永劫不復之境地。

惟藝術之為物，初非神秘莫測者，不過依據人生色、聲、香、味、觸五欲，而予以美妙的發展耳……並非窮奢極欲，踵事增華之謂。凡色聲香味觸所寄之對象，果以整齊見均勻，和諧見平衡，錯綜見變化，即雖質樸無華，歸絢爛於平淡，亦未始非美妙之格致也。

「世界文明各國，於藝術一事，無不竭力提倡，而德法俄之戲劇尤稱卓越。我國積數千年之教化，影響所及，雖於此道亦有所發揮。然畸重畸輕，固已感覺偏頗，而後世小儒，輒以塞智絕欲為能事。以致官能退化，不知美妙為何物，置藝術於絕地，尤為確有之事實，大足令人嘆息。」是故「欲促進吾國文化程度，而列於世界文明各國之林，舍物資條件以求生存外，藝術一道，或亦為國人今日當務之急乎。戲劇一事，為綜合的藝術，有音樂、有歌唱、有表情、有身段，以及佈景設備、服裝器物，在在含有美妙的意義，此則吾國尚有獨到之處，舍短用長，吾人故當首先從事於此者也。」

褚民誼於1935年12月起出任中央文化事業計劃委員會副主任，文章接著說道，「民國二十五年（1936年）中央文化事業計劃委員會有鑒於此，故有戲

劇研究委員會之設,發潛德之幽光,啟將來之先路,善莫大焉。余與溥西園、沈恆一、徐慕雲諸同志,依此準則,即有從事整理吾國舊劇之議。徐君為銅山積學之士,研究國劇,垂數十年,余乃邀其合作,先行寫定本書。茲值出版伊始,余固不能無一言以弁其首也。蓋自海寧王國維之宋元戲曲史告成,嗣後作者繼起,如明清戲曲史,或中國現代戲劇史,先後迭出。然亦依時敘述,略存梗概,與吾人所需之戲劇史,相去甚遠。余於本書,始則擘劃,繼則校閱,深覺下列數點,實有異於泛泛者,謂之首創,亦非過言,願向讀者介紹之:

一、是書卷一,敘述歷代經過,為史中之編年體。卷二至卷五,敘述各類劇曲之全貌,以及關於戲劇之種種事項,則又為史中之紀事本末,與夫志書列傳等類,條舉縷析,分門別類,集史例之大成,盡專著之能事,著述界中,不可多得。

二、是書搜羅之博,可謂空前。以臉譜論,有彩色臉譜五十三種;以服裝論,有彩色劇照五十幀,已包括全體舞台人物,且皆為歷來清客名伶所攝,他如程長庚、徐小香等畫像,其時期有遠至嘉道年間者,尤為名貴。此臉譜與服裝二項,實已可成為專書。其內容之豐富,於此可見一斑。

三、是書主旨所在,固不僅集合材料,寫成專書,留為歷史上之陳跡而已;而於戲劇之功用,吾國戲劇之獨特,尤三致意焉。言藝術,戲劇固至為複雜;言作用,戲劇尤駕一切而上之。是故是書將吾國戲劇之精蘊,暢洩無遺,俟今後提倡戲劇者,利用戲劇者,有所準繩,有所取法,厥功之偉,不言可喻。

此外,本書材料應有盡有,又得徐君以生花之筆,作委婉之敘述,有目共賞,更無待言。

本書問世後,吾知吾國戲劇界,當必有所推動,日臻進境。而於國際視聽方面,亦能予人以良好印象,使知吾國藝術,固有特長。吾國文明,其來有自,語云『雖小道必有可觀者焉』。戲劇決非小道,其影響之大,又豈僅可觀而已哉。」

該書的出版曾經歷艱難曲折,著者徐慕雲對此深有體會,據他在自序和書內相關部分中的回憶,最早他接受中央文化計劃委員會的聘請,出席了1936年10月1日在南京召開的第一次戲劇研究委員會會議。編譯《中國戲劇史》的提案是在隨後於1937年5月召開的第二次戲劇會議上得到一致通過的,會上推

舉他和吳梅、溥侗、齊如山和谷劍塵五人擔任編委，並提出了兩年六千元的編譯經費預算。然而，正待經費下撥着手籌備期間，突發七七盧溝橋事變，大戰爆發，編委會工作中斷，直至1938年春在上海與褚民誼和陸高誼（世界書局總經理）相遇，編輯和出版工作才得以繼續，「二君固熱心文化劇藝者，竟願併力以促其成，於是此書乃得面世，」徐氏在其「自序」的末尾不無感慨地說，「從可知天下事無不能成者，祗視人之志願與毅力為如何耳。慕雲於中國戲劇史殆亦有同感焉。」

除了上述歷史專著，褚民誼還很關心和支持出版有關戲劇的刊物，以推動戲劇研究的廣泛深入開展。1935年11月1日上海「戲世界社」創刊出版《戲世界月刊》[2.30]，如下圖所示，褚民誼為該刊題寫刊頭。戲劇家梅蘭芳、程硯秋、尚小雲、侯喜瑞、俞振飛、齊如山，以及滬上名人杜月笙、芮慶榮等，紛致賀詞予以支持。該刊第一期為京劇表演藝術家李萬春專號，第二期中闢有西班牙著名戲劇家魏佳（維加）的專輯，均深受讀者歡迎。雖然刊物的發行時間不長，然而其上登載的許多名伶劇照，和戲劇評論，卻為後人留下了珍貴的歷史資料。

綜上所述，20世紀30年代中期，在褚民誼等人的大力提倡和戲劇界的積極努力下，我國戲劇事業曾出現欣欣向榮的大好局面，不意由於日軍入侵大戰爆發而未能延續，令人扼腕！

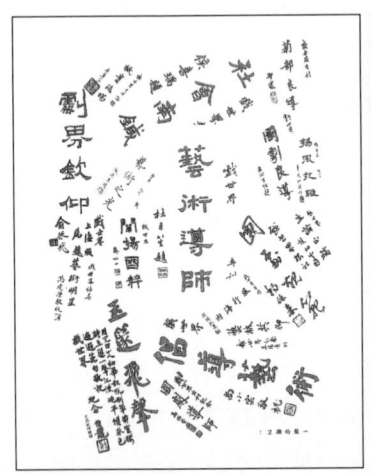

《戲世界月刊》第一卷第二期（1935，12，1）之封面（右圖）；（左圖）創刊號（1935，11，1）上刊登的戲劇名家和上海名流的賀詞[2.30]

國家圖書館出版品預行編目

褚民誼紀實全傳. 第三卷, 強國健民 / 褚幼義主編. --
臺北市：獵海人, 2025.07
　面；　公分
ISBN 978-626-7588-19-2(平裝)

1. CST: 褚民誼　2. CST: 傳記

782.886　　　　　　　　　　　114002501

褚民誼紀實全傳　第三卷
強國健民

主　　編／褚幼義
出版策劃／獵海人
製作銷售／秀威資訊科技股份有限公司
　　　　　　114 台北市內湖區瑞光路76巷69號2樓
　　　　　　電話：+886-2-2796-3638
　　　　　　傳真：+886-2-2796-1377
網路訂購／秀威書店：https://store.showwe.tw
　　　　　　博客來網路書店：https://www.books.com.tw
　　　　　　三民網路書店：https://www.m.sanmin.com.tw
　　　　　　讀冊生活：https://www.taaze.tw

出版日期／2025年7月
定　　價／700元

版權所有・翻印必究　All Rights Reserved
Printed in Taiwan